广东农村统计年鉴

GUANGDONG RURAL STATISTICAL YEARBOOK

2020

《广东农村统计年鉴》编辑委员会编

图书在版编目（CIP）数据

广东农村统计年鉴. 2020 = Guangdong Rural Statistical Yearbook 2020 / 《广东农村统计年鉴》编辑委员会编. -- 北京 : 中国统计出版社, 2020.11
ISBN 978-7-5037-9360-8

Ⅰ. ①广… Ⅱ. ①广… Ⅲ. ①农业统计－统计资料－广东－2020－年鉴 Ⅳ. ①F327.65-66

中国版本图书馆 CIP 数据核字(2020)第 217714 号

广东农村统计年鉴-2020

作　　者/《广东农村统计年鉴》编辑委员会
责任编辑/ 钟钰
责任校对/ 范英敏　怀博
装帧设计/ 广州九禾教育信息咨询有限公司
出版发行/ 中国统计出版社有限公司
地　　址/ 北京市丰台区西三环南路甲 6 号
邮政编码/ 100073
电　　话/ 邮购（010）63376909　书店（010）68783171
网　　址/ http://www.zgtjcbs.com
印　　刷/ 广州星河印刷有限公司
经　　销/ 新华书店
开　　本/ 890mm×1240mm　1/16
字　　数/ 1400 千字
印　　张/ 26.5
版　　别/ 2020 年 11 月第 1 版
版　　次/ 2020 年 11 月第 1 次印刷
定　　价/ 350.00 元

本书附同版本 CD-ROM 一张，光盘内容以书面文字为准。
如有印装差错，由本社发行部调换。

《广东农村统计年鉴-2020》编委会
和编辑出版人员名单

编 者 说 明

《广东农村统计年鉴》是由广东省统计局、广东省农业农村厅、广东省自然资源厅、广东省水利厅、广东省应急管理厅、国家统计局广东调查总队、广东省林业局、广东省气象局、广东省农垦总局联合编辑出版的大型统计资料工具书。其宗旨是力求全面、系统、客观、翔实地向广大读者提供广东农村经济和社会发展的基本统计资料信息。

《广东农村统计年鉴—2020》(简称年鉴)，主要收录 2019 年全省、各市、县（区）涉农统计数据和建国以来各个主要时期主要涉农统计数据。全书共分十七个专题：农业主要指标与农村基本情况、自然资源、气候与自然灾害、农业技术装备、水利建设、国民经济概况、农村经济综合、种植业、林业、畜牧业与饲料工业、渔业、农垦、农产品进出口贸易、农村经济收入分配与效益、农村居民收入与消费、农村科技与教育、分区域主要经济指标等。

《年鉴》资料来源于政府统计部门、农业部门和各有关部门的年报表，部分资料采自抽样调查。由于有关业务部门的统计范围、口径不完全相同，资料中少数指标数据不完全一致，使用时敬请读者注意。

《年鉴》涉及珠江三角洲、东翼、西翼和山区的具体划分为：珠江三角洲指广州、深圳、珠海、佛山、江门、东莞、中山、惠州和肇庆；东翼指汕头、汕尾、潮州和揭阳；西翼指湛江、茂名和阳江；山区指韶关、河源、梅州、清远和云浮。

《年鉴》统计表中的符号说明：“…”表示数据不足本表最小单位数；“#”表示其中主要项；空格表示该项统计指标数据不详或无该项数据。

根据《全国农业普查条例》,本书 2007 年及以后年份部分数据以第三次全国农业普查结果为基础做了调整。

目　录

六、国民经济概况

七、农村经济综合

八、种植业

九、林 业

十、畜牧业与饲料工业

十一、渔业

十二、农　垦

十三、农产品进出口贸易

十四、农村经济收入分配与效益

十五、农村居民收入与消费

十六、农村科技与教育

十七、分区域主要经济指标

2019 年全省农业农村工作情况

2019 年，全省农业农村工作坚持以习近平新时代中国特色社会主义思想为指导，深入贯彻党中央、国务院决策部署，按照省委、省政府部署要求，以前所未有的政治高度、投入力度和工作强度，狠抓责任落实、政策落实和工作落实，深化改革创新、强力攻坚克难，有效克服 GDP 增速放缓、中美贸易摩擦和非洲猪瘟等多重不利影响，推动全省“三农”工作呈现前所未有的良好发展态势，为全省经济社会发展大局提供了有力支撑。

一、农业农村经济平稳增长

2019 年，广东省农林牧渔业总产值 7175.89 亿元，增加值 4477.17 亿元，同比（下同）增长 3.5%和 4.1%。农村居民人均可支配收入 18818 元，增长 9.6%，城乡居民收入比缩小至 2.56：1。农产品进出口贸易总额 2160.81 亿元，增长 8.37%。全省农作物种植面积 6536.07 万亩，增长 1.8%。粮食作物播种面积 3240.96 万亩，增长 0.4%；粮食产量 1240.80 万吨，增长 4.0%。蔬菜种植面积 1980.78 万亩，增长 3.8%；蔬菜产量 3527.96 万吨，增长 5.9%。园林水果种植面积 1510.50 万亩，增长 2.5%；园林水果产量 1644.38 万吨，增长 6.2%。猪肉产量 221.93 万吨，下降 21.2%。禽肉产量 176.24 万吨，增长 15.0%。禽蛋产量 41.48 万吨，增长 5.7%。牛奶产量 13.92 万吨，增长 0.2%。水产品产量 866.40 万吨，增长 2.8%。

二、 富民兴村产业加快发展

大力推进“一县一园、一镇一业、一村一品”建设，建设国家、省、市级现代农业产业园 184 个，扶持 1000 个村、100 个镇发展优势特色产业，新增创建 11 个国家农业产业强镇。推动新型经营主体提质增效，省级以上重点龙头企业、农民合作社示范社、示范家庭农场分别新增 94、229、180 家，总数达到 1009、1778、281 家。规模以上农产品加工主营业务收入超 1.22 万亿元，创建 10 个全国休闲农业与乡村旅游示范县、24 个中国美丽休闲乡村、484 个省级示范镇（点）和 50 个省级农业公园，休闲农业、展会经济、农产品电子商务等新产业新业态势头强劲。

三、 农业供给侧结构性改革不断深化

大力推进质量兴农、绿色兴农、品牌强农，建立健全农产品质量安全检测网络，农产品质量安全监测合格率达到 96%以上。拓展化肥农药负增长、废弃农作物资源化综合利用成果，畜禽粪污综合利用率达 82.4%，规模养殖场、大型规模养殖场粪污处理设施装备配套率分别达 94.9%、100%；推动水产绿色养殖，加大渔业资源养护，创建省级以上水产健康养殖示范场 271 家，新增建设 3 个国家级海洋牧场示范区。创建 8 个国家级、46 个省级特色农产品优势区，培育农产品区域公用品牌 316 个，认定名牌农产品 1520 个，打造了一批广东农业“金字招牌”。

四、农村人居环境整治全域推进

坚持高位推动、示范带动、全民发动，强力推进“千村示范、万村整治”工程和农村“厕所革命”，优先在沿交通线、沿省际边界、沿旅游景区、沿城市郊区打造一批精品村示范带，珠三角地区优先开展“五美”专项行动，全力打好乡村振兴第一场硬仗。全省自然村村道路面硬化、集中供水、保洁员配备、生活垃圾收运处理体系覆盖率分别达 98.11%、95.85%、99.72%、99.86%，无害化卫生户厕普及率达 99.7%，省级新农村示范片和省定贫困村基本建成示范村、样板村，涌现出了一批美丽乡村及精品线路。

五、 农业创新驱动发展扎实推进

广州国家现代农业科创中心实现突破性进展，岭南农业重点实验室挂牌建设，打造了 51 个省级现代农业产业技术体系创新团队，构建了以市场为导向的农业科技孵化与创新“围点搭环”模式。新增 2 项国家畜禽良种联合攻关项目，创建我国首个现代农业畜禽种业产业园，省农作物种质资源库（圃）、DNA 库、资源鉴评平台建设基本完成，新增选育推广优质绿色农作物新品种 127 个。先行构建 5G 智慧农业试验区，建立数字农业特派员机制，益农信息社覆盖 80%以上行政村，“农技宝”用户覆盖率达 98.3%。

六、农业农村改革全面深化

确权登记颁证“回头看”基本完成，在 91 个县区启动农村承包地经营权流转奖补试点。农村集体资产清产核资工作如期完成，超过 3 万个集体经济组织完成了改革任务，确认成员身份 1581 万人。在 841 个行政村启动扶持村级集体经济发展试点，指导梅州等“四市一区”开展乡村振兴综合改革试点、佛山市南海区建设广东省城乡融合发展改革创新实验区，支持广清接合片区开展国家城乡融合发展改革试验区工作，连樟村及周边地区实现了“一年一变化”目标。

七、 基础保障支撑持续强化

划定粮食生产功能区 1363.12 万亩、重要农产品生产保护区 60.66 万亩，新建高标准农田超过 120 万亩，大棚房清理整治全面完成。主要农作物和水稻耕种收综合机械化率分别为 62%、73.1%，更新改造渔船 1726 艘。成立首个省级金融支农联盟，50 多家单位参与“政银保担基企”助力乡村振兴，农业保险新增 9 个地方特色险种，总数达 40 个。认定新型职业农民 4.5 万多人，创建 6 个全国农村创业创新示范园区，培育了一批“双创”优秀带头人。扎实开展农业、海洋与渔业综合执法，圆满完成南海护渔维权专项行动，全力做好港澳流动渔民服务，没有发生重特大农资质量安全事故和农业生产安全事故。

八、脱贫攻坚取得显著成效

全年投入各类帮扶资金近 200 亿元，实施产业扶贫项目 29.5 万个，累计帮助 34.2 万有劳动能力的贫困人员实现就业，建档立卡贫困户“三保障”总体实现。2277 个贫困村人居环境基础整治任务全面完成，基础设施和基本公共服务达到全省中等以上水平，贫困村年人均可支配收入 17456 元，贫困村“后队变前队”目标基本实现。持续高位推进东西部扶贫协作工作，全省向桂川滇黔协作地区拨付财政援助资金 50.93 亿元、选派 351 名党政干部和 4278 名专业技术人才，转移帮助 43.31 万建档立卡贫困人口就业。

九、乡村振兴组织领导全面加强

完善领导体制，建立健全省委实施乡村振兴战略领导小组和扶贫开发工作领导小组，设立产业振兴、组织振兴等 10 个专项组，严格落实五级书记抓乡村振兴领导体制。健全政策体系，推动部省签署共同推进广东乡村振兴战略实施合作框架协议，出台对标三年取得重大进展硬任务的实施方案，制定乡村治理、乡村振兴用地、现代农业高质量发展等一系列配套政策。建立新闻宣传机制，打造广东乡村振兴发布厅和乡村振兴大擂台，积极运用新闻发布会、在线访谈等权威发声，做到周周有声势、月月有高潮、处处有报道。

一、农业主要指标与农村基本情况

1-1 全省行政区划

(2019年)

单位：个

市别	地级市	县级市	县	自治县	市辖区	市辖镇	乡	# 民族乡	街道
全省合计	**21**	**20**	**34**	**3**	**65**	**1114**	**11**	**7**	**481**
广　州	1				11	34			140
深　圳	1				9				74
珠　海	1				3	15			9
汕　头	1		1		6	30			37
佛　山	1				5	21			11
韶　关	1	2	4	1	3	94	1	1	10
河　源	1		5		1	94	1	1	6
梅　州	1	1	5		2	104			6
惠　州	1		3		2	48	1	1	22
汕　尾	1	1	2		1	40			14
东　莞	1					28			4
中　山	1					18			6
江　门	1	4			3	61			12
阳　江	1	1	1		2	38			10
湛　江	1	3	2		4	82	2		37
茂　名	1	3			2	86			25
肇　庆	1	1	4		3	87	1	1	16
清　远	1	2	2	2	2	77	3	3	5
潮　州	1		1		2	41			9
揭　阳	1	1	2		2	61	2		20
云　浮	1	1	2		2	55			8

注：本行政区划截止2019年底。

1-2　农业主要指标

指　　标	单位	2000	2005	2010	2015	2017	2018	2019
乡镇户数	万户	1419.91	1540.84	1686.62	1689.97	1677.57	1694.85	1723.91
乡镇人口	万人	6046.62	6451.55	6805.44	6863.20	6830.62	6869.59	6873.49
乡镇从业人员	万人	2789.89	3089.48	3425.28	3496.95	3480.72	3480.45	3495.81
#农、林、牧、渔业	万人	1572.07	1533.48	1468.25	1351.83	1342.80	1297.08	1304.09
按性别分								
男	万人	1450.37	1615.99	1450.37	1854.11	1847.60	1847.63	1856.73
女	万人	1339.52	1473.49	1339.52	1642.84	1633.12	1632.81	1639.09
农业总产值	亿元	1701.18	2447.57	3697.18	5303.63	5969.87	6318.12	7175.89
农业增加值	亿元	1000.06	1442.80	2254.49	3275.05	3712.71	3946.52	4477.17
农作物总播种面积	万亩	7735.35	7223.06	6394.16	6291.83	6341.26	6419.04	6536.07
粮食作物	万亩	4649.83	4179.75	3579.49	3289.94	3254.59	3226.56	3240.96
经济作物	万亩	1093.04	1001.56	959.77	1024.33	1057.81	1093.44	1123.67
其他作物	万亩	1847.01	2041.75	1854.90	1977.55	2028.86	2099.04	2171.44
人工造林面积	万亩	25.76		142.72	177.69	121.11	127.77	33.20
主要产品产量								
粮食	万吨	1822.33	1394.97	1249.15	1211.66	1208.56	1193.49	1240.80
糖蔗	万吨	1137.59	946.02	1064.09	1093.58	1144.14	1207.97	1241.64
花生	万吨	77.68	75.86	81.59	94.48	98.42	104.40	108.69
蔬菜	万吨	2214.80	2596.02	2551.00	2994.70	3177.49	3330.24	3527.96
水果	万吨	643.52	831.69	1049.21	1298.52	1421.23	1547.81	1644.38
猪肉	万吨	206.85	256.28	285.14	296.31	277.96	281.52	221.93
水产品	万吨	593.19	695.23	729.03	804.14	833.54	842.44	866.40
化肥施用量(折纯)	万吨	176.20	204.62	233.42	238.17	237.94	231.32	225.79
农药施用量	万吨	8.47	8.70	9.10	9.23	9.46	9.37	8.75
农村用电量	亿千瓦时	405.45	766.43	1044.26	1326.20	1414.77	1443.10	1448.04
效益指标								
农业中间消耗率	%	41.2	41.1	39.0	38.9	37.8	37.5	37.6
淡水养殖水面	元/亩	3643	4965	6930	10264	11092	13057	15366
生猪出栏率	%	146	160	156	172	172	176	145

注：1.表中农业总产值、农业增加值按当年价格计算，增长速度按可比价格计算。
2.2004年起，粮食产量含大豆。

1-3 主要农产品产量与最高年份比较

(2019年)

指　标	单位	2019	建国以来最高年		
			年份	产量	2019为建国以来最高年份(%)
粮食总产量	万吨	1240.80	1997	1966.75	63.1
#稻谷	万吨	1075.05	1998	1688.53	63.7
#早稻	万吨	488.28	1983	862.25	56.6
晚稻	万吨	586.77	1998	866.51	67.7
薯类	万吨	97.41	1998	238.28	40.9
经济作物					
甘蔗	万吨	1434.65	1992	2376.62	60.4
#糖蔗	万吨	1241.64	1992	2271.06	54.7
油料作物	万吨	110.22	2018	106.25	103.7
#花生	万吨	108.69	2018	104.40	104.1
烟叶	万吨	4.17	1992	8.62	48.3
其他作物					
#蔬菜	万吨	3527.96	2018	3330.24	105.9
水果	万吨	1644.38	2018	1547.81	106.2
生猪年末存栏量	万头	1333.79	2009	2455.11	54.3
生猪出栏头数	万头	2940.17	2014	4062.02	72.4
猪肉产量	万吨	221.93	2014	302.86	73.3
家禽年末存栏	亿只	4.01	2010	4.09	98.0
出售和自宰的家禽	亿只	12.12	2012	11.87	102.1
禽肉产量	万吨	176.24	2012	161.11	109.4
水产品	万吨	866.40	2018	842.44	102.8

1-4 主要年份农村基本情况

年 份	乡镇个数（个）	乡村户数（万户）	乡村人口（万人）	乡村从业人员（万人）	第一产业从业人员（万人）
1949		461.5	2206.0	974.0	925.3
1952		619.1	2426.4	1040.8	983.6
1957		659.3	2679.4	1285.6	1215.0
1962	1920	714.0	2909.6	1355.3	1280.8
1965	1310	719.2	3137.6	1317.5	1246.2
1970	1351	804.2	3811.3	1527.7	1489.3
1975	1459	833.6	4154.6	1718.2	1655.3
1978	1577	873.0	4305.9	1774.5	1662.5
1980	1629	889.2	4419.8	1817.6	1625.9
1985	1673	988.5	4778.3	2090.6	1597.6
1990	1654	1141.7	5241.9	2363.4	1600.8
1995	1655	1283.7	5622.3	2519.2	1432.0
2000	1708	1419.9	6046.6	2789.9	1572.1
2005	1311	1540.8	6451.5	3089.5	1533.5
2010	1297	1686.6	6805.4	3425.3	1468.3
2015	1139	1690.0	6863.2	3497.0	1351.8
2017	1135	1677.6	6830.6	3937.9	1342.8
2018	1134	1694.9	6869.6	3480.4	1297.1
2019	1125	1723.9	6873.5	3495.8	1304.1

1-5 各市农村基本情况

(2019年)

市 别	一、乡镇个数(个)	二、乡村户数(户)	三、乡村人口(人)	四、乡村劳动力资源总数(人)	五、乡村从业人员(人)	第一产业从业人员(人)
全 省	1125	17239120	68734923	40173640	34958137	13040896
广州市	34	2016260	6461028	4409919	3908707	623062
深圳市		14097	65424	31744	29161	12487
珠海市	15	128181	464422	315018	269931	59794
汕头市	30	906031	4377016	2153725	1907282	600401
佛山市	21	890064	2146726	1324249	1090600	588279
韶关市	95	578858	3452201	1958142	1635026	206877
河源市	95	747385	3004036	1658112	1484282	698532
梅州市	104	884714	3255221	2088702	1827941	776664
惠州市	49	776976	3299715	2107523	1883039	463272
汕尾市	40	699590	3407610	1641434	1470210	505521
东莞市	28	680198	2278328	1345737	1127060	57749
中山市	18	633395	2447052	1681101	1504022	96453
江门市	61	862485	3023328	2023609	1876755	776442
阳江市	38	645975	2495954	1448446	1239201	457509
湛江市	84	1502327	6653484	3719595	3241767	1934378
茂名市	86	1373613	5724942	3068702	2664275	1363570
肇庆市	88	793593	3101521	1992578	1478716	1043578
清远市	80	814338	3284062	1925303	1646115	953767
潮州市	41	553936	2311684	1208222	1109147	384740
揭阳市	63	1132801	5212446	2639539	2295412	753111
云浮市	55	604303	2268723	1432240	1269488	684710

注：本表和1-4表的乡镇个数为广东省民政厅统计年报数。

1-6　各县(市、区)农村基本情况

(2019年)

市　　别	一、乡镇个数(个)	二、乡村户数(户)	三、乡村人口(人)	四、乡村劳动力资源总数(人)	五、乡村劳动力(人)	第一产业劳动力(人)
广州市	**34**	**2016260**	**6461028**	**4409919**	**3908707**	**623062**
荔湾区						
越秀区						
海珠区						
天河区						
白云区	4	269266	1097919	724567	628261	68619
黄埔区	1	24713	113017	72864	69596	20918
花都区	6	279243	1019108	669083	624553	96259
从化区	5	142284	550706	369019	319133	137144
增城区	7	388945	1197606	778304	668421	167111
番禺区	5	621359	1749287	1273645	1113380	51722
南沙区	6	290450	733385	522437	485363	81289
深圳市		**14097**	**65424**	**31744**	**29161**	**12487**
罗湖区						
福田区						
南山区						
宝安区						
龙岗区						
盐田区						
龙华区						
坪山区						
深汕合作区		**14097**	**65424**	**31744**	**29161**	**12487**
珠海市	**15**	**128181**	**464422**	**315018**	**269931**	**59794**
香洲区	6	19587	61225	37952	29399	638
金湾区	4	48963	174609	126802	116987	16401
斗门区	5	59631	228588	150264	123545	42755
汕头市	**30**	**906031**	**4377016**	**2153725**	**1907282**	**600401**
金平区		31941	142669	76322	69344	22720
龙湖区		54831	247915	154021	139454	35398
澄海区	8	154277	678944	370319	339906	129993
濠江区		57027	248495	115237	94329	23602
潮阳区	9	318519	1566488	744799	667168	207086
潮南区	10	276263	1441995	662373	575221	168200
南澳县	3	13173	50510	30654	21860	13402
佛山市	**21**	**890064**	**3452201**	**1958142**	**1635026**	**206877**
禅城区	1	55497	195621	101524	60429	1001
南海区	6	368955	1441586	704260	637188	66091
顺德区	6	298714	1086990	679723	576755	53130
高明区	3	55958	227856	140736	58354	34577
三水区	5	110940	500148	331899	302300	52078
韶关市	**95**	**578858**	**2146726**	**1324249**	**1090600**	**588279**
浈江区	5	31131	127034	79876	65749	20810
武江区	5	26566	101069	60689	54580	20291
曲江区	9	43666	177680	114460	99542	49787
南雄市	17	87472	279450	222781	156758	91401
始兴县	10	58876	216385	120380	109964	62136
翁源县	8	91872	319076	175543	140064	89191

1-6 续表 1

(2019年)

市　别	一、乡镇个数(个)	二、乡村户数(户)	三、乡村人口(人)	四、乡村劳动力资源总数(人)	五、乡村劳动力(人)	第一产业劳动力(人)
仁化县	10	58378	205639	125728	102667	52718
新丰县	6	46597	170965	115673	80141	41895
乳源自治县	9	43614	174089	104146	93385	48025
乐昌市	16	90686	375339	204973	187750	112025
河源市	**95**	**747385**	**3004036**	**1658112**	**1484282**	**698532**
源城区	2	23164	104894	55059	48640	9874
东源县	21	130707	490854	301608	265674	112872
和平县	17	116013	429410	275870	241052	99787
龙川县	24	216239	808478	401627	397839	177583
紫金县	18	163292	784514	394179	339169	195084
连平县	13	97970	385886	229769	191908	103332
梅州市	**104**	**884714**	**3255221**	**2088702**	**1827941**	**776664**
梅江区	4	55696	194529	114480	89578	16947
梅县区	17	126072	410396	217938	213440	129382
蕉岭县	8	57057	178116	95069	82050	43639
大埔县	14	107046	392567	233199	205497	97258
丰顺县	16	111813	420610	255746	228369	117510
五华县	16	166116	692269	579846	464850	197347
兴宁市	17	197345	751241	465048	446846	123355
平远县	12	63569	215493	127376	97311	51226
惠州市	**49**	**776976**	**3299715**	**2107523**	**1883039**	**463272**
惠城区	8	168233	802150	557904	508765	78951
惠东县	12	164198	757954	378771	322971	125615
惠阳区	6	128214	465491	340531	301238	36573
博罗县	15	237480	998561	648206	593431	132617
龙门县	8	78851	275559	182111	156634	89516
汕尾市	**40**	**699590**	**3407610**	**1641434**	**1470210**	**505521**
汕尾城区	3	102569	528015	255999	240404	56911
海丰县	12	150093	649761	405319	385551	120800
陆河县	8	52893	296334	162347	149706	50905
陆丰市	17	394035	1933500	817769	694549	276905
东莞市	**28**	**680198**	**2278328**	**1345737**	**1127060**	**57749**
中山市	**18**	**633395**	**2447052**	**1681101**	**1504022**	**96453**
江门市	**61**	**862485**	**3023328**	**2023609**	**1876755**	**776442**
蓬江区	3	43529	159890	96110	86462	19635
江海区		26127	90736	58057	41498	7990
新会区	10	158819	565030	345326	310371	103278
台山市	16	239573	851610	536718	525577	283879
开平市	13	184404	657364	563259	498938	196493
恩平市	10	93856	315314	200126	190788	98136
鹤山市	9	116177	383384	224013	223121	67031
阳江市	**38**	**645975**	**2495954**	**1448446**	**1239201**	**457509**
江城区	4	91869	305841	197598	175770	78363
阳东区	11	123612	490589	310408	256110	91944
阳西县	8	119612	506651	315768	261725	97913
阳春市	15	310882	1192873	624672	545596	189289
湛江市	**84**	**1502327**	**6653484**	**3719595**	**3241767**	**1934378**
赤坎区		10265	33709	30194	27707	4498

1-6 续表 2

(2019年)

市　　别	一、乡镇个数(个)	二、乡村户数(户)	三、乡村人口(人)	四、乡村劳动力资源总数(人)	五、乡村劳动力(人)	第一产业劳动力(人)
霞山区		11451	43021	11025	10680	5310
坡头区	5	94302	371292	217353	200334	94057
麻章区	4	101085	438093	257982	232872	144976
吴川市	10	202391	931179	572278	495716	258202
徐闻县	14	137394	627373	363985	318950	277567
雷州市	18	359931	1665404	864632	746242	487224
遂溪县	15	208471	893345	511953	443439	324051
廉江市	18	377037	1650068	890193	765827	338493
茂名市	**86**	**1373613**	**5724942**	**3068702**	**2664275**	**1363570**
茂南区	9	140629	597211	296766	253510	107350
电白区	19	349342	1471408	746113	698494	326250
信宜市	18	268424	991563	574015	494312	231290
高州市	23	346710	1456629	716262	628451	370550
化州市	17	268508	1208131	735546	589508	328130
肇庆市	**88**	**793593**	**3101521**	**1992578**	**1478716**	**1043578**
端州区		20699	74757	41162	20876	1425
鼎湖区	4	42860	135716	83438	72569	32524
高要市	16	189703	699065	479866	380224	236364
广宁县	14	113028	408650	277934	207038	156068
四会市	10	76868	278319	175728	164560	78956
德庆县	12	91635	299832	198649	156832	146279
封开县	15	91288	367890	221476	184085	113177
怀集县	17	167512	837292	514325	292532	278785
清远市	**80**	**814338**	**3284062**	**1925303**	**1646115**	**953767**
清城区	4	123244	547003	301678	255103	120404
英德市	23	225853	955315	520442	467390	309886
佛冈县	6	71414	281441	164945	132987	69217
连山自治县	7	21743	88922	64010	35037	34101
连南自治县	7	45049	174896	91014	81311	50785
连州市	12	99635	362674	211477	171350	104062
阳山县	13	90249	328876	208325	171004	101211
清新区	8	137151	544935	363412	331933	164101
潮州市	**41**	**553936**	**2311684**	**1208222**	**1109147**	**384740**
湘桥区	4	77148	298352	159690	147180	39436
饶平县	21	233192	985701	530919	495691	208726
潮安区	16	243596	1027631	517613	466276	136578
揭阳市	**63**	**1132801**	**5212446**	**2639539**	**2295412**	**753111**
榕城区	5	145522	651121	423360	400504	92383
揭东区	10	159331	721657	359430	252259	94695
惠来县	14	271212	1479294	537466	476522	178378
普宁市	18	320025	1377611	815074	695239	256639
揭西县	16	236711	982763	504209	470888	131016
云浮市	**55**	**604303**	**2268723**	**1432240**	**1269488**	**684710**
云城区	4	29397	114369	69411	59785	48299
新兴县	12	82246	337627	220104	192898	109398
郁南县	15	107051	417605	257675	214472	137930
罗定市	17	303002	1052786	687291	627856	297366
云安区	7	82607	346336	197759	174477	91717

二、自然资源

2019 年 6 月 9 日到 14 日，河源市自然资源系统地质灾害抢险救灾。图为抢险现场。

2019 年 8 月 29 日，副省长许瑞生一行拜访自然资源部南海局。

2019 年 10 月 15 日，由自然资源部和广东省人民政府共同主办的 2019 中国海洋经济博览会在广东省深圳会展中心开幕。

2019 年 11 月 6 日，全省国土空间规划视频会召开。

2019 年 11 月 28 日，新“城”就新未来——2019 粤港澳大湾区“三旧”改造与城市更新年会在广州举行。图为年会现场。。

2019 年 11 月，南粤古驿道主题活动之重走西京古道红军路。

广州海珠湿地上榜广东省首届国土空间生态修复十大范例。图为曾被污染蚕食的万亩果园变身为水网交织、鸢飞鱼跃的城央湿地公园。

湛江雷州市客路镇垦造水田项目，打造“稻海桑田”公园，以“观稻海、闻稻香、瞻石狗、品晚霞”为主题，注重继承和大力弘扬发展当地的石狗、雷剧、傩舞、雷州换鼓等独特岭南特色文化。

全国主流媒体聚焦南粤古驿道开展集中新闻摄影采访

自然资源管理

2019年，广东省自然资源厅以习近平新时代中国特色社会主义思想为指导，围绕省委省政府“1+1+9”工作部署，认真履行“两统一”职责，着力构建“六个一”的自然资源管理体系，扎实推进自然资源各项工作，为我省经济社会改革发展提供了有力支撑和保障。

一、聚焦主业助力全省高质量发展

一是助推粤港澳大湾区和深圳先行示范区建设，以自然资源配置和国土空间用途管制为抓手，先后出台19条措施助推大湾区和深圳先行示范区建设。成功举办2019中国海洋经济博览会，习近平总书记专门发来贺信，强调要加快海洋科技创新步伐，提高海洋资源开发能力，培育壮大海洋战略性新兴产业。二是率先编制形成省级国土空间规划初步成果，推动构建“一核两极多支点”国土空间开发利用格局和“一带两屏多廊道”国土空间保护格局，强化对区域发展新格局的空间响应，助力“一核一带一区”区域发展新格局。统筹6.2万亩、8.1万亩用地指标分别支持珠三角核心区和沿海经济带建设。三是做好重大项目服务保障。统筹10.7万亩省级用地指标保障省级重大基础设施和12类民生设施建设，43个国家和省重点建设项目水田占补平衡指标实现应保尽保，对118个重大项目实施清单式管理，对12个特别重大项目采取“一个项目、一名分管领导、一个专班、一跟到底”的“四个一”服务保障模式，有效保障了我省重点建设项目的用地需求，受到马兴瑞省长的高度肯定。惠州埃克森美孚、湛江巴斯夫首期、中广核广东太平岭核电厂一期等一批项目顺利落地下海，惠州埃克森美孚成为全国唯一一个新增围填海获国务院批准的项目。四是助力实体经济发展。预留1.4万亩用地指标，全额保障投资20亿元以上且符合相关条件的先进制造业及战略性新兴产业等省重大产业项目。持续推动“实体经济新十条”“外资新十条”落地实施，新出台一批降成本、优环境、增效益的惠企支企政策，共为161宗、975公顷工业用地节省初始用地成本360.9亿元。五是大力推动海洋经济高质量发展。省财政连续3年每年下达3亿元的海洋经济发展专项资金，重点支持海洋电子信息、海上风电、海洋生物、海工装备、天然气水合物、海洋公共服务等六大产业创新发展，2019年重点支持55个海洋六大产业项目科技研发与成果转化，三年累计支持项目169个，极大促进了我省海洋经济发展。省财政连续3年每年下达2亿元的海岸带保护与利用综合示范区建设专项资金，支持湛江海东新区、东莞滨海湾新区、汕头华侨试验区等8个海岸带保护与利用综合示范区建设。2019年全省海洋生产总值突破2万亿元，连续25年保持全国领先。

二、加强耕地保护和国土空间修复

一是严守耕地保护红线。完成年度耕地保护责任目标考核，签订2019年责任书，修订出台耕地保护考核办法，连续20年实现耕地占补平衡，完成垦造水田10.2万亩，下达省级永久基本农田保护补助资金9.1亿元，组织划定永久基本农田储备区66万亩，对8205个补充耕地项目进行核查整改。二是有序推进海洋生态保护修复。已处置围填海历史遗留问题面积5600公顷，围填海历史遗留问题处置率全国第一。省财政连续3年每年下达5亿元的专项资金推进海岸线生态修复和重点海湾整治，推进海岸带保护与利用示范区建设，推动“蓝色海湾”“美丽海湾”建设，开展粤港澳大湾区“蓝色湾区”守护行动，完成红树林修复2.1万亩。海岸线修测率先完成“一上”数据上报、省级审核和海区审查。三是推进国土绿化提质增效。珠三角地区初步形成全国首个国家森林城市群，梅州、汕头两市相继获2019年“国家森林城市”称号。以造林绿化提质增效为重点，完成森林碳汇重点生态工程造林101.91万亩，完成省级碳汇林抚育164.7万亩。完成矿山石场治理复绿765公顷，建成绿色矿山127个，提前一年超额完成全省绿色矿山建设总目标。加快建设以国家公园为主体的自然保护地体系，启动编制南岭国家公园总体规划，加强珠江口海洋国家公园陆海统筹前期谋划，对全省1300多处自然保护地开展资源摸底调查，自然保护地整合优化工作走在全国前列。四是强化自然资源执法监督。按照“罚款一批、拆除一批、没收一批、复耕复绿一批”的做法，扎实开展2018年度卫片执法检查，提请省政府对5个市进行约谈。做好54个海洋督察问题的整改工作，按时序进度完成360条整改措施。扎实开展土地例行督察问题整改工作。1644个“大棚房”问题全部整改到位。认真开展自然资源领域扫黑除恶专项斗争，全省摸排涉黑涉恶线索5369条。配合做好耕地保护督察工作，清查整治专项工作取得阶段性成效。在全国率先建立自然资源行政执法与行政检察衔接工作机制。五是基本摸清自然资源底数。高质量完成第三次全国国土调查，完成了124个县级调查单元、2个未定权属岛屿单元及其它岛屿单元的外业调查举证和数据库建设工作，按时保质任务，一次性通过国家初步核查。我省124个县级调查单元的初始调查成果差错率均优于1%（国家差错率标准），平均差错率为0.09%，调查质量位于全国前列。

三、有效拓宽资源惠民利民渠道

一是夯实农业农村发展基础。全部完成16885个行政村的村庄规划编制、21530个行政村的农村地籍调查。出台13条措施全力释放农村土地政策红利，切实保障农村新产业新业态用地需求。二是超额完成年度垦造水田任务。自2017年省政府部署垦造水田工作以来，我厅持续推进垦造水田工作，科学分解下达各市垦造水田任务，严格落实每月通报制度和奖励措施，有效加快项目验收工作。2019年，全省已完工垦造水田10.24万亩，超额完成原计划的7万亩垦造任务。三是深入推进拆旧复垦，探索城乡用地空间互换互补改革，省自然资源厅于2018年开始，全面推进拆旧复垦工作，在保护好历史文化遗产、传统村落等前提下，通过拆旧复垦农村旧住宅、废弃宅基地、空心村等闲置建设用地，将复垦腾退出来的建设用地指标优先保障所在村建设需要后，节余部分以公开交易方式在省内流转用于城镇建设。截至2019年底，我省拆旧复垦立项7.64万亩，验收备案2.07万亩，交易复垦指标1.13万亩，成交金额73.13亿元。走对了“以城带乡、以工促农、统筹城乡发展”的路子，实现了“多方共赢”，人民日报、新华社等中央主流媒体点赞“少了闲置、多了空间，美了乡村、富了乡亲”。四是提高生态公益林效益补偿标准，2019年省级以上生态公益林补偿标准提高4元/亩，达平均36元/亩，共下达效益补偿资金24.55亿元。五是推动老区苏区和民族地区加快发展。制定出台“土十条”政策，对27个重点革命老区、原中央苏区、民族地区所在县下达扶持和奖励用地指标8100亩，向老区苏区投入南粤古驿道保护利用专项资金2.32亿元，倾斜安排垦造水田项目约6.5万亩，支持拆旧复垦形成的4188亩指标优先入市流转，获得收益26.7亿元。六是推进南粤古驿道建设。巩固提升“13+5”南粤古驿道重点线路，成功举办南粤古驿道定向大赛等活动，推动红色文化与体育、旅游、农业等绿色要素有机融合，让沿线村庄换了新颜、迸发新机，实现“以道兴村”。七是加强地质和海洋灾害防治。印发《广东省地质灾害防治三年行动方案（2020–2022年）》《广东省海洋防灾减灾规划（2018–2025年）》，下达地质灾害防治资金1.48亿元，共消除地质灾害隐患点801处，减少受灾威胁人员2.83万人。

四、不断深化自然资源领域改革创新

一是推进低效用地再开发。落实省委创造型引领型改革要求，推动“三旧”改造取得突破性进展，全年新增“三旧”改造面积10.2万亩，完成改造7万亩，超额完成省政府确定的年度改造任务。二是推进省级行政职权事项委托下放。继续委托下放24项省级自然资源行政职权事项，用地审批效率总体提速30%以上。加快用海“放管服”改革，通过取消、委托、下放省级审核审批权限，用海审批时效提高50%。三是推进工程建设项目审批制度改革。率先实施规划用地“多审合一、多证合一、多验合一、多测合一”改革，办理时间由通常60天缩短为最快10天。率先探索用地用海用林“一体化”审批，将过去的“分别收件、分别办理、分别出文”改为现在的“统一收件、统筹审核、统一出文”。助力重大工程项目快立项、快上马、快验收。四是推进不动产登记便民服务改革。全省一般登记、抵押登记已分别压缩至4个和2个工作日内办结，不动产交易、缴税、登记实现信息集成、流程集成式“一窗受理”，全面签发不动产登记电子证照，地级以上市城区实现“互联网+不动产登记”，广州、深圳、珠海、佛山、东莞、中山等市全域实现登记业务网上申办、网上预审。全面开展“不动产登记+金融服务”，开通银行服务网点1789个；探索推进“水电气”联办等民生服务。五是完成农村土地制度改革三项试点工作。指导佛山市南海区稳妥有序推进农村土地制度改革三项试点工作，其中集体经营性建设用地入市地块宗数、土地面积和成交总金额位居全国前列，为《土地管理法》修订提供了“南海经验”。六是加强信息化支撑保障。全面落实“数字政府”改革建设部署，整合自然资源65类、1030个图层、3亿多个要素数据，实现省级96项政务服务事项全流程网上办理，建设用地审批等8类土地业务在线办理覆盖省市县三级，用地报批业务办件节省时间40%，材料一次审核通过率提高8倍，最快8天办结。

五、进一步完善自然资源制度体系

一是强化资源惠企惠民政策供给。出台支持产业转移工业园用地提升土地利用质量效益若干意见、进一步降低用地成本促进中小企业发展若干政策措施、工业物业产权分割及分割转让不动产登记有关事项、压缩不动产登记时限实施方案、工程建设项目区域评估工作指引、产业用地政策实施工作指引（2019年版）等，促进实体经济减负解困。二是创新支持乡村振兴战略政策体系。出台助力乡村振兴战略若干用地政策措施及补充意见、拆旧复垦工作方案补充通知、点状供地政策、加快推进“房地一体”农村不动产登记发证工作方案，研究拟订《关于推进征收农村集体土地留用地高效开发利用的通知》，倾囊相助乡村振兴。三是健全资源节约集约利用制度。出台深化改革加快推动“三旧”改造促进高质量发展指导意见及三年行动方案、“三旧”改造税收指引（2019年版），综合运用多样化的改造方式，提高土地节约集约利用水平。四是完善自然资源有偿使用制度。在全国率先出台无居民海岛使用权市场化出让办法，印发完善矿产资源开采审批登记管理有关事项通知，全面制定市县两级国有农用地和公共服务用地基准地价、矿业权出让收益市场基准价，促进自然资源有偿使用审批的公开化和标准化。五是健全自然资源法治制度。加快推动《广东省旧城镇旧厂房旧村庄改造管理办法》《广东省生态公益林条例》《广东省海岛管理条例》等立法项目，积极推进《广东省湿地保护条例》《广东省海域使用管理条例》等法规修订，制定依法行政抽查办法。

2-1 自然资源

项目	单位	2019年	项目	单位	2019年
一、土地资源和海洋			**二、气候**		
土地面积	平方公里	179725	年平均降雨量	毫米	1918.8
耕地	万公顷	259.3	年平均气温	摄氏度	22.8
林地	万公顷	1001	年日照时数	小时	1749.0
园地	万公顷	125.6	**三、森林**		
牧草地	万公顷	0.31	活立木蓄积量	亿立方米	5.83
海域总面积	万平方公里	41.9	森林覆盖率	%	58.6
海洋滩涂面积	万公顷	18.02	**四、矿产**		
海岛面积	平方公里	1513.17	煤保有资源储量	万吨	59668.03
大陆海岸线长度	公里	4114.30	铁矿石保有资源储量	万吨	60153.63
岛屿岸线长度	公里	2378.71	硫铁矿保有资源储量	万吨	32224.91
岛屿个数	个	1963			

注：土地面积、耕地、林地、园地、牧草地面积等数据来源于2018年度变更调查（2019年数据因第三次全国国土调查正在进行中，仍未有相关数据）。

2-2 各市耕地面积情况

(2018年)　　单位：公顷

市 别	年初实有耕地面积	合 计	年末耕地保有量面积					年内增加耕地面积	年内减少耕地面积
			实有耕地面积				可调整地类面积		
			小 计	水 田	水浇地	旱 地			
广东省	2599650.26	3135009.58	2593148.32	1645063.54	112753.76	835331.02	541861.26	116.97	6618.91
广州市	79979.99	128010.82	79062.06	51202.25	26150.10	1709.71	48948.76		917.93
韶关市	220028.19	228671.38	219709.76	145760.17	4304.66	69644.93	8961.62	4.33	322.76
深圳市	3714.92	3617.53	3617.53	7.40	3501.54	108.59			97.39
珠海市	17661.36	32904.12	17438.10	11559.56	1937.48	3941.06	15466.02		223.26
汕头市	36755.72	58974.05	36490.49	27386.82	4628.46	4475.21	22483.56	0.66	265.89
佛山市	36323.70	64467.91	36059.47	21990.98	9067.20	5001.29	28408.44	0.75	264.98
江门市	155987.56	210116.72	155635.99	125026.74	3579.25	27030.00	54480.73	0.01	351.58
湛江市	466478.43	507168.69	466009.04	190292.52	12000.76	263715.76	41159.65	76.32	545.71
茂名市	226682.80	251192.13	226337.21	161290.26	851.08	64195.87	24854.92	0.32	345.91
肇庆市	148072.37	187627.99	147824.52	102122.52	4788.41	40913.59	39803.47	0.57	248.42
惠州市	139027.08	149055.99	138580.06	82050.49	11967.65	44561.92	10475.93		447.02
梅州市	162575.09	175906.28	162244.95	125415.07	4255.53	32574.35	13661.33	3.68	333.82
汕尾市	96773.12	108725.26	96588.95	68444.99	2600.95	25543.01	12136.31	0.91	185.08
河源市	143763.07	143823.41	143449.25	108548.53	716.89	34183.83	374.16	0.01	313.83
阳江市	149054.33	211713.52	148777.37	101163.61	291.67	47322.09	62936.15		276.96
清远市	268065.17	295999.14	267706.70	156537.94	3898.74	107270.02	28292.44	22.41	380.88
东莞市	12989.22	35515.64	12770.26	890.56	10499.53	1380.17	22745.38		218.96
中山市	11622.93	48329.90	11530.89	6092.20	5138.66	300.03	36799.01		92.04
潮州市	35200.50	48460.54	35016.97	25339.27	1312.40	8365.30	13443.57	0.05	183.58
揭阳市	86689.39	121110.66	86316.51	66307.02	1167.85	18841.64	34794.15	0.54	373.42
云浮市	102205.32	123617.90	101982.24	67634.64	94.95	34252.65	21635.66	6.41	229.49

注：2019年数据因第三次全国国土调查正在进行，目前未有相关数据。本表数据为2018年度土地变更调查确定数。

2-3 各市建设占用耕地情况表

(2018年) 单位：公顷

市 别	合计	城镇村及工矿用地	交通运输用地	水利设施用地
广东省	6519.58	5063.83	1390.82	64.93
广州市	914.71	737.35	176.51	0.85
韶关市	319.54	264.21	54.55	0.78
深圳市	97.13	88.27	5.91	2.95
珠海市	222.67	189.7	32.97	
汕头市	261.6	209.07	51.67	0.86
佛山市	263.1	260.75	2.35	
江门市	349.55	241.8	106.78	0.97
湛江市	526.03	265.15	259.29	1.59
茂名市	336.06	234.49	101.54	0.03
肇庆市	246.93	158.58	86.43	1.92
惠州市	443.56	397.12	46.43	0.01
梅州市	328.33	147.86	146.63	33.84
汕尾市	179.95	158.73	19.82	1.40
河源市	302.26	262.51	39.75	
阳江市	269.43	238.45	29.35	1.63
清远市	373.29	312.47	48.83	11.99
东莞市	215.68	197.8	17.81	0.07
中山市	91.91	91.91		
潮州市	179.18	119.65	58.17	1.36
揭阳市	369.18	301.07	63.45	4.66
云浮市	229.49	186.89	42.58	0.02

注：2019年数据因第三次全国国土调查正在进行，目前未有相关数据。本表数据为2018年度土地变更调查确定数。

2-4 各市(县、区)耕地面积情况

(2018年)

单位：公顷

行政区	年初实有耕地面积	年末耕地保有量面积						耕地变动情况	
		合计	实有耕地面积				可调整地类面积	年内增加耕地面积	年内减少耕地面积
			小计	水田	水浇地	旱地			
广东省	**2599650.26**	**3135009.58**	**2593148.32**	**1645063.54**	**112753.76**	**835331.02**	**541861.26**	**116.97**	**6618.91**
广州市	**79979.99**	**128010.82**	**79062.06**	**51202.25**	**26150.10**	**1709.71**	**48948.76**		**917.93**
荔湾区	421.27	540.76	414.51	7.91	385.57	21.03	126.25		6.76
越秀区	1.55	1.55	1.55		0.72	0.83			
海珠区	284.57	609.46	280.95	59.41	184.28	37.26	328.51		3.62
天河区	483.67	466.25	466.25	59.63	377.55	29.07			17.42
白云区	8934.78	16632.87	8767.00	3198.20	5491.45	77.35	7865.87		167.78
黄埔区	2900.73	4405.91	2803.22	1477.47	1278.26	47.49	1602.69		97.51
番禺区	7228.31	10438.41	7065.53	4145.93	2822.02	97.58	3372.88		162.78
花都区	9871.90	16683.87	9826.69	7040.01	2693.08	93.60	6857.18		45.21
南沙区	14508.12	17735.39	14236.83	9437.10	4740.41	59.32	3498.56		271.29
增城区	21932.30	37636.75	21806.81	14003.14	7147.61	656.06	15829.94		125.49
从化区	13412.79	22859.60	13392.72	11773.45	1029.15	590.12	9466.88		20.07
韶关市	**220028.19**	**228671.38**	**219709.76**	**145760.17**	**4304.66**	**69644.93**	**8961.62**	**4.33**	**322.76**
武江区	6845.87	7279.29	6820.39	3987.84	493.79	2338.76	458.90	0.13	25.61
浈江区	6511.51	7871.29	6497.93	4327.01	629.03	1541.89	1373.36		13.58
曲江区	19081.67	20279.38	18994.67	12957.37	398.38	5638.92	1284.71		87.00
始兴县	21046.37	21639.16	21030.45	15318.72	453.33	5258.40	608.71		15.92
仁化县	21331.57	21957.16	21325.69	17645.34	205.82	3474.53	631.47		5.88
翁源县	31320.39	32790.41	31230.69	19373.49	391.63	11465.57	1559.72		89.70
乳源县	19631.68	19871.05	19613.97	12709.83	644.44	6259.70	257.08		17.71
新丰县	16185.94	17316.45	16141.81	8081.08	676.97	7383.76	1174.64		44.13
乐昌市	34704.37	36226.26	34697.12	22025.67	335.22	12336.23	1529.14		7.25
南雄市	43368.82	43440.93	43357.04	29333.82	76.05	13947.17	83.89	4.20	15.98
深圳市	**3714.92**	**3617.53**	**3617.53**	**7.40**	**3501.54**	**108.59**			**97.39**
罗湖区	21.01	20.79	20.79		16.25	4.54			0.22
福田区	7.80	7.76	7.76		7.76				0.04
南山区	83.93	82.72	82.72		79.26	3.46			1.21
宝安区	2186.73	2135.43	2135.43	1.30	2088.38	45.75			51.30
龙岗区	1407.08	1362.48	1362.48	6.10	1303.03	53.35			44.60
盐田区	8.37	8.35	8.35		6.86	1.49			0.02
珠海市	**17661.36**	**32904.12**	**17438.10**	**11559.56**	**1937.48**	**3941.06**	**15466.02**		**223.26**
香洲区	559.89	527.83	527.83	113.38	173.47	240.98			32.06
斗门区	9491.39	20905.64	9430.75	7012.68	1177.59	1240.48	11474.89		60.64
金湾区	7610.08	11470.65	7479.52	4433.50	586.42	2459.60	3991.13		130.56
汕头市	**36755.72**	**58974.05**	**36490.49**	**27386.82**	**4628.46**	**4475.21**	**22483.56**	**0.66**	**265.89**
龙湖区	2155.94	2392.58	2136.62	1013.98	979.40	143.24	255.96		19.32
金平区	932.14	1807.58	922.93	680.61	200.40	41.92	884.65	0.66	9.87
濠江区	1860.71	2271.25	1845.37	539.82	562.31	743.24	425.88		15.34
潮阳区	13787.53	22071.71	13691.27	12466.94	140.21	1084.12	8380.44		96.26
潮南区	11228.40	16921.60	11149.73	9311.81	139.86	1698.06	5771.87		78.67
澄海区	6348.48	12850.10	6303.38	3371.59	2518.64	413.15	6546.72		45.10
南澳县	442.52	659.23	441.19	2.07	87.64	351.48	218.04		1.33
佛山市	**36323.70**	**64467.91**	**36059.47**	**21990.98**	**9067.20**	**5001.29**	**28408.44**	**0.75**	**264.98**
禅城区	200.10	633.17	192.35		169.98	22.37	440.82		7.75
南海区	11891.28	18162.94	11811.46	4101.91	6696.21	1013.34	6351.48		79.82
三水区	11145.01	19510.47	11067.19	7723.12	1106.10	2237.97	8443.28	0.14	77.96
高明区	12024.52	14097.40	11941.33	10165.63	114.05	1661.65	2156.07	0.60	83.79

2-4 续表 1

(2018年)　　单位：公顷

行政区	年初实有耕地面积	年末耕地保有量面积							耕地变动情况	
		合计	实有耕地面积				可调整地类面积	年内增加耕地面积	年内减少耕地面积
			小计	水田	水浇地	旱地			
顺德区	1062.79	12063.93	1047.14	0.32	980.86	65.96	11016.79	0.01	15.66
江门市	**155987.56**	**210116.72**	**155635.99**	**125026.74**	**3579.25**	**27030.00**	**54480.73**	**0.01**	**351.58**
蓬江区	1214.80	2259.59	1210.42	903.30	152.80	154.32	1049.17		4.38
江海区	1832.84	2620.28	1824.51	1520.67	303.54	0.30	795.77		8.33
新会区	17374.28	29638.19	17339.11	16062.18	226.07	1050.86	12299.08		35.17
台山市	56863.56	71918.21	56814.99	49893.52	27.72	6893.75	15103.22		48.57
开平市	31075.36	43452.98	30972.69	24596.19	169.29	6207.21	12480.29		102.67
鹤山市	12919.27	21411.23	12906.15	9909.27	117.67	2879.21	8505.08		13.12
恩平市	34707.45	38816.24	34568.12	22141.61	2582.16	9844.35	4248.12	0.01	139.34
湛江市	**466478.43**	**507168.69**	**466009.04**	**190292.52**	**12000.76**	**263715.76**	**41159.65**	**76.32**	**545.71**
赤坎区	542.10	540.31	540.31	263.00	0.72	276.59			1.79
霞山区	1399.94	1398.91	1398.91	949.18		449.73			1.03
坡头区	14782.13	14757.31	14757.31	7987.62	15.94	6753.75		0.43	25.25
麻章区	23596.05	23518.93	23518.93	11502.87	28.11	11987.95		0.15	77.27
遂溪县	99590.81	100815.14	99462.77	24825.54	3872.16	70765.07	1352.37		128.04
徐闻县	72264.80	78154.66	72203.37	14169.47	7259.28	50774.62	5951.29		61.43
廉江市	83030.83	91593.78	82914.95	52768.87	328.15	29817.93	8678.83	0.36	116.24
雷州市	141960.70	161402.09	142012.16	55664.68	429.60	85917.88	19389.93	75.08	23.62
吴川市	29311.07	34987.56	29200.33	22161.29	66.80	6972.24	5787.23	0.30	111.04
茂名市	**226682.80**	**251192.13**	**226337.21**	**161290.26**	**851.08**	**64195.87**	**24854.92**	**0.32**	**345.91**
茂南区	15703.68	17083.99	15641.01	13559.97	641.89	1439.15	1442.98		62.67
电白区	51010.76	65081.68	50971.09	38010.39	184.89	12775.81	14110.59		39.67
高州市	60112.70	60312.02	60083.57	32882.10	10.28	27191.19	228.45	0.05	29.18
化州市	59515.48	68487.03	59427.54	45789.68	1.91	13635.95	9059.49	0.26	88.20
信宜市	40340.18	40227.41	40214.00	31048.12	12.11	9153.77	13.41	0.01	126.19
肇庆市	**148072.37**	**187627.99**	**147824.52**	**102122.52**	**4788.41**	**40913.59**	**39803.47**	**0.57**	**248.42**
端州区	199.86	198.93	198.93	143.59	11.43	43.91			0.93
鼎湖区	4768.11	9069.07	4684.86	3693.48	15.72	975.66	4384.21		83.25
广宁县	17292.21	20655.92	17284.55	13023.94	3.74	4256.87	3371.37	0.11	7.77
怀集县	42673.44	43126.78	42634.55	24297.17	2077.10	16260.28	492.23	0.40	39.29
封开县	30349.91	33605.12	30308.51	22035.42	79.39	8193.70	3296.61		41.40
德庆县	10982.48	22581.12	10973.47	7830.77		3142.70	11607.65		9.01
高要市	28866.48	35525.61	28823.29	22641.18	2538.37	3643.74	6702.32		43.19
四会市	12939.88	22865.44	12916.36	8456.97	62.66	4396.73	9949.08	0.06	23.58
惠州市	**139027.08**	**149055.99**	**138580.06**	**82050.49**	**11967.65**	**44561.92**	**10475.93**		**447.02**
惠城区	21666.02	23873.29	21558.96	11113.72	6102.14	4343.10	2314.33		107.06
惠阳区	14305.83	16138.02	14223.75	6115.31	1365.88	6742.56	1914.27		82.08
博罗县	49966.96	51971.14	49798.03	27470.02	3679.60	18648.41	2173.11		168.93
惠东县	33747.09	34575.48	33676.93	26054.80	334.76	7287.37	898.55		70.16
龙门县	19341.18	22498.06	19322.39	11296.64	485.27	7540.48	3175.67		18.79
梅州市	**162575.09**	**175906.28**	**162244.95**	**125415.07**	**4255.53**	**32574.35**	**13661.33**	**3.68**	**333.82**
梅江区	3989.43	4744.04	3982.09	2712.63	211.54	1057.92	761.95		7.34
梅县区	20990.05	24477.87	20967.60	16496.00	185.09	4286.51	3510.27		22.45
大埔县	17439.16	17471.24	17356.51	13601.78	40.41	3714.32	114.73		82.65
丰顺县	21943.61	25012.97	21894.54	15329.49	722.46	5842.59	3118.43		49.07
五华县	41092.37	41628.98	40968.96	31542.11	171.27	9255.58	660.02		123.41
平远县	16527.92	17062.95	16508.81	11604.81	2909.44	1994.56	554.14		19.11
蕉岭县	8875.23	9891.02	8864.68	7248.24	1.33	1615.11	1026.34	3.68	14.23

2-4 续表 2

(2018年) 单位：公顷

行政区	年初实有耕地面积	年末耕地保有量面积						耕地变动情况	
		合计	实有耕地面积				可调整地类面积	年内增加耕地面积	年内减少耕地面积
			小计	水田	水浇地	旱地			
兴宁市	31717.32	35617.21	31701.76	26880.01	13.99	4807.76	3915.45		15.56
汕尾市	**96773.12**	**108725.26**	**96588.95**	**68444.99**	**2600.95**	**25543.01**	**12136.31**	**0.91**	**185.08**
城　区	4817.57	4828.04	4796.87	3165.94	601.61	1029.32	31.17	0.14	20.84
海丰县	33891.45	38230.44	33839.70	27310.15	361.46	6168.09	4390.74	0.48	52.23
陆河县	12438.50	12789.35	12385.13	5948.69	607.44	5829.00	404.22	0.05	53.42
陆丰市	45625.60	52877.43	45567.25	32020.21	1030.44	12516.60	7310.18	0.24	58.59
河源市	**143763.07**	**143823.41**	**143449.25**	**108548.53**	**716.89**	**34183.83**	**374.16**	**0.01**	**313.83**
源城区	2373.95	2403.52	2332.53	1321.98	406.27	604.28	70.99		41.42
紫金县	30301.08	30199.82	30198.14	26610.04	95.61	3492.49	1.68		102.94
龙川县	39306.93	39465.83	39264.57	31878.29	58.03	7328.25	201.26	0.01	42.37
连平县	20290.16	20270.98	20269.27	12346.34	119.61	7803.32	1.71		20.89
和平县	23247.37	23239.32	23183.51	16494.04	25.60	6663.87	55.81		63.86
东源县	28243.58	28243.94	28201.23	19897.84	11.77	8291.62	42.71		42.35
阳江市	**149054.33**	**211713.52**	**148777.37**	**101163.61**	**291.67**	**47322.09**	**62936.15**		**276.96**
江城区	21530.72	24594.74	21413.97	14303.60	139.13	6971.24	3180.77		116.75
阳东区	34284.42	47755.22	34235.83	20924.43	2.29	13309.11	13519.39		48.59
阳西县	33945.99	51573.29	33904.44	24847.72	132.75	8923.97	17668.85		41.55
阳春市	59293.20	87790.27	59223.13	41087.86	17.50	18117.77	28567.14		70.07
清远市	**268065.17**	**295999.14**	**267706.70**	**156537.94**	**3898.74**	**107270.02**	**28292.44**	**22.41**	**380.88**
清城区	24121.67	27232.00	23986.95	14485.42	1704.74	7796.79	3245.05	1.02	135.74
清新区	11646.35	18751.29	11638.47	9600.75	134.59	1903.13	7112.82		7.88
佛冈县	42030.31	45946.73	42020.18	17480.43	119.42	24420.33	3926.55	20.52	30.65
阳山县	9965.00	10193.88	9954.20	9369.02		585.18	239.68		10.80
连山县	11029.35	11206.46	11012.41	6384.87	88.03	4539.51	194.05		16.94
连南县	38160.91	42715.49	38108.75	22180.42	1733.40	14194.93	4606.74		52.16
英德市	91094.38	99808.80	91003.46	52827.68	11.11	38164.67	8805.34	0.87	91.79
连州市	40017.20	40144.49	39982.28	24209.35	107.45	15665.48	162.21		34.92
东莞市	**12989.22**	**35515.64**	**12770.26**	**890.56**	**10499.53**	**1380.17**	**22745.38**		**218.96**
中山市	**11622.93**	**48329.90**	**11530.89**	**6092.20**	**5138.66**	**300.03**	**36799.01**		**92.04**
潮州市	**35200.50**	**48460.54**	**35016.97**	**25339.27**	**1312.40**	**8365.30**	**13443.57**	**0.05**	**183.58**
湘桥区	3674.16	5696.05	3649.92	2500.58	239.49	909.85	2046.13		24.24
潮安区	11807.42	18799.86	11724.95	9136.56	702.66	1885.73	7074.91		82.47
饶平县	19718.92	23964.63	19642.10	13702.13	370.25	5569.72	4322.53	0.05	76.87
揭阳市	**86689.39**	**121110.66**	**86316.51**	**66307.02**	**1167.85**	**18841.64**	**34794.15**	**0.54**	**373.42**
榕城区	5041.24	7819.89	4987.59	4527.64	111.91	348.04	2832.30		53.65
揭东区	12661.85	24405.80	12583.53	9263.07	107.12	3213.34	11822.27		78.32
揭西县	19431.83	26993.67	19377.83	15029.17	53.90	4294.76	7615.84	0.17	54.17
惠来县	24908.27	28909.55	24827.25	16709.76	207.97	7909.52	4082.30	0.09	81.11
普宁市	24646.20	32981.75	24540.31	20777.38	686.95	3075.98	8441.44	0.28	106.17
云浮市	**102205.32**	**123617.90**	**101982.24**	**67634.64**	**94.95**	**34252.65**	**21635.66**	**6.41**	**229.49**
云城区	8314.33	8793.89	8282.19	6234.10	31.76	2016.33	511.70	0.04	32.18
云安区	18903.80	22675.55	18880.20	16167.44	22.10	2690.66	3795.35	0.03	23.63
新兴县	13808.30	22439.76	13785.12	8999.79	6.77	4778.56	8654.64		23.18
郁南县	15634.75	15778.11	15584.64	8631.81	24.30	6928.53	193.47	0.01	50.12
罗定市	45544.14	53930.59	45450.09	27601.50	10.02	17838.57	8480.50	6.33	100.38

注：2019年数据因第三次全国国土调查正在进行，目前未有相关数据。本表数据为2018年度土地变更调查确定数。

三、气候与自然灾害

3-1 主要年份各地年平均气温(℃)

年 份	全 省	粤 北	粤东北	粤西北	粤 东	粤 中	粤 西
1952		20.6			21.9	22.6	23.7
1957		19.9	21.0	21.7	21.0	21.5	22.9
1962	21.2	20.1	20.9	21.8	21.0	21.6	22.8
1965	21.6	20.6	21.4	22.1	21.3	21.9	23.4
1970	21.1	19.8	21.1	21.6	21.0	21.4	22.7
1975	21.3	20.3	21.1	21.9	21.3	21.7	23.0
1980	21.7	20.7	21.5	22.5	21.2	22.2	23.4
1985	21.2	20.2	20.9	22.0	21.1	21.6	22.6
1990	22.0	21.1	21.5	22.8	21.8	22.6	23.4
1995	21.4	20.0	21.0	22.2	21.6	22.3	23.0
2000	22.2	20.4	21.9	22.6	22.5	22.5	23.8
2005	22.0	20.5	21.6	22.5	22.2	22.8	23.0
2010	21.9	20.0	21.8	22.4	22.3	22.5	23.3
2011	21.5	19.6	21.7	22.3	22.1	21.4	22.4
2012	21.8	19.6	22.0	22.4	22.3	21.7	23.2
2015	22.6	20.8	22.0	23.4	23.5	22.2	24.3
2016	22.3	20.7	21.7	22.5	23.3	22.0	23.6
2017	22.4	20.8	22.0	22.6	23.5	22.1	23.7
2018	22.3	20.7	22.0	22.6	23.4	22.2	23.5
2019	22.8	20.8	22.3	23.2	23.8	22.7	24.6

3-2 主要年份各地年极端最高气温(℃)

年 份	全 省	粤 北	粤东北	粤西北	粤 东	粤 中	粤 西
1952		40.1			35.6	37.1	35.9
1957		38.7	38.6	36.7	35.0	36.1	36.0
1962	39.9	38.6	38.7	36.9	37.9	36.5	36.2
1965	38.6	38.1	37.3	37.1	34.5	36.1	37.3
1970	39.2	38.3	38.9	36.0	35.9	36.4	36.8
1975	37.2	36.8	36.5	36.4	35.1	34.9	35.1
1980	39.6	39.2	38.4	38.1	34.9	38.1	36.1
1985	38.5	38.5	38.4	36.1	34.9	35.3	35.5
1990	39.5	38.3	38.6	38.7	35.8	38.0	38.1
1995	38.8	38.3	37.6	36.9	36.5	36.9	36.1
2000	39.2	37.0	38.0	36.7	36.9	36.6	35.4
2005	40.3	39.5	39.0	38.4	37.6	39.0	36.8
2010	38.7	37.1	38.4	37.1	36.8	37.1	36.3
2011	38.7	37.7	38.5	37.2	36.1	36.9	35.7
2012	38.4	37.2	37.6	37.0	37.6	36.8	36.4
2015	38.9	37.5	38.1	37.2	37.6	37.6	38.4
2016	40.2	38.9	38.3	37.7	38.3	38.0	36.2
2017	39.9	39.3	38.1	38.0	36.9	38.3	36.0
2018	38.7	37.6	37.7	36.5	37.4	37.0	35.7
2019	40.0	38.6	37.9	37.4	38.5	38.0	37.3

3-3 主要年份各地年极端最低气温(℃)

年 份	全 省	粤 北	粤东北	粤西北	粤 东	粤 中	粤 西
1952		-1.6			3.3	1.6	4.4
1957		-2.0	-2.3	-0.5	1.1	0.0	3.3
1962	-4.2	-1.4	-1.6	2.7	2.1	2.1	7.6
1965	-2.7	0.4	-0.1	4.2	4.5	4.7	6.4
1970	-3.0	-0.6	-1.0	3.0	2.5	2.6	6.4
1975	-5.2	-1.5	-2.7	1.0	1.8	0.9	2.8
1980	-2.6	-1.0	-0.2	3.5	3.6	2.6	4.3
1985	-3.0	0.8	-1.4	4.6	2.1	2.9	7.5
1990	-1.4	0.0	1.9	3.9	4.7	3.4	5.7
1995	-2.2	-0.8	0.4	4.7	5.4	6.4	7.8
2000	-1.3	0.9	1.1	5.2	5.5	4.0	8.2
2005	-3.1	-1.2	-2.0	3.1	2.4	2.1	4.8
2010	-3.4	-1.5	-0.6	2.7	2.5	1.8	4.2
2011	-2.5	-0.9	1.6	4.4	4.7	2.6	4.7
2012	-2.2	-2.0	1.1	5.0	3.9	2.5	5.7
2015	-0.1	1.6	1.3	7.7	7.7	4.8	8.1
2016	-3.6	-1.3	-1.4	2.4	1.7	1.2	2.7
2017	-1.9	-0.3	2.3	5.5	7.9	4.5	7.3
2018	-3.7	-2.2	0.0	2.5	5.3	1.4	4.3
2019	-0.7	1.6	3.0	5.7	9.2	6.1	8.4

3-4 主要年份各地年平均地面温度(℃)

年 份	全 省	粤 北	粤东北	粤西北	粤 东	粤 中	粤 西
1952							
1957		22.3		23.2	23.6	23.9	25.9
1962	23.5	23.3	24.2	24.8	24.3	24.1	26.0
1965	24.3	23.8	25.0	24.7	24.9	24.3	26.6
1970	23.6	22.4	24.0	23.9	24.5	23.4	
1975	23.8	22.6	23.7	24.1	24.3	23.3	25.7
1980	24.7	23.4	24.2	25.4	24.7	25.3	26.8
1985	23.9	22.9	24.5	24.2	24.1	24.2	25.6
1990	24.6	23.7	25.2	24.7	24.4	24.9	26.2
1995	23.7	22.0	24.6	23.7	24.6	23.6	25.7
2000	24.8	23.0	25.4	24.4	26.3	23.8	26.9
2005	24.5	23.3	24.9	23.6	25.3	23.8	26.4
2010	24.2	22.5	25.1	23.8	25.4	24.0	26.6
2011	24.4	22.4	25.9	24.6	26.3	23.9	26.3
2012	24.3	22.1	25.6	23.8	25.2	24.0	26.6
2015	25.1	22.9	24.4	24.7	27.1	24.6	28.1
2016	24.5	22.9	23.9	24.1	26.1	24.2	27.3
2017	25.0	23.9	24.9	23.9	27.1	25.1	27.3
2018	25.0	23.7	24.6	24.3	27.3	24.9	27.6
2019	25.5	23.7	24.8	25.1	27.3	25.5	28.3

3-5　主要年份各地年降雨量(毫米)

年　份	全　省	粤　北	粤东北	粤西北	粤　东	粤　中	粤　西
1952		1564.1			1424.5	1737.4	1752.4
1957		1641.2	1745.5	1914.3	1860.3	1988.5	1327.2
1962	1480.0	1735.4	1348.0	1516.8	1053.4	1521.6	1377.1
1965	1865.4	1189.4	1221.8	2066.1	1270.2	2332.5	1695.2
1970	1853.8	1708.8	1352.0	1482.0	1267.8	1470.4	1618.6
1975	2185.6	2120.8	2039.8	1910.9	1570.0	2516.7	1683.0
1980	1685.4	1459.4	1461.7	1586.1	1369.1	1492.2	2274.0
1985	1865.7	1360.2	1607.8	1726.9	1481.3	1706.0	2411.3
1990	1702.9	1436.6	1709.0	1284.8	2236.9	1239.5	1510.2
1995	1814.2	1506.9	1171.0	1766.4	1512.2	1752.4	2082.9
2000	1751.6	1565.8	1850.9	1318.2	1486.7	1798.9	1762.7
2005	1771.0	1772.2	1647.3	1905.2	1631.3	1986.2	1387.3
2010	1867.7	2104.4	1416.1	1419.6	1350.3	2353.6	1952.3
2011	1390.4	1443.0	1233.1	1277.2	1027.0	1632.3	1408.5
2012	1847.6	2056.3	1460.5	1919.2	1247.1	1813.9	2068.6
2015	1845.7	2128.7	1696.3	1848.1	1446.6	2471.9	1328.9
2016	2321.0	2428.9	2410.3	2132.5	2174.7	2939.7	1820.0
2017	1710.8	1397.2	1396.3	1275.8	1419.0	2067.4	1760.7
2018	1801.8	1695.9	1481.7	1798.7	1484.1	1870.8	2031.7
2019	1918.8	2051.9	1650.5	1522.8	1382.2	2549.4	1432.8

3-6　主要年份各地年降雨日数(日雨量≥0.1毫米)

年　份	全　省	粤　北	粤东北	粤西北	粤　东	粤　中	粤　西
1952		171			155	164	146
1957		166	160	166	132	169	153
1962	148	139	132	148	118	150	126
1965	171	150	138	170	139	165	147
1970	174	191	167	177	132	171	160
1975	198	184	182	188	171	189	171
1980	133	148	121	142	118	126	124
1985	168	170	165	168	134	169	171
1990	152	153	144	159	131	149	158
1995	152	157	147	153	116	148	154
2000	144	153	147	151	115	148	134
2005	146	152	126	148	128	142	132
2010	154	158	157	157	123	160	143
2011	120	130	117	117	87	113	132
2012	173	185	161	173	144	171	161
2015	142	168	148	146	102	147	122
2016	166	164	163	151	159	172	143
2017	150	171	144	124	113	149	145
2018	145	167	142	144	109	151	148
2019	146	162	147	144	124	157	116

3-7 主要年份各地年平均相对湿度(%)

年 份	全 省	粤 北	粤东北	粤西北	粤 东	粤 中	粤 西
1952		78				79	83
1957		77	79	81	84	80	82
1962	79	76	77	79	82	76	80
1965	81	76	80	82	81	81	84
1970	82	78	79	81	83	82	84
1975	82	79	82	81	84	81	83
1980	79	73	77	77	83	77	82
1985	81	75	78	77	82	78	83
1990	80	76	80	77	82	77	83
1995	79	78	77	76	81	73	82
2000	78	78	77	76	77	77	80
2005	76	73	73	74	69	71	80
2010	77	79	74	76	77	73	83
2011	73	72	68	67	73	74	77
2012	79	78	74	76	79	82	82
2015	80	82	79	77	77	78	83
2016	82	82	81	84	80	82	84
2017	80	81	77	84	75	80	86
2018	80	81	75	83	74	82	86
2019	81	82	77	84	78	82	85

3-8 主要年份各地年日照时数(小时)

年 份	全 省	粤 北	粤东北	粤西北	粤 东	粤 中	粤 西
1952					2175.2	1957.0	
1957		1704.1	2009.9	1580.7	2166.2	1752.9	1861.6
1962	1996.3	2181.5	2161.7	2009.8	2401.2	2126.4	1979.3
1965	1933.8	1975.2	2147.2	1857.3	1985.9	1895.6	1991.4
1970	1756.6	1685.4	1908.1	1756.0	1932.5	1772.8	1738.8
1975	1720.3	1516.9	1898.6	1741.2	1650.5	1643.1	1900.3
1980	1933.6	1754.1	1811.1	1945.8	1989.2	1921.8	2036.5
1985	1667.4	1701.6	1926.7	1613.3	1900.6	1406.0	1868.4
1990	1722.3	1613.9	1893.1	1542.8	1921.3	1648.7	1877.4
1995	1695.2	1420.6	1868.7	1704.6	2038.3	1559.6	1828.3
2000	1791.2	1497.2	1672.6	1714.1	2126.3	1609.2	1855.3
2005	1606.1	1491.2	1736.4	1345.6	1849.5	1288.5	1784.4
2010	1647.0	1631.0	1676.9	1356.5	1855.5	1484.0	1878.4
2011	1864.1	1783.8	1901.1	1709.7	2077.9	1878.4	1822.3
2012	1547.9	1501.0	1660.3	1361.1	1650.4	1471.2	1544.0
2015	1735.8	1540.8	1740.4	1583.0	2010.7	1594.3	2008.1
2016	1622.0	1629.2	1553.6	1466.2	1701.0	1451.8	1963.9
2017	1757.3	1738.9	1831.4	1605.4	1994.6	1671.5	1891.9
2018	1705.6	1632.2	1738.2	1607.7	2031.5	1544.3	1980.2
2019	1749.0	1630.8	1831.6	1688.0	2053.6	1658.5	1829.0

3-9 各地平均气温(℃)

(2019年)

月 份	全 省	粤 北(韶关)	粤东北(梅县)	粤西北(高要)	粤 东(汕头)	粤 中(广州)	粤 西(湛江)
1	14.8	11.0	14.4	14.9	17.0	14.9	17.4
2	17.3	12.5	17.1	18.0	18.0	18.0	21.1
3	19.0	16.2	18.4	19.5	18.9	19.3	21.9
4	23.3	21.2	22.7	23.7	23.3	23.4	26.2
5	24.8	23.9	24.5	25.3	24.8	24.8	26.7
6	28.1	27.7	27.6	28.4	28.5	28.0	29.5
7	28.8	28.6	28.8	28.9	29.7	28.7	29.3
8	28.6	28.4	28.9	28.9	29.8	28.3	28.5
9	27.4	26.6	27.0	27.6	29.1	26.7	27.3
10	24.7	22.7	24.0	25.0	26.4	24.1	25.7
11	20.3	17.4	19.0	20.8	21.9	19.5	22.4
12	16.3	12.8	15.2	16.8	17.8	16.0	18.9
全年	22.8	20.8	22.3	23.2	23.8	22.7	24.6

3-10 各地极端最高气温(℃)

(2019年)

月 份	全 省	粤 北	粤东北	粤西北	粤 东	粤 中	粤 西
1	28.6	26.6	25.9	27.0	27.7	26.6	25.6
2	31.8	27.7	29.7	30.4	26.8	27.2	28.3
3	33.3	29.6	31.6	31.3	29.8	28.9	30.3
4	36.6	31.6	33.7	33.4	33.2	32.0	35.1
5	38.1	34.4	35.1	36.2	34.5	34.2	37.3
6	38.0	36.4	37.1	36.7	34.7	36.1	35.8
7	39.2	38.6	37.9	37.1	35.9	38.0	35.5
8	40.0	37.6	37.9	37.4	38.5	37.2	35.4
9	38.3	37.4	36.0	35.5	36.5	36.4	34.5
10	37.6	35.8	36.0	35.8	36.0	35.2	33.1
11	32.6	29.5	31.1	30.9	29.3	31.0	30.4
12	30.4	26.6	27.8	28.5	27.6	29.5	27.2
全年	40.0	38.6	37.9	37.4	38.5	38.0	37.3

3-11 各地极端最低气温(℃)

(2019年)

月 份	全 省	粤 北	粤东北	粤西北	粤 东	粤 中	粤 西
1	1.0	2.7	3.3	7.4	10.6	6.1	8.4
2	3.8	5.8	8.6	9.9	13.3	8.8	12.0
3	5.2	9.1	10.3	11.9	11.8	11.7	13.7
4	11.9	13.6	15.6	16.5	16.1	16.0	20.4
5	13.8	16.8	17.2	17.4	16.2	17.3	20.8
6	17.4	19.8	20.8	23.2	23.4	21.4	23.3
7	21.7	21.9	23.6	23.9	25.5	23.8	24.6
8	21.3	23.4	22.2	23.9	25.1	23.5	23.6
9	12.9	15.4	17.1	19.1	23.5	17.8	21.6
10	7.3	9.9	13.7	14.4	19.6	15.3	17.3
11	6.5	9.4	9.8	12.9	15.3	11.4	15.7
12	-0.7	1.6	3.0	5.7	9.2	6.7	9.6
全年	-0.7	1.6	3.0	5.7	9.2	6.1	8.4

3-12 各地平均地面温度(℃)

(2019年)

月 份	全 省	粤 北 (韶关)	粤东北 (梅县)	粤西北 (高要)	粤 东 (汕头)	粤 中 (广州)	粤 西 (湛江)
1	17.4	12.3	16.6	17.2	19.9	18.2	21.6
2	19.8	14.1	19.2	20.1	22.1	20.5	24.7
3	20.4	17.3	19.5	20.1	21.3	20.7	24.7
4	25.0	22.7	23.8	24.7	26.4	24.9	30.2
5	26.8	26.0	26.2	26.9	27.8	26.2	30.1
6	30.4	30.1	29.6	30.4	30.6	29.7	33.5
7	31.5	32.0	30.8	30.3	32.8	31.3	33.2
8	31.6	32.9	30.9	30.8	33.7	31.0	31.6
9	31.1	31.8	31.0	30.0	34.3	31.4	30.0
10	28.5	26.9	27.7	27.7	32.0	28.6	29.6
11	24.3	22.0	24.0	24.0	26.6	24.4	27.4
12	19.0	15.6	18.4	18.8	20.3	19.2	23.4
全年	25.5	23.6	24.8	25.1	27.3	25.5	28.3

3-13 各地降雨量(毫米)

(2019年)

月 份	全 省	粤 北	粤东北	粤西北	粤 东	粤 中	粤 西
1	6.5	15.3	5.1	2.1	10.5	2.0	0.0
2	84.2	133.4	53.5	80.7	15.2	164.6	27.4
3	210.3	378.0	322.4	148.4	122.8	180.7	95.8
4	310.2	354.9	234.9	208.2	244.9	412.8	61.1
5	310.9	443.9	294.7	236.2	234.3	349.6	294.3
6	293.7	188.9	315.8	290.6	203.4	459.5	199.5
7	223.7	176.5	123.8	193.1	178.4	260.6	123.3
8	320.0	300.3	193.6	261.4	246.8	479.9	345.4
9	100.3	40.8	87.0	85.5	30.2	104.6	196.4
10	44.0	13.6	16.9	16.4	0.0	39.5	83.0
11	0.5	0.1	0.0	0.0	0.0	0.0	6.0
12	14.6	6.2	2.8	0.2	95.7	5.6	0.6
全年	1918.9	2051.9	1650.5	1522.8	1382.2	2459.4	1432.8

3-14 各地降雨日数(日雨量≥0.1毫米)

(2019年)

月 份	全 省	粤 北	粤东北	粤西北	粤 东	粤 中	粤 西
1	7	12	5	9	8	5	0
2	11	19	7	11	5	14	10
3	17	22	17	17	15	18	7
4	16	25	19	14	13	17	8
5	21	21	22	21	14	24	17
6	19	17	19	18	20	19	13
7	20	20	19	21	18	24	20
8	18	14	18	17	17	20	15
9	9	5	10	11	5	9	12
10	5	4	4	4	0	6	10
11	0	1	0	0	0	0	3
12	3	2	7	1	9	1	1
全年	146	162	147	144	124	157	116

3-15 各地平均相对湿度(%)

(2019年)

月 份	全 省	粤 北	粤东北	粤西北	粤 东	粤 中	粤 西
1	79	83	76	83	78	79	86
2	85	88	81	88	85	86	94
3	87	88	82	91	85	89	93
4	89	90	85	94	84	90	93
5	88	88	83	92	81	86	91
6	87	84	84	89	89	84	88
7	85	84	81	87	84	84	86
8	84	83	78	87	81	86	87
9	75	75	69	78	69	79	80
10	74	77	71	78	65	78	80
11	68	71	69	70	65	72	75
12	69	71	69	70	71	69	73
全年	81	82	77	84	78	82	85

3-16 各地日照时数(小时)

(2019年)

月 份	粤北	粤北	粤东北	粤西北	粤东	粤中	粤西
1	98.8	67.3	102.1	96.5	121.6	100.1	97.4
2	65.4	31.9	69.3	59.7	76.2	32.1	101.9
3	71.5	58.5	97.2	48.8	94.5	57.1	87.9
4	80.2	65.2	74.3	43.9	115.9	43.6	134.3
5	87.9	84.1	84.9	81.5	118.6	61.9	133.8
6	138.5	148.2	127.8	144.0	161.5	114.3	171.8
7	158.7	162.9	162.5	165.2	203.7	136.1	177.1
8	185.2	204.1	209.6	189.0	232.2	186.4	144.3
9	243.7	261.1	261.4	249.7	277.8	258.3	198.0
10	208.2	183.4	226.1	200.4	252.5	222.1	200.2
11	241.5	210.9	255.8	246.5	243.2	269.5	211.4
12	169.4	153.2	160.6	162.8	155.9	177.0	170.9
全年	1749.0	1630.8	1831.6	1688.0	2053.6	1658.5	1829.0

3-17 自然灾害损失情况

(2019年)

市　别	受灾人口(人)	因灾死亡人口(人)	因灾失踪人口(人)	因灾伤病人口(人)	紧急转移安置人　口(人)	需紧急生活救助人口(人)	需过渡性生活救助人口(人)	因旱需生活救助人口(人)	其中：因旱饮水困难需救助人口(人)
全　省	1052331	62	2	11	103854	10494	4771	12516	12516
广州市	12164				591				
韶关市	39510	2			4608			12516	12516
深圳市	1216	13			1203				
珠海市	2085				2085				
汕头市									
佛山市	60								
江门市	53635				1680				
湛江市	121701	2	2	5	11300		7		
茂名市	14308	1			1973	36	68		
肇庆市	12332	2			773				
惠州市	3977	1			1312		14		
梅州市	62554	3		1	5287	440	74		
汕尾市	3551				3273		5		
河源市	480514	24		5	60445	9511	4354		
阳江市	133250	6			6066	507	205		
清远市	33242	8			722				
东莞市	2								
中山市									
潮州市	75994				360				
揭阳市									
云浮市	2236				2176		44		

3-17 续表 1

(2019年)

市 别	农作物受灾面积(公顷)	其中：农作物成灾面积(公顷)	其中：农作物绝收面积(公顷)	草场受灾面积(公顷)	因灾死亡大牲畜(只)	因灾死亡羊只(只)	倒塌房屋间数(间)	其中：倒塌农房间数(间)	倒塌房屋户数(户)	其中：倒塌农房户数(户)
全 省	108356.99	35344.95	4482.83		1256	30	6417	2136	1438	709
广州市	532.00	130.60	75.30		10		8	8	3	3
韶关市	5069.32	1170.74	174.54		4		1153	580	429	241
深圳市										
珠海市	760.00									
汕头市										
佛山市	16.67	16.67								
江门市	450.70									
湛江市	55879.08	4551.60	1008.33				8	8	3	3
茂名市	2052.25	676.72	177.48				144	144	38	38
肇庆市	1908.44	725.56					453	450	134	133
惠州市	2490.68	1804.48	225.52				8	8	5	5
梅州市	4132.21	879.58	12.94		42		892	488	136	78
汕尾市							1	1	1	1
河源市	22291.18	19884.77	2406.41				3455	267	540	112
阳江市	7290.41	3215.37	297.34				104	104	53	51
清远市	2759.71	1472.75	65.16		1200	30	157	44	80	29
东莞市										
中山市										
潮州市	1879.60	618.60					1	1	1	
揭阳市										
云浮市	844.75	197.51	39.80				33	33	15	15

3-17 续表 2

(2019年)

市别	严重损坏房屋间数(间)	其中：严重损坏农房间数(间)	严重损坏房屋户数(户)	其中：严重损坏农房户数(户)	一般损坏房屋间数(间)	其中：一般损坏农房间数(间)	一般损坏房屋户数(户)	其中：一般损坏农房户数(户)
全　省	2130	1060	1518	578	6168	1273	2297	835
广州市								
韶关市	93	88	41	38	100	58	38	22
深圳市								
珠海市								
汕头市								
佛山市								
江门市								
湛江市	8	8	6	6	44	44	35	35
茂名市	22	22	13	13	497	497	476	476
肇庆市	3	3	1	1	34	34	1	1
惠州市	10	10	9	9	26	26	23	23
梅州市	202	193	110	103	2562	498	237	230
汕尾市								
河源市	1603	670	1239	359	2473	78	1455	32
阳江市	57	57	41	41	4	4	4	4
清远市	106	7	56	6	128	32	26	10
东莞市								
中山市								
潮州市	24				299	1	1	1
揭阳市								
云浮市	2	2	2	2	1	1	1	1

3–17　续表 3

(2019年)

市　别	直接经济损失(万元)	其中：农业损失(万元)	工矿企业损失(万元)	基础设施损失(万元)	公益设施损失(万元)	家庭财产损失(万元)
全　省	561025.06	111186.79	19113.35	254567.64	10125.87	99990.29
广州市	5724.90	2574.90		3150.00		
韶关市	34656.78	3648.02	1526.50	6811.10	301.00	1491.60
深圳市						
珠海市	869.00	869.00				
汕头市						
佛山市	25.50	25.50				
江门市	12828.13	8237.73	1790.00	977.40	1229.00	
湛江市	10902.06	4115.94	12.85	6490.70	35.07	247.50
茂名市	8115.20	960.10	15.00	1123.00	323.60	1667.80
肇庆市	16332.47	2189.47	30.00	9344.10	1780.00	2930.60
惠州市	2365.40	1529.10		713.00	31.50	91.80
梅州市	45204.80	2865.45		3132.55		798.15
汕尾市	2.20					2.20
河源市	382520.80	65531.15	14969.00	206371.41	4611.90	91036.34
阳江市	14666.06	9470.75	100.00	4475.31	270.00	350.00
清远市	11385.67	5581.50		3550.07	139.00	382.20
东莞市						
中山市						
潮州市	14202.50	3405.00	670.00	8286.00	743.50	948.00
揭阳市						
云浮市	1223.58	183.18		143.00	661.30	44.10

3-18　救灾工作情况

(2019年)

市　别	启动响应次数(次)	已救助人　口(人)	已重建住房户数(户)	已重建住房间数(间)	已维修住房户数(户)	已维修住房间数(间)
全　省	63	27758	1094	3218	1500	2445
广　州			3	8		
深　圳	1	27				
珠　海						
汕　头						
佛　山						
韶　关		137	233	703	7	17
河　源	39	23218	540	1532	1258	2037
梅　州		34	34	108	128	205
惠　州			4	7	1	1
汕　尾	6		1	1		
东　莞						
中　山						
江　门	2					
阳　江		3940	53	104	41	57
湛　江	5	375	3	8	6	8
茂　名			38	151	3	6
肇　庆			121	416		
清　远	6		49	147	54	112
潮　州						
揭　阳						
云　浮	4	27	15	33	2	2

3-18 续表 1

(2019年)

市别	本级支出自然灾害生活补助资金总数(万元)	其中：已支出应急生活补助资金(万元)	已支出遇难人员家属抚慰金(万元)	已支出过渡性生活救助资金(万元)	已支出恢复重建补助资金(万元)	已支出旱灾救助资金(万元)
全省	6698.64	1452.59	306.00	339.41	4600.65	
广州	9.00				9.00	
深圳						
珠海						
汕头						
佛山						
韶关	244.90	5.90	4.00		235.00	
河源	5948.44	1446.69	274.00	300.95	3926.80	
梅州	48.45		4.00	7.20	37.25	
惠州	4.00				4.00	
汕尾	5.00				5.00	
东莞						
中山						
江门						
阳江	75.95				75.95	
湛江	22.65		8.00	1.45	13.20	
茂名	38.00				38.00	
肇庆	53.00				53.00	
清远	199.83		16.00	24.63	159.20	
潮州						
揭阳						
云浮	49.43			5.18	44.25	

3-18 续表 2

(2019年)

市 别	上级财政安排的自然灾害生活补助资金(万元)	本级接收的捐赠资金自然灾害生活补助支出(万元)	下级接收的捐赠资金自然灾害生活补助支出(万元)	本级生活类救灾物资投入折款(万元)	下级生活类救灾物资投入折款(万元)
全 省	7774.88	91.50	128.20	565.39	230.14
广 州	5.50			20.00	
深 圳					
珠 海					
汕 头					
佛 山					
韶 关	848.98			35.24	
河 源	5850.80	82.00	126.00	414.08	216.00
梅 州	134.60				
惠 州	137.00				
汕 尾	190.00				
东 莞					
中 山					
江 门					
阳 江	204.86		2.20	75.85	9.14
湛 江	17.20				
茂 名	146.20			3.00	5.00
肇 庆	39.00			17.22	
清 远	145.00				
潮 州					
揭 阳					
云 浮	55.75	9.50			

四、农业技术装备

3月8日　省农业农村厅在湛江雷州市举办全省春耕生产现场会暨支农服务下乡活动，省委常委叶贞琴出席活动。

3月8日　省农业农村厅顾幸伟厅长在全省春耕生产现场会暨支农服务下乡活动上为“广东农机农事服务联盟”揭牌。

3 月 22 日　省农业农村厅在江门开平市召开广东省水稻机械化种植技术培训暨现场演示会。

6 月 20 日　省农业农村厅、阳江市农业农村局和阳西县人民政府在阳西县联合举办以“防风险、除隐患、遏事故”为主题的“2019 年广东省农机安全生产宣传咨询日活动”。

10 月 17 日　省农业农村厅在潮州市潮安区举办“2019 年广东主要农作物全程机械化推进行动之茶叶生产机械化技术培训暨现场推广活动”。

11 月 5 日　省农业农村厅在清远市召开全省农机社会化服务工作培训交流会。

12月24-26日　省农业农村厅在清远市举办丘陵山区生产机械化现场演示暨推广活动。

4-1 农机化服务组织及人员

(2019年)

市　别	农机服务组织		农机户		农机维修厂及维修点		乡村农机从业人员年末人数(人)
	机构数(个)	人数(人)	机构数(个)	人数(人)	机构数(个)	人数(人)	
全　省	2242	25434	1050738	1283200	7151	18449	1036957
广　州	45	350	36779	45332	133	395	11925
珠　海	10	187	9248	20529	111	210	2223
汕　头	129	831	3352	4098	42	145	3791
佛　山	2	15	58972	88234	101	255	55293
韶　关	54	1578	148403	152940	376	699	93973
河　源	34	265	27146	27296	308	664	46580
梅　州	108	3540	32375	39655	634	1578	45307
惠　州	69	952	47119	49033	226	770	49524
汕　尾	36	639	18979	19785	414	1092	28505
东　莞	1		7681	8922	8	34	1932
中　山	8	38	25263	26312	48	162	32768
江　门	201	2760	35601	54670	1147	2847	79340
阳　江	20	387	38344	44045	267	786	32722
湛　江	932	5947	196447	302745	862	2537	255026
茂　名	58	1265	132986	141582	682	1575	62928
肇　庆	212	1973	86431	93722	458	1132	91235
清　远	119	1857	60690	68344	398	900	54438
潮　州	40	552	14328	16052	209	677	5493
揭　阳	83	617	14336	16765	449	1195	20738
云　浮	81	1681	56258	63139	278	796	63216

4-2 农业机械作业情况

(2019年) 单位：千公顷

市别	农机化作业总体情况				
	机耕面积	机播面积	机电灌溉面积	机械植保面积	机收面积
全省	3724.21	404.32	1789.28	1542.77	1825.78
广州	180.53	4.13	169.30	35.95	29.08
珠海	12.07	3.35	1.23	9.53	3.87
汕头	89.36	7.97	38.45	47.76	44.09
佛山	57.76	1.98	38.12	35.22	5.83
韶关	197.63	16.81	31.12	66.72	114.43
河源	146.46	13.32	15.39	24.30	87.31
梅州	249.24	21.73	90.72	59.88	147.37
惠州	260.54	27.23	109.21	199.11	110.02
汕尾	139.88	15.86	28.41	47.70	67.33
东莞	22.97	0.91	14.62	15.76	3.92
中山	22.85	0.91	18.83	19.75	1.91
江门	241.65	97.15	143.22	98.88	171.18
阳江	189.32	19.44	79.88	51.75	101.25
湛江	612.77	51.05	456.60	216.97	251.35
茂名	387.92	35.25	157.85	235.85	223.73
肇庆	246.52	27.87	176.13	163.12	163.30
清远	295.47	16.52	21.23	85.39	134.17
潮州	52.74	9.62	31.19	11.77	30.67
揭阳	186.70	16.80	98.95	7.06	69.18
云浮	131.83	16.42	68.82	110.29	65.80

4-2 续表 1

(2019年) 单位：千公顷

市别	主要农作物农机化作业情况					
	水稻机耕面积	水稻机械种植面积	水稻机收面积	玉米机耕面积	大豆机耕面积	花生机耕面积
全省	1763.45	382.55	1651.77	94.47	23.15	255.71
广州	20.20	3.75	20.03	2.24	0.42	3.77
珠海	3.87	3.33	3.86	0.09		0.07
汕头	44.40	7.97	43.93	2.02	0.10	1.50
佛山	5.61	1.39	5.25	1.15	0.03	0.55
韶关	98.80	14.87	94.78	3.35	2.42	35.05
河源	114.02	9.86	83.72	1.68	1.06	8.65
梅州	158.38	21.53	141.94	4.31	2.84	6.82
惠州	83.79	22.88	81.84	19.55	1.90	21.13
汕尾	67.40	15.80	67.06	1.47	1.11	10.80
东莞	0.48	0.50	0.49	0.15	0.09	0.06
中山	1.38	0.71	1.38	0.77		
江门	168.67	96.32	166.22	2.23	1.62	9.06
阳江	101.77	19.41	101.22	5.05	3.59	14.10
湛江	219.33	44.06	219.17	20.32	1.44	59.36
茂名	206.62	34.82	190.65	5.38	1.23	27.62
肇庆	160.73	27.75	155.32	5.17	0.11	11.82
清远	115.22	14.84	110.13	10.45	1.73	25.50
潮州	30.87	9.62	30.67	1.37		0.34
揭阳	79.69	16.80	68.47	3.00	2.68	6.53
云浮	82.23	16.35	65.64	4.73	0.78	12.99
农垦						

4-2 续表 2

(2019年) 单位：千公顷

市别	单项农机化作业情况				
	机械深耕面积	机械深松面积	机械深施化肥面积	机械铺膜面积	农田机械节水灌溉面积
全省	455.84	4.95	11.71	2.12	265.12
广州					28.65
珠海					
汕头					5.03
佛山	1.01		2.07		10.31
韶关	0.09	0.09			13.46
河源	0.04	0.04			0.01
梅州	25.91		6.90		9.92
惠州	130.26				9.23
汕尾	1.66	0.32			8.29
东莞	1.61				2.29
中山	6.53		1.61		10.38
江门					2.06
阳江	0.01	0.01			0.99
湛江	198.53	1.57	1.13	2.12	91.29
茂名	29.63	2.32			11.69
肇庆	21.13				15.90
清远	0.60	0.60			7.22
潮州					4.99
揭阳					18.44
云浮	38.82				14.98
农垦					

4-2 续表 3

(2019年)

市别	单项农机化作业情况				
	机械化秸秆还田面积	机械脱出粮食数量(万吨)	机械化饲草料加工数量(万吨)	农田基本建设作业量(万立方米)	农机跨区作业面积(千公顷)
全省	608.33	1132.73	452.28	6028.17	378.07
广州	0.25	9.86	2.51	258.27	2.98
珠海		2.17			0.51
汕头	43.93	30.18	2.85	0.84	37.10
佛山		3.43	1.18	269.04	0.20
韶关	24.68	62.37	2.73	1093.91	7.60
河源	37.29	112.26	3.37	0.30	3.34
梅州	95.73	105.51	7.91	74.45	31.85
惠州	32.90	44.63	22.12	815.86	29.27
汕尾	41.56	30.62	9.90	37.04	1.64
东莞		0.13		92.30	
中山	6.15	2.12		113.48	0.14
江门	103.29	89.86	2.69	79.95	12.82
阳江	95.29	56.70	41.57	1219.76	20.12
湛江	5.13	130.51	22.89	94.30	41.04
茂名	1.67	149.87	174.97	120.22	21.48
肇庆	40.22	117.13	32.54	1663.80	17.87
清远	25.89	62.17	1.14	30.86	39.94
潮州	17.89	22.73	4.11		3.25
揭阳	3.08	43.91	0.95	23.50	81.06
云浮	33.40	56.58	118.85	40.28	25.88
农垦					

4-3 农业机械年末拥有量

(2019年)

项　　目	计算单位	数　量	项　　目	计算单位	数　量
农业机械总动力合计	万千瓦	2455.7896	1.水泵	台	768405
1.柴油发动机动力	万千瓦	1564.64	2.节水灌溉机械	套	140645
2.汽油发动机动力	万千瓦	210.80	三、收获机械		
3.电动机动力	万千瓦	669.54	1.谷物联合收割机	台	28500
4.其他机械动力	万千瓦	10.82	2.机动脱粒机	台	537444
一、耕整地机械			3.秸秆粉碎还田机	台	6263
1.耕整机	(万台(套))	14.33	四、水产机械		
	万千瓦	62.73	1.增氧机	台	1071804
2.微耕机	(万台(套))	26.99	2.投饵机	台	113339
	万千瓦	119.89	五、农业航空器		
二、农用排灌机械			1.植保无人机	台	699

4-4 各市农业机械年末拥有量

(2019年)

市 别	农业机械总动力(万千瓦)	1.柴油发动机动力(万千瓦)	2.汽油发动机动力(万千瓦)	3.电动机动力(万千瓦)	4、其他机械动力(万千瓦)	耕整地机械	
						耕整机(万台(套))	微耕机(万台(套))
全 省	2455.79	1564.64	210.80	669.54	10.82	14.33	26.99
广州市	124.17	62.11	19.27	42.79		0.11	0.69
珠海市	27.20	4.86	1.40	20.94		0.01	0.01
汕头市	31.13	20.23	2.72	7.44	0.73	0.03	0.12
佛山市	91.76	42.02	6.16	42.88	0.70	0.30	0.13
韶关市	169.52	132.95	6.92	29.11	0.54	2.78	2.21
河源市	78.39	53.76	10.24	13.06	1.34	1.09	1.85
梅州市	131.83	75.26	20.17	34.15	2.24	1.69	2.24
惠州市	111.11	75.31	12.55	23.25		0.39	0.42
汕尾市	108.32	89.78	5.32	12.96	0.26	0.08	0.21
东莞市	48.30	29.57	2.01	16.72		0.37	0.24
中山市	80.86	32.93	8.16	39.78		0.02	0.15
江门市	177.76	98.89	9.38	68.89	0.60	0.91	0.10
阳江市	109.51	83.84	5.10	20.57		0.03	1.68
湛江市	426.94	324.57	5.99	94.88	1.51	1.11	1.11
茂名市	208.19	121.06	42.52	44.61		0.44	6.36
肇庆市	175.32	74.62	24.61	76.10		1.09	4.64
清远市	110.06	74.39	7.96	27.40	0.31	1.17	2.43
潮州市	41.32	25.32	4.76	9.62	1.62	0.27	0.04
揭阳市	55.08	42.11	1.25	11.73		0.07	0.03
云浮市	102.56	75.01	8.71	18.84		2.39	2.32
农 垦	46.45	26.05	5.60	13.84	0.97		

4-4 续表

市别	排灌机械		秸秆粉碎还田机(万台)	植保无人机(架)	收获机械		水产机械	
	水泵(万台)	节水灌溉机械(万台(套))			谷物联合收割机(万台)	机动脱粒机(万台)	增氧机(万台)	投饵机(万台)
全省	76.84	14.06	0.6263	699	2.85	53.74	107.18	11.33
广州市	4.48	2.21	0.0002	97	0.02	1.40	9.91	2.87
珠海市	5.24	0.02		37	0.01		13.87	0.40
汕头市	0.54	0.11	0.0002	22	0.01	0.01	3.05	0.04
佛山市	3.99	0.20	0.0003	2	0.00	1.23	17.13	0.96
韶关市	2.58	0.06	0.0004	19	0.49	6.52	0.79	0.53
河源市	0.94	0.36	0.0004	19	0.24	4.13	0.55	0.05
梅州市	3.71	0.86	0.2007	63	0.21	5.50	1.21	0.38
惠州市	3.72	0.54	0.0212	25	0.15	2.21	2.53	0.41
汕尾市	2.20	0.43	0.0003	4	0.15	0.60	2.83	0.02
东莞市	0.71	0.13			0.00	0.15	0.13	0.14
中山市	3.42	1.01		5	0.01	0.07	8.15	0.52
江门市	7.07	0.24	0.0589	229	0.50	1.71	7.51	0.48
阳江市	2.48	0.08	0.0128	7	0.16	2.34	6.12	0.13
湛江市	19.42	6.89	0.3177	76	0.41	0.56	16.10	2.20
茂名市	7.95	0.04	0.0024	38	0.12	9.96	8.15	1.11
肇庆市	3.23	0.29	0.01	11	0.09	5.58	3.84	0.65
清远市	1.28	0.14	0.0004	37	0.19	2.08	1.88	0.34
潮州市	0.99	0.03		2	0.00	0.05	1.91	0.07
揭阳市	1.82	0.32		3	0.01	0.12	0.75	
云浮市	1.07	0.10	0.0004	3	0.08	9.52	0.78	0.05
农垦								

4-5 主要年份农村用电和农业化学化情况

(2019年)

项 目	单位	1985	1990	1995	2000	2005	2010	2015	2018	2019
一、化肥施用量										
折纯量	万吨	102.67	162.41	195.71	176.20	204.62	233.42	238.17	231.32	225.79
氮肥	万吨	69.37	95.82	99.49	95.89	93.78	94.93	90.78	88.64	86.27
磷肥	万吨	14.62	20.08	27.16	18.36	18.96	24.75	29.03	27.05	26.45
钾肥	万吨	13.97	27.57	34.14	35.84	41.54	46.74	47.00	44.86	43.27
复合肥	万吨	4.71	18.94	34.92	26.11	50.34	67.16	71.47	70.77	69.80
二、农药施用量	**万吨**	**7.27**	**7.95**	**8.05**	**8.47**	**8.50**	**9.10**	**9.23**	**9.37**	**8.75**
三、农村用电量	**万千瓦时**	**266399**	**581030**	**1862658**	**4054461**	**7682272**	**10442606**	**13261980**	**14430988**	**14480376**

4-6 农村用电和农业化学化情况

(2019年)

项 目	单 位	数 量	项 目	单 位	数 量
一、农村用电量	**万千瓦时**	**14480376**	复合肥	吨	698031
二、农用化肥施用量			**三、农用塑料薄膜使用量**	**吨**	**43842**
按折纯量计算	吨	2257894	其中：地膜使用量	吨	24246
氮肥	吨	862687	地膜覆盖面积	公顷	1977305
磷肥	吨	264492	**四、农药使用量**	**吨**	**87489**
钾肥	吨	432684	**五、农用柴油使用量**	**吨**	**855457**

4-7 各市农村用电和农业化学化情况

(2019年)

市别	农村用电量(万千瓦时)	农用化肥施用量 按折纯量计算(吨)	氮肥	磷肥	钾肥	复合肥	农用塑料薄膜使用量(吨)	地膜使用量	农药使用量(吨)
广州市	1478089	102875	15979	3158	7701	76037	2635	1913	2863
深圳市	2980	9633	1359	2209	897	5168	397	127	247
珠海市	199781	5773	2923	489	671	1690	2079	132	203
汕头市	304617	49454	22410	3910	8127	15007	1151	333	2803
佛山市	1773084	25698	8866	2345	2972	11515	1214	718	1125
韶关市	112846	94930	34221	9802	17407	33500	4034	2506	3942
河源市	81906	120238	54045	28161	15177	22855	1473	1059	2352
梅州市	133124	146428	72019	10153	23892	40364	3368	2092	4438
惠州市	382971	86119	33979	10617	20712	20811	2684	1838	4379
汕尾市	151974	57877	26213	6486	12691	12487	1742	696	2293
东莞市	5842196	3223	1517	288	513	905	438	243	520
中山市	707646	11862	3193	1153	1803	5713	1189	639	557
江门市	1726227	123049	39305	8525	25333	49886	6299	3139	5962
阳江市	51477	95738	30550	16021	17945	31222	1521	709	4087
湛江市	205623	436039	169891	67921	99849	98378	2685	2129	16063
茂名市	147393	345929	116798	26221	83512	119398	2409	587	11958
肇庆市	185545	165544	74749	25205	29143	36447	2149	1293	4944
清远市	81739	163995	57012	16859	27370	62754	2495	1679	6993
潮州市	522651	43251	17804	5216	6696	13535	1035	630	2846
揭阳市	198637	102303	54735	8346	20207	19015	889	497	4471
云浮市	189870	67936	25119	11407	10066	21344	1956	1287	4443

4-8 各县(市、区)农村用电和农业化学化情况

(2019年)

市别	农村用电量(万千瓦时)	农用化肥施用量					农用塑料薄膜使用量(吨)		农药使用量(吨)
		按折纯量计算(吨)	氮肥	磷肥	钾肥	复合肥		地膜使用量	
广州市	**1478089**	**102875**	**15979**	**3158**	**7701**	**76037**	**2635**	**1913**	**2863**
越秀区									
海珠区	41340	72	23	9	21	19	4	4	7
荔湾区	24000	47				47	203		6
天河区	25091	41	10	2	8	21	3	3	5
白云区	265111	15237	980	110	450	13697	101	96	244
黄埔区	63027	2376	713	105	133	1425	30	9	218
番禺区	405074	4300	921	382	475	2522	231	116	305
花都区	238617	10547	3233	371	603	6340	510	416	476
南沙区	334475	18124	1328	239	842	15715	585	401	442
从化区	21689	18701	6097	1271	3497	7836	288	223	469
增城区	59665	33430	2674	669	1672	28415	680	645	691
深圳市	**2980**	**9633**	**1359**	**2209**	**897**	**5168**	**397**	**127**	**247**
福田区									
罗湖区		6	1	1	2	2	1	1	
盐田区		6	2	1	1	2	1	0	2
南山区		1181	110	224	375	472	8	3	15
宝安区		31	12	6	6	7	60		
龙岗区		1729	27	114	53	1535	256	88	19
龙华区		955	92	145	0	718			
坪山区		995	310	50	205	430	22	16	93
光明区		814	109	98	61	546	30	18	1
深汕合作区	2980	3916	696	1570	194	1456	19	1	117
珠海市	**199781**	**5773**	**2923**	**489**	**671**	**1690**	**2079**	**132**	**203**
香洲区	91	37	18	2	1	16	1		
金湾区	97651	1966	1142	70	35	719	651	6	78
斗门区	102039	3770	1763	417	635	955	1427	126	125
汕头市	**304617**	**49454**	**22410**	**3910**	**8127**	**15007**	**1151**	**333**	**2803**
金平区	25834	905	574	95	96	140	8	8	60
龙湖区	17718	2681	790	585	264	1042	121	53	120
澄海区	54800	15552	4585	708	2105	8154	635	130	925
濠江区	12870	2372	987	312	425	648	23	18	93
潮阳区	97703	15614	7858	1165	2661	3930	256	62	715
潮南区	95527	12091	7518	1017	2520	1036	101	62	880
南澳县	165	239	98	28	56	57	7	0	10
佛山市	**1773084**	**25698**	**8866**	**2345**	**2972**	**11515**	**1214**	**718**	**1125**
禅城区	336490	50	18	3	10	19	0	0	0
南海区	**326939**	**5313**	**1256**	**258**	**464**	**3335**	**376**	**125**	**278**
顺德区	877897	6220	2370	280	354	3216	414	249	280
高明区	17780	8230	2895	1673	1450	2212	195	170	163
三水区	213978	5885	2327	131	694	2733	229	174	404
韶关市	**112846**	**94930**	**34221**	**9802**	**17407**	**33500**	**4034**	**2506**	**3942**
浈江区	4236	4274	1357	918	514	1485	339	71	169
武江区	4983	5114	2191	981	554	1388	84	82	223
曲江区	22536	8506	3928	729	1396	2453	320	124	226
乐昌市	4820	18976	5050	2043	3667	8216	277	142	781
南雄市	14435	16209	5640	1331	2883	6355	905	619	785
仁化县	9730	10611	2226	1296	3023	4066	616	386	709
始兴县	10506	7217	2378	1039	1649	2151	450	344	260
翁源县	21499	16941	8326	1040	2840	4735	691	428	697
新丰县	11951	3338	1941	199	277	921	51	49	67
乳源县	8150	3744	1184	226	604	1730	301	261	25

4-8 续表 1

(2019年)

市　别	农　村 用电量 (万千瓦时)	农用化肥施用量 按折纯 量计算 (吨)	氮肥	磷肥	钾肥	复合肥	农用塑 料薄膜 使用量 (吨)	地　膜 使用量	农　药 使用量 (吨)
河源市	**81906**	**120238**	**54045**	**28161**	**15177**	**22855**	**1473**	**1059**	**2352**
源城区	4260	2303	877	568	325	533	8	8	52
东源县	14901	21212	9414	4753	2591	4454	214	179	460
和平县	7110	15248	5975	3814	2027	3432	285	165	366
龙川县	18678	28300	13054	6026	3482	5738	504	504	594
紫金县	25174	30320	15319	6009	3400	5592	54	45	576
连平县	11783	22855	9406	6991	3352	3106	408	158	304
梅州市	**133124**	**146428**	**72019**	**10153**	**23892**	**40364**	**3368**	**2092**	**4438**
梅江区	6872	8570	4437	448	1250	2435	181	136	248
梅县区	35587	36893	17898	1788	6796	10411	408	69	1347
兴宁市	22793	22643	12001	1550	4010	5082	539	285	1115
平远县	8009	9187	5202	903	1228	1854	372	301	293
蕉岭县	6739	5926	2386	558	1595	1387	575	232	208
大埔县	5813	20672	9890	1352	3028	6402	498	380	525
丰顺县	17125	19604	6812	1845	2847	8100	115	52	369
五华县	30186	22933	13393	1709	3138	4693	680	637	333
惠州市	**382971**	**86119**	**33979**	**10617**	**20712**	**20811**	**2684**	**1838**	**4379**
惠城区	76227	14765	6446	1624	2909	3786	264	231	487
惠阳区	98096	7160	2702	608	1618	2232	368	353	141
惠东县	106509	20549	8729	3592	5526	2702	685	242	455
博罗县	91908	30527	12097	3463	7235	7732	1065	927	2594
龙门县	10231	13118	4005	1330	3424	4359	302	85	702
汕尾市	**151974**	**57877**	**26213**	**6486**	**12691**	**12487**	**1742**	**696**	**2293**
市城区	23682	3246	1143	443	240	1420	50	50	132
陆丰市	81181	33025	14110	4103	7218	7594	1101	270	1083
海丰县	38709	16119	9544	1564	3902	1109	560	345	944
陆河县	8402	5487	1416	376	1331	2364	31	31	134
东莞市	**5842196**	**3223**	**1517**	**288**	**513**	**905**	**438**	**243**	**520**
中山市	**707646**	**11862**	**3193**	**1153**	**1803**	**5713**	**1189**	**639**	**557**
江门市	**1726227**	**123049**	**39305**	**8525**	**25333**	**49886**	**6299**	**3139**	**5962**
蓬江区	**304070**	**2489**	**838**	**492**	**309**	**850**	**266**	**53**	**93**
江海区	16414	4924	1136	470	890	2428	1018	369	600
新会区	448758	13970	4425	708	2190	6647	2315	983	1119
台山市	381493	46536	16619	3029	12749	14139	1018	450	2014
开平市	67365	25320	7564	1847	4652	11257	960	647	1098
鹤山市	290849	13806	5615	715	1446	6030	383	298	428
恩平市	217278	16004	3108	1264	3097	8535	339	339	610
阳江市	**51477**	**95738**	**30550**	**16021**	**17945**	**31222**	**1521**	**709**	**4087**
江城区	**5748**	**3829**	**1060**	**554**	**801**	**1414**	**185**	**35**	**505**
阳东区	12588	20765	4922	5781	3273	6789	388	217	1007
阳春市	10590	47936	15947	3954	10654	17381	520	351	1629
阳西县	16477	19509	7318	4858	2706	4627	359	97	788

4-8 续表 2

(2019年)

市 别	农村用电量(万千瓦时)	农用化肥施用量					农用塑料薄膜使用量(吨)		农药使用量(吨)
		按折纯量计算(吨)	氮肥	磷肥	钾肥	复合肥		地膜使用量	
湛江市	**205623**	**436039**	**169891**	**67921**	**99849**	**98378**	**2685**	**2129**	**16063**
赤坎区	962	640	140	68	156	276	0	0	13
霞山区	720	837	295	63	195	284	0	0	7
麻章区	21447	33197	10951	6364	7800	8082	503	256	774
坡头区	9152	7859	2563	458	2550	2288	28	0	282
雷州市	29792	98318	34063	22511	19358	22386	969	933	3866
廉江市	70642	94500	44195	8004	19951	22350	335	194	2586
吴川市	29585	14576	4510	2278	3891	3897	43	16	1108
遂溪县	32073	93619	32930	16158	23132	21399	561	499	5504
徐闻县	11250	92493	40244	12017	22816	17416	246	231	1923
茂名市	**147393**	**345929**	**116798**	**26221**	**83512**	**119398**	**2409**	**587**	**11958**
茂南区	11570	16327	5823	1095	3321	6088	142	122	772
电白区	52158	51221	15719	1713	11242	22547	610	94	2193
信宜市	23694	75289	19535	5063	19716	30975	191	54	1321
高州市	25556	117380	42520	10005	29199	35656	1315	229	4202
化州市	34415	85712	33201	8345	20034	24132	151	88	3470
肇庆市	**185545**	**165544**	**74749**	**25205**	**29143**	**36447**	**2149**	**1293**	**4944**
端州区	0	14	7	3	2	2	0	0	0
鼎湖区	11521	4967	1871	1251	690	1155	96	69	240
高要区	27956	30301	12290	3263	8310	6438	1143	772	777
四会市	114329	23250	11263	1342	4409	6236	83	51	986
广宁县	9821	15442	9528	1332	1414	3168	22	16	552
德庆县	873	24176	7360	6657	4026	6133	559	196	598
封开县	8607	36266	17031	2250	5015	11970	246	189	1305
怀集县	12438	31128	15399	9107	5277	1345	0	0	486
清远市	**81739**	**163995**	**57012**	**16859**	**27370**	**62754**	**2495**	**1679**	**6993**
清城区	16472	13001	2851	1674	1943	6533	106	70	524
清新区	22725	31153	6743	3330	4875	16205	658	455	1215
英德市	11730	54984	26072	3791	9417	15704	272	237	2493
连州市	7234	20647	5020	2310	4325	8992	557	390	923
佛冈县	7365	15490	4588	3058	1721	6123	205	90	573
阳山县	12142	19149	7029	2002	3302	6816	342	199	875
连山县	1923	5524	2633	275	1042	1574	165	84	212
连南县	2148	4047	2076	419	745	807	190	154	178
潮州市	**522651**	**43251**	**17804**	**5216**	**6696**	**13535**	**1035**	**630**	**2846**
湘桥区	41191	5586	2365	481	955	1785	93	74	194
潮安区	422135	5699	2775	594	1089	1241	192	121	351
饶平县	59325	31966	12664	4141	4652	10509	750	435	2301
揭阳市	**198637**	**102303**	**54735**	**8346**	**20207**	**19015**	**889**	**497**	**4471**
榕城区	58657	6441	3426	417	616	1982	71	63	232
揭东区	17375	14203	8036	1293	3448	1426	121	104	535
普宁市	78001	28397	17398	2540	5874	2585	270	66	1881
揭西县	27076	26106	13852	1746	4612	5896	155	89	426
惠来县	17528	27156	12023	2350	5657	7126	272	175	1397
云浮市	**189870**	**67936**	**25119**	**11407**	**10066**	**21344**	**1956**	**1287**	**4443**
云城区	14415	6394	2358	1603	909	1524	218	152	286
云安区	8578	6018	1401	432	520	3665	21	18	228
罗定市	30837	23105	10599	2591	3751	6164	300	270	2058
新兴县	125335	13280	3280	2814	2623	4563	786	629	335
郁南县	10705	19139	7481	3967	2263	5428	631	218	1536

五、水利建设

珠江三角洲水资源配置工程建设大会在广州南沙召开

珠江三角洲水资源配置工程首台盾构机顺利出洞

汕尾品清湖

深圳大沙河

梅江区白宫河

五华矮车河

碧水蓝天

赏游水乡

水利建设概述

【水利投入】2019年，全省争取到中央水利资金42.2亿元、落实省级水利资金66.4亿元，推动完成年度水利建设投资330亿元，比上年增加10亿元。其中争取地方政府专项债券39.15亿元投入水利，在全国各省区排名第一。年度水利投资重点支持韩江高陂水利枢纽、韩江粤东灌区改造、韩江榕江练江水系连通等重大水利工程建设，以及中小河流治理、大中型病险水库（水闸）除险加固、河湖水系连通工程、农村水系综合整治等民生水利工程建设。年度中央水利投资计划完成率达105.9%，全国各省区排名第一。

【重大水利工程建设】2019年，全省推进重大水利工程建设8宗，工程总投资超过800亿元，是我省水利建设史上同步推进项目最多、投资最大的时期。其中，珠江三角洲水资源配置工程、韩江高陂水利枢纽工程、韩江榕江练江水系连通工程等3宗工程超额完成年度投资计划，广州北江引水工程、环北部湾广东水资源配置工程湛江分干线等2宗工程均按计划开工建设。同时开创蓄滞洪区建设资金筹措先河，提出潖江蓄滞洪区建设与管理工程按照防洪效益进行投资分摊，建设资金由省财政、以及工程直接受益的广州、佛山市分别按总投资的31.4%、43.7%、24.9%的比例分摊。

【中小型水利工程建设】2019年，全省完成中小河流治理河长2838公里，完成2019年省《政府工作报告》要求的2800公里治理任务。山区五市累计完成治理河长8411公里，占规划治理河长8264公里的101.8%，提前一年完成规划治理任务，累计完成投资149.7亿元。中小河流治理（二期）累计完成治理河长3234公里，占规划治理任务7848公里的41.2%，完成投资59.35亿元。列入《加快灾后水利薄弱环节建设实施方案》的59宗小型病险水库已全部完成初步设计审批、开工37宗、完工20宗。

【水旱灾害防御】2019年，科学防御23场强降水和15次洪水过程，确保全省大江大河堤围无一决口、大中小型水库无一垮坝，水利设施直接经济损失较近5年均值下降了49.6%，水旱灾害防御减灾效益显著。出台了《广东省水利厅水旱灾害防御工作规则》，成立了防御工作领导小组，构建了“上下贯通，对应一致”的水旱灾害防御工作体系。同时，不断夯实防灾基础，推进山洪灾害防治建设，建成覆盖防治区的水雨情监测站网和省、市、县三级山洪灾害监测预警平台，完善80个县群测群防体系和应急保障体系。重点调度枫树坝、新丰江、乐昌峡水库（电站）等水工程，加强与福建、广西两省（区）水利厅联合会商，调度福建棉花滩电站、广西贺江合面狮水库，确保水库及下游防洪安全。

【水土保持】2019年，新增治理水土流失治理面积1109.3平方公里，水土流失面积比上年下降1.46%。其中，国家水土保持重点工程完成新增水土流失治理面积219平方千米。年度审批生产建设项目水土保持方案3813宗，其中省级审批29宗，市级审批928宗，县级（市、区）审批2856宗。开展生产建设活动卫星遥感动态监管省域全覆盖，对全省23450个扰动图斑进行复核。全省对在建生产建设项目开展水土保持监督检查10438次。完成5宗国家水土保持重点工程“图斑精细化”监管任务。

【农村水利水电】2019年，韩江粤东灌区续建配套与节水改造工程完成投资66431万元，改善灌溉面积1.13万公顷。8宗重点中型灌区改造工程完成投资14889万元。107宗农村水电增效扩容改造项目完成103宗，完成投资7.94亿元。2019年4月，经省政府同意，省水利厅印发了《广东省农村水利治理规划（2018—2027年）》。2019年农业水价综合改革投入中央资金3897万元，新增实施改革面积12.78万公顷。建立全省104个县（市、区）、4000多宗农村供水工程政府、部门、公司“三个责任”和机构、办法、经费“三项制度”。对全省101宗存在农村饮水安全问题的工程建立整改台账逐项限期整改，整改完成率超过80%。对存在重大安全隐患或未按期开展安全鉴定25宗农村水电站采取暂停上网等监管措施。

完成21宗绿色小水电站创建工作，完成数量居全国前列。新增安全生产标准化达标电站20宗。

【农村饮水保障】2019年，全省2277个省定贫困村中，累计2191个实现行政村通自来水，占96.2%；1.89万个20户以上自然村中，有1.75万个实现集中供水，占91.9%，超额完成年度目标任务。全省纳入规划的15.4万个全域自然村，累计有11.6万个实现集中供水，自然村集中供水覆盖率从上年的73%提高到75%，全年新增解决集中供水人口70万人。全省18个饮水型氟超标自然村改水任务全面完成，完成省级地方病防治规划考核目标；徐闻县5乡镇砷超标改水一期工程提前完成建设并通水，解决了受突发砷超标影响的4.39万名农村人口的饮水安全问题。首次申请中央资金用于供水工程维修养护，全省255宗农村饮水工程安全保障能力得到提升。

【水利对口扶贫】2019年，省水利厅派遣技术骨干驻新疆喀什和西藏林芝工作，加强当地水利人才队伍建设和水利发展能力。落实水利援疆资金1309万元，用于疏附县城乡饮用水改善工程、伽师县美丽乡村环境整治工程、团第三师54团1连群众饮水安全工程等；落实水利援藏资金500万元，用于察隅县饮水工程维修养护建设，解决受援地区人民群众生产生活用水难题。

【水利立法】2019年，全省出台3部水利地方性法规，是广东水利法治建设史上出台省级地方性水利法规最多的年份。3月28日，广东省第十三届人民代表大会常务委员会第十一次会议审议通过《广东省防汛防旱防风条例》，并于同日公布，自公布之日起施行。3月28日，广东省第十三届人民代表大会常务委员会第十一次会议修订《广东省河道采砂管理条例》，并于同日公布，自2019年7月1日起施行。11月29日，广东省第十三届人民代表大会常务委员会第十五次会议通过《广东省河道管理条例》，自2020年1月1日起施行。9月25日，广东省第十三届人民代表大会常务委员会第十四次会议决定对《广东省河口滩涂管理条例》作出修改，并于同日公布，自公布之日起施行。11月29日，广东省第十三届人民代表大会常务委员会第十五次会议决定对《广东省水利工程管理条例》作出修改，并于同日公布，自公布之日起施行。完成“十三五”地方性水法规立法任务。

5-1 各市灌溉面积、节水灌溉面积

(2019年)　　　　　　　　　　　　　　　　　　　　　　　　　　单位：千公顷

市 别	灌溉面积	耕地灌溉面积(有效灌溉面积)	林地灌溉面积	园地灌溉面积	节水灌溉面积	喷灌面积	微灌面积	低压管灌面积	渠道防渗	其他
全 省	2067.95	1773.40	60.39	234.16	425.05	22.47	14.71	41.78	7.58	338.51
广州市	96.60	73.18	3.29	20.13	29.35	0.17	0.02	0.12		29.04
深圳市	18.28	2.13	15.86	0.29	0.47	0.12	0.03	0.32		
珠海市	12.82	9.43	0.21	3.18						
汕头市	47.83	41.66	0.23	5.94	24.53	0.54	0.48	3.02	4.05	16.44
佛山市	45.23	32.73	10.14	2.36	16.54	3.33	0.07	2.94		10.20
韶关市	128.38	123.56	0.48	4.34	64.27	0.97	1.42	0.47	3.53	57.88
河源市	115.37	106.51	0.35	8.51	4.95	3.58	0.13	0.52		0.72
梅州市	145.78	127.64	3.73	14.41	8.24			0.19		8.05
惠州市	120.05	109.18	1.71	9.16	30.42	0.86	0.62	0.09		28.85
汕尾市	80.31	72.24	3.25	4.82	10.71			10.71		
东莞市	15.03	13.15		1.88	0.88	0.54	0.15	0.19		
中山市	24.33	15.54	0.73	8.06	2.43	0.82	0.02	1.59		
江门市	139.29	127.02	4.07	8.20	34.72	0.04		0.11		34.57
阳江市	94.44	85.68	1.88	6.88	3.92	0.46	0.13	0.58		2.75
湛江市	277.89	231.74	4.33	41.82	52.72	4.91	5.66	16.46		25.69
茂名市	187.43	154.13		33.30	57.62	0.13	1.28	0.61		55.60
肇庆市	132.63	116.76		15.87	11.64	0.93	1.47	1.63		7.60
清远市	149.33	140.45	2.39	6.49	26.26	0.76	0.42	1.20		23.88
潮州市	53.15	35.82	5.47	11.86	18.06	3.68	2.62	0.05		11.71
揭阳市	94.03	81.28	2.27	10.48	7.42			0.41		7.01
云浮市	89.75	73.57		16.18	19.91	0.63	0.19	0.57		18.52
省 属										

5-2　各市2000亩以上灌区

(2019年)

市　别	灌区数量(处)						
	合计	50万亩以上	30～50万亩	10～30万亩	5～10万亩	1～5万亩	0.2～1万亩
全　省	1867	2	1	27	54	403	1380
广州市	105		1		2	13	89
深圳市	1						1
珠海市	14					4	10
汕头市	37				6	15	16
佛山市	38				1	10	27
韶关市	171			1	2	25	143
河源市	136					21	115
梅州市	113			1	2	20	90
惠州市	98			3	2	24	69
汕尾市	72			2	2	19	49
东莞市	18					2	16
中山市	1					1	
江门市	152			4	4	34	110
阳江市	97			2	3	31	61
湛江市	150	1		5	4	36	104
茂名市	94	1		2	11	31	49
肇庆市	171				4	21	146
清远市	172				2	36	134
潮州市	42			3	1	15	23
揭阳市	84			4	3	31	46
云浮市	101				5	14	82

5-2 续表

(2019年)

市 别	灌区耕地有效灌溉面积 (千公顷)						
	合计	50万亩以上	30～50万亩	10～30万亩	5～10万亩	1～5万亩	0.2～1万亩
全 省	1063.67	112.92	6.87	162.40	142.69	344.71	294.08
广州市	41.75		6.87		1.53	12.36	20.99
深圳市							
珠海市	5.93					3.93	2.00
汕头市	36.40				14.26	18.15	4.00
佛山市	17.23				3.01	8.64	5.58
韶关市	73.90			8.51	5.56	29.31	30.52
河源市	45.61					18.36	27.26
梅州市	47.30			9.11	5.01	16.85	16.33
惠州市	50.22			11.01	7.16	18.87	13.18
汕尾市	58.38			19.47	6.87	20.98	11.07
东莞市	5.69					2.07	3.62
中山市	0.41					0.41	
江门市	106.08			24.22	13.32	35.39	33.15
阳江市	53.73			14.47	8.41	19.38	11.47
湛江市	166.50	71.99		36.76	9.07	28.87	19.81
茂名市	90.05	40.93		7.22	21.66	13.25	7.00
肇庆市	57.63				9.40	18.12	30.11
清远市	67.07				9.26	28.58	29.23
潮州市	30.34			8.63	4.67	12.86	4.18
揭阳市	68.79			23.00	7.14	28.24	10.41
云浮市	40.64				16.37	10.10	14.18

5-3 各市已建堤防长度

(2019年)

市 别	堤防长度(公里)						
	合计	按等级分					
		1级堤防	2级堤防	3级堤防	4级堤防	5级堤防	5级以下堤防
全 省	32135.54	812.42	1872.47	4738.27	8708.12	8722.05	7282.21
广州市	6914.36	529.36	463.02	266.37	2224.60	2581.85	849.16
深圳市	55.03	51.44	3.59				
珠海市	391.43	44.15	173.42	83.39	51.90	38.57	
汕头市	912.46	72.28	108.65	291.10	140.98	95.93	203.52
佛山市	1152.50	45.17	293.34	205.94	546.69	58.21	3.15
韶关市	936.52		122.09	113.84	230.83	166.29	303.47
河源市	1695.93		15.75	168.51	282.00	812.74	416.93
梅州市	2563.89		34.57	73.07	687.63	705.40	1063.22
惠州市	1331.03		18.93	272.05	326.97	250.15	462.93
汕尾市	1655.99			620.96	579.61	174.02	281.40
东莞市	1138.24	31.15	105.74	525.50	241.14	234.47	0.24
中山市	383.50	11.48	93.04	236.24	42.74		
江门市	2560.52		116.81	295.19	642.03	257.30	1249.19
阳江市	689.18			229.07	154.89	204.21	101.01
湛江市	1336.42			211.03	644.64	307.88	172.87
茂名市	3052.30		55.00	396.38	245.19	1189.57	1166.16
肇庆市	1399.47	8.21	105.93	107.54	265.43	462.67	449.69
清远市	1036.83	19.18	76.67	191.17	184.02	441.58	124.21
潮州市	890.66		38.43	169.71	354.90	273.39	54.23
揭阳市	1377.78		39.49	178.65	664.09	306.56	188.99
云浮市	661.50		8.00	102.56	197.84	161.26	191.84

5-3 续表

(2019年)

市　别	达标堤防长度（公里）					
	合计	按等级分				
		1级堤防	2级堤防	3级堤防	4级堤防	5级堤防
全　省	14739.18	661.06	1714.30	3348.64	5706.27	3308.91
广州市	4427.99	415.51	360.12	193.21	2067.23	1391.92
深圳市	32.80	32.80				
珠海市	384.30	44.15	166.29	83.39	51.90	38.57
汕头市	545.57	72.28	90.39	270.66	71.27	40.97
佛山市	1104.30	45.17	291.34	201.98	532.86	32.95
韶关市	633.05		122.09	113.84	230.83	166.29
河源市	392.10		15.75	130.56	58.01	187.78
梅州市	663.70		34.57	47.94	356.92	224.27
惠州市	335.99		18.55	128.91	155.56	32.97
汕尾市	214.70			118.27	94.40	2.03
东莞市	723.54	23.76	100.88	391.76	190.56	16.58
中山市	351.66		89.14	221.57	40.95	
江门市	901.95		116.81	276.24	345.67	163.23
阳江市	406.94			198.27	46.34	162.33
湛江市	522.80			136.20	314.47	72.13
茂名市	319.52		55.00	194.30	19.90	50.32
肇庆市	740.97	8.21	104.93	106.60	229.71	291.52
清远市	676.60	19.18	75.02	181.07	138.81	262.52
潮州市	323.38		38.43	94.31	117.56	73.08
揭阳市	804.58		26.99	162.00	537.74	77.85
云浮市	232.74		8.00	97.56	105.58	21.60

5-4 各市河道治理及除涝面积

(2019年)

市 别	河道治理(公里)			除涝面积(千公顷)			
	有防洪任务河段长度	已治理河段长度	治理达标河段长度		3~5年一遇标准	5~10年一遇标准	10年以上一遇标准
全 省	19274.83	8941.94	5163.55	541.89	62.27	98.45	381.17
广州市	1037.39	655.04	477.79	54.82	3.44	5.82	45.56
深圳市	152.55	150.65	135.84	7.36	1.49		5.87
珠海市	154.92	135.50	115.62	16.53	1.26	15.27	
汕头市	206.59	158.46	148.94	36.88	3.72	4.40	28.76
佛山市	531.93	531.93	525.10	59.98		8.90	51.08
韶关市	2360.54	924.72	535.92	19.92	3.83	10.54	5.55
河源市	1518.59	720.31	228.91	0.84	0.15	0.52	0.17
梅州市	1691.47	891.40	427.47	10.58	1.93	2.01	6.64
惠州市	862.66	371.81	171.12	35.03	3.97	1.22	29.84
汕尾市	259.51	21.10	21.10	21.44	3.72	1.86	15.86
东莞市	477.33	387.99	306.48	17.89			17.89
中山市	197.01	197.01	197.01	30.73			30.73
江门市	1134.24	1093.70	302.59	48.93	14.01	7.44	27.48
阳江市	860.93	205.73	196.21	8.52	0.20	1.87	6.45
湛江市	986.59	379.35	264.57	31.77	5.69	11.82	14.26
茂名市	1550.45	418.60	75.14	15.74	7.82	7.59	0.33
肇庆市	663.83	306.94	104.14	45.01	1.52	6.83	36.66
清远市	2259.89	1000.88	579.96	27.45	5.25	2.69	19.51
潮州市	458.30	167.23	167.23	22.50	3.07	4.45	14.98
揭阳市	712.53	124.91	95.39	26.70	0.90	4.49	21.31
云浮市	1197.58	98.68	87.02	3.27	0.30	0.73	2.24

5-5　各市本年新增水土流失综合治理面积

(2019年)　　单位：千公顷

市　别	合计	梯田	水土保持林	经济林	种草	封禁治理	其他措施
全　省	110.93	0.39	43.97	5.86	3.44	49.85	7.42
广州市	5.78		3.10	0.11	0.37	1.27	0.93
深圳市	1.64		1.29	0.13	0.22		0.00
珠海市	3.62		0.61		1.21	1.80	
汕头市	0.59		0.59				
佛山市	1.77		0.12		0.76		0.89
韶关市	6.38	0.30	4.33	0.50		0.54	0.72
河源市	6.66		6.66				
梅州市	16.38		0.53		0.06	15.79	
惠州市	9.21		3.63	0.37	0.05	4.10	1.06
汕尾市	2.03		1.89			0.13	
东莞市	2.69		0.95			1.74	
中山市	2.53		0.23			2.31	
江门市	10.17		4.00	1.43	0.29	4.45	0.00
阳江市	2.05		1.17	0.01	0.47	0.40	
湛江市	0.54		0.48				0.06
茂名市	3.03	0.09	2.11			0.82	0.00
肇庆市	16.19		8.21	3.01		1.21	3.76
清远市	4.58		2.33	0.31	0.01	1.94	0.00
潮州市	0.66		0.66				
揭阳市	0.79		0.79				
云浮市	13.66		0.30			13.36	0.00

5-6 各市已建水库、水电站数量

(2019年)

市 别	水库数量(座)						水库总库容(万立方米)		
	合计	大(1)型	大(2)型	中型	小(1)型	小(2)型	合计	大(1)型	大(2)型
全 省	8352	7	33	343	1561	6408	4555550.27	2253450.00	704389.00
广州市	367		1	16	71	279	103587.23		37820.00
深圳市	155		2	11	61	81	88800.50		32492.00
珠海市	63			4	22	37	15503.71		
汕头市	206			8	33	165	31387.29		
佛山市	125			3	19	103	12241.20		
韶关市	638	1	5	32	94	506	371146.46	128050.00	103159.00
河源市	781	2		19	93	667	1657319.67	1583600.00	
梅州市	715		3	18	139	555	150468.74		45312.00
惠州市	515	1	3	25	121	365	295543.47	122000.00	50005.00
汕尾市	435		2	18	61	354	125964.03		43659.00
东莞市	122			8	48	66	41884.88		
中山市	39			1	17	21	9107.56		
江门市	602		4	30	162	406	251714.47		108210.00
阳江市	224		2	19	73	130	121979.94		45920.00
湛江市	741	1	2	23	112	603	259475.58	114400.00	27335.00
茂名市	627	1	1	12	76	537	191286.56	115000.00	11375.00
肇庆市	556			25	79	452	121373.78		
清远市	521	1	5	32	101	382	451877.08	190400.00	134660.00
潮州市	201		1	8	30	162	78529.99		38100.00
揭阳市	477		2	19	96	360	114551.42		26342.00
云浮市	242			12	53	177	61806.71		

5-6 续表

(2019年)

市别	水库总库容(万立方米)			水电站数量(座)					
	中型	小(1)型	小(2)型	合计	大(1)型	大(2)型	中型	小(1)型	小(2)型
全　省	956604.32	456552.38	184554.57	9765	2	1	11	78	9673
广州市	37502.45	20875.63	7389.15	167	1			1	165
深圳市	34732.32	18458.58	3117.60	7					7
珠海市	8208.00	6119.02	1176.69	1					1
汕头市	18913.00	7760.50	4713.79	19					19
佛山市	3603.00	4813.61	3824.59	15					15
韶关市	98728.76	27037.01	14171.69	2082			3	14	2065
河源市	36228.40	22905.54	14585.73	813		1	1	8	803
梅州市	55984.00	32398.61	16774.13	1624			3	15	1606
惠州市	74686.99	36449.27	12402.21	320	1			3	316
汕尾市	54333.60	18697.20	9274.23	145			1		144
东莞市	21922.14	16759.56	3203.18	2					2
中山市	5040.00	3431.20	636.36	6					6
江门市	77171.00	51370.81	14962.66	250				1	249
阳江市	49235.50	22659.72	4164.72	493				3	490
湛江市	63331.00	38685.63	15723.95	82					82
茂名市	29395.50	22169.64	13346.42	563				2	561
肇庆市	89248.00	20672.22	11453.56	706				16	690
清远市	78856.66	34826.64	13133.78	1476			3	7	1466
潮州市	26695.00	9432.20	4302.79	202				3	199
揭阳市	50170.00	27689.83	10349.59	348				5	343
云浮市	42619.00	13339.96	5847.75	444					444

5-7 各市已建泵站、水闸数量

(2019年)

市别	泵站数量(处)						水闸数量(座)					
	合计	大(1)型	大(2)型	中型	小(1)型	小(2)型	合计	大(1)型	大(2)型	中型	小(1)型	小(2)型
全　省	15474	3	32	481	2360	12598	15924	13	131	735	2762	12283
广州市	1140		1	43	353	743	1162	1	10	67	393	691
深圳市	163			34	87	42	190			26	59	105
珠海市	258		2	9	68	179	234		1	27	186	20
汕头市	409			8	119	282	1005	2	6	39	177	781
佛山市	1502		8	134	303	1057	574		5	39	206	324
韶关市	847				11	836	122	3	13	12	18	76
河源市	492				18	474	42	1		1	1	39
梅州市	430		1	10	122	297	1057			17	35	1005
惠州市	719		6	33	91	589	682	2	8	40	120	512
汕尾市	402			1	47	354	1488		5	67	259	1157
东莞市	370	2	2	93	190	83	474		3	57	228	186
中山市	460	1	2	24	109	324	388		4	20	114	250
江门市	2008		1	13	269	1725	1988		10	39	276	1663
阳江市	374			2	46	326	640		2	30	78	530
湛江市	1106			1	25	1080	1494		11	55	118	1310
茂名市	1660		1	12	79	1568	1236		27	66	157	986
肇庆市	714		5	28	206	475	532		3	14	74	441
清远市	896		1	19	60	816	680	2	6	29	54	589
潮州市	467			3	36	428	519	1	6	15	43	454
揭阳市	635		1	11	91	532	1055	1	8	40	156	850
云浮市	422		1	3	30	388	362		3	35	10	314

5-8 各市已建农村集中式供水工程、机电井数量

(2019年)

市别	农村集中式供水工程数量(处)					机电井数量(眼)					
	合计	城镇管网延伸工程	万人工程	千人工程	千人以下工程	合计	规模以上机电井			规模以下机电井	
								浅层地下水机电井	深层承压水机电井		浅层地下水机电井
全省	33464	1621	1123	6807	23913	1233618	12398	10679	1719	1221220	1221220
广州市	474	5	21	6	442	31736	1292	1285	7	30444	30444
深圳市						3126	2247	2247		879	879
珠海市						753	46	46		707	707
汕头市	170	50	17	76	27	2197	48	48		2149	2149
佛山市	295	42	119	134		1137	68	64	4	1069	1069
韶关市	3959	36	99	1208	2616	38891	118	118		38773	38773
河源市	974	13	56	540	365	40788	80	74	6	40708	40708
梅州市	1294	16	75	429	774	26336	112	112		26224	26224
惠州市	489	7	68	68	346	84502	314	314		84188	84188
汕尾市	158	5	44	76	33	45969	51	51		45918	45918
东莞市	5		5			1886	56	56		1830	1830
中山市	23	22	1			2705	24	24		2681	2681
江门市	788		59	78	651	11787	230	218	12	11557	11557
阳江市	80	9	54	15	2	93143	54	54		93089	93089
湛江市	2240	35	195	2010		238508	6051	4366	1685	232457	232457
茂名市	10969	636	75	138	10120	353123	940	940		352183	352183
肇庆市	5972	535	41	402	4994	29360	337	335	2	29023	29023
清远市	3937	152	76	1149	2560	109641	207	206	1	109434	109434
潮州市	417	17	33	367		20686	19	18	1	20667	20667
揭阳市	75	26	45	4		61898	27	27		61871	61871
云浮市	1145	15	40	107	983	35446	77	76	1	35369	35369

5-9 各县(市、区)灌溉面积、节水灌溉面积

(2019年) 单位：千公顷

市 别	灌溉面积	耕地灌溉面积(有效灌溉面积)	林地灌溉面积	园地灌溉面积	节水灌溉面积	喷灌面积	微灌面积	低压管灌面积	渠道防渗	其他
全 省	**2067.95**	**1773.40**	**60.39**	**234.16**	**425.05**	**22.47**	**14.71**	**41.78**	**7.58**	**338.51**
广州市	**96.60**	**73.18**	**3.29**	**20.13**	**29.35**	**0.17**	**0.02**	**0.12**		**29.04**
越秀区										
海珠区	1.17	0.88	0.29							
荔湾区	0.28	0.28								
天河区	0.32	0.22		0.10						
白云区	9.84	9.79	0.01	0.04	8.53	0.02		0.03		8.48
黄埔区	2.76	2.29	0.10	0.37						
番禺区	9.66	2.07	1.85	5.74						
花都区	14.19	10.77	0.87	2.55	0.36	0.03				0.33
南沙区	18.09	17.70	0.17	0.22	0.03	0.03				
从化区	14.96	9.37		5.59	8.53	0.01				8.52
增城区	25.33	19.81		5.52	11.90	0.08	0.02	0.09		11.71
深圳市	**18.28**	**2.13**	**15.86**	**0.29**	**0.47**	**0.12**	**0.03**	**0.32**		
福田区	0.15			0.15						
罗湖区	0.31	0.02	0.29							
盐田区	0.20	0.01	0.19							
南山区	2.73	0.10	2.63							
宝安区	9.95	1.11	8.70	0.14	0.20	0.04	0.01	0.15		
龙岗区	4.94	0.89	4.05		0.27	0.08	0.02	0.17		
龙华区										
坪山区										
光明区										
珠海市	**12.82**	**9.43**	**0.21**	**3.18**						
香洲区	0.93	0.51		0.42						
金湾区	4.59	3.12	0.21	1.26						
斗门区	7.30	5.80		1.50						
汕头市	**47.83**	**41.66**	**0.23**	**5.94**	**24.53**	**0.54**	**0.48**	**3.02**	**4.05**	**16.44**
金平区	1.16	1.03	0.06	0.07						
龙湖区	2.54	2.54			0.40					0.40
澄海区	11.95	9.85		2.10	4.18		0.17	0.01		4.00
濠江区	1.72	1.53	0.04	0.15	0.08	0.05	0.02	0.01		
潮阳区	15.83	12.84		2.99	12.04					12.04
潮南区	13.99	13.49		0.50	7.83	0.49	0.29	3.00	4.05	
南澳县	0.64	0.38	0.13	0.13						
佛山市	**45.23**	**32.73**	**10.14**	**2.36**	**16.54**	**3.33**	**0.07**	**2.94**		**10.20**
禅城区	1.36	0.47		0.89						
南海区	16.30	11.73	4.57		4.09	0.09	0.05	0.32		3.63
顺德区	4.70	1.21	2.02	1.47	0.51	0.27	0.02	0.22		
高明区	12.21	10.46	1.75		6.12	1.68				4.44
三水区	10.66	8.86	1.80		5.82	1.29		2.40		2.13
韶关市	**128.38**	**123.56**	**0.48**	**4.34**	**64.27**	**0.97**	**1.42**	**0.47**	**3.53**	**57.88**
浈江区	6.47	5.49		0.98	3.56					3.56
武江区	4.57	3.54		1.03	3.53				3.53	
曲江区	9.41	9.38		0.03	2.30					2.30
乐昌市	23.81	23.81			6.42			0.07		6.35
南雄市	22.76	22.33	0.19	0.24	4.70			0.01		4.69
仁化县	10.73	10.30		0.43	7.73	0.35	1.40	0.27		5.71
始兴县	14.66	13.55		1.11	9.21		0.02	0.12		9.07
翁源县	17.96	17.44		0.52	11.51					11.51
新丰县	7.18	7.18			6.69	0.02				6.67
乳源县	10.83	10.54	0.29		8.62	0.60				8.02

5-9 续表 1

(2019年) 单位：千公顷

市 别	灌溉面积	耕地灌溉面积(有效灌溉面积)	林地灌溉面积	园地灌溉面积	节水灌溉面积	喷灌面积	微灌面积	低压管灌面积	渠道防渗	其他
河源市	**115.37**	**106.51**	**0.35**	**8.51**	**4.95**	**3.58**	**0.13**	**0.52**		**0.72**
源城区	2.40	2.31		0.09	0.43	0.33				0.10
东源县	19.86	19.86			1.57	1.57				
和平县	17.08	15.07		2.01	0.45	0.30	0.13	0.02		
龙川县	29.53	28.03		1.50	0.35			0.35		
紫金县	30.96	27.09		3.87	1.21	1.21				
连平县	15.54	14.15	0.35	1.04	0.94	0.17		0.15		0.62
梅州市	**145.78**	**127.64**	**3.73**	**14.41**	**8.24**			**0.19**		**8.05**
梅江区	5.98	5.25	0.27	0.46	0.02			0.02		
梅县区	30.34	23.09	1.64	5.61	6.64			0.02		6.62
兴宁市	32.18	32.18								
平远县	10.43	8.94	0.22	1.27	0.95			0.02		0.93
蕉岭县	8.51	7.79		0.72	0.50					0.50
大埔县	13.39	11.32	0.83	1.24	0.02			0.02		
丰顺县	18.15	14.77	0.77	2.61						
五华县	26.80	24.30		2.50	0.11			0.11		
惠州市	**120.05**	**109.18**	**1.71**	**9.16**	**30.42**	**0.86**	**0.62**	**0.09**		**28.85**
惠城区	19.36	18.03	1.33		0.24	0.12	0.10	0.02		
惠阳区	11.36	10.79		0.57	1.52	0.52				1.00
惠东县	33.35	32.97	0.38		4.06	0.04	0.22			3.80
博罗县	37.01	32.20		4.81	24.53	0.16	0.30	0.02		24.05
龙门县	18.97	15.19		3.78	0.07	0.02		0.05		
汕尾市	**80.31**	**72.24**	**3.25**	**4.82**	**10.71**			**10.71**		
市城区	5.14	4.84	0.13	0.17	0.02			0.02		
陆丰市	33.28	32.26	0.39	0.63	4.43			4.43		
海丰县	32.72	26.46	2.73	3.53	1.62			1.62		
陆河县	9.17	8.68		0.49	4.64			4.64		
东莞市	**15.03**	**13.15**		**1.88**	**0.88**	**0.54**	**0.15**	**0.19**		
中山市	**24.33**	**15.54**	**0.73**	**8.06**	**2.43**	**0.82**	**0.02**	**1.59**		
江门市	**139.29**	**127.02**	**4.07**	**8.20**	**34.72**	**0.04**		**0.11**		**34.57**
蓬江区	1.83	1.78		0.05	0.03			0.03		
江海区	1.86	1.60		0.26	0.05			0.05		
新会区	19.78	16.20	1.53	2.05	4.76					4.76
台山市	49.06	45.35	0.83	2.88	9.60					9.60
开平市	26.57	24.54	0.68	1.35	4.07	0.02				4.05
鹤山市	14.96	12.62	1.03	1.31	2.74	0.02		0.03		2.69
恩平市	25.23	24.93		0.30	13.47					13.47
阳江市	**94.44**	**85.68**	**1.88**	**6.88**	**3.92**	**0.46**	**0.13**	**0.58**		**2.75**
江城区	12.19	11.19		1.00	0.40	0.33		0.07		
阳东区	16.70	16.70			0.35	0.13	0.07	0.15		
阳春市	49.86	44.45		5.41	2.75					2.75
阳西县	15.69	13.34	1.88	0.47	0.42		0.06	0.36		

5-9 续表 2

(2019年) 单位：千公顷

市 别	灌溉面积	耕地灌溉面积(有效灌溉面积)	林地灌溉面积	园地灌溉面积	节水灌溉面积	喷灌面积	微灌面积	低压管灌面积	渠道防渗	其他
湛江市	**277.89**	**231.74**	**4.33**	**41.82**	**52.72**	**4.91**	**5.66**	**16.46**		**25.69**
赤坎区	0.36	0.33	0.01	0.02	0.36			0.31		0.05
霞山区	1.48	1.35	0.05	0.08						
麻章区	17.18	12.95	1.21	3.02	3.93	0.29	0.07	0.82		2.75
坡头区	8.79	8.34	0.45		0.53		0.36	0.16		0.01
雷州市	78.28	45.74		32.54	16.13	0.99	0.10	3.53		11.51
廉江市	55.54	53.37	1.36	0.81	4.74	0.07	0.33	0.11		4.23
吴川市	24.90	22.60		2.30	0.28					0.28
遂溪县	46.95	45.69	0.76	0.50	6.92	2.31	2.13	1.76		0.72
徐闻县	44.41	41.37	0.49	2.55	19.83	1.25	2.67	9.77		6.14
茂名市	**187.43**	**154.13**		**33.30**	**57.62**	**0.13**	**1.28**	**0.61**		**55.60**
茂南区	13.70	13.22		0.48	5.10			0.35		4.75
电白区	38.48	38.48			14.44		0.43	0.02		13.99
信宜市	27.89	26.51		1.38	3.54					3.54
高州市	61.86	36.44		25.42	18.31		0.32			17.99
化州市	45.50	39.48		6.02	16.23	0.13	0.53	0.24		15.33
肇庆市	**132.63**	**116.76**		**15.87**	**11.64**	**0.93**	**1.47**	**1.63**		**7.60**
端州区	0.48	0.37		0.11	0.14	0.08		0.06		
鼎湖区	4.86	4.26		0.60	0.01					0.01
高要区	31.24	28.62		2.62	0.80			0.80		
四会市	18.46	15.78		2.68						
广宁县	14.38	13.33		1.05	1.44	0.85	0.13	0.20		0.26
德庆县	17.07	13.86		3.21	1.34		1.34			
封开县	18.90	16.54		2.36	0.14			0.14		
怀集县	27.24	24.00		3.24	7.76			0.43		7.33
清远市	**149.33**	**140.45**	**2.39**	**6.49**	**26.26**	**0.76**	**0.42**	**1.20**		**23.88**
清城区	18.69	17.95		0.74	0.01			0.01		
清新区	23.48	20.48		3.00	18.99	0.01				18.98
英德市	47.96	45.53	0.12	2.31	0.79	0.29		0.50		
连州市	17.37	16.79	0.58		5.65	0.05	0.28	0.42		4.90
佛冈县	10.71	9.68	0.99	0.04	0.53	0.20	0.14	0.19		
阳山县	19.22	18.28	0.55	0.39	0.06			0.06		
连山县	6.79	6.68	0.10	0.01	0.19	0.17		0.02		
连南县	5.11	5.06	0.05		0.04	0.04				
潮州市	**53.15**	**35.82**	**5.47**	**11.86**	**18.06**	**3.68**	**2.62**	**0.05**		**11.71**
湘桥区	4.93	3.85	0.04	1.04	3.08	3.08				
潮安区	17.66	12.12	3.66	1.88	8.24	0.60	0.08	0.02		7.54
饶平县	30.56	19.85	1.77	8.94	6.74		2.54	0.03		4.17
揭阳市	**94.03**	**81.28**	**2.27**	**10.48**	**7.42**			**0.41**		**7.01**
榕城区	8.58	8.07		0.51	0.63			0.14		0.49
揭东区	16.98	14.18		2.80	2.42					2.42
普宁市	30.64	27.38		3.26	3.11					3.11
揭西县	17.47	15.53	0.66	1.28	0.97					0.97
惠来县	20.36	16.12	1.61	2.63	0.29			0.27		0.02
云浮市	**89.75**	**73.57**		**16.18**	**19.91**	**0.63**	**0.19**	**0.57**		**18.52**
云城区	6.56	5.85		0.71	1.01	0.03	0.01	0.10		0.87
云安区	18.82	8.09		10.73	3.27					3.27
罗定市	28.72	28.09		0.63	6.69	0.40				6.29
新兴县	16.70	15.90		0.80	6.37	0.20	0.18	0.18		5.81
郁南县	18.95	15.64		3.31	2.57			0.29		2.28

5-10　各县(市、区)2000亩以上灌区

(2019年)

市　别	灌区数量(处)						
	合计	50万亩以上	30～50万亩	10～30万亩	5～10万亩	1～5万亩	0.2～1万亩
全　省	**1867**	**2**	**1**	**27**	**54**	**403**	**1380**
广州市	**105**		**1**		**2**	**13**	**89**
越秀区							
海珠区							
荔湾区							
天河区							
白云区	8					1	7
黄埔区	6						6
番禺区							
花都区	18					6	12
南沙区							
从化区	21		1		2	3	15
增城区	52					3	49
深圳市	**1**						**1**
福田区							
罗湖区							
盐田区							
南山区	1						1
宝安区							
龙岗区							
龙华区							
坪山区							
光明区							
珠海市	**14**					**4**	**10**
香洲区							
金湾区	2						2
斗门区	12					4	8
汕头市	**37**				**6**	**15**	**16**
金平区	2					1	1
龙湖区	2					1	1
澄海区	5				2	3	
濠江区	3						3
潮阳区	12				2	8	2
潮南区	13				2	2	9
南澳县							
佛山市	**38**				**1**	**10**	**27**
禅城区							
南海区	12					3	9
顺德区							
高明区	14					5	9
三水区	12				1	2	9
韶关市	**171**			**1**	**2**	**25**	**143**
浈江区	11					1	10
武江区	6					3	3
曲江区	6				1	2	3
乐昌市	56					2	54
南雄市	15			1		5	9
仁化县	26					4	22
始兴县	10				1	2	7
翁源县	15					4	11
新丰县	4						4
乳源县	22					2	20

5-10 续表 1

(2019年)

市 别	灌区数量(处)						
	合计	50万亩以上	30~50万亩	10~30万亩	5~10万亩	1~5万亩	0.2~1万亩
河源市	**136**					**21**	**115**
源城区	3					2	1
东源县	19					3	16
和平县	15					3	12
龙川县	9					5	4
紫金县	74					4	70
连平县	16					4	12
梅州市	**113**			**1**	**2**	**20**	**90**
梅江区	14					1	13
梅县区	36					5	31
兴宁市	35			1		4	30
平远县	4					2	2
蕉岭县	7				1	2	4
大埔县	2						2
丰顺县	7					3	4
五华县	8				1	3	4
惠州市	**98**			**3**	**2**	**24**	**69**
惠城区	27					8	19
惠阳区	9					3	6
惠东县	16			1	1	2	12
博罗县	31			2		8	21
龙门县	15				1	3	11
汕尾市	**72**			**2**	**2**	**19**	**49**
市城区	8					2	6
陆丰市	22			1	1	8	12
海丰县	33			1	1	7	24
陆河县	9					2	7
东莞市	**18**					**2**	**16**
中山市	**1**					**1**	
江门市	**152**			**4**	**4**	**34**	**110**
蓬江区	4						4
江海区							
新会区	22					12	10
台山市	65			2	1	8	54
开平市	22			1	1	3	17
鹤山市	15					6	9
恩平市	24			1	2	5	16
阳江市	**97**			**2**	**3**	**31**	**61**
江城区	14			1		6	7
阳东区	17			1		9	7
阳春市	46				2	7	37
阳西县	20				1	9	10

5-10 续表 2

(2019年)

市 别	灌区数量(处)						
	合计	50万亩以上	30～50万亩	10～30万亩	5～10万亩	1～5万亩	0.2～1万亩
湛江市	**150**	**1**		**5**	**4**	**36**	**104**
赤坎区							
霞山区							
麻章区	27					2	25
坡头区	2					1	1
雷州市	33			2	1	9	21
廉江市	12			2	2	5	3
吴川市	13					4	9
遂溪县	37	1				8	28
徐闻县	26			1	1	7	17
茂名市	**94**	**1**		**2**	**11**	**31**	**49**
茂南区	4					1	3
电白区	24			1	3	18	2
信宜市	4				1	2	1
高州市	43	1		1	2	7	32
化州市	19				5	3	11
肇庆市	**171**				**4**	**21**	**146**
端州区	1						1
鼎湖区	5				1	1	3
高要区	57					3	54
四会市	30				1	4	25
广宁县							
德庆县	29					5	24
封开县	20					4	16
怀集县	29				2	4	23
清远市	**172**				**2**	**36**	**134**
清城区	20				1	2	17
清新区	18				1	3	14
英德市	56					13	43
连州市	19					8	11
佛冈县	28					2	26
阳山县	20					5	15
连山县	3						3
连南县	8					3	5
潮州市	**42**			**3**	**1**	**15**	**23**
湘桥区	7					4	3
潮安区	13			3		3	7
饶平县	22				1	8	13
揭阳市	**84**			**4**	**3**	**31**	**46**
榕城区	2			1		1	
揭东区	11			1	2	4	4
普宁市	31			1		9	21
揭西县	18				1	8	9
惠来县	22			1		9	12
云浮市	**101**				**5**	**14**	**82**
云城区	25					4	21
云安区	20					3	17
罗定市	27				4	2	21
新兴县	18				1	3	14
郁南县	11					2	9

5-10 续表 3

(2019年)

市别	灌区耕地有效灌溉面积(千公顷)						
	合计	50万亩以上	30～50万亩	10～30万亩	5～10万亩	1～5万亩	0.2～1万亩
全　省	**1063.67**	**112.92**	**6.87**	**162.40**	**142.69**	**344.71**	**294.08**
广州市	**41.75**		**6.87**		**1.53**	**12.36**	**20.99**
越秀区							
海珠区							
荔湾区							
天河区							
白云区	5.39		4.07			0.13	1.19
黄埔区	1.20						1.20
番禺区							
花都区	10.75		2.27			6.13	2.35
南沙区							
从化区	7.98		0.53		1.53	2.33	3.59
增城区	16.43					3.77	12.66
深圳市							
福田区							
罗湖区							
盐田区							
南山区							
宝安区							
龙岗区							
龙华区							
坪山区							
光明区							
珠海市	**5.93**					**3.93**	**2.00**
香洲区							
金湾区	0.17						0.17
斗门区	5.76					3.93	1.83
汕头市	**36.40**				**14.26**	**18.15**	**4.00**
金平区	0.95					0.76	0.19
龙湖区	2.54					2.04	0.50
澄海区	9.68				5.61	4.07	
濠江区	1.17						1.17
潮阳区	12.80				3.65	8.72	0.43
潮南区	9.26				5.00	2.55	1.72
南澳县							
佛山市	**17.23**				**3.01**	**8.64**	**5.58**
禅城区							
南海区	3.82					2.06	1.76
顺德区							
高明区	5.98					4.10	1.88
三水区	7.43				3.01	2.48	1.94
韶关市	**73.90**			**8.51**	**5.56**	**29.31**	**30.52**
浈江区	3.12					1.43	1.69
武江区	3.24					1.99	1.25
曲江区	3.95				1.73	1.56	0.66
乐昌市	15.82					4.16	11.66
南雄市	19.05			8.51		8.77	1.77
仁化县	9.00					3.90	5.10
始兴县	6.63				3.83	1.83	0.97
翁源县	4.82					3.00	1.82
新丰县	2.01						2.01
乳源县	6.26					2.67	3.59

5-10 续表 4

(2019年)

市别	灌区耕地有效灌溉面积(千公顷)						
	合计	50万亩以上	30～50万亩	10～30万亩	5～10万亩	1～5万亩	0.2～1万亩
河源市	**45.61**					**18.36**	**27.26**
源城区	2.06					1.91	0.15
东源县	7.00					3.87	3.14
和平县	4.00					2.02	1.98
龙川县	4.86					3.99	0.87
紫金县	22.01					4.01	18.00
连平县	5.68					2.56	3.12
梅州市	**47.30**			**9.11**	**5.01**	**16.85**	**16.33**
梅江区	2.74					0.63	2.11
梅县区	8.66					4.44	4.22
兴宁市	19.21			9.11		4.37	5.73
平远县	3.42					2.77	0.65
蕉岭县	5.63				3.21	1.42	1.01
大埔县	0.35						0.35
丰顺县	3.13					2.18	0.95
五华县	4.16				1.80	1.05	1.32
惠州市	**50.22**			**11.01**	**7.16**	**18.87**	**13.18**
惠城区	7.95					4.57	3.38
惠阳区	5.33				1.00	2.18	2.16
惠东县	9.40			4.00	2.20	1.34	1.86
博罗县	18.77			7.01		7.64	4.13
龙门县	8.77				3.96	3.15	1.66
汕尾市	**58.38**			**19.47**	**6.87**	**20.98**	**11.07**
市城区	3.79					2.85	0.95
陆丰市	25.20			11.00	3.87	7.58	2.75
海丰县	26.35			8.47	3.00	9.40	5.48
陆河县	3.04					1.15	1.89
东莞市	**5.69**					**2.07**	**3.62**
中山市	**0.41**					**0.41**	
江门市	**106.08**			**24.22**	**13.32**	**35.39**	**33.15**
蓬江区	0.92						0.92
江海区							
新会区	15.83					12.41	3.42
台山市	44.77			13.00	2.90	9.51	19.36
开平市	19.89			8.24	3.40	4.35	3.89
鹤山市	6.75					4.55	2.21
恩平市	17.92			2.98	7.02	4.57	3.35
阳江市	**53.73**			**14.47**	**8.41**	**19.38**	**11.47**
江城区	10.74			5.53		4.11	1.10
阳东区	16.60			8.94		6.57	1.09
阳春市	21.14				8.00	5.43	7.71
阳西县	5.26				0.41	3.27	1.58

5-10 续表 5

(2019年)

市　别	灌区耕地有效灌溉面积(千公顷)						
	合计	50万亩以上	30～50万亩	10～30万亩	5～10万亩	1～5万亩	0.2～1万亩
湛江市	**166.50**	**71.99**		**36.76**	**9.07**	**28.87**	**19.81**
赤坎区	0.10	0.10					
霞山区	0.30	0.30					
麻章区	6.37	2.01				0.65	3.71
坡头区	2.97	0.90				1.87	0.20
雷州市	44.29	17.42		10.76	2.80	9.07	4.24
廉江市	42.74	16.20		17.73	5.27	2.75	0.79
吴川市	18.96	12.93				4.30	1.73
遂溪县	31.74	22.13				4.77	4.84
徐闻县	19.03			8.27	1.00	5.46	4.30
茂名市	**90.05**	**40.93**		**7.22**	**21.66**	**13.25**	**7.00**
茂南区	10.89	9.87				0.39	0.63
电白区	28.25	7.56		6.67	7.58	5.85	0.59
信宜市	4.78				2.79	1.86	0.13
高州市	22.10	11.93		0.55	2.98	2.73	3.91
化州市	24.03	11.57			8.31	2.43	1.73
肇庆市	**57.63**				**9.40**	**18.12**	**30.11**
端州区	0.08						0.08
鼎湖区	2.80				1.64	0.99	0.17
高要区	14.81					3.70	11.11
四会市	10.02				1.95	3.08	4.99
广宁县							
德庆县	9.27					4.30	4.97
封开县	7.71					3.99	3.72
怀集县	12.94				5.81	2.06	5.07
清远市	**67.07**				**9.26**	**28.58**	**29.23**
清城区	8.58				3.73	1.70	3.15
清新区	13.75				5.54	4.36	3.86
英德市	20.76					9.64	11.12
连州市	6.30					4.55	1.75
佛冈县	5.90					1.55	4.36
阳山县	8.14					4.97	3.17
连山县	0.48						0.48
连南县	3.16					1.82	1.34
潮州市	**30.34**			**8.63**	**4.67**	**12.86**	**4.18**
湘桥区	3.55			0.10		2.85	0.60
潮安区	11.86			8.53		2.26	1.07
饶平县	14.93				4.67	7.75	2.51
揭阳市	**68.79**			**23.00**	**7.14**	**28.24**	**10.41**
榕城区	8.03			7.54		0.49	
揭东区	10.99			4.26	3.79	2.01	0.93
普宁市	22.21			6.60		10.36	5.25
揭西县	11.44				3.35	6.71	1.38
惠来县	16.12			4.60		8.67	2.85
云浮市	**40.64**				**16.37**	**10.10**	**14.18**
云城区	4.80					2.75	2.06
云安区	4.66					1.32	3.34
罗定市	19.01				13.88	1.39	3.74
新兴县	8.45				2.49	2.47	3.49
郁南县	3.72					2.17	1.55

5-11 各县(市、区)已建堤防长度

(2019年)

市 别	堤防长度(公里)						
	合计	按等级分					
		1级堤防	2级堤防	3级堤防	4级堤防	5级堤防	5级以下堤防
全 省	**32135.54**	**812.42**	**1872.47**	**4738.27**	**8708.12**	**8722.05**	**7282.21**
广州市	**6914.36**	**529.36**	**463.02**	**266.37**	**2224.60**	**2581.85**	**849.16**
越秀区	37.50	13.30			24.20		
海珠区	263.02	43.08			219.94		
荔湾区	186.01	31.33	29.14		124.19		1.35
天河区	165.55	12.70			141.50	11.35	
白云区	1300.76	18.64	76.86		52.90	1152.36	
黄埔区	756.07	55.23			280.37		420.47
番禺区	1147.55	171.12	64.90		815.62	95.91	
花都区	889.00		24.33	44.88	267.69	179.46	372.64
南沙区	1707.18	183.96	232.50	88.76	136.10	1065.86	
从化区	144.46			78.23	28.31	37.92	
增城区	317.26		35.29	54.50	133.78	38.99	54.70
深圳市	**55.03**	**51.44**	**3.59**				
福田区							
罗湖区							
盐田区							
南山区							
宝安区	48.88	48.88					
龙岗区	6.15	2.56	3.59				
龙华区							
坪山区							
光明区							
珠海市	**391.43**	**44.15**	**173.42**	**83.39**	**51.90**	**38.57**	
香洲区	75.44	44.15	6.62	7.63	17.04		
金湾区	104.16		44.85		34.86	24.45	
斗门区	211.83		121.95	75.76		14.12	
汕头市	**912.46**	**72.28**	**108.65**	**291.10**	**140.98**	**95.93**	**203.52**
金平区	74.63	64.24		8.19		2.20	
龙湖区	67.77	8.04	23.09	36.64			
澄海区	154.21		24.67	94.88	16.10	18.56	
濠江区	39.17			36.37	2.80		
潮阳区	258.38		60.89	78.37	50.01	69.11	
潮南区	311.42			33.92	70.87	4.21	202.42
南澳县	6.88			2.73	1.20	1.85	1.10
佛山市	**1152.50**	**45.17**	**293.34**	**205.94**	**546.69**	**58.21**	**3.15**
禅城区	87.28		16.60	67.68	3.00		
南海区	337.14	6.11	82.34		248.34		0.35
顺德区	353.43		163.62	138.26	51.55		
高明区	102.66				98.81	1.05	2.80
三水区	271.99	39.06	30.78		144.99	57.16	
韶关市	**936.52**		**122.09**	**113.84**	**230.83**	**166.29**	**303.47**
浈江区	51.45		51.45				
武江区	24.01		13.92	2.33	1.50	6.26	
曲江区	69.07		42.62			26.45	
乐昌市	75.35			19.24	54.76	1.35	
南雄市	81.31			28.89	23.89	28.53	
仁化县	245.17				62.26	55.71	127.20
始兴县	91.98		14.10		56.80	21.08	
翁源县	232.05			22.02	22.93	10.83	176.27
新丰县	38.63			23.05	6.44	9.14	
乳源县	27.50			18.31	2.25	6.94	

5-11 续表 1

(2019年)

市别	堤防长度(公里)						
	合计	按等级分					
		1级堤防	2级堤防	3级堤防	4级堤防	5级堤防	5级以下堤防
河源市	**1695.93**		**15.75**	**168.51**	**282.00**	**812.74**	**416.93**
源城区	86.74			72.33		3.93	10.48
东源县	220.84		15.75		14.53	9.60	180.96
和平县	593.12			24.39	21.32	547.41	
龙川县	437.78			40.25	187.1	94.33	116.1
紫金县	300.03				45.63	156.67	97.73
连平县	57.42			31.54	13.42	0.80	11.66
梅州市	**2563.89**		**34.57**	**73.07**	**687.63**	**705.40**	**1063.22**
梅江区	100.35		28.57	20	6.22	7.52	38.04
梅县区	235.25		6.00		62.71	149.34	17.2
兴宁市	1306.00				115.40	214.00	976.6
平远县	57.53			13.63	38.50	5.40	
蕉岭县	113.55			9.04	66.38	6.75	31.38
大埔县	47.65			17.47	25.83	4.35	
丰顺县	183.96			12.93	131.10	39.93	
五华县	519.60				241.49	278.11	
惠州市	**1331.03**		**18.93**	**272.05**	**326.97**	**250.15**	**462.93**
惠城区	331.67		18.93	124.6	117.34	30.50	40.3
惠阳区	74.82			29.56	10.24	22.48	12.54
惠东县	521.50				38.40	90.84	392.26
博罗县	248.04			88.54	138.50	19.72	1.28
龙门县	155.00			29.35	22.49	86.61	16.55
汕尾市	**1655.99**			**620.96**	**579.61**	**174.02**	**281.4**
市城区	203.30			18.4	184.90		
陆丰市	401.63			223.56	145.26	18.71	14.10
海丰县	734.04			356.00	222.73	155.31	
陆河县	317.02			23.00	26.72		267.3
东莞市	**1138.24**	**31.15**	**105.74**	**525.50**	**241.14**	**234.47**	**0.24**
中山市	**383.50**	**11.48**	**93.04**	**236.24**	**42.74**		
江门市	**2560.52**		**116.81**	**295.19**	**642.03**	**257.30**	**1249.19**
蓬江区	126.1		21.56	36.88		67.66	
江海区	43.02		13.68	29.34			
新会区	975.31		59.17	171.14	213.56	83.97	447.47
台山市	787.92			18.00	72.38	26.48	671.06
开平市	338.07			39.83	167.58		130.66
鹤山市	133.02		22.4		99.23	11.39	
恩平市	157.08				89.28	67.80	
阳江市	**689.18**			**229.07**	**154.89**	**204.21**	**101.01**
江城区	111.82			72.5	12.21	27.11	
阳东区	210.77			43.67		167.10	
阳春市	182.07				81.06		101.01
阳西县	184.52			112.90	61.62	10.00	

5-11 续表 2

(2019年)

市　别	堤防长度(公里)						
	合计	按等级分					
		1级堤防	2级堤防	3级堤防	4级堤防	5级堤防	5级以下堤防
湛江市	**1336.42**			**211.03**	**644.64**	**307.88**	**172.87**
赤坎区	2.16					2.16	
霞山区	33.53				23.33		10.20
麻章区	117.92				93.92	24.00	
坡头区	128.13			66.45	1.80		59.88
雷州市	188.49			30.25	102.04	56.20	
廉江市	294.82				220.16	74.66	
吴川市	259.93			87.80	84.82	5.38	81.93
遂溪县	217.05			26.53	98.94	70.72	20.86
徐闻县	94.39				19.63	74.76	
茂名市	**3052.30**		**55.00**	**396.38**	**245.19**	**1189.57**	**1166.16**
茂南区	253.23			75.74			177.49
电白区	845.93			28.97		769.16	47.80
信宜市	195.60			70.72	2.50	52.66	69.72
高州市	252.80			220.95	31.85		
化州市	1504.74		55.00		210.84	367.75	871.15
肇庆市	**1399.47**	**8.21**	**105.93**	**107.54**	**265.43**	**462.67**	**449.69**
端州区	16.70		16.70				
鼎湖区	107.20		32.80	18.20	40.20	16.00	
高要区	115.45		23.73		46.28	45.44	
四会市	274.20		32.70	37.54	118.62	85.34	
广宁县	23.07			23.07			
德庆县	426.25			7.80	41.96	44.30	332.19
封开县	80.80	8.21		20.93	18.37	23.79	9.50
怀集县	355.80					247.80	108.00
清远市	**1036.83**	**19.18**	**76.67**	**191.17**	**184.02**	**441.58**	**124.21**
清城区	190.40	19.18	39.42	38.62	52.55	30.23	10.40
清新区	127.01		37.25		19.73	70.03	
英德市	102.36			34.64	21.75	45.97	
连州市	193.76			49.03	48.44	90.92	5.37
佛冈县	99.71				9.94	3.44	86.33
阳山县	212.30			36.43	7.59	156.48	11.80
连山县	49.41			14.95	6.44	17.71	10.31
连南县	61.88			17.50	17.58	26.80	
潮州市	**890.66**		**38.43**	**169.71**	**354.90**	**273.39**	**54.23**
湘桥区	102.79		8.07	26.99	48.54	5.39	13.80
潮安区	132.94		30.36	9.50	43.64	9.01	40.43
饶平县	654.93			133.22	262.72	258.99	
揭阳市	**1377.78**		**39.49**	**178.65**	**664.09**	**306.56**	**188.99**
榕城区	89.60		12.50		73.10	4.00	
揭东区	48.06		11.99		28.07	8.00	
普宁市	442.95		15.00	110.20	305.75	12.00	
揭西县	393.85			50.80	257.17	85.50	0.38
惠来县	403.32			17.65		197.06	188.61
云浮市	**661.50**		**8.00**	**102.56**	**197.84**	**161.26**	**191.84**
云城区	94.78			47.16	8.47		39.15
云安区	108.44			9.80	28.60		70.04
罗定市	8.00		8.00				
新兴县	358.92			37.80	77.21	161.26	82.65
郁南县	91.36			7.80	83.56		

5−11 续表 3

(2019年)

市别	达标堤防长度(公里)					
	合计	按等级分				
		1级堤防	2级堤防	3级堤防	4级堤防	5级堤防
全　省	**14739.18**	**661.06**	**1714.30**	**3348.64**	**5706.27**	**3308.91**
广州市	**4427.99**	**415.51**	**360.12**	**193.21**	**2067.23**	**1391.92**
越秀区	37.5	13.3			24.2	
海珠区	263.02	43.08			219.94	
荔湾区	184.66	31.33	29.14		124.19	
天河区	165.55	12.70			141.50	11.35
白云区	1300.76	18.64	76.86		52.90	1152.36
黄埔区	335.60	55.23			280.37	
番禺区	1144.31	167.88	64.90		815.62	95.91
花都区	220.99			44.88	170.59	5.52
南沙区	387.80	73.35	153.93	15.6	88.06	56.86
从化区	144.46			78.23	28.31	37.92
增城区	243.34		35.29	54.5	121.55	32
深圳市	**32.80**	**32.80**				
福田区						
罗湖区						
盐田区						
南山区						
宝安区	30.24	30.24				
龙岗区	2.56	2.56				
龙华区						
坪山区						
光明区						
珠海市	**384.30**	**44.15**	**166.29**	**83.39**	**51.90**	**38.57**
香洲区	74.48	44.15	5.66	7.63	17.04	
金湾区	97.99		38.68		34.86	24.45
斗门区	211.83		121.95	75.76		14.12
汕头市	**545.57**	**72.28**	**90.39**	**270.66**	**71.27**	**40.97**
金平区	64.24	64.24				
龙湖区	51.78	8.04	7.1	36.64		
澄海区	138.11		24.67	94.88		18.56
濠江区	32.07			32.07		
潮阳区	146.80		58.62	71.18		17.00
潮南区	108.69			33.61	70.87	4.21
南澳县	3.88			2.28	0.4	1.2
佛山市	**1104.3**	**45.17**	**291.34**	**201.98**	**532.86**	**32.95**
禅城区	84.78		16.6	65.18	3	
南海区	336.79	6.11	82.34		248.34	
顺德区	349.97		161.62	136.8	51.55	
高明区	86.03				84.98	1.05
三水区	246.73	39.06	30.78		144.99	31.9
韶关市	**633.05**		**122.09**	**113.84**	**230.83**	**166.29**
浈江区	51.45		51.45			
武江区	24.01		13.92	2.33	1.5	6.26
曲江区	69.07		42.62			26.45
乐昌市	75.35			19.24	54.76	1.35
南雄市	81.31			28.89	23.89	28.53
仁化县	117.97				62.26	55.71
始兴县	91.98		14.1		56.8	21.08
翁源县	55.78			22.02	22.93	10.83
新丰县	38.63			23.05	6.44	9.14
乳源县	27.50			18.31	2.25	6.94

5-11 续表 4

(2019年)

市 别	达标堤防长度(公里)					
	合计	按等级分				
		1级堤防	2级堤防	3级堤防	4级堤防	5级堤防
河源市	**392.10**		**15.75**	**130.56**	**58.01**	**187.78**
源城区	76.26			72.33		3.93
东源县	39.88		15.75		14.53	9.60
和平县	68.94			22.39	7.67	38.88
龙川县	39.64			4.30	16.85	18.49
紫金县	131.78				15.70	116.08
连平县	35.60			31.54	3.26	0.80
梅州市	**663.70**		**34.57**	**47.94**	**356.92**	**224.27**
梅江区	34.79		28.57		6.22	
梅县区	199.64		6.00		56.41	137.23
兴宁市	51.09				49.69	1.40
平远县	17.31			8.50	8.40	0.41
蕉岭县	82.17			9.04	66.38	6.75
大埔县	47.65			17.47	25.83	4.35
丰顺县	47.36			12.93	34.43	
五华县	183.69				109.56	74.13
惠州市	**335.99**		**18.55**	**128.91**	**155.56**	**32.97**
惠城区	201.73		18.55	72.55	85.16	25.47
惠阳区	10.24				10.24	
惠东县	31.76				24.66	7.10
博罗县	75.15			39.65	35.50	
龙门县	17.11			16.71		0.4
汕尾市	**214.70**			**118.27**	**94.4**	**2.03**
市城区	74.54			10.72	63.82	
陆丰市	56.28			54.78	1.35	0.15
海丰县	34.16			29.77	2.51	1.88
陆河县	49.72			23.00	26.72	
东莞市	**723.54**	**23.76**	**100.88**	**391.76**	**190.56**	**16.58**
中山市	**351.66**		**89.14**	**221.57**	**40.95**	
江门市	**901.95**		**116.81**	**276.24**	**345.67**	**163.23**
蓬江区	123.72		21.56	35.93		66.23
江海区	43.02		13.68	29.34		
新会区	438.09		59.17	171.14	125.54	82.24
台山市	54.70				54.70	
开平市	109.65			39.83	69.82	
鹤山市	127.98		22.4		94.19	11.39
恩平市	4.79				1.42	3.37
阳江市	**406.94**			**198.27**	**46.34**	**162.33**
江城区	81.57			54.15	12.21	15.21
阳东区	178.09			40.97		137.12
阳春市	3.33				3.33	
阳西县	143.95			103.15	30.80	10.00

5-11 续表 5

(2019年)

市 别	达标堤防长度(公里)					
	合计	按等级分				
		1级堤防	2级堤防	3级堤防	4级堤防	5级堤防
湛江市	**522.80**			**136.20**	**314.47**	**72.13**
赤坎区	1.22					1.22
霞山区	22.40				22.40	
麻章区	28.82				28.10	0.72
坡头区	59.95			58.15	1.80	
雷州市	93.45			30.25	57.65	5.55
廉江市	144.80				142.25	2.55
吴川市	47.45			42.20	4.80	0.45
遂溪县	43.93			5.60	37.84	0.49
徐闻县	80.78				19.63	61.15
茂名市	**319.52**		**55**	**194.30**	**19.90**	**50.32**
茂南区	15.41			15.41		
电白区	65.57			28.89		36.68
信宜市	84.36			70.72		13.64
高州市	97.68			79.28	18.40	
化州市	56.50		55		1.50	
肇庆市	**740.97**	**8.21**	**104.93**	**106.60**	**229.71**	**291.52**
端州区	16.70		16.7			
鼎湖区	107.20		32.8	18.20	40.20	16.00
高要区	115.45		23.73		46.28	45.44
四会市	220.51		31.7	37.54	97.53	53.74
广宁县	23.05			23.05		
德庆县	66.81			7.80	32.62	26.39
封开县	51.95	8.21		20.01	13.08	10.65
怀集县	139.3					139.3
清远市	**676.60**	**19.18**	**75.02**	**181.07**	**138.81**	**262.52**
清城区	178.35	19.18	37.77	38.62	52.55	30.23
清新区	47.59		37.25		6.65	3.69
英德市	77.11			34.57	8.37	34.17
连州市	117.87			47.19	43.27	27.41
佛冈县	13.38				9.94	3.44
阳山县	184.66			28.49	7.59	148.58
连山县	35.51			14.70	6.44	14.37
连南县	22.13			17.5	4	0.63
潮州市	**323.38**		**38.43**	**94.31**	**117.56**	**73.08**
湘桥区	88.12		8.07	26.99	47.67	5.39
潮安区	92.51		30.36	9.50	43.64	9.01
饶平县	142.75			57.82	26.25	58.68
揭阳市	**804.58**		**26.99**	**162.00**	**537.74**	**77.85**
榕城区	59.4				59.4	
揭东区	26.81		11.99		11.47	3.35
普宁市	436.15		15	110.2	305.75	5.2
揭西县	266.22			50.80	161.12	54.3
惠来县	16.00			1		15.00
云浮市	**232.74**		**8**	**97.56**	**105.58**	**21.60**
云城区	55.62			47.16	8.46	
云安区	13.00			7.8	5.20	
罗定市	8.00		8			
新兴县	69.81			34.80	13.41	21.60
郁南县	86.31			7.80	78.51	

5-12 各县(市、区)河道治理及除涝面积

(2019年)

市 别	河道治理(公里)			除涝面积(千公顷)			
	有防洪任务河段长度	已治理河段长度	治理达标河段长度		3～5年一遇标准	5～10年一遇标准	10年以上一遇标准
全 省	**19274.83**	**8941.94**	**5163.55**	**541.89**	**62.27**	**98.45**	**381.17**
广州市	**1037.39**	**655.04**	**477.79**	**54.82**	**3.44**	**5.82**	**45.56**
越秀区							
海珠区	18.49	18.49	18.49	0.80		0.13	0.67
荔湾区	24.87	24.87	24.87	1.46		0.43	1.03
天河区				0.75		0.07	0.68
白云区	57.78	52.22	52.22	6.81			6.81
黄埔区	70.41	70.41	66.54	0.64			0.64
番禺区	192.33	192.33	192.33	22.29	2.20	1.82	18.27
花都区	66.35	63.84	63.84	5.49			5.49
南沙区	111.00	111.00		0.98	0.39	0.06	0.53
从化区	212.89	60.14	57.00	2.35	0.75	0.45	1.15
增城区	283.27	61.74	2.50	13.25	0.10	2.86	10.29
深圳市	**152.55**	**150.65**	**135.84**	**7.36**	**1.49**		**5.87**
福田区	9.40	9.40		0.01	0.01		
罗湖区	9.76	9.76	4.35				
盐田区							
南山区							
宝安区	59.44	59.44	59.44	6.23	1.02		5.21
龙岗区	73.95	72.05	72.05	1.12	0.46		0.66
龙华区							
坪山区							
光明区							
珠海市	**154.92**	**135.50**	**115.62**	**16.53**	**1.26**	**15.27**	
香洲区	27.20	27.20	27.20	0.50	0.33	0.17	
金湾区	20.38	27.38	27.38	2.58	0.93	1.65	
斗门区	107.34	80.92	61.04	13.45		13.45	
汕头市	**206.59**	**158.46**	**148.94**	**36.88**	**3.72**	**4.40**	**28.76**
金平区	17.45	17.45	17.45	2.56	0.49	0.70	1.37
龙湖区	30.84	30.84	30.84	4.23	0.08	0.38	3.77
澄海区	53.18	39.92	30.40	11.52		0.63	10.89
濠江区	23.34	15.50	15.50	0.67	0.39	0.08	0.20
潮阳区	27.03			10.80	1.73	2.10	6.97
潮南区	54.75	54.75	54.75	7.03	1.03	0.51	5.49
南澳县				0.07			0.07
佛山市	**531.93**	**531.93**	**525.10**	**59.98**		**8.90**	**51.08**
禅城区	34.44	34.44	34.44	2.20			2.20
南海区	159.97	159.97	159.97	27.59		3.25	24.34
顺德区	176.17	176.17	176.17	12.15			12.15
高明区	58.07	58.07	58.07	8.03		2.85	5.18
三水区	103.28	103.28	96.45	10.01		2.80	7.21
韶关市	**2360.54**	**924.72**	**535.92**	**19.92**	**3.83**	**10.54**	**5.55**
浈江区	92.20	44.82	44.82	0.65	0.62	0.03	
武江区	104.53	40.27	14.63	0.17	0.17		
曲江区	192.17	60.26	51.39	2.26	1.53	0.73	
乐昌市	441.63	68.02	68.02				
南雄市	322.79	89.76	49.59	3.43	1.10	2.33	
仁化县	420.40	213.21	71.82				
始兴县	192.41	52.38	52.38	0.12		0.12	
翁源县	145.00	208.51	35.78	1.76		1.76	
新丰县	295.50	28.03	28.03	0.93	0.41		0.52
乳源县	153.91	119.46	119.46	10.60		5.57	5.03

5-12 续表 1

(2019年)

市　别	河道治理(公里)			除涝面积(千公顷)			
	有防洪任务河段长度	已治理河段长度	治理达标河段长度		3～5年一遇标准	5～10年一遇标准	10年以上一遇标准
河源市	**1518.59**	**720.31**	**228.91**	**0.84**	**0.15**	**0.52**	**0.17**
源城区	36.99	40.90	24.40				
东源县	118.87	85.48	26.21				
和平县	387.91	116.04	65.14	0.38	0.11	0.24	0.03
龙川县	344.56	107.48	28.60	0.46	0.04	0.28	0.14
紫金县	315.30	264.77	58.88				
连平县	314.96	105.64	25.68				
梅州市	**1691.47**	**891.40**	**427.47**	**10.58**	**1.93**	**2.01**	**6.64**
梅江区	50.26	69.26	27.23	0.12			0.12
梅县区	201.27	126.59	84.80	1.23	0.06	0.73	0.44
兴宁市	156.31	122.81	25.55	1.93	0.35	0.28	1.30
平远县	268.98	82.14	82.14	1.31	1.03	0.28	
蕉岭县	62.87	89.98	41.34	1.05	0.01	0.19	0.85
大埔县	85.59	65.85	65.85	0.62	0.12		0.50
丰顺县	482.01	182.57	62.56	0.95	0.22	0.13	0.60
五华县	384.18	152.20	38.00	3.37	0.14	0.40	2.83
惠州市	**862.66**	**371.81**	**171.12**	**35.03**	**3.97**	**1.22**	**29.84**
惠城区	156.81	190.34	50.53	14.13			14.13
惠阳区	137.56	27.56	27.56	2.13	1.93	0.20	
惠东县	50.34	15.00	9.00	3.24	2.04	0.49	0.71
博罗县	357.12	113.21	59.03	13.91		0.08	13.83
龙门县	160.83	25.70	25.00	1.62		0.45	1.17
汕尾市	**259.51**	**21.10**	**21.10**	**21.44**	**3.72**	**1.86**	**15.86**
市城区				1.05	0.27	0.17	0.61
陆丰市	38.46	13.00	13.00	4.01	1.60		2.41
海丰县	221.05	8.10	8.10	16.33	1.80	1.69	12.84
陆河县				0.05	0.05		
东莞市	**477.33**	**387.99**	**306.48**	**17.89**			**17.89**
中山市	**197.01**	**197.01**	**197.01**	**30.73**			**30.73**
江门市	**1134.24**	**1093.70**	**302.59**	**48.93**	**14.01**	**7.44**	**27.48**
蓬江区	61.24	57.22	49.22	1.91			1.91
江海区	19.34	19.34	17.35	2.49			2.49
新会区	204.67	116.27	92.80	15.46			15.46
台山市	342.66	462.62	5.50	14.14	9.47	4.67	
开平市	258.37	235.83		6.61	4.54	2.07	
鹤山市	163.68	127.70	127.70	3.75			3.75
恩平市	84.28	74.72	10.02	4.57		0.70	3.87
阳江市	**860.93**	**205.73**	**196.21**	**8.52**	**0.20**	**1.87**	**6.45**
江城区	40.12	39.02	29.50	1.66		0.33	1.33
阳东区	122.93	122.93	122.93	3.59	0.20	0.62	2.77
阳春市	581.35	21.28	21.28	3.27		0.92	2.35
阳西县	116.53	22.50	22.50				

5-12 续表 2

(2019年)

市 别	河道治理(公里)			除涝面积(千公顷)			
	有防洪任务河段长度	已治理河段长度	治理达标河段长度		3～5年一遇标准	5～10年一遇标准	10年以上一遇标准
湛江市	**986.59**	**379.35**	**264.57**	**31.77**	**5.69**	**11.82**	**14.26**
赤坎区	27.53	15.82	15.82	0.08	0.04	0.04	
霞山区							
麻章区				2.01	0.01	1.14	0.86
坡头区	11.00	11.00	2.80	0.67		0.67	
雷州市	68.00	41.40	26.40	6.38	2.72	2.16	1.50
廉江市	425.81	138.10	138.10	8.47	0.33	4.95	3.19
吴川市	155.86	59.66	36.15	11.13	2.07	1.71	7.35
遂溪县	271.89	87.29	23.90	1.16	0.35	0.38	0.43
徐闻县	26.50	26.08	21.40	1.87	0.17	0.77	0.93
茂名市	**1550.45**	**418.60**	**75.14**	**15.74**	**7.82**	**7.59**	**0.33**
茂南区	81.54	14.32	0.52	3.63		3.63	
电白区	243.76	213.26	16.90	4.36	1.33	3.03	
信宜市	414.09	107.91	27.60	0.97		0.64	0.33
高州市	519.33	59.57	6.58	2.87	2.58	0.29	
化州市	291.73	23.54	23.54	3.91	3.91		
肇庆市	**663.83**	**306.94**	**104.14**	**45.01**	**1.52**	**6.83**	**36.66**
端州区				2.29		0.32	1.97
鼎湖区	32.80	32.80	32.80	10.80		0.01	10.79
高要区	53.68	23.73	23.73	16.84		4.33	12.51
四会市	153.67	93.45		10.03		0.33	9.70
广宁县	26.47	23.05		2.00		0.90	1.10
德庆县	59.30	59.30		1.81	1.19	0.27	0.35
封开县	156.31	16.11	16.11	1.24	0.33	0.67	0.24
怀集县	181.60	58.50	31.50				
清远市	**2259.89**	**1000.88**	**579.96**	**27.45**	**5.25**	**2.69**	**19.51**
清城区	168.71	107.57	105.40	7.27		0.43	6.84
清新区	380.83	383.48	44.76	12.03		0.61	11.42
英德市	411.95	9.48	9.48	3.83	3.60		0.23
连州市	507.18	130.53	102.23	1.21	0.65	0.56	
佛冈县	203.44	159.25	128.65	1.71		0.69	1.02
阳山县	350.32	30.31	15.30	1.40	1.00	0.40	
连山县	104.62	94.26	88.14				
连南县	132.84	86.00	86.00				
潮州市	**458.30**	**167.23**	**167.23**	**22.50**	**3.07**	**4.45**	**14.98**
湘桥区	62.13	42.27	42.27	3.71	2.94	0.77	
潮安区	146.04	69.06	69.06	13.80	0.13	2.26	11.41
饶平县	250.13	55.90	55.90	4.99		1.42	3.57
揭阳市	**712.53**	**124.91**	**95.39**	**26.70**	**0.90**	**4.49**	**21.31**
榕城区	48.89	45.87	23.31	2.22	0.03	0.26	1.93
揭东区	75.39	6.96		9.79	0.23	1.10	8.46
普宁市	232.12			5.92		2.70	3.22
揭西县	210.07	72.08	72.08	2.64	0.30	0.37	1.97
惠来县	146.06			6.13	0.34	0.06	5.73
云浮市	**1197.58**	**98.68**	**87.02**	**3.27**	**0.30**	**0.73**	**2.24**
云城区	76.51	31.21	31.21	0.62		0.07	0.55
云安区	199.20	15.16	8.16	0.90		0.11	0.79
罗定市	441.40	20.21	15.55				
新兴县	115.11	12.10	12.10	0.60			0.60
郁南县	365.36	20.00	20.00	1.15	0.30	0.55	0.30

5-13 各县(市、区)本年新增水土流失综合治理面积

(2019年) 单位：千公顷

市 别	合计	梯田	水土保持林	经济林	种草	封禁治理	其他
全 省	**110.93**	**0.39**	**43.97**	**5.86**	**3.44**	**49.85**	**7.42**
广州市	**5.78**		**3.10**	**0.11**	**0.37**	**1.27**	**0.93**
越秀区							
海珠区	0.03				0.03		
荔湾区	0.02		0.02				
天河区	0.10						0.10
白云区	0.42		0.33				0.09
黄埔区	0.23						0.23
番禺区	0.42		0.06			0.27	0.09
花都区	1.79		1.35	0.11	0.00	0.33	
南沙区	0.31				0.31		0.00
从化区	1.12		0.01		0.03	0.67	0.42
增城区	1.33		1.33				
深圳市	**1.64**		**1.29**	**0.13**	**0.22**		**0.00**
福田区	0.01		0.01				
罗湖区	0.03		0.02		0.00		
盐田区	0.01				0.01		
南山区	0.15				0.15		
宝安区	0.01				0.01		
龙岗区	1.38		1.26	0.13			
龙华区	0.01				0.01		
坪山区	0.02				0.02		
光明区	0.01				0.01		
珠海市	**3.62**		**0.61**		**1.21**	**1.80**	
香洲区	1.26		0.26		0.24	0.77	
金湾区	1.84		0.15		0.90	0.79	
斗门区	0.52		0.21		0.08	0.23	
汕头市	**0.59**		**0.59**				
金平区	0.05		0.05				
龙湖区							
澄海区	0.02		0.02				
濠江区	0.06		0.06				
潮阳区	0.13		0.13				
潮南区	0.25		0.25				
南澳县	0.08		0.08				
佛山市	**1.77**		**0.12**		**0.76**		**0.89**
禅城区	0.02				0.02		
南海区	0.68				0.68		
顺德区	0.15		0.00		0.06		0.08
高明区	0.74						0.74
三水区	0.19		0.12		0.00		0.07
韶关市	**6.38**	**0.30**	**4.33**	**0.50**		**0.54**	**0.72**
浈江区	0.11		0.05			0.06	
武江区	0.22		0.22				
曲江区	0.15		0.15				
乐昌市	1.28		0.56				0.72
南雄市	1.01		1.01				
仁化县	0.62		0.62				
始兴县	0.67		0.20			0.48	
翁源县	0.82		0.82				
新丰县	0.68	0.30	0.38				
乳源县	0.82		0.32	0.50			

5-13 续表 1

(2019年)　　单位：千公顷

市　别	合计	梯田	水土保持林	经济林	种草	封禁治理	其他
河源市	**6.66**		**6.66**				
源城区	0.13		0.13				
东源县	1.17		1.17				
和平县	1.96		1.96				
龙川县	0.67		0.67				
紫金县	1.87		1.87				
连平县	0.87		0.87				
梅州市	**16.38**		**0.53**		**0.06**	**15.79**	
梅江区	0.10				0.01	0.09	
梅县区	1.82		0.03		0.01	1.78	
兴宁市	3.53					3.53	
平远县							
蕉岭县	0.69		0.07		0.02	0.61	
大埔县	1.40		0.01		0.03	1.36	
丰顺县	6.30		0.01			6.29	
五华县	2.54		0.41			2.13	
惠州市	**9.21**		**3.63**	**0.37**	**0.05**	**4.10**	**1.06**
惠城区	2.10		0.45			1.65	
惠阳区	2.10		0.26			1.71	0.12
惠东县	1.87		1.87				
博罗县	2.03		0.73	0.37			0.93
龙门县	1.10		0.32		0.05	0.73	
汕尾市	**2.03**		**1.89**			**0.13**	
市城区	0.80		0.66			0.13	
陆丰市	0.40		0.40				
海丰县	0.48		0.48				
陆河县	0.35		0.35				
东莞市	**2.69**		**0.95**			**1.74**	
中山市	**2.53**		**0.23**			**2.31**	
江门市	**10.17**		**4.00**	**1.43**	**0.29**	**4.45**	**0.00**
蓬江区	0.69		0.45		0.24		
江海区	0.06				0.05		0.00
新会区	2.00		0.23			1.77	
台山市	2.93		2.39			0.55	
开平市	1.65		0.10			1.55	
鹤山市	1.69		0.26	1.43			
恩平市	1.15		0.57			0.58	
阳江市	**2.05**		**1.17**	**0.01**	**0.47**	**0.40**	
江城区	0.31		0.07	0.01	0.23		
阳东区	0.46		0.40		0.06		
阳春市	0.81		0.41			0.40	
阳西县	0.47		0.29		0.18		

5−13 续表 2

(2019年) 单位：千公顷

市 别	合计	梯田	水土保持林	经济林	种草	封禁治理	其他
湛江市	**0.54**		**0.48**				**0.06**
赤坎区							
霞山区							
麻章区	0.05		0.03				0.01
坡头区							
雷州市	0.11		0.11				
廉江市	0.10		0.10				
吴川市	0.14		0.09				0.05
遂溪县	0.09		0.09				
徐闻县	0.05		0.05				
茂名市	**3.03**	**0.09**	**2.11**			**0.82**	**0.00**
茂南区							
电白区	0.35		0.10			0.25	
信宜市	0.88		0.88				
高州市	1.23	0.09	0.93			0.20	0.00
化州市	0.57		0.19			0.37	
肇庆市	**16.19**		**8.21**	**3.01**		**1.21**	**3.76**
端州区	0.10		0.10				0.00
鼎湖区	0.49		0.15	0.15			0.19
高要区	3.07		0.11	2.86			0.10
四会市	0.47		0.02				0.45
广宁县	1.83		1.66			0.16	
德庆县	2.19		1.65			0.43	0.12
封开县	3.63		3.32			0.31	
怀集县	4.41		1.20			0.31	2.90
清远市	**4.58**		**2.33**	**0.31**	**0.01**	**1.94**	**0.00**
清城区	0.28		0.04			0.24	
清新区	0.62		0.19			0.42	
英德市	1.03		1.03				
连州市	0.88		0.88				
佛冈县	0.06		0.06				
阳山县	1.42			0.31		1.11	0.00
连山县							
连南县	0.30		0.12		0.01	0.17	
潮州市	**0.66**		**0.66**				
湘桥区	0.06		0.06				
潮安区	0.27		0.27				
饶平县	0.33		0.33				
揭阳市	**0.79**		**0.79**				
榕城区							
揭东区							
普宁市	0.66		0.66				
揭西县	0.14		0.14				
惠来县							
云浮市	**13.66**		**0.30**			**13.36**	**0.00**
云城区	0.09		0.09				
云安区	0.13		0.13				
罗定市	13.37					13.36	0.00
新兴县							
郁南县	0.07		0.07				

5-14 各县(市、区)已建水库、水电站数量

(2019年)

市 别	水库数量(座)						水库总库容(万立方米)		
	合计	大(1)型	大(2)型	中型	小(1)型	小(2)型	合计	大(1)型	大(2)型
全 省	**8352**	**7**	**33**	**343**	**1561**	**6408**	**4555550.27**	**2253450.00**	**704389.00**
广州市	**367**		**1**	**16**	**71**	**279**	**103587.23**		**37820.00**
越秀区									
海珠区									
荔湾区									
天河区	5				1	4	365.33		
白云区	42			1	10	31	5581.81		
黄埔区	25			2	6	17	5174.28		
番禺区	16				1	15	430.63		
花都区	75			4	13	58	15083.64		
南沙区	7					7	162.79		
从化区	96		1	5	23	67	62513.90		37820.00
增城区	101			4	17	80	14274.85		
深圳市	**155**		**2**	**11**	**61**	**81**	**88800.50**		**32492.00**
福田区	4			1	1	2	1598.27		
罗湖区	8			1		7	4762.95		
盐田区	9				3	6	1426.71		
南山区	2			2			4992.81		
宝安区	46		1	4	25	16	39953.49		13892.00
龙岗区	86		1	3	32	50	36066.27		18600.00
龙华区									
坪山区									
光明区									
珠海市	**63**			**4**	**22**	**37**	**15503.71**		
香洲区	20			2	9	9	5090.00		
金湾区	17				6	11	1992.01		
斗门区	26			2	7	17	8421.70		
汕头市	**206**			**8**	**33**	**165**	**31387.29**		
金平区	3					3	188.00		
龙湖区									
澄海区	7					7	142.00		
濠江区	25				5	20	1358.10		
潮阳区	89			1	15	73	8142.07		
潮南区	72			7	9	56	20693.00		
南澳县	10				4	6	864.12		
佛山市	**125**			**3**	**19**	**103**	**12241.20**		
禅城区									
南海区	29			1	6	22	3377.92		
顺德区									
高明区	68			2	7	59	6067.29		
三水区	28				6	22	2795.99		
韶关市	**638**	**1**	**5**	**32**	**94**	**506**	**371146.46**	**128050.00**	**103159.00**
浈江区	68			2	2	64	10081.14		
武江区	28		1	1	2	24	22851.28		20400.00
曲江区	46		2	2	3	39	45121.79		29416.00
乐昌市	69		1	3	14	51	46611.31		34400.00
南雄市	149			6	14	129	23170.49		
仁化县	55		1	5	6	43	42812.20		18943.00
始兴县	42			3	12	27	12401.14		
翁源县	95			5	14	76	13602.73		
新丰县	35			1	15	19	6945.81		
乳源县	51	1		4	12	34	147548.57	128050.00	

5-14 续表 1

(2019年)

市别	水库总库容(万立方米)			水电站数量(座)					
	中型	小(1)型	小(2)型	合计	大(1)型	大(2)型	中型	小(1)型	小(2)型
全　省	**956604.32**	**456552.38**	**184554.57**	**9765**	**2**	**1**	**11**	**78**	**9673**
广州市	**37502.45**	**20875.63**	**7389.15**	**167**	**1**			**1**	**165**
越秀区									
海珠区									
荔湾区									
天河区		251.00	114.33						
白云区	1753.31	2896.50	932.00	1					1
黄埔区	2955.55	1762.46	456.27						
番禺区		124.10	306.53						
花都区	9624.59	4342.24	1116.81	11					11
南沙区			162.79						
从化区	16909.00	5679.28	2105.62	141	1			1	139
增城区	6260.00	5820.05	2194.80	14					14
深圳市	**34732.32**	**18458.58**	**3117.60**	**7**					**7**
福田区	1369.00	171.39	57.88						
罗湖区	4496.00		266.95	2					2
盐田区		1163.13	263.58						
南山区	4992.81								
宝安区	17910.80	7308.94	841.75						
龙岗区	5963.71	9815.12	1687.44	5					5
龙华区									
坪山区									
光明区									
珠海市	**8208.00**	**6119.02**	**1176.69**	**1**					**1**
香洲区	2720.00	2087.00	283.00						
金湾区		1644.72	347.29						
斗门区	5488.00	2387.30	546.40	1					1
汕头市	**18913.00**	**7760.50**	**4713.79**	**19**					**19**
金平区			188.00						
龙湖区				1					1
澄海区			142.00	3					3
濠江区		873.30	484.80						
潮阳区	1793.00	4076.20	2272.87	1					1
潮南区	17120.00	2276.00	1297.00	11					11
南澳县		535.00	329.12	3					3
佛山市	**3603.00**	**4813.61**	**3824.59**	**15**					**15**
禅城区									
南海区	1024.00	1314.51	1039.41						
顺德区				1					1
高明区	2579.00	1564.10	1924.19	13					13
三水区		1935.00	860.99	1					1
韶关市	**98728.76**	**27037.01**	**14171.69**	**2082**			**3**	**14**	**2065**
浈江区	7989.00	556.28	1535.86	14				1	13
武江区	1086.00	454.00	911.28	90				1	89
曲江区	13733.00	805.00	1167.79	151			1		150
乐昌市	5088.00	5244.30	1879.01	263				2	261
南雄市	16598.00	3806.00	2766.49	187					187
仁化县	20728.20	1907.00	1234.00	256				3	253
始兴县	7247.00	4378.30	775.84	223				1	222
翁源县	8301.00	2870.71	2431.02	190					190
新丰县	1250.00	5091.71	604.10	294					294
乳源县	16708.56	1923.71	866.30	414			2	6	406

5-14 续表 2

(2019年)

市 别	水库数量(座)						水库总库容(万立方米)		
	合计	大(1)型	大(2)型	中型	小(1)型	小(2)型	合计	大(1)型	大(2)型
河源市	**781**	**2**		**19**	**93**	**667**	**1657319.67**	**1583600.00**	
源城区	26	1		1	5	19	1393119.11	1389600.00	
东源县	183			7	39	137	28594.88		
和平县	166			2	8	156	8420.60		
龙川县	154	1		5	11	137	205319.60	194000.00	
紫金县	75			3	11	61	9471.73		
连平县	177			1	19	157	12393.75		
梅州市	**715**		**3**	**18**	**139**	**555**	**150468.74**		**45312.00**
梅江区	36			2	7	27	7946.50		
梅县区	140			1	30	109	15736.36		
兴宁市	143		1	3	39	100	29231.80		11612.00
平远县	41			2	9	30	10858.77		
蕉岭县	50		1	2	7	40	23039.75		17200.00
大埔县	48			3	8	37	21765.40		
丰顺县	65			2	9	54	8479.50		
五华县	192		1	3	30	158	33410.66		16500.00
惠州市	**515**	**1**	**3**	**25**	**121**	**365**	**295543.47**	**122000.00**	**50005.00**
惠城区	90			7	19	64	25733.33		
惠阳区	70			4	18	48	14994.60		
惠东县	107	1		3	32	71	138698.60	122000.00	
博罗县	177		2	8	29	138	70052.50		25705.00
龙门县	71		1	3	23	44	46064.44		24300.00
汕尾市	**435**		**2**	**18**	**61**	**354**	**125964.03**		**43659.00**
市城区	59			1	16	42	7029.60		
陆丰市	147		1	5	25	116	34665.60		10589.00
海丰县	95		1	10	13	71	69855.18		33070.00
陆河县	134			2	7	125	14413.65		
东莞市	**122**			**8**	**48**	**66**	**41884.88**		
中山市	**39**			**1**	**17**	**21**	**9107.56**		
江门市	**602**		**4**	**30**	**162**	**406**	**251714.47**		**108210.00**
蓬江区	16			1	5	10	3767.09		
江海区									
新会区	82			7	24	51	19506.86		
台山市	200		1	11	59	129	89030.19		29640.00
开平市	144		2	3	37	102	54832.59		36770.00
鹤山市	74			2	18	54	11799.53		
恩平市	86		1	6	19	60	72778.21		41800.00
阳江市	**224**		**2**	**19**	**73**	**130**	**121979.94**		**45920.00**
江城区	21			2	6	13	6779.94		
阳东区	41		1	7	14	19	38066.58		12700.00
阳春市	114		1	6	36	71	59454.00		33220.00
阳西县	48			4	17	27	17679.42		

5-14 续表 3

(2019年)

市别	水库总库容(万立方米)			水电站数量(座)					
	中型	小(1)型	小(2)型	合计	大(1)型	大(2)型	中型	小(1)型	小(2)型
河源市	**36228.40**	**22905.54**	**14585.73**	**813**		**1**	**1**	**8**	**803**
源城区	1798.00	1202.38	518.73	13		1			12
东源县	16669.40	7632.86	4292.62	146				4	142
和平县	3885.00	2363.20	2172.40	69				1	68
龙川县	5849.00	2795.20	2675.40	189			1	3	185
紫金县	4854.00	3107.90	1509.83	154					154
连平县	3173.00	5804.00	3416.75	242					242
梅州市	**55984.00**	**32398.61**	**16774.13**	**1624**			**3**	**15**	**1606**
梅江区	5964.00	1264.50	718.00	42				2	40
梅县区	5100.00	7410.20	3226.16	185				5	180
兴宁市	4767.00	9684.10	3168.70	175					175
平远县	7618.00	2346.50	894.27	154					154
蕉岭县	3371.00	1604.31	864.44	186			1		185
大埔县	19162.00	1548.30	1055.10	256			1	5	250
丰顺县	5362.00	1658.00	1459.50	287			1	3	283
五华县	4640.00	6882.70	5387.96	339					339
惠州市	**74686.99**	**36449.27**	**12402.21**	**320**	**1**			**3**	**316**
惠城区	17653.00	6040.00	2040.33	8					8
惠阳区	7300.00	6205.80	1488.80	1					1
惠东县	6815.00	7180.00	2703.60	144				1	143
博罗县	29513.99	10284.50	4549.01	63	1			1	61
龙门县	13405.00	6738.97	1620.47	104				1	103
汕尾市	**54333.60**	**18697.20**	**9274.23**	**145**			**1**		**144**
市城区	1075.00	4233.90	1720.70						
陆丰市	14327.00	6687.30	3062.30	18					18
海丰县	29274.60	5289.00	2221.58	40					40
陆河县	9657.00	2487.00	2269.65	87			1		86
东莞市	**21922.14**	**16759.56**	**3203.18**	**2**					**2**
中山市	**5040.00**	**3431.20**	**636.36**	**6**					**6**
江门市	**77171.00**	**51370.81**	**14962.66**	**250**				**1**	**249**
蓬江区	1427.00	1840.00	500.09						
江海区									
新会区	11452.00	6143.90	1910.96	32					32
台山市	32281.00	21459.00	5650.19	60					60
开平市	7240.00	7750.61	3071.98	39					39
鹤山市	4493.00	5763.00	1543.53	19					19
恩平市	20278.00	8414.30	2285.91	100				1	99
阳江市	**49235.50**	**22659.72**	**4164.72**	**493**				**3**	**490**
江城区	4616.10	1793.42	370.42	2					2
阳东区	18844.40	5978.30	543.88	57					57
阳春市	13733.00	10248.00	2253.00	384				3	381
阳西县	12042.00	4640.00	997.42	50					50

5-14 续表 4

(2019年)

市　别	水库数量(座)						水库总库容(万立方米)		
	合计	大(1)型	大(2)型	中型	小(1)型	小(2)型	合计	大(1)型	大(2)型
湛江市	**741**	**1**	**2**	**23**	**112**	**603**	**259475.58**	**114400.00**	**27335.00**
赤坎区	1				1		575.00		
霞山区	2				1	1	330.00		
麻章区	91			1	9	81	6529.46		
坡头区	44				1	43	1311.50		
雷州市	144			14	32	98	51767.13		
廉江市	250	1	1	2	11	235	149146.48	114400.00	14635.00
吴川市	37				4	33	2277.39		
遂溪县	53			1	21	31	10161.59		
徐闻县	119		1	5	32	81	37377.03		12700.00
茂名市	**627**	**1**	**1**	**12**	**76**	**537**	**191286.56**	**115000.00**	**11375.00**
茂南区	25			1	6	18	3049.26		
电白区	157		1	4	15	137	32210.80		11375.00
信宜市	112			3	8	101	11964.09		
高州市	254	1		2	28	223	130851.19	115000.00	
化州市	79			2	19	58	13211.22		
肇庆市	**556**			**25**	**79**	**452**	**121373.78**		
端州区	1				1		174.97		
鼎湖区	8			1	1	6	4342.20		
高要区	130			3	19	108	13764.94		
四会市	64			3	11	50	13787.77		
广宁县	53			1	4	48	7808.48		
德庆县	59			4	11	44	12399.60		
封开县	97			7	17	73	31492.30		
怀集县	144			6	15	123	37603.52		
清远市	**521**	**1**	**5**	**32**	**101**	**382**	**451877.08**	**190400.00**	**134660.00**
清城区	67	1	1	3	17	45	237886.45	190400.00	30180.00
清新区	63			4	7	52	15580.40		
英德市	211		3	11	34	163	120729.22		86800.00
连州市	52		1	1	11	39	25469.70		17680.00
佛冈县	29			1	9	19	5429.39		
阳山县	58			10	12	36	35325.81		
连山县	26			1	4	21	5431.22		
连南县	15			1	7	7	6024.89		
潮州市	**201**		**1**	**8**	**30**	**162**	**78529.99**		**38100.00**
湘桥区	17			1	2	14	5401.77		
潮安区	27			3	9	15	19795.75		
饶平县	157		1	4	19	133	53332.47		38100.00
揭阳市	**477**		**2**	**19**	**96**	**360**	**114551.42**		**26342.00**
榕城区	25			1		24	1835.00		
揭东区	54			2	9	43	12296.75		
普宁市	147			5	36	106	21105.17		
揭西县	102		1	4	16	81	39253.83		15400.00
惠来县	149		1	7	35	106	40060.67		10942.00
云浮市	**242**			**12**	**53**	**177**	**61806.71**		
云城区	22			1	7	14	4253.36		
云安区	26			1	4	21	3407.00		
罗定市	107			4	23	80	18957.71		
新兴县	44			3	12	29	19923.04		
郁南县	43			3	7	33	15265.60		

5-14 续表 5

(2019年)

市别	水库总库容(万立方米)			水电站数量(座)					
	中型	小(1)型	小(2)型	合计	大(1)型	大(2)型	中型	小(1)型	小(2)型
湛江市	**63331.00**	**38685.63**	**15723.95**	**82**					**82**
赤坎区		575.00							
霞山区		307.00	23.00						
麻章区	1559.00	2811.60	2158.86						
坡头区		675.00	636.50						
雷州市	37305.00	11944.74	2517.39	34					34
廉江市	11048.00	3247.23	5816.25	28					28
吴川市		978.60	1298.79	4					4
遂溪县	1626.00	7547.74	987.85	5					5
徐闻县	11793.00	10598.72	2285.31	11					11
茂名市	**29395.50**	**22169.64**	**13346.42**	**563**				**2**	**561**
茂南区	1192.50	1262.70	594.06	2					2
电白区	14164.00	3010.00	3661.80	40					40
信宜市	7422.00	2380.00	2162.09	286				1	285
高州市	2238.00	8454.58	5158.61	213				1	212
化州市	4379.00	7062.36	1769.86	22					22
肇庆市	**89248.00**	**20672.22**	**11453.56**	**706**				**16**	**690**
端州区		174.97		3					3
鼎湖区	3964.00	120.00	258.20	7					7
高要区	5155.00	5807.65	2802.29	29					29
四会市	9896.00	2445.00	1446.77	25				3	22
广宁县	6300.00	691.00	817.48	175				4	171
德庆县	8738.00	2683.00	978.60	81					81
封开县	25307.00	4409.60	1775.70	113				3	110
怀集县	29888.00	4341.00	3374.52	273				6	267
清远市	**78856.66**	**34826.64**	**13133.78**	**1476**			**3**	**7**	**1466**
清城区	11827.00	3562.55	1916.90	22			1		21
清新区	12234.80	1996.00	1349.60	140				1	139
英德市	15448.86	12771.94	5708.42	314			2	3	309
连州市	1850.00	4914.20	1025.50	197				1	196
佛冈县	1724.00	2929.00	776.39	67					67
阳山县	29997.00	4067.24	1261.57	242				2	240
连山县	2135.00	2545.62	750.60	255					255
连南县	3640.00	2040.09	344.80	239					239
潮州市	**26695.00**	**9432.20**	**4302.79**	**202**				**3**	**199**
湘桥区	4505.90	473.00	422.87	10					10
潮安区	16365.10	2830.80	599.85	67				3	64
饶平县	5824.00	6128.40	3280.07	125					125
揭阳市	**50170.00**	**27689.83**	**10349.59**	**348**				**5**	**343**
榕城区	1138.00		697.00	1					1
揭东区	7246.00	3713.00	1337.75	36					36
普宁市	9742.00	7651.58	3711.59	147					147
揭西县	17045.00	5017.25	1791.58	124				5	119
惠来县	14999.00	11308.00	2811.67	40					40
云浮市	**42619.00**	**13339.96**	**5847.75**	**444**					**444**
云城区	2398.00	1396.00	459.36	44					44
云安区	1401.00	1458.00	548.00	84					84
罗定市	9841.00	6311.20	2805.51	130					130
新兴县	15728.00	3180.76	1014.28	104					104
郁南县	13251.00	994.00	1020.60	82					82

5-15 各县(市、区)已建泵站、水闸数量

(2019年)

市　别	泵站数量(处)						水闸数量(座)					
	合计	大(1)型	大(2)型	中型	小(1)型	小(2)型	合计	大(1)型	大(2)型	中型	小(1)型	小(2)型
全　省	**15474**	**3**	**32**	**481**	**2360**	**12598**	**15924**	**13**	**131**	**735**	**2762**	**12283**
广州市	**1140**		**1**	**43**	**353**	**743**	**1162**	**1**	**10**	**67**	**393**	**691**
越秀区	2				2		13			1	2	10
海珠区	18			1	13	4	60			6	24	30
荔湾区	45			2	37	6	62			3	15	44
天河区	7			2	2	3	8			3	3	2
白云区	351			6	65	280	160		1	5	26	128
黄埔区	12				8	4	31			2	18	11
番禺区	122			6	51	65	195		1	16	83	95
花都区	79			3	19	57	179			7	15	157
南沙区	380		1	10	80	289	242		1	14	139	88
从化区	16				9	7	33		5	1	4	23
增城区	108			13	67	28	179	1	2	9	64	103
深圳市	**163**			**34**	**87**	**42**	**190**			**26**	**59**	**105**
福田区	6				5	1	4			3	1	
罗湖区	20			7	9	4	6			4	1	1
盐田区	2					2						
南山区	6			4	2		8			1	2	5
宝安区	115			18	63	34	155			15	50	90
龙岗区	14			5	8	1	17			3	5	9
龙华区												
坪山区												
光明区												
珠海市	**258**		**2**	**9**	**68**	**179**	**234**		**1**	**27**	**186**	**20**
香洲区	11			3	3	5	25			7	16	2
金湾区	21			2	13	6	91			11	73	7
斗门区	226		2	4	52	168	118		1	9	97	11
汕头市	**409**			**8**	**119**	**282**	**1005**	**2**	**6**	**39**	**177**	**781**
金平区	14				9	5	116		1	2	13	100
龙湖区	3				2	1	25		1	1	3	20
澄海区	97			1	14	82	325	2	2	2	14	305
濠江区	5				3	2	100			2	7	91
潮阳区	174			3	74	97	218		2	15	80	121
潮南区	116			4	17	95	213			17	59	137
南澳县							8				1	7
佛山市	**1502**		**8**	**134**	**303**	**1057**	**574**		**5**	**39**	**206**	**324**
禅城区	54			20	19	15	47			5	28	14
南海区	616		1	51	131	433	208		1	23	86	98
顺德区	164		5	46	78	35	202		1	8	75	118
高明区	53		1	6	24	22	55		1	1	2	51
三水区	615		1	11	51	552	62		2	2	15	43
韶关市	**847**				**11**	**836**	**122**	**3**	**13**	**12**	**18**	**76**
浈江区	54				1	53	1			1		
武江区	24					24	2	1	1			
曲江区	12				1	11	5	1				4
乐昌市	222				2	220	26		1			25
南雄市	308					308	15		2	10	1	2
仁化县	81				5	76	5	1	4			
始兴县	92				1	91	12		3			9
翁源县	36					36	3		1	1		1
新丰县	12					12	1		1			
乳源县	6				1	5	52				17	35

5-15 续表 1

(2019年)

市别	泵站数量(处)						水闸数量(座)					
	合计	大(1)型	大(2)型	中型	小(1)型	小(2)型	合计	大(1)型	大(2)型	中型	小(1)型	小(2)型
河源市	**492**				**18**	**474**	**42**	**1**		**1**	**1**	**39**
源城区	17				2	15						
东源县	120				13	107	8				1	7
和平县	33				1	32	5					5
龙川县	151					151	2	1				1
紫金县	157					157	20					20
连平县	14				2	12	7			1		6
梅州市	**430**		**1**	**10**	**122**	**297**	**1057**			**17**	**35**	**1005**
梅江区	31		1	2	13	15	22			1	4	17
梅县区	113			2	17	94	79			2	3	74
兴宁市	64			2	8	54	520			5	8	507
平远县	13					13	12			2		10
蕉岭县	38			1	16	21	137			7	6	124
大埔县	25			1	9	15	15					15
丰顺县	23				12	11	111				1	110
五华县	123			2	47	74	161				13	148
惠州市	**719**		**6**	**33**	**91**	**589**	**682**	**2**	**8**	**40**	**120**	**512**
惠城区	236		5	18	36	177	147			10	41	96
惠阳区	68		1	3	9	55	53				10	43
惠东县	77			2	5	70	141	1	1	16	24	99
博罗县	268			10	36	222	176	1	2	12	35	126
龙门县	70				5	65	165		5	2	10	148
汕尾市	**402**			**1**	**47**	**354**	**1488**		**5**	**67**	**259**	**1157**
市城区	13				3	10	307			30	99	178
陆丰市	192				39	153	406		2	16	43	345
海丰县	167			1	4	162	561		3	15	47	496
陆河县	30				1	29	214			6	70	138
东莞市	**370**	**2**	**2**	**93**	**190**	**83**	**474**		**3**	**57**	**228**	**186**
中山市	**460**	**1**	**2**	**24**	**109**	**324**	**388**		**4**	**20**	**114**	**250**
江门市	**2008**		**1**	**13**	**269**	**1725**	**1988**		**10**	**39**	**276**	**1663**
蓬江区	116			5	57	54	80			3	7	70
江海区	30			3	9	18	30			1	20	9
新会区	390			1	64	325	559			5	100	454
台山市	416			1	37	378	1000		1	19	117	863
开平市	733			2	49	682	260		1	4	19	236
鹤山市	206		1	1	34	170	13			2	1	10
恩平市	117				19	98	46		8	5	12	21
阳江市	**374**			**2**	**46**	**326**	**640**		**2**	**30**	**78**	**530**
江城区	119			1	6	112	156		1	16	32	107
阳东区	22				3	19	169		1	7	10	151
阳春市	223			1	35	187	145			2	7	136
阳西县	10				2	8	170			5	29	136

5-15 续表 2

(2019年)

市别	泵站数量(处)						水闸数量(座)					
	合计	大(1)型	大(2)型	中型	小(1)型	小(2)型	合计	大(1)型	大(2)型	中型	小(1)型	小(2)型
湛江市	**1106**			**1**	**25**	**1080**	**1494**		**11**	**55**	**118**	**1310**
赤坎区	2					2	2					2
霞山区	65					65	17			1		16
麻章区	19				1	18	300			6	25	269
坡头区	88				1	87	186			3	7	176
雷州市	129				14	115	120		1	14	9	96
廉江市	449					449	279		5	22	13	239
吴川市	316				4	312	284		5	4	27	248
遂溪县	23			1	5	17	90			2	24	64
徐闻县	15					15	216			3	13	200
茂名市	**1660**		**1**	**12**	**79**	**1568**	**1236**		**27**	**66**	**157**	**986**
茂南区	271		1	4	21	245	141		3	5	4	129
电白区	299				3	296	390		3	9	84	294
信宜市	58					58	228		10	22	7	189
高州市	417			8	16	393	329		5	13	32	279
化州市	615				39	576	148		6	17	30	95
肇庆市	**714**		**5**	**28**	**206**	**475**	**532**		**3**	**14**	**74**	**441**
端州区	5		1	2	1	1	2				2	
鼎湖区	90			10	21	59	29			2	12	15
高要区	322		2	11	85	224	238			3	38	197
四会市	139		1	4	52	82	37		3	3	2	29
广宁县	48				27	21	40			2	11	27
德庆县	49		1		17	31	102			2	6	94
封开县	11			1	3	7	24			2	3	19
怀集县	50					50	60					60
清远市	**896**		**1**	**19**	**60**	**816**	**680**	**2**	**6**	**29**	**54**	**589**
清城区	278			9	33	236	133				25	108
清新区	364		1	5	11	347	191		2	1	6	182
英德市	85			5	10	70	169	2	4	17	7	139
连州市	95				2	93	99			1	9	89
佛冈县	13				2	11	9				1	8
阳山县	44					44	57			1	6	50
连山县	7					7	5			5		
连南县	10				2	8	17			4		13
潮州市	**467**			**3**	**36**	**428**	**519**	**1**	**6**	**15**	**43**	**454**
湘桥区	83			1	12	70	123		2	4	10	107
潮安区	276			2	19	255	182	1		1	14	166
饶平县	108				5	103	214		4	10	19	181
揭阳市	**635**		**1**	**11**	**91**	**532**	**1055**	**1**	**8**	**40**	**156**	**850**
榕城区	101			1	5	95	126			5	16	105
揭东区	51		1	4	6	40	90	1	1	6	7	75
普宁市	121			1	28	92	305		1	14	48	242
揭西县	176			5	10	161	303		4	4	31	264
惠来县	186				42	144	231		2	11	54	164
云浮市	**422**		**1**	**3**	**30**	**388**	**362**		**3**	**35**	**10**	**314**
云城区	19				2	17	18				4	14
云安区	35		1	1	9	24	10			2	3	5
罗定市	177				1	176	73		3			70
新兴县	119				1	118	214			30	3	181
郁南县	72			2	17	53	47			3		44

5-16 各县(市、区)已建农村集中式供水工程、机电井数量

(2019年)

市别	农村集中式供水工程数量(处)					机电井数量(眼)					
	合计	城镇管网延伸工程	万人工程	千人工程	千人以下工程	合计	规模以上机电井	浅层地下水机电井	深层承压水机电井	规模以下机电井	浅层地下水机电井
全省	**33464**	**1621**	**1123**	**6807**	**23913**	**1233618**	**12398**	**10679**	**1719**	**1221220**	**1221220**
广州市	**474**	**5**	**21**	**6**	**442**	**31736**	**1292**	**1285**	**7**	**30444**	**30444**
越秀区						1	1	1			
海珠区											
荔湾区						409				409	409
天河区						426	16	16		410	410
白云区	4	1	3			21798	129	126	3	21669	21669
黄埔区	8	1			7	67	27	27		40	40
番禺区						1444	6	6		1438	1438
花都区	94	1	1		92	6502	154	154		6348	6348
南沙区						8				8	8
从化区	146	1	10	6	129	818	792	788	4	26	26
增城区	222	1	7		214	263	167	167		96	96
深圳市						**3126**	**2247**	**2247**		**879**	**879**
福田区						6	5	5		1	1
罗湖区						22	13	13		9	9
盐田区						4	3	3		1	1
南山区						232	206	206		26	26
宝安区						2302	1758	1758		544	544
龙岗区						560	262	262		298	298
龙华区											
坪山区											
光明区											
珠海市						**753**	**46**	**46**		**707**	**707**
香洲区						662	19	19		643	643
金湾区						11	11	11			
斗门区						80	16	16		64	64
汕头市	**170**	**50**	**17**	**76**	**27**	**2197**	**48**	**48**		**2149**	**2149**
金平区						88				88	88
龙湖区	2	1	1			2	2	2			
澄海区	7		6	1		2	2	2			
濠江区						15	5	5		10	10
潮阳区	75	44	4	27							
潮南区	56	5	5	46		2090	39	39		2051	2051
南澳县	30		1	2	27						
佛山市	**295**	**42**	**119**	**134**		**1137**	**68**	**64**	**4**	**1069**	**1069**
禅城区											
南海区	141	2	5	134		398	3	2	1	395	395
顺德区	7	7				612	16	16		596	596
高明区	145	31	114			32	6	6		26	26
三水区	2	2				95	43	40	3	52	52
韶关市	**3959**	**36**	**99**	**1208**	**2616**	**38891**	**118**	**118**		**38773**	**38773**
浈江区	90	1	2	87		7515	11	11		7504	7504
武江区	55	1	1	10	43	1499	32	32		1467	1467
曲江区	208	1	1	16	190	2570	33	33		2537	2537
乐昌市	821	2	2	19	798	3005				3005	3005
南雄市	408	1	12	40	355	7537				7537	7537
仁化县	577	11	20	524	22	439	2	2		437	437
始兴县	141	3	2	136		10885				10885	10885
翁源县	377	6	55	316		1263	13	13		1250	1250
新丰县	555	9	3	46	497	3958	24	24		3934	3934
乳源县	727	1	1	14	711	220	3	3		217	217

5-16 续表 1

(2019年)

市别	农村集中式供水工程数量(处)					机电井数量(眼)					
	合计	城镇管网延伸工程	万人工程	千人工程	千人以下工程	合计	规模以上机电井	浅层地下水机电井	深层承压水机电井	规模以下机电井	浅层地下水机电井
河源市	**974**	**13**	**56**	**540**	**365**	**40788**	**80**	**74**	**6**	**40708**	**40708**
源城区	4	4				1	1	1			
东源县	35		20	15		7132	5	5		7127	7127
和平县	177		5	169	3	2135	24	24		2111	2111
龙川县	485	3	13	296	173	6800	15	11	4	6785	6785
紫金县	230	5	13	45	167	24718	33	31	2	24685	24685
连平县	43	1	5	15	22	2	2	2			
梅州市	**1294**	**16**	**75**	**429**	**774**	**26336**	**112**	**112**		**26224**	**26224**
梅江区	60	1	1	5	53	564	1	1		563	563
梅县区	345	2	14	117	212	4025	40	40		3985	3985
兴宁市	115	4	25	66	20	13908	19	19		13889	13889
平远县	275	2	4	19	250	282	12	12		270	270
蕉岭县	55		8	26	21	3349	6	6		3343	3343
大埔县	140		6	80	54	446	11	11		435	435
丰顺县	254	2	10	82	160	740	12	12		728	728
五华县	50	5	7	34	4	3022	11	11		3011	3011
惠州市	**489**	**7**	**68**	**68**	**346**	**84502**	**314**	**314**		**84188**	**84188**
惠城区	19	2	14	1	2	23523	42	42		23481	23481
惠阳区	39	1	5	15	18	11378	26	26		11352	11352
惠东县	43	3	20	15	5	15419	93	93		15326	15326
博罗县	131		21	17	93	24509	91	91		24418	24418
龙门县	257	1	8	20	228	9673	62	62		9611	9611
汕尾市	**158**	**5**	**44**	**76**	**33**	**45969**	**51**	**51**		**45918**	**45918**
市城区	8	1	5	2							
陆丰市	23	1	21	1		32877	5	5		32872	32872
海丰县	63	2	13	25	23	11341	9	9		11332	11332
陆河县	64	1	5	48	10	1751	37	37		1714	1714
东莞市	**5**		**5**			**1886**	**56**	**56**		**1830**	**1830**
中山市	**23**	**22**	**1**			**2705**	**24**	**24**		**2681**	**2681**
江门市	**788**		**59**	**78**	**651**	**11787**	**230**	**218**	**12**	**11557**	**11557**
蓬江区						460	2	2		458	458
江海区											
新会区	45		14	16	15	503	22	19	3	481	481
台山市	142		22		120	60	15	12	3	45	45
开平市	176		13	29	134	5023	80	80		4943	4943
鹤山市	102		7	17	78	5403	48	42	6	5355	5355
恩平市	323		3	16	304	338	63	63		275	275
阳江市	**80**	**9**	**54**	**15**	**2**	**93143**	**54**	**54**		**93089**	**93089**
江城区						15714	17	17		15697	15697
阳东区	53		36	15	2	24930	26	26		24904	24904
阳春市	17	3	14			38693	2	2		38691	38691
阳西县	10	6	4			13806	9	9		13797	13797

5-16 续表 2

(2019年)

市 别	农村集中式供水工程数量(处)					机电井数量(眼)					
	合计	城镇管网延伸工程	万人工程	千人工程	千人以下工程	合计	规模以上机电井	浅层地下水机电井	深层承压水机电井	规模以下机电井	浅层地下水机电井
湛江市	**2240**	**35**	**195**	**2010**		**238508**	**6051**	**4366**	**1685**	**232457**	**232457**
赤坎区	6			6		1270	51	16	35	1219	1219
霞山区	7	1		6		3404	133	71	62	3271	3271
麻章区	144		10	134		30697	1524	638	886	29173	29173
坡头区	149	7	7	135		16566	415	394	21	16151	16151
雷州市	341	3	43	295		40415	1067	811	256	39348	39348
廉江市	243	15	26	202		17050	385	385		16665	16665
吴川市	217	5	15	197		19026	174	174		18852	18852
遂溪县	732	3	70	659		33150	1648	1627	21	31502	31502
徐闻县	401	1	24	376		76930	654	250	404	76276	76276
茂名市	**10969**	**636**	**75**	**138**	**10120**	**353123**	**940**	**940**		**352183**	**352183**
茂南区	10	1	7		2	27623	17	17		27606	27606
电白区	69	36	33			87677	162	162		87515	87515
信宜市	9425	33	2	124	9266	35238	21	21		35217	35217
高州市	1336	518	9		809	113630	188	188		113442	113442
化州市	129	48	24	14	43	88955	552	552		88403	88403
肇庆市	**5972**	**535**	**41**	**402**	**4994**	**29360**	**337**	**335**	**2**	**29023**	**29023**
端州区	27	1		4	22	6	6	6			
鼎湖区	145	2		14	129	2214	64	64		2150	2150
高要区	1240	189		157	894	284	112	112		172	172
四会市	15		15			13604	19	19		13585	13585
广宁县	2425	322	6	29	2068	2054	26	26		2028	2028
德庆县	677	6	4	139	528	92	92	92			
封开县	1093	9	2	40	1042	2207	4	3	1	2203	2203
怀集县	350	6	14	19	311	8899	14	13	1	8885	8885
清远市	**3937**	**152**	**76**	**1149**	**2560**	**109641**	**207**	**206**	**1**	**109434**	**109434**
清城区						61085	43	43		61042	61042
清新区	221	2	9	73	137	19482	14	13	1	19468	19468
英德市	996	128	17	109	742	5452	108	108		5344	5344
连州市	1340	5	4	434	897	984				984	984
佛冈县	52	1	21	30		18108	33	33		18075	18075
阳山县	663	13	2	78	570	4507	7	7		4500	4500
连山县	423	3	21	399							
连南县	242		2	26	214	23	2	2		21	21
潮州市	**417**	**17**	**33**	**367**		**20686**	**19**	**18**	**1**	**20667**	**20667**
湘桥区	11	1	2	8		4268				4268	4268
潮安区	242	3	24	215		11167	5	5		11162	11162
饶平县	164	13	7	144		5251	14	13	1	5237	5237
揭阳市	**75**	**26**	**45**	**4**		**61898**	**27**	**27**		**61871**	**61871**
榕城区	14	12	2								
揭东区	9	1	8			36899				36899	36899
普宁市	23		23			13584	15	15		13569	13569
揭西县	14	10	4			38				38	38
惠来县	15	3	8	4		11377	12	12		11365	11365
云浮市	**1145**	**15**	**40**	**107**	**983**	**35446**	**77**	**76**	**1**	**35369**	**35369**
云城区	190	1	4	24	161	401	13	13		388	388
云安区	303		4	40	259	39	7	7		32	32
罗定市	41	10	10	8	13	22774	16	15	1	22758	22758
新兴县	593		9	35	549	6528	36	36		6492	6492
郁南县	18	4	13		1	5704	5	5		5699	5699

六、国民经济概况

6-1 国民经济核算主要指标

指　　标	单 位	2000	2015	2016	2017	2018	2019
地区生产总值	亿元	10810.21	73876.37	80666.72	91648.73	99945.22	107671.07
第一产业	亿元	986.32	3189.76	3500.49	3611.44	3836.40	4351.26
第二产业	亿元	5055.71	33642.00	35109.66	38536.61	41398.45	43546.43
第三产业	亿元	4768.18	37044.61	42056.57	49500.68	54710.37	59773.38
地区生产总值增长速度	%	11.7	8.0	7.5	7.5	6.8	6.2
第一产业	%	2.3	3.4	3.1	3.6	4.4	4.1
第二产业	%	12.3	6.9	6.1	6.5	5.9	4.7
第三产业	%	13.4	9.5	9.2	8.6	7.8	7.5
地区生产总值构成	%	100.0	100.0	100.0	100.0	100.0	100.0
第一产业	%	9.1	4.3	4.4	3.9	3.8	4.0
第二产业	%	46.8	45.5	43.5	42.1	41.4	40.5
第三产业	%	44.1	50.2	52.1	54.0	54.8	55.5
地区生产总值贡献率	%	100.0	100.0	100.0	100.0	100.0	100.0
第一产业	%	1.9	1.6	1.8	2.0	2.5	2.6
第二产业	%	60.2	42.8	36.8	39.0	38.3	33.6
第三产业	%	37.9	55.5	61.4	59.0	59.2	63.8
地区生产总值拉动率	%	11.7	8.0	7.5	7.5	6.8	6.2
第一产业	%	0.2	0.1	0.1	0.1	0.2	0.2
第二产业	%	7.1	3.4	2.8	2.9	2.6	2.1
第三产业	%	4.4	4.4	4.6	4.4	4.0	3.9

注：国民经济核算数据绝对数按当年价格计算，速度和指数按不变价格计算。

6-2 地区生产总值

单位：亿元

年份	地区生产总值	第一产业	第二产业	第三产业
1978	185.85	55.31	86.62	43.92
1979	209.34	66.62	91.65	51.06
1980	249.65	82.97	102.53	64.14
1981	290.36	94.30	120.34	75.71
1982	339.92	118.17	135.37	86.39
1983	368.75	121.24	152.27	95.24
1984	458.74	145.25	187.55	125.93
1985	577.38	171.87	229.82	175.69
1986	667.53	188.37	255.88	223.28
1987	846.69	232.14	330.35	284.20
1988	1155.37	306.50	460.17	388.70
1989	1381.39	351.73	554.13	475.53
1990	1559.03	384.59	615.86	558.58
1991	1893.30	416.00	782.67	694.63
1992	2447.54	465.83	1098.75	882.96
1993	3469.28	558.70	1702.46	1208.12
1994	4619.02	692.25	2249.99	1676.77
1995	5940.34	864.49	2901.99	2173.86
1996	6848.22	935.23	3313.55	2599.44
1997	7792.97	978.32	3713.92	3100.73
1998	8555.33	994.55	4080.96	3479.82
1999	9289.64	1009.01	4384.22	3896.41
2000	10810.21	986.32	5042.75	4781.15
2001	12126.59	988.84	5564.66	5573.09
2002	13601.89	1015.08	6209.06	6377.76
2003	15979.77	1072.92	7684.41	7222.44
2004	18658.34	1219.83	9191.71	8246.80
2005	21962.99	1395.23	11049.21	9518.55
2006	25961.24	1494.69	13158.01	11308.54
2007	31742.61	1663.49	16022.56	14056.56
2008	36704.16	1920.80	18519.40	16263.96
2009	39464.69	1945.95	19439.71	18079.03
2010	45944.62	2199.60	22917.43	20827.59
2011	53072.79	2553.17	26161.08	24358.54
2012	57007.74	2711.32	27346.12	26950.30
2013	62503.41	2876.42	29342.97	30284.02
2014	68173.03	3038.71	31930.37	33203.95
2015	74732.44	3189.76	33913.76	37628.92
2016	82163.22	3500.49	35499.24	43163.49
2017	91648.73	3611.44	38536.61	49500.68
2018	99945.22	3836.40	41398.45	54710.37
2019	107671.07	4351.26	43546.43	59773.38

注：1.2004年及以前年份第一产业不包括农林牧渔服务业，交通运输仓储和邮政业包括电信业，但不包括城市公共交通业，批发与零售业包括餐饮业(以下相关表同)。
2.2013年起，三次产业分类依据国家统计局2012年制定的《三次产业划分规定》执行(以下相关表同)。

6-3 地区生产总值指数

年份	地区生产总值(上年=100)				地区生产总值(1978年=100)			
		第一产业	第二产业	第三产业		第一产业	第二产业	第三产业
1978	101.0	105.2	98.0	102.1	100.0	100.0	100.0	100.0
1979	108.5	106.6	104.7	118.1	108.5	106.6	104.7	118.1
1980	116.6	112.4	116.6	121.7	126.5	119.8	122.1	143.7
1981	109.0	104.6	112.3	109.4	137.9	125.3	137.1	157.2
1982	112.0	112.0	111.5	112.6	154.4	140.4	152.9	177.0
1983	107.3	103.2	109.6	108.5	165.6	144.9	167.7	192.0
1984	115.6	112.0	118.3	115.2	191.4	162.3	198.4	221.2
1985	118.0	105.7	120.2	128.1	225.7	171.5	238.4	283.5
1986	112.7	106.2	108.6	125.4	254.5	182.2	259.0	355.4
1987	119.6	108.6	126.2	119.4	304.5	197.8	326.9	424.5
1988	115.8	105.3	123.4	112.4	352.5	208.2	403.3	477.0
1989	107.2	107.0	108.3	105.5	377.9	222.9	437.0	503.1
1990	111.6	107.1	112.5	113.2	421.6	238.7	491.4	569.3
1991	117.7	105.5	123.7	119.4	496.1	251.8	608.0	679.7
1992	122.1	105.6	133.6	119.0	605.8	266.0	812.3	809.2
1993	123.0	102.6	136.4	116.8	745.1	272.9	1108.1	945.0
1994	119.7	103.2	125.8	118.5	891.9	281.5	1393.9	1119.5
1995	115.7	105.4	119.0	114.7	1031.9	296.8	1658.4	1284.3
1996	111.3	104.9	112.7	111.5	1148.9	311.3	1869.5	1432.3
1997	111.2	104.7	113.0	110.7	1278.1	325.9	2111.8	1585.8
1998	110.9	103.8	112.5	110.4	1416.9	338.3	2376.1	1751.2
1999	110.3	103.9	110.8	111.3	1562.4	351.5	2633.4	1949.3
2000	111.7	102.3	112.3	113.5	1745.4	359.7	2956.2	2213.4
2001	110.5	102.2	110.8	112.0	1929.2	367.7	3274.5	2478.9
2002	112.4	104.3	113.7	112.5	2167.8	383.5	3722.3	2789.5
2003	114.8	102.2	120.2	111.3	2488.6	392.1	4474.4	3104.6
2004	113.2	103.8	116.8	110.5	2816.2	407.1	5227.8	3429.6
2005	114.2	104.8	115.3	114.3	3215.4	426.5	6026.3	3919.2
2006	114.9	103.9	117.2	113.8	3693.6	443.2	7060.6	4460.8
2007	115.0	103.1	117.3	113.9	4247.7	456.9	8280.0	5080.1
2008	110.5	103.8	111.6	110.0	4693.4	474.2	9238.0	5587.0
2009	109.9	105.1	109.1	111.4	5156.0	498.6	10077.6	6221.5
2010	112.5	104.5	114.5	110.9	5800.4	521.2	11541.2	6898.3
2011	110.2	104.3	110.4	110.7	6392.9	543.8	12736.5	7635.2
2012	108.3	103.9	107.3	109.8	6920.7	564.8	13661.5	8382.1
2013	108.5	102.4	108.0	109.7	7511.9	578.5	14750.3	9197.8
2014	107.8	103.3	108.0	108.0	8098.3	597.6	15924.1	9937.5
2015	108.0	103.4	107.0	109.6	8749.5	617.8	17033.6	10888.2
2016	107.5	103.1	106.1	109.2	9407.4	637.1	18072.3	11886.9
2017	107.5	103.6	106.5	108.6	10112.3	660.1	19252.5	12914.7
2018	106.8	104.4	105.9	107.8	10801.1	688.9	20383.0	13922.7
2019	106.2	104.1	104.7	107.5	11465.5	717.1	21340.4	14970.9

6-4 地区生产总值产业构成

单位：%

年份	地区生产总值			
		第一产业	第二产业	第三产业
1978	100.0	29.8	46.6	23.6
1979	100.0	31.8	43.8	24.4
1980	100.0	33.2	41.1	25.7
1981	100.0	32.5	41.4	26.1
1982	100.0	34.8	39.8	25.4
1983	100.0	32.9	41.3	25.8
1984	100.0	31.7	40.9	27.4
1985	100.0	29.8	39.8	30.4
1986	100.0	28.2	38.3	33.5
1987	100.0	27.4	39.0	33.6
1988	100.0	26.5	39.8	33.7
1989	100.0	25.5	40.1	34.4
1990	100.0	24.7	39.5	35.8
1991	100.0	22.0	41.3	36.7
1992	100.0	19.0	45.0	36.0
1993	100.0	16.1	49.1	34.8
1994	100.0	15.0	48.8	36.2
1995	100.0	14.6	48.9	36.5
1996	100.0	13.6	48.5	37.9
1997	100.0	12.6	47.7	39.7
1998	100.0	11.6	47.8	40.6
1999	100.0	10.8	47.3	41.9
2000	100.0	9.1	46.8	44.1
2001	100.0	8.2	46.0	45.8
2002	100.0	7.4	45.8	46.8
2003	100.0	6.7	48.2	45.1
2004	100.0	6.6	49.4	44.0
2005	100.0	6.3	50.6	43.1
2006	100.0	5.7	51.0	43.3
2007	100.0	5.3	50.7	44.0
2008	100.0	5.3	50.7	44.0
2009	100.0	5.0	49.4	45.6
2010	100.0	4.8	50.1	45.1
2011	100.0	4.8	49.6	45.6
2012	100.0	4.8	48.3	46.9
2013	100.0	4.5	47.1	48.4
2014	100.0	4.4	47.1	48.5
2015	100.0	4.3	45.5	50.2
2016	100.0	4.4	43.5	52.1
2017	100.0	4.0	42.4	53.6
2018	100.0	4.0	41.8	54.2
2019	100.0	4.0	40.5	55.5

6-5 三次产业贡献率及三次产业对地区生产总值增长的拉动

年份	三次产业贡献率(%)				三次产业对地区生产总值增长的拉动(百分点)			
	地区生产总值	第一产业	第二产业	第三产业	地区生产总值	第一产业	第二产业	第三产业
1979	100.0	23.9	25.7	50.4	8.5	2.0	2.2	4.3
1980	100.0	22.4	44.2	33.5	16.6	3.7	7.3	5.6
1981	100.0	17.0	56.2	26.8	9.0	1.5	5.1	2.4
1982	100.0	32.1	40.8	27.1	12.0	3.8	4.9	3.2
1983	100.0	14.1	55.7	30.2	7.3	1.0	4.1	2.2
1984	100.0	23.7	50.7	25.6	15.6	3.7	7.9	4.0
1985	100.0	9.5	49.6	41.0	18.0	1.7	8.9	7.4
1986	100.0	13.0	30.4	56.6	12.7	1.7	3.9	7.2
1987	100.0	11.0	57.8	31.2	19.6	2.2	11.4	6.1
1988	100.0	7.6	67.7	24.7	15.8	1.2	10.7	3.9
1989	100.0	20.3	56.5	23.3	7.2	1.5	4.1	1.7
1990	100.0	12.7	53.0	34.3	11.6	1.5	6.1	4.0
1991	100.0	7.6	53.0	39.3	17.7	1.4	9.4	7.0
1992	100.0	5.6	63.0	31.4	22.1	1.2	13.9	6.9
1993	100.0	2.2	71.9	25.9	23.0	0.5	16.5	6.0
1994	100.0	2.6	65.9	31.6	19.7	0.5	13.0	6.2
1995	100.0	4.8	63.9	31.3	15.7	0.7	10.0	4.9
1996	100.0	5.4	61.0	33.6	11.3	0.6	6.9	3.8
1997	100.0	4.9	63.5	31.6	11.2	0.6	7.1	3.5
1998	100.0	3.9	64.4	31.7	10.9	0.4	7.0	3.4
1999	100.0	4.0	59.8	36.2	10.3	0.4	6.1	3.7
2000	100.0	1.9	59.7	38.4	11.7	0.2	7.0	4.5
2001	100.0	1.9	47.7	50.4	10.5	0.2	5.0	5.3
2002	100.0	2.9	51.7	45.4	12.4	0.4	6.4	5.6
2003	100.0	1.2	64.6	34.3	14.8	0.2	9.6	5.1
2004	100.0	2.0	63.4	34.6	13.2	0.3	8.3	4.6
2005	100.0	2.1	55.1	42.8	14.2	0.3	7.8	6.1
2006	100.0	1.7	58.1	40.3	14.9	0.2	8.6	6.0
2007	100.0	1.2	59.1	39.7	15.0	0.2	8.9	6.0
2008	100.0	1.9	57.7	40.4	10.5	0.2	6.1	4.2
2009	100.0	2.5	48.7	48.8	9.9	0.2	4.8	4.8
2010	100.0	1.7	61.0	37.3	12.5	0.2	7.6	4.7
2011	100.0	2.0	50.6	47.4	10.2	0.2	5.2	4.8
2012	100.0	2.1	43.9	53.9	8.3	0.2	3.6	4.5
2013	100.0	1.2	46.2	52.6	8.5	0.1	3.9	4.5
2014	100.0	1.7	50.2	48.1	7.8	0.1	3.9	3.8
2015	100.0	1.7	42.7	55.6	8.0	0.1	3.4	4.5
2016	100.0	1.8	36.8	61.4	7.5	0.1	2.8	4.6
2017	100.0	2.0	39.0	59.0	7.5	0.1	2.9	4.4
2018	100.0	2.5	38.3	59.2	6.8	0.2	2.6	4.0
2019	100.0	2.6	33.6	63.8	6.2	0.2	2.1	3.9

注：1.三次产业贡献率指各产业增加值增量与GDP增量之比。
2.三次产业拉动指GDP增长速度与各产业贡献率之乘积。

6-6 人均地区生产总值及人均消费水平

年份	人均地区生产总值		人均消费水平					
			全体居民		农村居民		城镇居民	
	绝对数(元)	增长速度(%)	绝对数(元)	增长速度(%)	绝对数(元)	增长速度(%)	绝对数(元)	增长速度(%)
1978	370		222		171		466	
1979	410	6.9	252	8.3	196	9.8	507	2.6
1980	481	14.8	302	14.9	228	14.1	620	12.7
1981	550	7.1	332	7.9	260	13.3	627	-1.9
1982	633	10.0	377	10.3	298	10.4	696	8.3
1983	675	5.6	403	7.2	310	5.1	764	8.5
1984	827	13.8	453	10.3	334	7.8	878	9.7
1985	1026	16.2	529	5.7	372	-2.6	1038	10.2
1986	1164	10.6	609	9.5	430	6.3	1146	8.4
1987	1443	17.0	754	6.4	515	4.9	1382	1.1
1988	1926	13.2	944	-3.5	651	0.5	1716	-6.8
1989	2251	4.8	1212	19.7	831	23.1	2188	15.0
1990	2484	9.1	1287	9.3	896	12.9	2263	4.7
1991	2941	14.7	1434	8.3	906	0.2	2712	14.8
1992	3699	18.8	1690	14.7	1023	9.7	3210	15.7
1993	5085	19.3	2308	20.5	1347	17.6	4280	17.0
1994	6530	15.5	3234	17.8	1831	14.3	5870	15.7
1995	8139	12.1	3991	10.1	2206	8.4	7091	7.6
1996	9157	8.7	4470	6.9	2547	11.6	7660	2.3
1997	10154	8.4	4612	-2.1	2597	-0.4	7807	-4.8
1998	10850	7.9	4796	4.2	2681	5.8	8054	2.2
1999	11463	7.3	5025	4.5	2661	0.8	8598	5.9
2000	12817	7.3	5305	0.2	2680	-1.3	9189	0.2
2001	13952	7.3	5445	1.9	2759	3.0	9312	0.3
2002	15478	11.1	6199	13.2	2904	5.7	10358	10.2
2003	17927	13.3	7342	17.0	3032	3.4	11136	6.4
2004	21032	13.0	8800	15.9	3386	8.2	12409	7.9
2005	24828	12.7	9799	10.0	3915	13.2	13609	8.5
2006	28762	12.8	10619	7.4	4010	2.2	14695	6.9
2007	33572	12.2	12336	12.9	4401	5.0	16982	12.6
2008	37988	7.9	13911	7.1	4975	5.6	19101	7.1
2009	39876	7.3	15243	10.9	5533	6.9	20852	11.3
2010	45252	9.5	17211	9.3	6255	9.4	23159	7.5
2011	51474	8.2	19578	7.9	7854	14.1	25527	5.3
2012	54908	7.5	21823	8.3	8898	7.7	28269	7.9
2013	59665	7.8	22083	6.4	10841	8.0	27531	5.5
2014	64374	7.1	24582	8.3	12674	13.4	30216	6.9
2015	68490	7.0	26365	6.8	13344	7.5	32393	6.2
2016	73844	6.2	28495	5.7	14784	7.0	34667	4.9
2017	80932	6.0	30762	5.2	15943	7.6	37257	4.3
2018	86412	5.1	33196	5.2	18536	13.6	39396	3.0
2019	94172	4.5						

注：2006—2009 年根据2010年全国人口普查快速汇总数据进行平滑调整，本表人均地区生产总值是人口平滑后的数据(以下相关表同)。

6-7 人均地区生产总值及人均消费水平指数

年份	人均地区生产总值		人均消费水平					
			全体居民		农村居民		城镇居民	
	绝对数(元)	1978年为100(%)	绝对数(元)	1978年为100(%)	绝对数(元)	1978年为100(%)	绝对数(元)	1978年为100(%)
1978	370	100.0	222	100.0	171	100.0	466	100.0
1979	410	106.9	252	108.3	196	109.8	507	102.6
1980	481	122.6	302	124.4	228	125.2	620	115.6
1981	550	131.3	332	134.2	260	141.9	627	113.4
1982	633	144.4	377	148.1	298	156.7	696	122.8
1983	675	152.4	403	158.7	310	164.8	764	133.3
1984	827	173.5	453	175.0	334	177.6	878	146.3
1985	1026	201.6	529	184.9	372	172.9	1038	161.2
1986	1164	223.1	609	202.5	430	183.7	1146	174.7
1987	1443	260.9	754	215.6	515	192.6	1382	176.6
1988	1926	295.4	944	208.1	651	193.6	1716	164.6
1989	2251	309.6	1212	249.0	831	238.2	2188	189.3
1990	2484	337.7	1287	272.1	896	269.0	2263	198.2
1991	2941	387.4	1434	294.7	906	269.5	2712	227.5
1992	3699	460.3	1690	338.1	1023	295.7	3210	263.2
1993	5085	549.0	2308	407.5	1347	347.8	4280	308.1
1994	6530	633.9	3234	480.2	1831	397.6	5870	356.5
1995	8139	710.7	3991	528.9	2206	430.8	7091	383.5
1996	9157	772.3	4470	565.4	2547	480.6	7660	392.3
1997	10154	837.2	4612	553.4	2597	478.6	7807	373.4
1998	10850	903.3	4796	576.9	2681	506.5	8054	381.6
1999	11463	969.2	5025	602.6	2661	510.6	8598	404.2
2000	12817	1040.3	5305	603.5	2680	503.8	9189	405.0
2001	13952	1115.8	5445	615.2	2759	519.0	9312	406.3
2002	15478	1240.1	6199	696.1	2904	548.8	10358	447.6
2003	17950	1405.3	7342	814.5	3032	567.2	11136	476.2
2004	20647	1566.6	8800	944.4	3386	613.6	12409	513.8
2005	23997	1766.1	9799	1039.2	3915	694.5	13609	557.8
2006	27861	1992.7	10619	1116.5	4010	709.8	14695	596.5
2007	33236	2235.7	12336	1260.3	4401	745.1	16982	671.5
2008	37543	2413.3	13911	1350.1	4975	787.1	19101	719.3
2009	39418	2588.9	15243	1496.8	5533	841.2	20852	800.5
2010	44669	2834.9	17211	1636.4	6255	920.5	23159	860.4
2011	50676	3068.6	19578	1766.2	7854	1050.7	25527	905.7
2012	54038	3297.8	21823	1912.2	8898	1131.9	28269	977.3
2013	58860	3556.1	22083	2035.2	10841	1222.5	27531	1031.1
2014	63809	3810.4	24582	2205.0	12674	1385.9	30216	1102.6
2015	69283	4077.7	26365	2355.2	13344	1489.4	32393	1171.4
2016	75213	4329.1	28495	2488.4	14784	1593.9	34667	1228.3
2017	82686	4586.3	30762	2618.2	15943	1715.2	37257	1280.9
2018	88781	4823.2	33196	2753.9	18536	1948.4	39396	1319.3
2019	94172	5041.1						

6-8 各市地区生产总值及增长速度

(2019年)

市别	地区生产总值(亿元)	第一产业	第二产业	第三产业	地区生产总值增长速度(%)	第一产业	第二产业	第三产业
广州	23628.60	251.37	6454.00	16923.22	6.8	3.9	5.5	7.5
深圳	26927.09	25.20	10495.84	16406.06	6.7	5.2	4.9	8.1
珠海	3435.89	57.36	1528.73	1849.79	6.8	1.9	4.6	9.2
汕头	2694.08	120.88	1279.70	1293.50	6.1	3.0	4.1	8.7
佛山	10751.02	156.92	6044.62	4549.48	6.9	3.0	6.3	8.1
韶关	1318.41	174.41	443.41	700.59	6.0	5.1	4.5	7.1
河源	1080.03	121.17	371.81	587.04	5.5	5.0	5.7	5.4
梅州	1187.06	219.03	370.89	597.14	3.4	4.1	3.0	3.4
惠州	4177.41	205.50	2169.12	1802.79	4.2	1.8	2.3	6.8
汕尾	1080.30	152.27	403.14	524.89	6.7	5.6	6.8	7.0
东莞	9482.50	28.48	5361.50	4092.52	7.4	5.5	7.6	7.2
中山	3101.10	62.60	1521.82	1516.68	1.2	-2.0	-1.6	4.4
江门	3146.64	254.23	1352.54	1539.87	4.3	6.3	2.5	5.8
阳江	1292.18	247.05	446.07	599.07	8.2	2.6	14.1	4.2
湛江	3064.72	585.24	1055.00	1424.49	4.0	4.2	-0.8	8.0
茂名	3252.34	581.60	1124.89	1545.86	4.3	3.6	2.5	5.9
肇庆	2248.80	386.02	925.45	937.33	6.3	3.9	6.5	7.0
清远	1698.22	263.79	564.59	869.85	6.3	5.0	4.8	7.8
潮州	1080.94	99.03	528.35	453.56	5.0	5.6	4.1	6.0
揭阳	2101.77	186.62	818.89	1096.26	3.0	4.4	0.3	5.5
云浮	921.96	172.50	286.08	463.38	6.1	4.6	6.8	6.1
按经济区域分								
珠三角	86899.05	1427.68	35853.63	49617.74	6.4	3.6	5.1	7.6
东翼	6957.09	558.79	3030.07	3368.22	5.0	4.6	3.3	7.0
西翼	7609.24	1413.88	2625.95	3569.41	4.9	3.6	3.6	6.4
山区	6205.69	950.91	2036.78	3218.00	5.5	4.7	4.8	6.2

6-9 各市地区生产总值产业构成

(2019年) 单位：%

市别	地区生产总值			
		第一产业	第二产业	第三产业
广州	100.0	1.1	27.3	71.6
深圳	100.0	0.1	39.0	60.9
珠海	100.0	1.7	44.5	53.8
汕头	100.0	4.5	47.5	48.0
佛山	100.0	1.5	56.2	42.3
韶关	100.0	13.2	33.6	53.2
河源	100.0	11.2	34.4	54.4
梅州	100.0	18.5	31.2	50.3
惠州	100.0	4.9	51.9	43.2
汕尾	100.0	14.1	37.3	48.6
东莞	100.0	0.3	56.5	43.2
中山	100.0	2.0	49.1	48.9
江门	100.0	8.1	43.0	48.9
阳江	100.0	19.1	34.5	46.4
湛江	100.0	19.1	34.4	46.5
茂名	100.0	17.9	34.6	47.5
肇庆	100.0	17.2	41.1	41.7
清远	100.0	15.5	33.3	51.2
潮州	100.0	9.2	48.9	41.9
揭阳	100.0	8.9	39.0	52.1
云浮	100.0	18.7	31.0	50.3
按经济区域分				
珠三角	100.0	1.6	41.3	57.1
东翼	100.0	8.0	43.6	48.4
西翼	100.0	18.6	34.5	46.9
山区	100.0	15.3	32.8	51.9

6-10 各县(市、区)三次产业地区生产总值

单位：亿元

县(市、区)	第一产业		第二产业		第三产业	
	2018	2019	2018	2019	2018	2019
广州市						
越秀区			125.60	132.65	2677.57	3002.82
海珠区	1.19	1.54	358.31	397.27	1369.55	1536.31
荔湾区	4.65	4.16	260.68	275.97	715.80	824.36
天河区	0.32	1.18	365.52	400.72	4028.06	4645.48
白云区	28.72	31.56	393.07	444.68	1513.88	1735.59
黄埔区	4.95	4.41	2007.20	2130.10	1119.47	1367.96
花都区	34.99	37.93	687.74	708.66	702.36	816.17
番禺区	30.89	33.67	739.91	728.83	1154.04	1316.99
南沙区	54.43	56.13	653.74	708.67	736.77	918.42
从化区	22.96	26.63	127.92	126.88	178.05	202.34
增城区	46.07	54.15	390.26	399.57	467.76	556.77
深圳市						
福田区	1.76	2.28	371.46	387.68	3901.86	4156.53
罗湖区	1.43	1.26	160.57	172.65	2073.16	2216.34
盐田区	0.20	0.27	81.05	83.39	519.79	572.82
南山区	0.62	0.73	1943.66	2049.40	3803.37	4053.56
宝安区	0.74	0.58	1831.37	1858.79	1789.67	1994.22
龙岗区	1.74	1.75	3307.92	3568.66	1419.92	1466.82
龙华区	0.37	0.35	1213.97	1200.85	1186.76	1309.57
坪山区	0.79	0.88	443.57	469.64	253.67	290.35
光明区	1.90	2.04	627.00	689.09	288.79	329.80
珠海市						
香洲区	4.77	4.56	765.00	809.30	1395.02	1505.96
金湾区	7.25	11.40	476.12	509.75	159.66	167.50
斗门区	42.08	41.41	209.70	209.68	157.18	176.33
汕头市						
金平区	3.12	3.15	191.97	209.84	298.79	327.26
龙湖区	7.18	7.58	171.24	196.58	297.49	333.32
澄海区	36.17	39.48	261.58	263.99	168.20	182.62
濠江区	8.86	9.29	69.92	85.71	55.39	62.12
潮阳区	25.67	26.80	255.78	264.37	171.84	189.91
潮南区	21.34	24.42	257.40	264.37	152.06	168.17
南澳县	8.74	10.12	2.90	3.14	14.77	16.06
佛山市						
禅城区	0.27	0.27	665.55	695.71	1115.99	1224.48
南海区	46.37	48.73	1637.89	1746.12	1275.53	1381.77
顺德区	46.62	50.69	1911.08	2048.71	1304.93	1423.79
高明区	20.23	22.24	616.25	659.34	175.02	190.00
三水区	31.07	34.57	832.74	894.74	297.19	329.44
韶关市						
浈江区	6.54	7.33	42.22	41.83	130.11	136.14
武江区	6.09	6.96	107.40	112.97	133.77	148.14
曲江区	14.14	15.50	108.41	116.67	60.03	67.71
乐昌市	22.56	25.44	17.57	18.94	65.39	72.56
南雄市	27.99	31.81	20.09	22.99	53.39	59.04
仁化县	18.65	20.58	39.32	35.11	34.74	38.65
始兴县	19.30	21.41	18.39	19.67	32.56	36.43
翁源县	22.67	25.22	16.05	17.02	51.53	56.56
新丰县	11.42	12.69	15.63	17.50	33.02	38.79
乳源县	6.94	7.45	37.21	40.71	44.35	46.57

6-10 续表 1

单位：亿元

县(市、区)	第一产业		第二产业		第三产业	
	2018	2019	2018	2019	2018	2019
河源市						
源城区	2.82	3.29	186.94	197.14	215.61	228.74
东源县	17.67	19.79	39.83	43.63	66.35	69.14
和平县	18.22	20.84	38.15	40.96	61.65	64.85
龙川县	26.47	29.79	33.93	37.92	87.50	94.44
紫金县	27.42	30.34	30.86	31.52	78.15	83.99
连平县	15.22	16.96	18.78	20.64	41.39	45.89
梅州市						
梅江区	9.74	10.66	115.19	119.13	139.50	146.60
梅县区	45.00	49.35	64.13	66.18	89.44	94.67
兴宁市	43.67	47.73	28.59	30.43	94.00	96.72
平远县	11.98	13.18	20.39	21.20	43.79	43.54
蕉岭县	12.82	14.33	37.68	42.45	37.72	37.97
大埔县	21.50	23.91	15.27	17.22	46.19	48.03
丰顺县	22.21	24.70	37.85	39.08	43.28	44.29
五华县	31.17	34.25	32.94	35.18	83.20	86.24
惠州市						
惠城区	28.60	33.08	684.40	691.18	695.22	732.30
惠阳区	19.00	20.39	905.60	922.10	381.52	404.88
惠东县	45.18	55.58	191.00	202.10	343.97	368.60
博罗县	53.11	64.96	273.22	284.45	220.01	230.45
龙门县	27.37	30.55	67.98	69.31	64.28	66.55
汕尾市						
市城区	29.33	31.54	101.30	113.95	159.51	163.70
陆丰市	59.34	69.98	107.83	118.51	151.05	158.63
海丰县	32.33	36.34	135.64	144.79	145.85	157.19
陆河县	11.38	14.41	26.52	25.89	43.05	45.37
东莞市	**25.83**	**28.48**	**4960.40**	**5361.50**	**3831.87**	**4092.52**
中山市	**63.05**	**62.60**	**1539.37**	**1521.82**	**1451.32**	**1516.68**
江门市						
蓬江区	4.90	5.46	248.21	249.78	440.14	457.71
江海区	4.72	5.18	132.38	138.85	99.87	99.88
新会区	40.24	48.37	384.69	403.33	336.01	354.52
台山市	77.86	101.56	168.40	173.91	167.10	176.77
开平市	31.70	40.02	182.46	165.44	166.77	177.03
鹤山市	21.66	27.37	162.39	169.38	156.02	165.19
恩平市	20.77	26.29	50.10	51.85	104.84	108.78
阳江市						
江城区	48.90	52.44	106.27	157.56	245.75	261.89
阳东区	50.95	55.85	153.19	153.98	86.28	92.35
阳春市	59.58	72.18	90.48	87.85	152.62	166.08
阳西县	57.70	62.72	39.20	46.68	73.76	78.74

6−10 续表 2

单位：亿元

县(市、区)	第一产业		第二产业		第三产业	
	2018	2019	2018	2019	2018	2019
湛江市						
赤坎区	1.58	1.45	65.45	65.93	253.81	250.83
霞山区	2.36	2.50	213.71	191.86	212.07	205.64
麻章区	45.75	48.21	200.22	210.82	111.59	114.41
坡头区	17.84	19.64	218.51	215.76	76.52	82.28
雷州市	120.11	129.76	32.37	33.37	158.17	160.99
廉江市	109.80	127.16	183.22	177.47	184.40	188.92
吴川市	30.59	34.32	82.50	85.18	139.88	152.58
遂溪县	117.71	126.27	53.59	58.99	160.02	190.34
徐闻县	86.89	95.81	14.73	15.62	74.08	78.50
茂名市						
茂南区	29.64	34.92	462.89	491.53	378.18	395.51
电白区	122.70	141.10	222.20	221.97	290.84	300.70
信宜市	103.20	120.69	97.66	98.99	257.22	263.28
高州市	127.87	156.59	173.78	176.66	299.55	298.64
化州市	105.68	128.27	128.11	135.73	293.80	287.76
肇庆市						
端州区	0.20	0.17	123.73	125.09	279.65	295.70
鼎湖区	12.56	11.84	52.58	54.02	54.30	60.17
高要区	76.66	90.22	198.61	211.68	113.40	118.80
四会市	57.98	59.29	291.85	319.04	199.33	209.65
广宁县	42.23	45.60	52.65	56.85	55.49	57.49
德庆县	30.41	34.36	51.81	56.65	56.79	59.15
封开县	47.16	52.71	51.36	52.01	41.99	45.84
怀集县	80.82	90.01	44.68	50.10	85.86	90.43
清远市						
清城区	23.95	26.53	190.55	198.72	353.16	385.36
清新区	44.86	50.34	111.58	114.26	100.67	107.77
英德市	56.86	63.88	112.24	119.77	134.03	143.19
连州市	37.58	41.99	40.71	43.13	64.30	70.35
佛冈县	14.50	16.91	51.37	53.66	51.16	56.40
阳山县	36.03	41.39	15.24	16.56	54.70	57.36
连山县	8.45	8.99	5.83	6.39	17.18	18.81
连南县	9.65	10.54	10.24	12.10	30.51	30.82
潮州市						
湘桥区	6.62	8.23	72.84	75.80	164.97	176.28
潮安区	20.34	26.15	341.43	360.78	154.98	163.50
饶平县	48.81	62.91	85.91	91.77	108.35	114.74
揭阳市						
榕城区	12.13	13.78	221.82	223.34	293.63	312.05
揭东区	34.96	39.05	191.65	202.12	192.63	205.62
普宁市	34.68	38.99	234.38	236.39	335.08	353.90
揭西县	34.82	40.22	73.38	77.04	109.59	114.50
惠来县	48.20	54.03	83.15	80.03	102.04	110.21
云浮市						
云城区	12.66	13.51	59.47	62.57	119.66	128.71
云安区	12.85	14.04	49.72	52.40	31.54	34.06
罗定市	47.19	51.21	70.55	74.66	124.53	134.31
新兴县	55.18	62.40	64.77	69.88	98.30	104.89
郁南县	24.61	29.08	25.94	26.57	56.57	61.54

6-11 各县(市、区)三次产业地区生产总值指数

(上年=100)

县(市、区)	第一产业		第二产业		第三产业	
	2018	2019	2018	2019	2018	2019
广州市						
越秀区		100.0	112.5	102.9	102.1	104.2
海珠区	98.9	110.7	110.5	110.1	104.2	106.9
荔湾区	89.3	95.7	109.1	103.3	102.1	105.8
天河区	83.9	120.3	93.2	110.2	109.0	107.7
白云区	108.7	103.5	106.6	107.6	109.6	107.2
黄埔区	84.4	66.0	105.5	107.4	111.6	111.4
花都区	98.4	103.9	106.4	104.5	114.6	108.8
番禺区	108.6	103.3	102.7	98.4	105.3	106.6
南沙区	100.1	104.3	99.7	107.8	124.0	113.5
从化区	107.1	104.6	108.0	99.1	98.6	107.5
增城区	105.8	104.4	100.5	102.9	105.4	110.3
深圳市						
福田区	110.4	118.7	110.8	103.1	107.1	107.6
罗湖区	112.4	94.0	102.9	106.2	107.4	106.8
盐田区	55.6	118.5	100.5	102.2	108.2	109.2
南山区	57.3	120.1	100.4	106.8	108.9	108.2
宝安区	84.0	109.4	108.1	102.2	109.1	111.0
龙岗区	69.1	120.7	114.3	109.5	102.4	103.9
龙华区	101.8	93.7	116.8	98.0	102.8	107.4
坪山区	80.6	102.7	106.5	106.2	119.1	113.9
光明区	110.2	92.1	107.5	106.5	106.5	111.9
珠海市						
香洲区	136.7	100.0	111.9	105.0	104.3	108.6
金湾区	102.2	131.2	113.2	106.0	103.1	108.4
斗门区	101.0	97.0	113.6	99.9	100.2	115.5
汕头市						
金平区	99.4	94.8	109.3	107.6	105.1	105.9
龙湖区	103.8	99.6	109.9	109.2	106.4	105.5
澄海区	106.4	103.0	107.4	100.4	104.5	110.8
濠江区	104.6	102.9	111.1	110.1	112.7	106.8
潮阳区	100.5	103.9	108.9	103.6	106.6	107.0
潮南区	103.6	103.6	108.8	102.1	104.7	110.6
南澳县	105.7	102.1	106.1	107.7	104.6	108.1
佛山市						
禅城区	113.5	94.6	101.6	103.7	110.0	108.3
南海区	103.8	103.7	106.7	106.2	105.7	107.9
顺德区	102.9	102.5	107.3	106.7	104.5	107.8
高明区	124.2	91.6	104.2	106.5	110.1	108.2
三水区	103.4	104.5	106.5	107.1	111.5	109.4
韶关市						
浈江区	104.4	104.5	115.4	96.6	99.0	108.2
武江区	105.0	105.7	97.6	101.3	105.0	107.2
曲江区	105.3	104.0	99.4	108.6	108.5	107.2
乐昌市	104.5	105.6	101.2	105.6	106.1	108.0
南雄市	106.8	107.0	106.7	112.4	107.6	106.0
仁化县	106.7	105.0	101.9	99.1	105.1	106.4
始兴县	105.0	105.4	102.4	105.9	105.5	105.3
翁源县	105.2	105.2	107.3	105.7	111.6	107.3
新丰县	102.9	106.6	90.9	110.1	109.0	108.4
乳源县	103.8	102.0	105.0	109.4	107.9	105.0

6-11 续表 1

(上年=100)

县(市、区)	第一产业		第二产业		第三产业	
	2018	2019	2018	2019	2018	2019
河源市						
源城区	103.0	102.9	108.3	104.3	106.2	105.4
东源县	101.1	104.9	110.1	108.1	105.8	104.2
和平县	105.8	105.3	109.8	105.6	110.0	104.4
龙川县	104.7	105.1	103.2	109.9	104.7	105.4
紫金县	104.0	105.0	104.9	100.3	106.2	105.5
连平县	105.7	104.8	93.2	108.2	106.2	107.9
梅州市						
梅江区	100.6	103.7	104.3	101.6	99.5	105.4
梅县区	105.8	104.4	101.0	101.1	100.7	105.8
兴宁市	105.5	104.1	97.4	104.3	98.8	102.3
平远县	104.3	104.2	96.2	101.8	101.7	100.0
蕉岭县	107.1	103.9	109.9	108.6	100.5	100.1
大埔县	107.4	103.8	93.7	111.1	105.5	103.1
丰顺县	103.4	103.9	97.7	101.3	105.6	101.2
五华县	107.0	104.3	101.9	104.1	101.8	102.7
惠州市						
惠城区	106.5	102.4	101.3	102.5	105.5	104.1
惠阳区	103.9	95.3	115.5	104.0	102.8	107.7
惠东县	103.8	103.9	103.8	107.8	105.4	107.1
博罗县	102.4	102.0	102.8	106.0	106.9	104.0
龙门县	105.6	103.5	91.3	102.7	116.3	103.1
汕尾市						
市城区	104.6	104.9	101.8	109.1	107.3	106.1
陆丰市	104.7	104.7	107.3	108.4	110.0	106.8
海丰县	105.0	105.6	109.6	105.5	107.5	108.9
陆河县	104.8	115.4	162.5	96.3	98.0	104.4
东莞市	**108.8**	**105.5**	**108.7**	**107.6**	**106.0**	**107.2**
中山市	**104.1**	**98.0**	**100.6**	**98.4**	**105.9**	**104.4**
江门市						
蓬江区	102.4	103.6	101.9	100.3	110.5	105.6
江海区	106.8	105.9	109.9	106.2	105.8	103.4
新会区	105.9	105.4	110.4	107.8	109.1	106.4
台山市	103.6	107.0	110.3	104.5	105.7	104.8
开平市	105.3	107.7	106.9	93.6	108.9	106.8
鹤山市	104.6	106.3	105.5	105.9	112.2	107.1
恩平市	104.6	104.1	105.5	103.7	109.2	105.8
阳江市						
江城区	103.4	102.9	102.7	124.1	105.1	103.6
阳东区	103.2	101.6	101.8	108.1	104.9	103.7
阳春市	103.0	103.4	105.1	110.0	105.3	105.9
阳西县	103.3	102.0	105.8	102.9	106.5	103.8

6-11 续表 2

(上年=100)

县(市、区)	第一产业		第二产业		第三产业	
	2018	2019	2018	2019	2018	2019
湛江市						
赤坎区	97.6	91.7	108.5	100.5	108.2	105.0
霞山区	103.7	102.0	100.6	90.3	109.7	102.6
麻章区	95.4	102.1	106.2	107.7	112.1	107.0
坡头区	104.1	102.3	106.7	100.4	114.6	115.8
雷州市	105.3	104.8	101.3	103.7	106.2	101.5
廉江市	104.6	104.1	109.5	97.8	104.4	105.4
吴川市	103.5	104.4	103.0	103.1	110.4	106.2
遂溪县	103.4	104.9	94.5	110.2	113.1	105.8
徐闻县	106.5	104.7	118.8	105.7	109.5	106.6
茂名市						
茂南区	103.3	101.7	102.3	105.8	111.2	105.1
电白区	103.6	102.7	104.7	100.5	105.3	108.2
信宜市	105.7	104.6	103.5	104.5	104.6	105.7
高州市	105.5	103.7	102.9	96.8	107.8	110.6
化州市	105.2	103.8	101.6	99.5	108.0	107.4
肇庆市						
端州区	81.0	101.8	103.6	102.0	108.4	105.8
鼎湖区	87.9	85.0	102.0	102.5	113.8	114.5
高要区	101.6	104.6	107.2	107.7	111.9	105.1
四会市	104.3	99.5	109.0	110.1	103.4	105.0
广宁县	105.3	107.2	105.6	107.6	105.9	104.9
德庆县	106.3	106.9	110.1	111.5	105.4	103.6
封开县	105.7	105.8	101.9	102.6	109.2	105.5
怀集县	106.7	107.0	106.6	108.2	107.8	104.8
清远市						
清城区	99.7	102.1	103.0	104.6	101.1	109.7
清新区	106.9	105.3	104.0	102.6	101.2	107.7
英德市	108.5	106.0	109.9	106.6	105.8	105.3
连州市	104.9	104.2	103.6	104.4	106.7	108.1
佛冈县	106.3	105.9	109.7	104.2	101.4	108.4
阳山县	104.7	105.1	106.8	107.5	102.5	104.3
连山县	106.3	106.6	100.0	108.4	103.7	107.3
连南县	107.1	103.6	98.0	115.0	102.2	98.6
潮州市						
湘桥区	102.0	105.4	103.6	102.2	106.2	106.4
潮安区	104.4	104.8	104.2	104.3	108.1	105.6
饶平县	103.1	106.0	107.4	105.1	106.6	105.9
揭阳市						
榕城区	99.0	103.7	102.1	99.4	109.4	106.0
揭东区	105.2	105.0	105.3	103.2	104.5	105.9
普宁市	105.6	103.5	105.2	100.1	105.3	105.1
揭西县	105.4	105.2	101.8	103.3	104.4	103.4
惠来县	103.1	105.6	102.2	95.3	103.3	107.4
云浮市						
云城区	104.6	103.8	91.2	106.6	109.2	105.1
云安区	105.2	103.8	97.9	107.9	117.7	104.9
罗定市	105.4	104.1	104.7	107.9	107.4	105.9
新兴县	102.7	104.3	98.8	108.8	108.9	106.5
郁南县	106.2	104.1	102.7	104.5	102.6	106.1

七、农村经济综合

7-1 历年农林牧渔业总产值

单位：亿元

年份	合计	农业	林业	牧业	渔业	农林牧渔专业及辅助性活动
1978	85.94	59.56	4.98	15.98	5.42	
1979	91.53	67.19	7.67	13.58	3.09	
1980	126.25	97.15	6.83	17.75	4.52	
1981	133.85	99.33	7.81	21.62	5.09	
1982	135.52	98.33	8.33	21.73	7.13	
1983	169.96	120.06	10.72	28.57	10.61	
1984	200.07	141.22	12.13	33.81	12.91	
1985	245.21	149.09	21.09	54.68	20.35	
1986	279.15	168.68	24.38	60.74	25.35	
1987	348.61	214.47	16.74	78.26	39.14	
1988	473.78	277.38	27.66	114.28	54.46	
1989	548.60	323.15	28.00	134.60	62.85	
1990	600.71	359.39	28.46	143.68	69.18	
1991	654.82	388.90	29.64	156.08	80.20	
1992	737.11	428.99	32.86	175.36	99.90	
1993	899.03	486.46	35.51	223.16	153.90	
1994	1151.38	628.17	41.07	279.98	202.16	
1995	1445.48	777.72	46.12	349.11	272.53	
1996	1577.89	825.60	49.64	398.12	304.53	
1997	1656.46	851.35	52.10	425.67	327.34	
1998	1705.44	861.97	54.65	441.61	347.21	
1999	1745.02	859.66	58.77	457.51	369.08	
2000	1701.18	807.94	59.64	450.18	383.42	
2001	1722.35	817.95	56.78	457.56	390.06	
2002	1781.06	841.77	57.09	465.91	416.29	
2003	1908.66	851.72	55.72	482.83	432.74	85.65
2004	2154.79	959.97	61.72	571.09	466.45	95.56
2005	2447.57	1109.18	66.25	638.61	523.79	109.74
2006	2536.27	1235.40	67.60	623.34	519.03	90.90
2007	2810.45	1268.70	116.96	781.97	540.58	102.24
2008	3276.02	1398.82	125.23	983.84	650.23	117.89
2009	3301.86	1442.40	139.95	939.67	657.65	122.18
2010	3697.18	1668.66	180.20	978.33	737.01	132.97
2011	4301.86	1910.21	213.71	1193.73	835.41	148.80
2012	4550.29	2060.91	228.75	1189.80	908.12	162.71
2013	4802.01	2229.64	256.99	1168.73	968.42	178.23
2014	5053.72	2357.16	289.66	1145.87	1068.00	193.03
2015	5303.63	2490.20	308.72	1195.97	1102.12	206.62
2016	5817.55	2763.79	330.04	1318.89	1179.15	225.68
2017	5969.87	2889.97	356.14	1202.30	1276.11	245.34
2018	6318.12	3089.57	390.62	1184.72	1383.81	269.39
2019	7175.89	3530.21	408.48	1404.13	1524.78	308.30

注：1．本表按当年价格计算。
2．从2010年起，农业产值、林业产值统计范围作了调整，原农业中的野生植物采集归入林业，原林业中板栗、桂皮等归入农业。

7-2 主要年份农林牧渔业总产值指数(1949年=100)

单位：%

年份	合计	农业	林业	牧业	渔业	农林牧渔专业及辅助性活动
1949	100.0	100.0	100.0	100.0	100.0	
2005	1554.5	1046.3	16475.0	2630.0	6748.0	120.5
2006	1616.7	1083.5	15652.7	2710.7	7153.1	132.3
2007	1669.8	1113.2	16116.9	2792.4	7446.1	143.1
2008	1736.7	1133.3	16160.1	2990.0	7796.6	155.0
2009	1823.4	1196.3	17312.7	3103.4	8195.6	163.2
2010	1901.2	1253.8	18089.6	3201.4	8562.8	171.4
2011	1975.7	1324.3	19569.0	3168.4	9017.2	180.8
2012	2049.5	1375.5	20792.7	3230.9	9463.6	191.1
2013	2095.6	1417.6	21943.9	3173.1	9857.1	203.1
2014	2158.6	1481.0	23032.7	3140.0	10214.1	213.5
2015	2225.5	1542.1	24391.5	3128.5	10560.5	224.6
2016	2290.6	1601.6	26038.2	3097.1	10923.1	238.3
2017	2367.1	1675.9	27318.7	3073.2	11328.8	255.2
2018	2465.6	1761.1	29088.2	3108.4	11742.5	274.2
2019	2551.4	1864.1	30569.3	2946.4	12185.2	303.5

注：指数按可比价格计算。

7-3 农林牧渔业总产值指数（上年=100）

单位：%

年份	合计	农业	林业	牧业	渔业	农林牧渔专业及辅助性活动
1979	99.2	99.4	85.1	104.6	93.7	
1980	111.1	112.5	127.3	99.8	109.7	
1981	102.4	98.7	110.4	117.6	108.9	
1982	116.3	115.5	111.5	120.9	120.6	
1983	102.6	99.9	105.2	107.6	121.7	
1984	109.3	109.2	105.1	109.8	112.9	
1985	107.3	104.8	104.9	115.2	116.5	
1986	106.1	103.8	112.0	108.6	118.9	
1987	109.6	109.8	96.3	108.2	121.9	
1988	107.7	104.6	133.7	109.0	111.8	
1989	107.8	107.8	104.1	107.8	111.3	
1990	107.4	107.8	92.9	109.6	110.1	
1991	106.2	105.1	99.1	108.6	109.5	
1992	106.0	103.9	102.4	107.6	114.1	
1993	103.8	97.0	101.7	111.5	120.1	
1994	104.4	102.7	102.2	104.1	111.1	
1995	108.3	108.0	105.3	106.8	111.7	
1996	106.0	103.3	102.9	109.6	110.3	
1997	106.8	107.6	101.1	104.8	108.0	
1998	104.8	103.4	103.6	105.2	108.4	
1999	105.5	105.2	105.3	105.2	106.6	
2000	102.7	100.6	103.5	102.8	107.5	
2001	102.8	102.4	104.5	102.2	103.8	
2002	106.5	109.4	97.2	101.5	106.5	
2003	102.8	102.5	97.2	102.2	104.3	
2004	104.5	105.7	103.4	101.8	104.8	107.8
2005	104.8	103.4	102.9	105.5	105.7	111.8
2006	104.0	103.6	95.0	103.1	106.0	109.8
2007	103.3	102.7	103.0	103.0	104.1	108.2
2008	104.0	101.8	100.3	107.1	104.7	108.3
2009	105.0	105.6	107.1	103.8	105.1	105.3
2010	104.3	104.8	104.5	103.2	104.5	105.0
2011	103.9	105.6	108.2	99.0	105.3	105.5
2012	103.7	103.9	106.3	102.0	105.0	105.7
2013	102.3	103.1	105.5	98.2	104.2	106.3
2014	103.0	104.5	105.0	99.0	103.6	105.1
2015	103.1	104.1	105.9	99.6	103.4	105.2
2016	102.9	103.9	106.8	99.0	103.4	106.1
2017	103.3	104.6	104.9	99.2	103.7	107.1
2018	104.2	105.1	106.5	101.1	103.7	107.4
2019	103.5	105.8	105.1	94.8	103.8	110.7

注：本表按可比价格计算。

7-4 农林牧渔业总产值

项目	按现行价格计算(亿元)		2019比2018
	2018年	2019年	增长(%)
甲	1	2	3
农林牧渔业总产值	6318.12	7175.89	3.5
一、农业产值	3089.57	3530.21	5.8
(一)谷物及其他作物	713.50	742.91	3.5
1.谷　物	349.26	361.50	
稻　谷	325.73	337.17	
2.薯　类	90.39	97.11	
3.油　料	89.60	97.83	
4.豆　类	8.48	8.88	
大　豆	6.48	6.77	
5.生　麻	1.72	1.60	
6.糖　料	87.37	82.72	
7.烟　草	9.73	9.81	
8.其他农作物	76.96	83.46	
(二)蔬菜、食用菌及花卉盆景园艺产品	1417.20	1564.92	6.3
1.蔬菜(含菜用瓜)	1226.21	1352.69	
2.食用菌	30.48	34.99	
3.花卉	104.49	118.93	
4.盆景及园艺产品	56.03	58.30	
(三)水果、坚果、茶、饮料和香料	870.17	1114.38	5.8
1.水果	798.65	1011.05	
2.坚果	4.58	6.49	
3.茶及饮料原料	61.20	89.65	
4.香料原料	5.75	7.19	
(四)中草药材	88.70	108.00	18.2
二、林业产值	390.62	408.48	5.1
(一)林木的培育和种植	35.02	34.20	-8.1
(二)竹木采运	122.11	132.30	10.5
(三)林产品	233.50	241.98	4.3
三、牧业产值	1184.72	1404.13	-5.2
(一)牲畜饲养	34.99	42.61	0.2
1.牛的饲养	14.71	18.05	
2.羊的饲养	8.49	10.44	
3.奶产品	11.79	14.13	
(二)猪的饲养	595.93	677.45	-21.2
(三)家禽饲养	455.82	572.63	14.3
1.肉禽	411.79	525.37	
2.禽蛋	44.03	47.27	
(四)狩猎和捕捉动物	4.06	4.44	-1.7
(五)其他畜牧业	93.92	107.00	-0.8
四、渔业产值	1383.81	1524.78	3.8
(一)海水产品	751.71	789.84	1.8
其中：养殖	468.20	511.28	
(二)淡水产品	632.10	734.94	6.2
其中：养殖	618.25	721.95	
五、农林牧渔专业及辅助性活动产值	269.39	308.30	10.7

注：2019比2018年增长(%)按可比价格计算。

7-5 各市农林牧渔业总产值及发展速度

单位：亿元，%

市 别	合计	农业	林业	牧业	渔业	农林牧渔专业及辅助性活动	发展速度
广东省	7175.89	3530.21	408.48	1404.13	1524.78	308.30	103.5
广州市	446.31	250.46	2.42	44.13	88.89	60.42	103.2
深圳市	48.16	12.17	0.39	3.33	30.39	1.88	105.7
珠海市	105.31	15.71	0.02	6.66	74.28	8.64	101.6
汕头市	224.32	107.74	0.75	29.39	72.79	13.65	102.7
佛山市	319.56	94.20	1.17	63.17	137.56	23.46	104.5
韶关市	286.78	173.34	27.30	70.36	12.28	3.49	103.9
河源市	189.44	106.45	32.86	41.93	5.13	3.08	105.6
梅州市	360.66	228.98	21.09	90.55	11.99	8.06	103.4
惠州市	328.08	234.94	8.15	53.73	26.65	4.60	101.8
汕尾市	246.77	103.10	6.17	24.76	100.83	11.90	104.6
东莞市	43.98	32.49	0.31	0.45	9.35	1.38	109.2
中山市	104.61	29.53	0.05	3.87	68.70	2.46	95.5
江门市	459.25	143.29	9.39	89.50	202.81	14.27	104.9
阳江市	403.52	107.87	13.28	84.13	188.00	10.25	100.6
湛江市	937.90	513.04	25.53	144.92	219.56	34.85	103.3
茂名市	914.44	495.34	55.73	234.61	103.23	25.52	103.5
肇庆市	590.06	285.55	86.99	120.61	77.55	19.37	104.9
清远市	430.18	222.15	42.61	118.47	19.56	27.39	103.8
潮州市	166.28	95.65	3.82	21.94	36.77	8.10	103.6
揭阳市	292.95	171.86	30.27	49.54	25.81	15.47	103.8
云浮市	277.33	106.34	40.18	108.08	12.65	10.07	102.7

注：本表产值按现行价格计算，发展速度按可比价格计算。

7-6 各县(市、区)农林牧渔业总产值

单位：万元

县(市、区)别	合计	农业	林业	牧业	渔业	农林牧渔专业及辅助性活动
广州市	**4463114**	**2504593**	**24176**	**441278**	**888886**	**604182**
海珠区	24002	7782			16084	136
天河区	79317	3283			30047	45987
白云区	640997	391683	734	104960	32393	111227
黄埔区	78139	37682	1209	7178	6359	25710
荔湾区	68758	61617			2421	4720
花都区	654614	417747	1654	73730	84120	77363
从化区	477267	291490	7744	79056	11263	87714
增城区	961032	639740	12713	89377	54212	164990
番禺区	539587	164347	122	46565	297617	30936
南沙区	939402	489223		40412	354369	55399
深圳市	**481641**	**121729**	**3949**	**33254**	**303901**	**18808**
福田区	57849		1027		56822	
罗湖区	17294	353	7		16934	
南山区	25629	3688			19045	2896
宝安区	21527	8900			12627	
龙岗区	39482	15606	1099	413	20858	1507
盐田区	3616	163	251		3203	
龙华区	6085	6085				
坪山区	16029	15973	56			
光明区	39228	24703	43	14482		
深汕合作区	254898	46259	1467	18355	174412	14405
珠海市	**1053060**	**157143**	**162**	**66569**	**742826**	**86360**
香洲区	78451	3000			70291	5160
金湾区	162021	69677	32	9413	73199	9700
斗门区	812588	84466	130	57156	599336	71500
汕头市	**2243249**	**1077425**	**7450**	**293905**	**727934**	**136535**
金平区	54284	24321	360	6243	15756	7603
龙湖区	150538	83067	166	33491	15204	18610
澄海区	755286	367112	1039	123218	187354	76563
濠江区	139068	35181	156	9967	90427	3338
潮阳区	558588	312432	2109	56707	177739	9600
潮南区	351406	244649	2035	56890	36461	11371
南澳县	234079	10663	1584	7389	204993	9450
佛山市	**3195606**	**942026**	**11736**	**631740**	**1375553**	**234551**
禅城区	5351	1153			3938	259
南海区	900316	438751	823	68651	331962	60129
顺德区	1017124	202490	26	50719	709381	54508
高明区	493808	120392	7834	183346	130920	51315
三水区	779003	179235	3053	329024	199352	68340
韶关市	**2867779**	**1733353**	**273030**	**703647**	**122840**	**34909**
浈江区	128883	56925	14617	36264	15277	5799
武江区	118558	63025	11157	39314	4376	685
曲江区	261456	144662	15465	74196	24776	2358
南雄市	531214	308582	41016	149325	27232	5059
始兴县	346735	222373	32264	79894	9649	2556
翁源县	398043	279202	32042	73386	10855	2558
仁化县	333941	190927	51303	75002	13431	3278
新丰县	202301	138897	16854	40517	5462	571
乳源自治县	119761	55800	32187	27077	4179	519
乐昌市	426887	272961	26126	108672	7603	11526

7-6 续表 1

单位：万元

县(市、区)别	合计	农业	林业	牧业	渔业	农林牧渔专业及辅助性活动
河源市	**1894428**	**1064478**	**328565**	**419326**	**51282**	**30776**
源城区	57248	27243	1411	27079	1348	167
东源县	320105	178570	37017	81962	13656	8899
和平县	325220	161140	78017	77797	4401	3865
龙川县	458926	222067	123221	94480	13386	5773
紫金县	474040	284450	73515	92836	11521	11720
连平县	258885	191008	15385	45170	6969	352
梅州市	**3606566**	**2289759**	**210854**	**905490**	**119865**	**80599**
梅江区	159983	94276	7591	48342	7168	2606
梅县区	814550	614302	12705	133687	42722	11134
蕉岭县	238323	111654	52687	64063	5716	4203
大埔县	393437	295474	14747	69520	6189	7506
丰顺县	425932	192067	38597	170976	13593	10698
五华县	617315	323640	52932	196552	18226	25965
兴宁市	736641	521137	12879	176685	17070	8870
平远县	220385	137207	18714	45669	9178	9617
惠州市	**3280803**	**2349422**	**81530**	**537320**	**266487**	**46044**
惠城区	532747	360692	10084	107408	49288	5274
惠东县	908373	598874	31198	116924	144101	17276
惠阳区	310360	271715	1960	10594	24139	1952
博罗县	1048727	717190	25928	253097	41348	11165
龙门县	480596	400951	12361	49296	7611	10377
汕尾市	**2467666**	**1031033**	**61702**	**247630**	**1008287**	**119014**
汕尾城区	398271	45381	2456	20378	328236	1820
红海湾区	94904	12869	960	1683	79392	
海丰县	618267	327702	22750	55289	158791	53735
陆河县	235106	157080	24830	41056	3737	8403
陆丰市	1121118	488001	10706	129224	438131	55056
东莞市	**439764**	**324913**	**3056**	**4457**	**93539**	**13798**
中山市	**1046067**	**295335**	**482**	**38740**	**686951**	**24559**
江门市	**4592549**	**1432859**	**93869**	**895003**	**2028094**	**142723**
蓬江区	111226	30250	2232	18729	44366	15649
江海区	88896	28757	168	1434	57004	1534
新会区	877515	247206	9749	160697	435389	24474
台山市	1780417	420294	23480	128828	1188319	19496
开平市	779699	299008	26886	290856	98751	64198
恩平市	456413	225339	13443	123330	87010	7292
鹤山市	498384	182008	17912	171129	117256	10080
阳江市	**4035230**	**1078687**	**132848**	**841270**	**1879960**	**102465**
江城区	520189	80406	3105	60108	344315	32255
阳东区	946904	213475	23166	172341	515763	22159
阳西县	1030143	189587	34910	136750	663609	5287
阳春市	1198753	584241	69376	465288	39656	40193
海陵区	339244	10978	2292	6785	316618	2571
湛江市	**9379007**	**5130420**	**255329**	**1449167**	**2195594**	**348497**
赤坎区	20728	9868	2	500	9975	383
霞山区	39737	10706		2065	26160	806

7-6 续表 2

单位：万元

县(市、区)别	合计	农业	林业	牧业	渔业	农林牧渔专业及辅助性活动
坡头区	327752	111737	7843	92321	108671	7180
麻章区	408195	146765	4879	54566	195103	6882
东海区	351642	66546	765	24812	236833	22686
吴川市	608511	205119	7958	166981	174466	53987
徐闻县	1487364	1115515	9019	95768	217128	49933
雷州市	2042920	1342709	55948	188229	387641	68393
遂溪县	2018789	995240	66158	377069	522723	57599
廉江市	2073371	1126217	102756	446855	316894	80648
茂名市	**9144361**	**4953413**	**557345**	**2346071**	**1032333**	**255199**
茂南区	575976	256457	2862	268396	29218	19044
电白区	2295791	860068	70315	459472	808849	97086
信宜市	1888973	1135409	148101	562484	28211	14769
高州市	2420122	1616612	147341	512196	67748	76225
化州市	1963498	1084867	188725	543522	98308	48075
肇庆市	**5900583**	**2855452**	**869882**	**1206109**	**775462**	**193678**
端州区	2972	2358	399	27	184	4
鼎湖区	234558	85963	5635	76057	65283	1620
高要区	1381082	711601	96957	307874	209602	55049
广宁县	646594	301280	208018	105328	18596	13372
四会市	1038566	307775	49607	232900	380650	67635
德庆县	534086	368481	72823	64602	19059	9121
封开县	784886	482851	139130	111491	42878	8537
怀集县	1277837	595143	297313	307830	39210	38340
清远市	**4301819**	**2221506**	**426120**	**1184677**	**195629**	**273887**
清城区	486844	141652	20071	237032	58272	29817
英德市	1087617	488726	162196	255985	36044	144665
佛冈县	286251	188040	21180	59834	6912	10284
连山自治县	143972	88225	22392	28403	2302	2650
连南自治县	161935	99476	26822	30128	1827	3682
连州市	675676	431581	54885	127068	8223	53919
阳山县	651809	370864	57979	208405	6891	7669
清新区	807714	412939	60592	237823	75158	21201
潮州市	**1662776**	**956478**	**38182**	**219365**	**367743**	**81009**
湘桥区	136476	109497	1574	17740	6360	1303
饶平县	1113272	547931	24405	157309	340841	42787
潮安区	413028	299050	12203	44315	20541	36919
揭阳市	**2929528**	**1718637**	**302714**	**495423**	**258072**	**154682**
榕城区	225858	135478	9908	44051	23330	13091
揭东区	597174	396646	61865	72821	32718	33124
惠来县	831373	400020	106950	118856	171064	34485
普宁市	594935	432977	46637	87373	10033	17915
揭西县	680187	353516	77354	172322	20927	56067
云浮市	**2773290**	**1063401**	**401832**	**1080821**	**126539**	**100697**
云城区	219847	89850	33885	81541	12177	2394
新兴县	1096825	281937	91491	628687	44036	50673
郁南县	437229	254046	23537	135683	11845	12119
罗定市	810497	320728	220324	189785	47503	32156
云安区	208898	116840	32588	45137	10977	3355

7-7 农林牧渔业中间消耗

单位：亿元

指 标 名 称	代码	金 额	指 标 名 称	代码	金 额
甲	乙	1	甲	乙	1
农林牧渔业中间消耗总计	1	2698.72	8.其　他	24	17.60
一、农业中间消耗合计	2	1061.79	(二)生产服务支出	25	31.51
(一)物质消耗	3	753.93	三、牧业中间消耗合计	26	737.99
(1)用种量	4	288.45	(一)物质消耗	27	649.58
(2)役畜用饲料、饲草	5	31.42	1.用种量	28	29.25
(3)肥料	6	216.55	2.饲料、饲草	29	564.10
(4)燃料	7	66.09	3.燃　料	30	20.84
(5)农药	8	18.28	4.用电量	31	7.32
(6)农用塑料薄膜	9	8.18	5.畜牧用药品	32	15.33
(7)用电量	10	36.29	6.其　他	33	12.74
(8)小农具购置	11	23.05	(二)生产服务支出	34	88.41
(9)办公用品购置	12	10.36	四、渔业中间消耗合计	35	615.48
(10)其　他	13	55.26	(一)物质消耗	36	482.41
(二)生产服务支出	14	307.86	1.饲　料	37	212.55
二、林业中间消耗合计	15	102.80	2.燃　料	38	60.45
(一)物质消耗	16	71.29	3.用电量	39	18.81
1.用种量	17	12.86	4.办公用品购置	40	2.25
2.肥　料	18	15.15	5.其　他	41	188.35
3.燃　料	19	3.85	(二)生产服务支出	42	133.07
4.农　药	20	1.09	五、农林牧渔专业及辅助性活动	43	180.66
5.用电量	21	1.32	中间消耗合计		
6.小农机具购置	22	16.36	(一)物质消耗	44	132.72
7.办公用品购置	23	3.07	(二)生产服务支出	45	47.94

7-8 农林牧渔业增加值

(2019年)

项　　目	合计	农业	林业	牧业	渔业	农林牧渔专业及辅助性活动
一、农林牧渔业总产值						
按当年价格计算　(亿元)	7175.89	3530.21	408.48	1404.13	1524.78	308.30
比2018年增长　(%)	3.5	5.8	5.1	-5.2	3.8	10.7
二、农林牧渔业中间消耗(亿元)	2698.72	1061.79	102.80	737.99	615.48	180.66
三、农林牧渔业增加值　(亿元)	4477.17	2468.42	305.68	666.14	909.30	127.64
比2018年增长　(%)	4.1	5.9	5.4	-4.1	3.4	11.0

注：比2018年增长按可比价格计算。

7-9 各市农林牧渔业中间消耗

(2019年)　　单位：亿元

市　别	合计	农业	林业	牧业	渔业	农林牧渔专业及辅助性活动
广东省	2698.72	1061.79	102.80	737.99	615.48	180.66
广州市	174.48	76.01	0.67	26.12	36.20	35.48
深圳市	22.19	4.93	0.19	1.85	14.11	1.10
珠海市	43.68	4.91	0.00	3.78	29.92	5.07
汕头市	97.67	40.22	0.37	16.39	33.30	7.39
佛山市	149.59	30.59	0.26	35.55	69.42	13.78
韶关市	108.68	53.47	8.27	39.94	4.95	2.05
河源市	67.11	31.16	8.34	23.92	1.89	1.81
梅州市	133.70	70.62	5.33	48.82	4.20	4.73
惠州市	119.51	75.04	3.29	27.89	10.58	2.70
汕尾市	92.16	32.97	2.29	13.19	36.78	6.93
东莞市	14.68	9.09	0.11	0.27	4.41	0.81
中山市	40.92	9.75	0.03	2.05	27.64	1.44
江门市	199.05	45.63	4.28	49.86	90.90	8.38
阳江市	154.89	33.12	6.40	43.52	65.82	6.03
湛江市	339.26	160.66	6.55	74.77	76.82	20.45
茂名市	323.58	137.44	11.01	117.67	42.16	15.32
肇庆市	195.49	78.42	17.14	61.45	27.13	11.35
清远市	156.73	61.91	9.08	61.98	7.67	16.08
潮州市	64.04	31.15	0.97	10.77	16.38	4.76
揭阳市	99.89	46.91	8.20	25.39	10.30	9.08
云浮市	101.43	27.78	10.01	52.82	4.90	5.91

7-10 各县(市、区)农林牧渔业中间消耗

(2019年)　　单位：万元

县(市、区)别	合计	农业	林业	牧业	渔业	农林牧渔专业及辅助性活动
广州市	**1744770**	**760143**	**6708**	**261190**	**361954**	**354776**
海珠区	6730	2010			4644	76
天河区	35167	902			10084	24181
白云区	260318	118549	246	62151	14026	65345
黄埔区	38581	16594	272	3497	3114	15104
荔湾区	22527	18681			1073	2773
花都区	253525	134565	417	43022	34449	41072
从化区	210093	96234	2829	47139	5647	58244
增城区	361345	185473	2904	53257	22780	96932
番禺区	199257	31489	38	27152	122403	18175
南沙区	357220	155645		24967	143734	32874
深圳市	**221864**	**49323**	**1939**	**18488**	**141133**	**10980**
福田区	35008		91		34917	
罗湖区	4658	124			4533	
南山区	17235	2000			13448	1787
宝安区	12900	4260			8640	
龙岗区	21350	7272	653	253	12037	1135
盐田区	1659	49	203		1407	
龙华区	2584	2584				
坪山区	7248	7220	28			
光明区	18870	11369		7500		
深汕合作区	100352	14445	964	10735	66150	8058
珠海市	**436807**	**49064**	**37**	**37784**	**299211**	**50711**
香洲区	32279	936			28313	3030
金湾区	62283	21755	5	5342	29486	5695
斗门区	342244	26375	29	32441	241414	41985
汕头市	**976728**	**402200**	**3680**	**163912**	**333030**	**73906**
金平区	24073	9078	189	3482	7208	4116
龙湖区	66713	31005		18678	6956	10074
澄海区	333298	137042	378	68719	85715	41444
濠江区	61953	13135	83	5558	41370	1807
潮阳区	235884	116631	1115	31626	81316	5196
潮南区	146967	91327	1076	31728	16681	6155
南澳县	107839	3981	839	4120	93784	5115
佛山市	**1495892**	**305903**	**2572**	**355465**	**694154**	**137798**
禅城区	2516	375			1988	152
南海区	383703	142249	180	38627	167321	35326
顺德区	484488	65753	5	28540	358167	32023
高明区	240391	39249	1716	103167	66112	30147
三水区	384790	58276	670	185129	100566	40150
韶关市	**1086840**	**534734**	**82726**	**399380**	**49485**	**20515**
浈江区	52245	17613	4448	20602	6162	3421
武江区	47300	19456	3385	22293	1764	402
曲江区	102625	44524	4679	42075	9963	1385
南雄市	206426	95272	12443	84772	10968	2971
始兴县	129159	68654	9788	45329	3888	1501
翁源县	143197	85937	9716	41661	4381	1501
仁化县	124298	58925	15459	42579	5410	1925
新丰县	73527	42876	5113	23002	2201	335
乳源自治县	44343	17214	9768	15372	1684	305
乐昌市	163718	84263	7927	61693	3064	6770

7-10 续表 1

(2019年)　　单位：万元

县(市、区)别	合计	农业	林业	牧业	渔业	农林牧渔专业及辅助性活动
河源市	**671081**	**311572**	**83357**	**239182**	**18897**	**18072**
源城区	24373	7974	358	15446	497	98
东源县	118667	52267	9391	46751	5032	5225
和平县	115225	47166	19793	44375	1622	2270
龙川县	158474	64999	31261	53891	4933	3390
紫金县	165991	83258	18651	52954	4246	6882
连平县	88351	55908	3903	25765	2568	207
梅州市	**1337007**	**706161**	**53325**	**488240**	**41953**	**47328**
梅江区	66591	29428	4200	28415	2898	1649
梅县区	285265	190470	3192	71341	12710	7551
蕉岭县	88172	33566	13392	36687	1931	2597
大埔县	141496	95245	2969	36736	2103	4443
丰顺县	175872	62351	10448	91192	4968	6913
五华县	230539	90580	11561	109782	5493	13123
兴宁市	267976	164037	3643	85798	8635	5862
平远县	81093	40482	3920	28289	3213	5189
惠州市	**1195082**	**750425**	**32913**	**278926**	**105782**	**27036**
惠城区	197690	115205	4071	55754	19563	3097
惠东县	330372	189871	12496	60669	57193	10143
惠阳区	105291	88194	855	5500	9594	1147
博罗县	393946	229071	10501	131408	16411	6556
龙门县	167781	128083	4991	25594	3021	6094
汕尾市	**921585**	**329729**	**22854**	**131875**	**367788**	**69338**
汕尾城区	147781	14851	892	10981	119970	1087
红海湾区	34212	4164	392	883	28773	
海丰县	230829	104313	8541	29476	57126	31372
陆河县	87384	50773	8769	21732	1373	4736
陆丰市	421380	155628	4260	68803	160546	32143
东莞市	**146809**	**90878**	**1069**	**2656**	**44104**	**8102**
中山市	**409209**	**97520**	**319**	**20521**	**276429**	**14420**
江门市	**1990469**	**456299**	**42824**	**498569**	**908970**	**83807**
蓬江区	50192	9671	1011	10439	19880	9189
江海区	36517	9193	76	799	25547	901
新会区	382800	79850	4701	89333	194545	14370
台山市	756971	131132	10641	71809	531940	11449
开平市	352933	95473	12185	162057	45520	37697
恩平市	190529	72416	6093	68744	38995	4282
鹤山市	220529	58563	8118	95387	52542	5919
阳江市	**1548882**	**331204**	**64020**	**435171**	**658233**	**60253**
江城区	198559	24008	886	33795	120919	18950
阳东区	368111	70521	10269	92406	181841	13074
阳西县	364774	45246	18982	69665	227774	3106
阳春市	499612	188612	33082	235779	18526	23613
海陵区	117829	2817	800	3529	109173	1510
湛江市	**3392581**	**1606575**	**65507**	**747733**	**768247**	**204519**
赤坎区	7196	3222		258	3491	225
霞山区	14053	3357		1067	9156	473

7-10 续表 2

(2019年)　　单位：万元

县(市、区)别	合计	农业	林业	牧业	渔业	农林牧渔专业及辅助性活动
坡头区	126599	34671	2015	47663	38035	4216
麻章区	147155	45607	1254	28139	68115	4040
东海区	129837	20620	195	12807	82901	13313
吴川市	244293	63416	2038	86135	61035	31669
徐闻县	507907	350829	2318	49445	75994	29321
雷州市	714246	426859	14370	97184	135673	40160
遂溪县	736397	307943	16999	194680	182953	33822
廉江市	764906	350056	26321	230355	110894	47280
茂名市	**3235836**	**1374358**	**110072**	**1176661**	**421590**	**153155**
茂南区	234501	71290	630	139009	12362	11209
电白区	849920	234763	14227	214089	329948	56893
信宜市	640496	305452	29992	285229	11121	8703
高州市	831232	464205	29113	262763	28727	46424
化州市	679688	298648	36110	275572	39431	29927
肇庆市	**1954900**	**784160**	**171436**	**614513**	**271256**	**113536**
端州区	1181	888	207	14	71	1
鼎湖区	115343	39225	1526	37656	35851	1085
高要区	472462	191170	20596	174901	52672	33123
广宁县	174104	94127	25985	39547	7251	7193
四会市	371626	78733	16541	95048	142513	38791
德庆县	189598	127605	16469	30912	7553	7059
封开县	276075	153499	44029	59961	14317	4268
怀集县	354513	98914	46081	176474	11029	22015
清远市	**1567265**	**619136**	**90762**	**619832**	**76707**	**160828**
清城区	208131	39483	4275	124016	22848	17509
英德市	403767	136207	34547	133931	14133	84948
佛冈县	96972	52407	4511	31305	2710	6039
连山自治县	46677	24587	4770	14861	903	1556
连南自治县	52076	27722	5712	15763	716	2162
连州市	233345	120285	11691	66482	3224	31661
阳山县	231961	103360	12350	109046	2702	4504
清新区	294340	115086	12906	124429	29469	12449
潮州市	**640363**	**311525**	**9748**	**107730**	**163792**	**47569**
湘桥区	48375	35663	402	8713	2832	765
饶平县	438881	178461	6230	77254	151810	25125
潮安区	153108	97401	3116	21763	9148	21679
揭阳市	**998887**	**469141**	**81992**	**253900**	**103025**	**90830**
榕城区	78867	36872	2711	22293	9303	7687
揭东区	195694	107878	16701	38616	13048	19451
惠来县	287378	108657	28981	61164	68328	20250
普宁市	190997	119540	12595	44343	4001	10519
揭西县	245951	96194	21004	87484	8346	32923
云浮市	**1014300**	**277834**	**100127**	**528174**	**49042**	**59124**
云城区	76926	22574	8655	39571	4720	1406
新兴县	449433	72988	20858	308751	17081	29755
郁南县	150510	66933	6023	65837	4601	7116
罗定市	270181	84543	56269	92107	18385	18877
云安区	67248	30797	8322	21905	4254	1970

7-11 近年农林牧渔业增加值

单位：亿元

年 份	合计	农业	林业	牧业	渔业	农林牧渔专业及辅助性活动
2007	1705.69	886.29	87.15	366.60	323.44	42.20
2008	1969.46	977.19	93.31	461.25	389.05	48.66
2009	1996.38	1007.63	104.28	440.54	393.49	50.43
2010	2254.49	1165.70	134.27	458.66	440.97	54.89
2011	2614.59	1334.44	159.24	559.65	499.84	61.42
2012	2778.48	1439.71	170.45	557.80	543.35	67.16
2013	2949.99	1557.59	191.48	547.93	579.43	73.57
2014	3118.39	1646.67	215.83	537.21	639.01	79.68
2015	3275.05	1739.60	230.03	560.70	659.43	85.29
2016	3593.64	1930.73	245.92	618.33	705.51	93.16
2017	3712.71	2018.88	265.36	563.67	763.53	101.27
2018	3946.52	2159.97	291.45	555.68	828.23	111.20
2019	4477.17	2468.42	305.68	666.14	909.30	127.64

7-12 农林牧渔业增加值指数(上年=100)

单位：%

年 份	合计	农业	林业	牧业	渔业	农林牧渔专业及辅助性活动
2007	103.2	102.8	103.0	103.1	104.0	108.3
2008	103.9	101.8	100.3	108.2	105.4	108.3
2009	105.1	105.6	107.1	103.8	105.1	105.3
2010	104.5	105.0	104.7	103.3	104.6	105.0
2011	104.4	105.6	108.2	99.0	105.3	105.5
2012	103.9	103.9	106.3	102.0	105.0	105.7
2013	102.5	103.1	105.5	98.2	104.2	106.3
2014	103.3	104.5	105.0	99.0	103.6	105.1
2015	103.4	104.2	106.0	99.7	103.5	105.2
2016	103.2	103.9	106.8	99.0	103.4	106.1
2017	103.7	104.7	105.3	99.1	103.9	107.1
2018	104.4	105.2	106.6	101.2	103.7	107.4
2019	104.1	105.9	105.4	95.9	103.4	111.0

7-13 各市农林牧渔业增加值

(2019年) 单位：亿元

市 别	合计	农业	林业	牧业	渔业	农林牧渔专业及辅助性活动
广东省	4477.17	2468.42	305.68	666.14	909.30	127.64
广州市	271.83	174.45	1.75	18.01	52.69	24.94
深圳市	25.98	7.24	0.20	1.48	16.28	0.78
珠海市	61.63	10.81	0.01	2.88	44.36	3.56
汕头市	126.65	67.52	0.38	13.00	39.49	6.26
佛山市	169.97	63.61	0.92	27.63	68.14	9.68
韶关市	178.09	119.86	19.03	30.43	7.34	1.44
河源市	122.33	75.29	24.52	18.01	3.24	1.27
梅州市	226.96	158.36	15.75	41.73	7.79	3.33
惠州市	208.57	159.90	4.86	25.84	16.07	1.90
汕尾市	154.61	70.13	3.88	11.58	64.05	4.97
东莞市	29.30	23.40	0.20	0.18	4.94	0.57
中山市	63.69	19.78	0.02	1.82	41.05	1.01
江门市	260.21	97.66	5.10	39.64	111.91	5.89
阳江市	248.63	74.75	6.88	40.61	122.17	4.22
湛江市	598.64	352.38	18.98	70.14	142.73	14.40
茂名市	590.85	357.91	44.73	116.94	61.07	10.20
肇庆市	394.57	207.13	69.84	59.16	50.42	8.01
清远市	273.46	160.24	33.54	56.48	11.89	11.31
潮州市	102.24	64.50	2.84	11.16	20.40	3.34
揭阳市	193.06	124.95	22.07	24.15	15.50	6.39
云浮市	175.90	78.56	30.17	55.26	7.75	4.16

7-14 各县(市、区)农林牧渔业增加值

(2019年) 单位：万元

县(市、区)别	合计	农业	林业	牧业	渔业	农林牧渔专业及辅助性活动
广州市	**2718345**	**1744450**	**17468**	**180088**	**526931**	**249406**
海珠区	17272	5772			11440	60
天河区	44150	2381			19963	21806
白云区	380678	273134	487	42809	18367	45882
黄埔区	39558	21088	938	3681	3246	10606
荔湾区	46231	42935			1348	1947
花都区	401089	283182	1237	30708	49672	36291
从化区	267174	195256	4915	31917	5616	29470
增城区	599687	454267	9809	36120	31432	68058
番禺区	340330	132858	84	19413	175214	12761
南沙区	582182	333577		15445	210634	22525
深圳市	**259777**	**72406**	**2009**	**14765**	**162769**	**7828**
福田区	22841		936		21905	
罗湖区	12636	229	6		12401	
南山区	8394	1688			5598	1109
宝安区	8626	4639			3987	
龙岗区	18132	8334	445	160	8820	372
盐田区	1957	114	48		1796	
龙华区	3501	3501				
坪山区	8781	8753	28			
光明区	20358	13334	43	6982		
深汕合作区	154545	31814	503	7620	108261	6347
珠海市	**616253**	**108079**	**125**	**28786**	**443614**	**35649**
香洲区	46172	2064			41977	2130
金湾区	99737	47922	27	4071	43713	4005
斗门区	470344	58091	101	24715	357922	29515
汕头市	**1266521**	**675225**	**3771**	**129993**	**394904**	**62629**
金平区	30211	15243	171	2762	8548	3488
龙湖区	83825	52062	166	14812	8249	8536
澄海区	421988	230070	661	54499	101639	35119
濠江区	77115	22046	73	4408	49057	1531
潮阳区	322704	195801	994	25081	96423	4404
潮南区	204438	153321	960	25162	19779	5216
南澳县	126240	6683	746	3269	111209	4335
佛山市	**1699714**	**636123**	**9165**	**276275**	**681399**	**96753**
禅城区	2835	778			1950	107
南海区	516613	296502	643	30024	164641	24803
顺德区	532636	136737	21	22179	351214	22485
高明区	253417	81143	6119	80179	64808	21168
三水区	394213	120959	2383	143895	98786	28190
韶关市	**1780939**	**1198619**	**190304**	**304267**	**73355**	**14394**
浈江区	76638	39313	10169	15662	9116	2378
武江区	71258	43569	7772	17022	2613	283
曲江区	158831	100138	10786	32121	14814	973
南雄市	324789	213310	28574	64553	16263	2088
始兴县	217576	153719	22476	34565	5760	1055
翁源县	254846	193265	22326	31725	6474	1057
仁化县	209643	132002	35844	32423	8021	1353
新丰县	128774	96021	11741	17515	3261	236
乳源自治县	75418	38585	22418	11705	2495	214
乐昌市	263170	188698	18199	46979	4538	4756

7-14 续表 1

(2019年)　　单位：万元

县(市、区)别	合计	农业	林业	牧业	渔业	农林牧渔专业及辅助性活动
河源市	**1223346**	**752906**	**245207**	**180144**	**32385**	**12704**
源城区	32875	19269	1053	11633	851	69
东源县	201438	126304	27626	35211	8624	3674
和平县	209995	113974	58224	33422	2779	1595
龙川县	300452	157068	91960	40588	8453	2383
紫金县	308050	201191	54864	39882	7275	4838
连平县	170534	135100	11482	19405	4401	145
梅州市	**2269559**	**1583598**	**157528**	**417250**	**77912**	**33271**
梅江区	93392	64848	3391	19926	4270	957
梅县区	529285	423832	9513	62345	30012	3583
蕉岭县	150151	78087	39295	27376	3785	1606
大埔县	251941	200229	11779	32785	4086	3063
丰顺县	250059	129717	28149	79784	8625	3785
五华县	386776	233061	41371	86770	12732	12842
兴宁市	468664	357100	9236	90887	8434	3008
平远县	139292	96725	14794	17380	5965	4428
惠州市	**2085721**	**1598997**	**48617**	**258394**	**160705**	**19008**
惠城区	335057	245487	6013	51655	29726	2177
惠东县	578001	409002	18702	56255	86908	7133
惠阳区	205069	183519	1105	5093	14545	805
博罗县	654781	488119	15427	121689	24937	4609
龙门县	312814	272868	7371	23703	4590	4283
汕尾市	**1546081**	**701304**	**38848**	**115755**	**640499**	**49676**
汕尾城区	250489	30530	1564	9396	208266	733
红海湾区	60692	8705	568	800	50619	
海丰县	387438	223389	14209	25813	101665	22363
陆河县	147723	106306	16061	19324	2364	3667
陆丰市	699739	332373	6445	60421	277585	22913
东莞市	**292955**	**234035**	**1988**	**1801**	**49436**	**5696**
中山市	**636858**	**197815**	**163**	**18219**	**410522**	**10139**
江门市	**2602081**	**976561**	**51045**	**396434**	**1119125**	**58916**
蓬江区	61034	20579	1220	8290	24486	6460
江海区	52379	19563	92	634	31457	633
新会区	494716	167356	5048	71364	240844	10104
台山市	1023446	289162	12839	57019	656379	8047
开平市	426766	203534	14701	128799	53231	26501
恩平市	265884	152922	7350	54586	48015	3010
鹤山市	277855	123445	9794	75742	64713	4161
阳江市	**2486348**	**747483**	**68828**	**406098**	**1221727**	**42212**
江城区	321629	56397	2218	26313	223396	13305
阳东区	578793	142954	12897	79935	333922	9085
阳西县	665370	144341	15927	67086	435835	2181
阳春市	699141	395629	36294	229509	21129	16580
海陵区	221415	8161	1492	3256	207445	1061
湛江市	**5986426**	**3523845**	**189823**	**701434**	**1427347**	**143978**
赤坎区	13532	6647	2	241	6484	158
霞山区	25684	7349		998	17004	333

7-14 续表 2

(2019年)　　　　单位：万元

县(市、区)别	合计	农业	林业	牧业	渔业	农林牧渔专业及辅助性活动
坡头区	201152	77066	5828	44658	70635	2964
麻章区	261041	101158	3625	26427	126988	2842
东海区	221805	45926	570	12005	153932	9373
吴川市	364218	141702	5921	80846	113431	22318
徐闻县	979457	764686	6701	46323	141133	20612
雷州市	1328674	915850	41578	91045	251968	28233
遂溪县	1282391	687297	49158	182389	339770	23777
廉江市	1308465	776161	76435	216501	206001	33368
茂名市	**5908525**	**3579056**	**447273**	**1169409**	**610743**	**102044**
茂南区	341476	185167	2232	129387	16855	7835
电白区	1445870	625306	56088	245383	478901	40193
信宜市	1248477	829957	118109	277255	17090	6066
高州市	1588891	1152407	118228	249433	39021	29801
化州市	1283810	786220	152615	267950	58876	18148
肇庆市	**3945683**	**2071292**	**698446**	**591596**	**504206**	**80142**
端州区	1791	1470	192	13	113	3
鼎湖区	119215	46738	4110	38401	29432	535
高要区	908621	520430	76361	132973	156930	21926
广宁县	472490	207153	182033	65781	11345	6179
四会市	666940	229042	33066	137852	238137	28844
德庆县	344488	240876	56354	33690	11506	2062
封开县	508812	329352	95100	51530	28560	4268
怀集县	923324	496230	251232	131356	28181	16325
清远市	**2734554**	**1602369**	**335358**	**564845**	**118922**	**113059**
清城区	278713	102169	15796	113017	35423	12308
英德市	683850	352519	127649	122054	21911	59717
佛冈县	189278	135634	16669	28529	4202	4245
连山自治县	97295	63638	17622	13542	1399	1094
连南自治县	109860	71754	21110	14365	1111	1520
连州市	442332	311296	43194	60586	4999	22258
阳山县	419848	267505	45629	99359	4189	3165
清新区	513374	297854	47686	113394	45689	8752
潮州市	**1022413**	**644953**	**28434**	**111635**	**203951**	**33440**
湘桥区	88101	73835	1172	9028	3528	538
饶平县	674391	369469	18174	80054	189031	17662
潮安区	259920	201649	9087	22552	11392	15240
揭阳市	**1930641**	**1249496**	**220722**	**241523**	**155047**	**63852**
榕城区	146991	98607	7196	21758	14027	5404
揭东区	401480	288768	45164	34205	19671	13673
惠来县	543995	291364	77969	57693	102736	14235
普宁市	403939	313437	34042	43030	6034	7396
揭西县	434236	257323	56350	84838	12581	23144
云浮市	**1758990**	**785567**	**301706**	**552647**	**77497**	**41573**
云城区	142921	67276	25230	41970	7457	988
新兴县	647391	208949	70633	319936	26955	20918
郁南县	286719	187113	17514	69846	7243	5003
罗定市	540316	236185	164055	97678	29118	13279
云安区	141649	86043	24266	23232	6723	1385

7-15 农村居民消费价格分类指数

(2019年)　　(上年=100)

项　　目	指数	项　　目	指数
居民消费价格总指数	**104.6**	**生活用品及服务**	**100.9**
非食品烟酒价格指数	**101.3**	家具及室内装饰品	99.7
服务价格指数	**102.1**	家具	99.6
消费品价格指数	**105.9**	室内装饰品	100.5
扣除鲜菜鲜果价格指数	**104.4**	家用器具	100.3
食品烟酒	**110.8**	家用纺织品	99.6
食品	113.6	家庭日用杂品	100.5
粮食	101.1	个人护理用品	101.0
#大米	101.0	家庭服务	106.1
粮食制品	101.0	**交通和通信**	**98.3**
薯类	101.3	交通	97.9
豆类	101.0	交通工具	99.3
食用油	101.1	交通工具用燃料	94.2
菜	104.8	交通工具使用和维修	102.9
#鲜菜	105.3	交通费	99.7
畜肉类	133.7	通信	98.9
#猪肉	141.4	通信工具	95.9
禽肉类	108.6	通信服务	99.5
水产品	105.4	邮递服务	100.3
蛋类	106.6	**教育文化和娱乐**	**101.4**
奶类	101.6	教育	101.9
干鲜瓜果类	113.0	教育用品	101.8
#鲜瓜果	116.5	教育服务	101.9
糖果糕点类	100.9	#学前教育	102.2
调味品	101.5	小学初中教育	104.4
其他食品类	101.1	高中中职教育	100.1
茶及饮料	101.1	文化娱乐	100.3
烟酒	101.9	文娱耐用消费品	97.3
烟草	101.4	其他文娱用品	100.9
酒类	103.2	文化娱乐服务	100.6
在外餐饮	102.2	旅游	103.5
衣着	**103.7**	**医疗保健**	**104.1**
服装	104.3	药品及医疗器具	103.3
服装材料	101.0	中药	103.8
其他衣着及配件	101.7	西药	104.1
衣着加工服务费	101.5	滋补保健品	101.9
鞋类	102.2	医疗卫生器具	100.0
居住	**101.2**	保健器具	100.2
租赁房房租	100.2	医疗服务	104.5
住房保养维修及管理	101.0	**其他用品和服务**	**103.9**
水电燃料	99.9	其他用品类	103.9
自有住房	102.1	其他服务类	103.9

7-16 农业生产资料价格分类指数

(上年=100)

项　　目	2015	2016	2017	2018	2019
农业生产资料价格指数	**101.2**	**102.0**	**100.4**	**102.5**	**104.1**
农用手工工具	101.5	103.3	104.3	102.5	104.8
饲料	99.0	99.3	95.8	101.5	99.3
混合饲料	99.8	98.6	93.2	101.6	99.9
其他飼料	97.2	101.8	105.0	101.4	97.2
仔畜幼禽及产品畜	112.0	126.2	88.2	92.5	147.0
半机械化农具	99.8	100.8	100.2	99.8	99.1
机械化农具	99.5	98.9	100.8	100.3	99.8
化学肥料	102.0	99.6	102.3	104.8	100.3
氮肥	102.0	97.5	105.0	108.5	99.7
磷肥	102.6	102.4	102.9	103.1	99.4
钾肥	100.4	100.2	98.7	98.2	100.1
复合肥料	102.2	100.7	99.6	102.6	101.8
农药及农药器械	101.0	100.9	102.1	103.8	102.7
化学农药	100.8	100.6	102.0	104.4	103.1
杀虫剂	100.6	100.6	101.6	104.9	104.3
杀菌剂	101.3	101.9	103.4	104.3	103.3
除草剂	100.9	99.5	101.3	104.6	101.9
生长调节剂		100.1	101.7	101.7	100.4
农药器械	102.0	102.3	103.1	99.8	99.9
农机用油	88.3	96.6	107.5	111.3	94.9
其他农用生产资料	102.6	101.2	104.2	101.1	100.3
#农用种子	104.1	101.7	105.0	101.1	100.0
农用薄膜	100.1	100.3	102.4	100.7	100.6
农业生产服务	102.8	101.0	107.4	104.1	103.6
排灌费	100.0	100.1	101.1	99.6	99.9
机械作业费	102.6	101.0	111.2	102.1	107.1
农业用电	100.0	100.0	99.3	99.3	99.9
农业用工	107.9	102.7	112.9	113.8	103.4

7-17 农产品生产者价格指数

(上年=100)

项 目	2015	2016	2017	2018	2019
农产品生产者价格指数	**102.3**	**106.5**	**99.4**	**101.3**	**107.3**
农业产品	**103.2**	**107.9**	**100.9**	**100.1**	**103.5**
谷物	106.3	98.7	100.5	101.0	98.3
#稻谷	106.4	98.7	100.5	101.0	98.3
薯类	104.0	108.6	107.6	106.3	103.1
油料	105.3	102.9	98.8	102.2	103.8
豆类	100.6	104.5	96.4	102.2	99.4
糖料	99.4	110.2	114.4	91.4	93.6
未加工烟草	103.3	101.6	99.4	97.5	102.8
蔬菜及食用菌	103.7	114.8	95.6	101.1	102.3
#叶菜类蔬菜	100.9	112.0	90.9	103.1	103.2
白菜类蔬菜	103.2	124.0	90.3	100.6	102.3
芥菜类蔬菜	100.0	118.0	95.1	99.2	100.7
甘蓝类蔬菜	109.6	116.4	85.9	100.7	98.6
根茎类蔬菜	106.3	132.1	93.9	104.9	92.8
瓜菜类蔬菜	106.5	104.0	104.8	98.6	104.8
豆类蔬菜	103.4	100.5	102.8	99.2	105.6
茄果类蔬菜	101.7	113.0	101.7	103.0	113.1
莴苣及菊苣类蔬菜	102.4	122.4	94.5	102.9	101.3
葱蒜类蔬菜	111.7	102.2	98.9	102.1	97.1
花卉	99.7	105.6	104.4	101.6	94.5
盆景及园艺产品	96.8	102.0	94.7	99.2	94.1
水果及坚果	103.9	110.5	106.1	95.0	124.0
茶及饮料原料	102.7	105.5	103.7	104.6	102.2
林业产品	**99.9**	**98.4**	**102.0**	**99.4**	**98.0**
育种和育苗	96.0	97.1	93.5	100.1	98.2
木材采伐产品	101.6	99.0	100.5	101.2	99.9
竹材采伐产品	100.4	97.2	99.8	100.5	100.1
林产品	100.2	99.2	117.1	93.2	91.2
饲养动物及其产品	**103.1**	**109.2**	**92.0**	**101.6**	**121.0**
活牲畜	107.0	122.5	89.1	89.7	140.5
#猪	107.0	122.5	89.1	89.7	140.5
活家禽	100.3	99.5	96.7	107.5	109.3
#鸡	98.9	97.4	98.6	103.9	108.8
鸭	99.8	101.3	99.7	111.9	107.5
畜禽产品	98.1	96.2	87.6	120.3	95.7
#鸡蛋	98.3	99.5	81.2	112.9	99.7
鸭蛋	97.5	88.0	103.1	138.4	85.9
渔业产品	**101.1**	**104.2**	**103.9**	**103.6**	**102.1**
海水养殖产品	103.0	105.4	104.9	103.2	103.5
#海水养殖鱼	101.2	103.4	104.8	104.6	105.1
海水养殖虾	102.4	103.9	103.1	100.3	99.1
海水捕捞产品	103.5	104.0	104.7	105.6	105.2
#海水捕捞鲜鱼	103.4	103.6	104.3	106.3	105.7
海水捕捞虾	108.2	110.1	107.4	103.4	105.0
淡水养殖产品	98.4	101.8	103.0	101.9	100.4
#养殖淡水鱼	96.5	100.9	103.2	102.0	99.4
淡水养殖虾	105.2	105.9	102.0	101.3	104.0
淡水捕捞产品	100.1	109.9	102.8	109.9	100.2
#捕捞淡水鱼	104.7	116.8	101.7	112.4	100.0
淡水捕捞鲜虾	97.8	113.5	105.9	106.7	100.1

八、种植业

3月8日，省农业农村厅在雷州市召开全省春耕生产现场会。

6月29日，水稻矮化育种60周年纪念暨水稻产业科技大会上演示稻鱼综合种养技术模式。

7 月 15 日，韩国农村振兴团到我省仁化县实地调查水稻迁飞性害虫田间发生防治。

2019 年南方高端优质稻品种展示活动在新会区举行。

百亩稻田龙门农民画——“舞火狗”稻田画获“最大稻田画吉尼斯世界纪录”认证。

广东大力发展“一村一品、一镇一业”富民兴村产业。

信宜市农技人员对晚稻进行圈割测产。

广东省农业农村厅组织开展 2019 年春茶品鉴。

英德市生态茶园。

植物检疫人员开展入侵生物草地贪夜蛾田间调查。

种植业

【概况】农业产值3530.21亿元，农业增加值2467.19亿元，分别占农林牧渔业总产值和增加值49.2%和55.1%。2019年，我省粮食生产实现恢复性增长，经济作物保持增长态势，作物结构进一步优化。积极推进“一村一品、一镇一业”富民兴村产业发展，举办首届南药产业大会和第二届茶叶产业大会。抓好耕地地力保护补贴政策的宣传和落实，2019年度补贴面积2980.85万亩，补贴资金25.16亿元。全省农作物种植面积6536.07万亩，增长1.8%。粮食作物播种面积3240.96万亩，增长0.4%；粮食产量1240.80万吨，增长4.0%，晚稻生长条件为近年来最好，晚稻产量增长幅度达10.3%，全省粮食生产趋势由减转增。糖蔗种植面积220.59万亩，下降1.2%；糖蔗产量1241.64万吨，增长2.8%。油料种植面积522.42万亩，增长2.1%；油料产量110.22万吨，增长3.7%。蔬菜种植面积1980.78万亩，增长3.8%；蔬菜产量3527.96万吨，增长5.9%。园林水果种植面积1510.50万亩，增长2.5%；园林水果产量1644.38万吨，增长6.2%。茶叶108.33万亩，增长13.9%；产量11.08万吨，增长10.9%。中草药种植面积73.19万亩，增长15.3%。鲜切花590660万枝，增长12.7%。盆栽植物377074942盆，增长26.3%。

【粮食安全责任制考核】经国务院审定，广东省人民政府在2018年度粮食安全省长责任制考核中取得全国第八、销区第二的优异成绩，被通报表扬。经省政府审定，全省21个地级以上市2018年度粮食安全责任制考核结果均为良好以上，其中：深圳、佛山、惠州、汕尾、东莞、中山、江门、湛江等8市为优秀等次，其余为良好等次。对获得优秀等次的市政府给予了通报表扬。

【富民兴村产业发展】从2019年起，我省连续三年实施“一村一品、一镇一业”富民兴村产业行动。2019年投入省级以上财政资金10.2021亿元，扶持1000个村发展农业特色产业，认定首批100个省级特色农业专业镇。24个村镇荣获全国“一村一品”示范村镇称号，新增数量跃居全国第一。66个农产品荣获全国名特优新农产品称号，居全国前列。

【首届南药产业大会】2019年10月19日，首届广东南药产业大会在罗定市召开。大会以“广东好南药 富民又兴村”为主题，为期4天。期间举办了全国“一村一品”交流活动暨广东省“一村一品、一镇一业”现场推进会、广东·云浮稻米节，吸引了来自全国和全省各地的与会人士齐聚一堂，共话全国“一村一品”示范村镇经验，共论广东“一村一品、一镇一业”建设，共谋广东南药和稻米产业高质量发展。大会入场参观购物人数11.6万人次，签约项目16个，金额51.36亿元。省委常委叶贞琴，中国中医科学院院长、中国工程院院士黄璐琦等出席大会。

【第二届茶叶产业大会】2019年11月9日，由广东省农业农村厅、潮州市人民政府联合主办的第二届广东茶叶产业大会在潮州市举办，广东省各地市的100多家茶叶企业参展。大会开幕式上对“2019年广东十大好春茶”进行颁奖，授牌认定了24家“广东首批生态茶园”，全面展示广东优质茶品、工匠精神、茶园生态。大会期间举办了以“绿色发展 产业振兴”为主题的2019广东茶叶产业发展高峰论坛。

【种植业绿色发展】2019年，我省秸秆可收集资源量1264.5万吨，秸秆利用量1150.7万吨，秸秆综合利用率达91%。全省农膜覆膜量约2.39万吨，回收量约1.70万吨，回收率71.1%。在严格管控类农用地（重度污染耕地）采取种植旱杂粮等措施进行种植结构调整12万亩，完成我省2019年严格管控类农用地种植结构调整任务。全省推广高效低风险新农药810万亩次，农作物病虫害绿色防控面积2416万亩、覆盖率34.89%，水稻统防统治面积3522万亩次、覆盖率37.1%，农业生产农药使用量5.32万吨，较过去三年平均值减少8.5%，集中回收农药包装废弃物895吨。全省推广测土配方施肥技术面积4180万亩次，减少不合理施肥5.1万吨。全省化肥施用量226.06万吨，减少2.27%。

8-1 主要年份农作物播种面积及构成

年份	农作物播种面积	一、粮食作物	稻谷	薯类	二、大豆	三、经济作物
一、绝对数(千公顷)						
1949	5285.95	4782.80	4126.20	495.80	92.58	155.04
1952	5608.83	4942.60	4053.60	665.60	93.81	239.90
1957	6326.93	5386.67	4040.93	817.45	95.87	401.94
1962	5687.57	4767.53	3655.80	787.50	77.33	313.47
1965	5799.75	4589.60	3609.07	655.65	75.33	629.45
1970	6254.66	4638.80	3771.79	601.62	77.63	726.08
1975	6836.83	5037.54	3914.25	612.29	131.73	815.45
1978	6641.64	5068.98	3860.66	582.01	109.14	851.52
1980	5969.89	4605.35	3730.73	533.78	132.12	809.32
1985	5357.88	3833.84	3210.54	487.22	116.81	945.12
1990	5671.56	3881.37	3175.78	501.13	114.96	892.28
1995	5304.80	3368.16	2701.42	515.01	103.90	790.11
2000	5156.90	3099.89	2412.70	426.76	96.97	728.70
2005	4815.37	2786.50	2137.60	386.50	83.80	667.70
2010	4262.77	2386.33	1918.14	261.77	48.44	639.85
2015	4194.55	2193.30	1804.76	213.19	34.47	682.89
2017	4227.51	2169.73	1805.42	200.02	31.16	705.21
2018	4279.36	2151.04	1787.39	199.81	31.79	728.96
2019	4357.38	2160.64	1793.67	202.49	32.57	749.11
二、构成(%)						
1949	100.0	90.5	78.1	9.4	1.8	2.9
1952	100.0	88.1	72.3	11.9	1.7	4.3
1957	100.0	85.1	63.9	12.9	1.5	6.4
1962	100.0	83.8	64.3	13.8	1.4	5.5
1965	100.0	79.1	62.2	11.3	1.3	10.9
1970	100.0	74.2	60.3	9.6	1.2	11.6
1975	100.0	73.7	57.3	9.0	1.9	11.9
1978	100.0	76.3	58.1	8.8	1.7	12.8
1980	100.0	77.1	62.5	8.9	2.2	13.6
1985	100.0	71.6	59.9	9.1	2.2	17.6
1990	100.0	68.5	56.0	8.8	2.0	15.7
1995	100.0	63.5	50.9	9.7	2.0	14.8
2000	100.0	60.1	46.8	8.3	1.9	14.1
2005	100.0	57.9	44.4	8.0	1.7	13.9
2010	100.0	56.0	45.0	6.1	1.1	15.0
2015	100.0	52.3	43.0	5.1	0.8	16.3
2017	100.0	51.3	42.7	4.7	0.7	16.7
2018	100.0	50.3	41.8	4.7	0.7	17.0
2019	100.0	49.6	41.2	4.6	0.7	17.2

8-1 续表

年 份	经 济 作 物					四、其他作物
	糖 蔗	花 生	黄红麻	红(土)烟	黄(烤)烟	
一、绝对数(千公顷)						
1949	28.93	75.33	3.72	5.00	3.00	255.53
1952	59.93	133.58	8.07	10.87	4.82	332.52
1957	96.95	201.69	22.50	16.07	6.69	442.45
1962	61.49	195.95	12.89	15.54	4.13	529.24
1965	148.55	287.89	17.31	15.07	5.12	505.37
1970	170.03	310.05	23.09	14.09	7.67	812.15
1975	184.28	316.87	46.21	22.85	15.35	852.11
1978	172.64	324.41	63.29	18.17	27.96	612.00
1980	145.71	368.83	28.03	14.58	11.17	423.11
1985	295.22	363.85	38.87	19.13	17.71	462.11
1990	279.82	323.97	4.84	14.59	31.11	782.95
1995	213.45	330.07	2.70	5.62	23.93	1042.63
2000	159.74	331.07	1.03	5.32	25.78	1231.34
2005	125.39	309.41	0.53	5.10	26.54	1361.17
2010	136.72	307.38	0.19	2.12	19.57	1236.60
2015	143.57	316.58	0.10	1.97	16.30	1318.37
2017	146.24	319.10	0.08	1.80	15.61	1352.58
2018	148.78	332.48	0.07	2.05	15.42	1399.36
2019	147.06	340.52	0.07	1.99	14.74	1447.62
二、构成(%)						
1949	0.5	1.4	0.1	0.1	0.1	4.8
1952	1.1	2.4	0.1	0.2	0.1	5.9
1957	1.5	3.2	0.4	0.3	0.1	7.0
1962	1.1	3.4	0.2	0.3	0.1	9.3
1965	2.6	5.0	0.3	0.3	0.1	8.7
1970	2.7	5.0	0.4	0.2	0.1	13.0
1975	2.7	4.6	0.7	0.3	0.2	12.5
1978	2.6	4.9	1.0	0.3	0.4	9.2
1980	2.4	6.2	0.5	0.2	0.2	7.1
1985	5.5	6.8	0.7	0.4	0.3	8.6
1990	4.9	5.7	0.1	0.3	0.5	13.8
1995	4.0	6.3	0.1	0.2	0.5	19.7
2000	3.1	6.4	...	0.1	0.5	23.9
2005	2.6	6.4	...	0.1	0.6	28.3
2010	3.2	7.2	...	...	0.5	29.0
2015	3.4	7.5	...	...	0.4	31.4
2017	3.5	7.5	...	...	0.4	32.0
2018	3.5	7.8	...	...	0.4	32.7
2019	3.4	7.8	0.0	0.0	0.3	33.2

8-2 主要年份农作物产量及指数

年　　份	粮食			大豆	糖蔗	花生	黄红麻	红(土)烟	黄(烤)烟
		稻谷	薯类						
一、绝对数(万吨)									
1949	685.85	621.35	55.85	4.62	66.91	6.63	0.48	0.58	0.23
1952	797.40	707.15	76.50	5.41	265.47	13.20	1.44	1.29	0.34
1957	1007.15	849.10	130.15	4.39	429.72	16.86	3.98	1.63	0.49
1962	929.60	820.25	89.15	3.84	180.60	15.60	2.22	1.15	0.26
1965	1227.65	1098.60	106.90	4.74	637.93	25.97	3.99	1.49	0.59
1970	1283.82	1157.04	103.10	5.79	656.93	32.16	6.24	1.60	0.70
1975	1464.58	1301.35	122.27	9.13	711.61	31.84	13.77	2.52	1.54
1978	1509.51	1328.56	121.04	7.99	835.42	35.17	18.07	1.97	2.76
1980	1681.91	1523.92	123.68	11.47	734.73	50.00	10.18	1.68	1.04
1985	1604.37	1454.29	131.88	11.32	1831.40	57.07	11.30	2.60	2.29
1990	1896.29	1687.00	167.05	13.87	2093.46	57.95	1.04	2.44	4.64
1995	1803.33	1553.90	209.40	16.50	1472.21	69.98	0.79	1.08	3.96
2000	1822.33	1528.53	199.05	18.73	1137.59	77.68	0.27	1.26	4.95
2005	1394.97	1116.99	185.48	18.87	946.03	75.86	0.14	1.24	5.06
2010	1249.15	1041.80	129.01	11.20	1064.09	81.59	0.03	0.56	4.44
2015	1211.66	1040.82	102.34	9.03	1093.58	94.48	0.02	0.39	3.95
2017	1208.56	1046.34	95.43	8.48	1144.14	98.42	0.02	0.52	3.74
2018	1193.49	1032.07	94.67	8.71	1207.97	104.40	0.02	0.58	3.75
2019	1240.80	1075.05	97.41	9.04	1241.64	108.69	0.02	0.57	3.60
二、指数									
1949	100.0	100.0	100.0	100.0	100.0	100.0	100.0	100.0	100.0
1952	116.3	113.8	137.0	117.1	396.8	199.1	300.0	222.4	147.8
1957	146.8	136.7	233.0	95.0	642.2	254.3	829.2	281.0	213.0
1962	135.5	132.0	159.6	83.1	269.9	235.3	462.5	198.3	113.0
1965	179.0	176.8	191.4	102.6	953.4	391.7	831.3	256.9	256.5
1970	187.2	186.2	184.6	125.3	981.8	485.1	1300.0	275.9	304.3
1975	213.5	209.4	218.9	197.6	1063.5	480.2	2868.8	434.5	669.6
1978	220.1	213.8	216.7	172.9	1248.6	530.5	3764.6	339.7	1200.0
1980	245.2	245.3	221.5	248.3	1247.5	754.1	2120.8	289.7	452.2
1985	233.9	234.1	236.1	245.0	2737.1	860.8	2354.2	448.3	995.7
1990	276.5	271.5	299.1	300.2	3128.8	874.1	216.7	420.7	2017.4
1995	262.9	250.1	374.9	357.1	2100.3	955.5	164.6	186.2	1721.7
2000	265.7	246.0	356.4	405.4	1700.2	1171.6	56.3	217.2	2152.2
2005	203.4	179.8	332.1	408.4	1413.9	1144.2	29.2	213.8	2200.0
2010	182.1	167.7	231.0	242.4	1590.3	1230.6	6.5	95.9	1930.8
2015	176.7	167.5	183.2	195.5	1634.4	1425.1	3.4	66.4	1715.7
2017	176.2	168.4	170.9	183.5	1710.0	1484.4	4.3	90.3	1625.1
2018	174.0	166.1	169.5	188.5	1805.4	1574.7	4.0	100.1	1631.1
2019	180.9	173.0	174.4	195.7	1855.7	1639.3	3.9	97.7	1565.0

8-3 主要农作物播种面积、单产及总产量

单位：千公顷、千克、万吨

项　目	2017年			2018年			2019年		
	面积	亩产	总产量	面积	亩产	总产量	面积	亩产	总产量
农作物总播种面积	**4227.51**			**4279.36**			**4357.38**		
一、粮食作物	**2169.73**	**371**	**1208.56**	**2151.04**	**370**	**1193.49**	**2160.64**	**383**	**1240.80**
1.稻谷	1805.42	386	1046.34	1787.39	385	1032.07	1793.67	400	1075.05
早稻	853.48	398	509.02	839.19	397	499.99	834.66	390	488.28
晚稻	951.94	376	537.33	948.20	374	532.08	959.01	408	586.77
2.小麦	0.46	213	0.15	0.42	233	0.15	0.42	238	0.15
3.旱粮	132.66	292	58.16	131.63	293	57.89	131.49	300	59.15
其中：玉米	120.95	301	54.64	120.08	303	54.54	120.15	308	55.59
4.薯类(五折一)	200.02	318	95.43	199.81	316	94.67	202.49	321	97.41
番薯	148.88	316	70.47	149.17	313	69.95	152.35	319	72.91
马铃薯	51.14	325	24.96	50.64	325	24.72	50.14	326	24.50
5.大豆	31.16	181	8.48	31.79	183	8.71	32.57	185	9.04
二、经济作物	**705.21**			**728.96**			**749.11**		
1.甘蔗	169.16	5295	1343.47	172.56	5458	1412.69	169.68	5637	1434.65
糖蔗	146.24	5216	1144.14	148.78	5413	1207.97	147.06	5629	1241.64
果蔗	22.92	5799	199.33	23.77	5740	204.72	22.61	5690	193.01
2.油料作物	331.82	203	101.28	340.99	208	106.25	348.28	211	110.22
其中：花生	319.10	206	98.42	332.48	209	104.40	340.52	213	108.69
芝麻	3.12	110	0.52	3.33	122	0.61	3.20	125	0.60
油菜籽	8.74	163	2.14	4.69	159	1.12	4.39	135	0.89
3.麻类	0.08	172	0.02	0.07	185	0.02	0.07	193	0.02
其中：黄红麻	0.08	172	0.02	0.07	185	0.02	0.07	193	0.02
4.烟叶	17.41	163	4.26	17.47	165	4.33	16.73	166	4.17
烤烟	15.61	160	3.74	15.42	162	3.75	14.74	163	3.60
红烟	1.80	194	0.52	2.05	189	0.58	1.99	190	0.57
5.木薯	65.45	1367	134.20	64.97	1380	134.48	65.55	1408	138.43
6.药材	34.89			42.33			48.79		
7.其他经济作物	86.40			90.56			100.02		
三、其他作物	**1352.58**			**1399.36**			**1447.62**		
蔬菜(含菜用瓜)	1227.22	1726	3177.49	1272.24	1745	3330.24	1320.52	1781	3527.96

8-4 各市粮食作物播种面积和产量

(2019年)

单位：公顷、千克、吨

市别	粮食作物			#稻谷			#晚稻		
	播种面积	亩产	总产量	播种面积	亩产	总产量	播种面积	亩产	总产量
全　省	2160640	383	12408000	1793670	400	10750500	959010	408	5867700
广州市	26447	333	131988	20352	348	106341	10996	358	58981
深圳市	2316	262	9103	1740	256	6680	1126	237	4008
珠海市	4353	391	25510	4005	393	23629	2051	364	11209
汕头市	67784	455	462924	45048	476	321392	22345	492	164900
佛山市	8267	354	43864	5599	382	32095	2225	404	13469
韶关市	116001	417	726099	101033	439	665784	63432	456	434011
河源市	130571	405	793342	120429	419	757718	62255	438	409421
梅州市	179752	409	1103502	159456	431	1030013	81447	445	544017
惠州市	110190	355	586084	85055	360	458956	47730	369	264359
汕尾市	79512	344	410143	68586	356	366569	35242	374	197896
东莞市	1240	315	5852	497	395	2945	247	400	1483
中山市	4254	333	21244	1599	334	8008	844	289	3662
江门市	181203	343	932205	166007	350	870523	85873	347	447440
阳江市	117242	352	618325	102905	364	562136	56714	376	320032
湛江市	272126	360	1468883	222609	378	1260878	128540	381	734807
茂名市	247026	405	1501586	206478	426	1320892	114155	432	739352
肇庆市	195483	403	1182897	165177	424	1050980	84113	448	565797
清远市	145797	313	684064	118592	333	593180	58790	329	290301
潮州市	41769	431	269860	31803	464	221262	15371	462	106630
揭阳市	129559	415	806582	80877	427	517866	41610	413	258055
云浮市	99750	417	623943	85825	445	572653	43903	452	297870

8-5 各市农作物播种面积和产量

(2019年) 单位：公顷、千克、吨

市别	小麦			旱粮			薯类			大豆		
	播种面积	亩产	总产量	播种面积	亩产	总产量	播种面积	亩产	总产量	播种面积	亩产	总产量
全省	420	238	1500	131490	300	591500	202490	321	974100	32570	185	90400
广州市				2935	283	12448	2653	287	11443	507	231	1756
深圳市				44	292	191	533	279	2232			
珠海市				162	512	1243	155	226	525	32	238	113
汕头市				2069	465	14419	20198	415	125632	469	211	1481
佛山市				1090	329	5388	1491	273	6108	86	212	273
韶关市				8329	286	35790	3920	299	17555	2718	171	6970
河源市				4239	263	16746	3487	231	12093	2416	187	6785
梅州市	10	329	51	7752	244	28369	8614	272	35111	3920	169	9958
惠州市				13279	371	73876	10601	315	50071	1255	169	3181
汕尾市	7	204	21	2401	297	10713	7255	273	29668	1263	167	3172
东莞市				174	278	724	476	274	1955	93	163	228
中山市				1262	370	7011	1077	294	4747	315	313	1478
江门市				4390	334	21995	9012	253	34210	1794	203	5477
阳江市				5658	304	25792	5264	257	20318	3414	197	10079
湛江市	240	214	771	22489	272	91726	25051	294	110615	1736	188	4893
茂名市	110	302	499	14713	325	71808	23231	291	101240	2495	191	7147
肇庆市				9447	295	41815	18691	301	84405	2168	175	5697
清远市				16833	235	59445	7027	209	22035	3346	187	9404
潮州市				3285	389	19166	6320	299	28302	361	209	1130
揭阳市				3477	402	20946	42286	410	259945	2918	179	7825
云浮市	52	202	158	7463	285	31889	5147	206	15890	1263	177	3353

8-5 续表 1

(2019年) 单位：公顷、千克、吨

市别	甘蔗			糖蔗			油料			花生		
	播种面积	亩产	总产量	播种面积	亩产	总产量	播种面积	亩产	总产量	播种面积	亩产	总产量
全省	169678	5637	14346488	147064	5629	12416400	348278	211	1102233	340515	213	1086852
广州市	5422	8069	656216	3	5571	273	5206	186	14543	5205	186	14542
深圳市	21	4051	1276				289	118	512	289	118	512
珠海市	13	6000	1200				222	304	1012	217	309	1004
汕头市	93	7927	11074				2255	183	6186	1608	177	4268
佛山市	55	3100	2536				857	211	2711	854	211	2707
韶关市	2930	6876	302166	1147	5706	98150	39921	224	133893	37902	230	131022
河源市	1159	5007	87054	876	4972	65305	23699	213	75756	23615	213	75580
梅州市	1494	2283	51156	140	1865	3917	12328	189	34984	11828	189	33561
惠州市	1010	7160	108459	640	7354	70623	18159	191	52117	18078	191	51754
汕尾市	394	4107	24243	68	5024	5150	13519	163	33034	12330	167	30922
东莞市	59	3996	3552				55	207	171	55	207	171
中山市	33	4144	2043	8	4661	592	44	222	147	43	221	144
江门市	3675	5731	315892	1745	6426	168182	12376	172	31992	12286	173	31816
阳江市	1319	2820	55809	420	4567	28744	19872	157	46687	19813	157	46578
湛江市	139100	5585	11653348	133597	5605	11231642	61525	243	224176	60007	246	221060
茂名市	7057	4922	521026	6339	5007	476055	45096	221	149349	44816	221	148515
肇庆市	1460	4757	104178	118	5056	8955	26200	205	80577	26155	205	80530
清远市	3258	7516	367275	1963	8790	258812	37681	212	119961	37133	214	119141
潮州市	129	7191	13886				2186	160	5244	2080	159	4971
揭阳市	741	4621	51343				8854	259	34363	8565	263	33813
云浮市	259	3289	12756				17935	204	54818	17633	205	54241

8-5 续表 2

(2019年)　　单位：公顷、千克、吨

市　别	麻类			烟叶			木薯			药材面积
	播种面积	亩产	总产量	播种面积	亩产	总产量	播种面积	亩产	总产量	
全　省	65	193	188	16733	166	41664	65552	1408	1384285	48791
广州市							40	1671	1006	733
深圳市							8	2391	275	21
珠海市							5	784	58	36
汕头市							20	3400	1020	39
佛山市							141	1367	2900	847
韶关市				8639	165	21322	772	1581	18300	1965
河源市							2262	974	33043	651
梅州市	6	233	21	4567	157	10733	7517	1142	128721	4533
惠州市							65	1583	1539	245
汕尾市							1610	2277	54969	68
东莞市										16
中山市							1	313	5	6
江门市							2297	1626	56032	1785
阳江市				6	195	17	3260	1066	52129	4022
湛江市				516	237	1836	9501	1859	264880	5606
茂名市	20	156	48	896	185	2491	4872	1367	99891	11462
肇庆市	13	130	25	1177	174	3077	14904	1311	293162	5105
清远市				929	156	2175	7859	1214	143155	2352
潮州市							328	1432	7038	452
揭阳市	26	244	94	4	232	13	628	1454	13693	1153
云浮市							9462	1497	212469	7695

8-5 续表 3

(2019年)　　单位：公顷、千克、吨

市　别	其他经济作物播种面积	蔬菜			瓜类			青饲料面　积	绿　肥面　积
		播种面积	亩产	总产量	播种面积	亩产	总产量		
全　省	100015	1320519	1781	35279567	42283	1959	1242375	46648	28117
广州市	23858	148064	1735	3853154	199	1198	3582	453	10
深圳市	12	9501	1102	157057	104	1362	2130		
珠海市	2145	7091	1333	141828	434	911	5921	399	32
汕头市	152	44586	2530	1692361	472	2171	15355	123	
佛山市	9149	33133	1703	846318	2338	1566	54915	4737	
韶关市	2474	52286	1623	1272569	5392	2079	168129	3204	5722
河源市	464	36860	1353	748244	553	1575	13059	1088	1882
梅州市	867	67690	2218	2252022	3668	1946	107066	10260	4274
惠州市	205	118766	1774	3159504	1928	1736	50206	1037	93
汕尾市	120	50924	1659	1267493	2460	2161	79741	354	107
东莞市	1686	20042	1382	415469	81	982	1191		
中山市	4053	15073	1480	334664	385	923	5338	53	400
江门市	24452	73348	1476	1623831	1538	1710	39437	3792	100
阳江市	634	52696	1122	886871	2456	1507	55525	57	38
湛江市	15074	150783	1781	4027941	7468	2025	226842	1330	17
茂名市	1424	117191	1914	3363800	677	1333	13544	1552	1765
肇庆市	8308	85996	2178	2809856	6792	2546	259344	6108	3231
清远市	2546	144979	1576	3427637	3085	2019	93442	7523	8356
潮州市	789	15271	2288	524051	139	1867	3901	1759	
揭阳市	498	51305	2507	1929572	290	2381	10351	1290	211
云浮市	1106	24933	1458	545325	1824	1219	33356	1529	1880

8-6 各县(市、区)粮食作物播种面积和产量

(2019年)　　单位：公顷、千克、吨

县(市、区)别	粮食作物			稻谷			薯类		
	播种面积	亩产	总产量	播种面积	亩产	总产量	播种面积	亩产	总产量
广州市	**26447**	**333**	**131988**	**20352**	**348**	**106341**	**2653**	**1437**	**57215**
越秀区									
海珠区									
荔湾区									
天河区									
白云区	413	467	2895	75	319	361	119	2079	3703
黄埔区	571	431	3687	295	459	2031	207	1885	5852
番禺区	127	323	617	45	297	201	35	1343	705
花都区	2099	300	9453	428	393	2528	739	1420	15748
南沙区	1241	311	5781	531	349	2781	120	1525	2748
从化区	12960	343	66597	11538	350	60656	745	1518	16969
增城区	9035	317	42959	7439	339	37783	688	1114	11490
深圳市	**2316**	**262**	**9103**	**1740**	**256**	**6680**	**533**	**1396**	**11160**
福田区									
罗湖区									
盐田区									
南山区									
宝安区									
龙岗区	3	216	11				3	1080	54
龙华区									
坪山区									
光明区									
深汕合作区	2313	262	9092	1740	256	6680	530	1398	11106
珠海市	**4353**	**391**	**25510**	**4005**	**393**	**23629**	**155**	**1129**	**2625**
香洲区	34	367	185	11	408	69	20	1556	456
金湾区	197	471	1392	105	538	845	41	246	153
斗门区	4123	387	23933	3889	389	22715	94	1429	2016
汕头市	**67784**	**455**	**462924**	**45048**	**476**	**321392**	**20198**	**2073**	**628160**
金平区	1507	469	10589	1469	471	10373	38	1917	1081
龙湖区	2702	479	19398	1973	494	14629	427	2071	13265
澄海区	12267	497	91537	9229	502	69556	1378	2526	52231
濠江区	2328	430	15022	1178	473	8351	1071	1984	31860
潮阳区	24788	445	165366	15408	475	109667	9218	1983	274169
潮南区	23689	442	157119	15500	459	106603	7857	2098	247309
南澳县	504	515	3893	292	505	2213	209	2633	8245
佛山市	**8267**	**354**	**43864**	**5599**	**382**	**32095**	**1491**	**1365**	**30540**
禅城区									
南海区	399	354	2118	238	428	1526	126	904	1709
顺德区	43	278	181				9	779	102
高明区	6638	358	35625	5170	380	29445	952	1392	19883
三水区	1186	334	5940	191	392	1124	404	1459	8846
韶关市	**116001**	**417**	**726099**	**101033**	**439**	**665784**	**3920**	**1493**	**87775**
浈江区	2946	437	19317	2666	451	18034	72	1054	1144
武江区	3677	419	23104	3357	436	21947	38	1277	737
曲江区	11119	436	72643	10568	442	70049	91	2249	3057
乐昌市	13979	428	89767	10269	482	74203	403	1912	11569
南雄市	34079	395	201901	28665	427	183600	2256	1208	40880
仁化县	9313	472	65909	8897	477	63696	126	2197	4161
始兴县	9998	460	68948	9450	466	66076	95	2291	3281
翁源县	14968	408	91645	14053	414	87206	254	1957	7451
新丰县	8702	388	50607	7692	398	45900	155	1952	4542
乳源县	7220	390	42257	5415	432	35073	429	1703	10953

8-6 续表 1

(2019年)　　单位：公顷、千克、吨

县(市、区)别	粮食作物			#稻谷			薯类		
	播种面积	亩产	总产量	播种面积	亩产	总产量	播种面积	亩产	总产量
河源市	**130571**	**405**	**793342**	**120429**	**419**	**757718**	**3487**	**1156**	**60465**
源城区	1875	394	11067	1753	404	10635	34	1150	592
东源县	24826	399	148562	22877	414	142015	931	1155	16136
和平县	20696	376	116744	19270	386	111450	481	1103	7949
龙川县	34494	454	234845	31099	481	224186	697	1165	12176
紫金县	32999	394	195030	30904	402	186286	952	1159	16551
连平县	15681	370	87093	14527	382	83146	392	1200	7061
梅州市	**179752**	**409**	**1103502**	**159456**	**431**	**1030013**	**8614**	**1359**	**175555**
梅江区	3178	408	19470	2833	426	18096	134	1825	3658
梅县区	25597	456	174906	22463	482	162365	1202	1465	26417
兴宁市	42502	444	282967	39831	457	273088	985	1513	22351
平远县	13943	372	77755	11305	389	65892	643	2403	23166
蕉岭县	10089	396	59986	9264	411	57085	360	1128	6092
大埔县	7220	330	35769	5578	367	30695	862	1028	13288
丰顺县	22907	346	118886	18399	373	102985	2983	1192	53340
五华县	54316	410	333763	49783	428	319807	1446	1256	27243
惠州市	**110190**	**355**	**586084**	**85055**	**360**	**458956**	**10601**	**1574**	**250355**
惠城区	16551	386	95780	12268	391	71987	550	1977	16319
惠阳区	7583	381	43304	4505	403	27225	848	1527	19419
惠东县	37722	342	193767	27682	353	146754	7268	1599	174298
博罗县	28566	348	149146	22183	347	115312	1122	1211	20369
龙门县	19769	351	104088	18418	354	97678	813	1636	19950
汕尾市	**79512**	**344**	**410143**	**68586**	**356**	**366569**	**7255**	**1363**	**148340**
市城区	4654	695	24046	4148	733	22283	506	2318	8813
陆丰市	34432	340	175821	27531	361	149148	4604	1281	88455
海丰县	30020	347	156287	28255	350	148313	1187	1698	30224
陆河县	10405	346	53990	8652	361	46825	959	1450	20848
东莞市	**1240**	**315**	**5852**	**497**	**395**	**2945**	**476**	**1368**	**9775**
中山市	**4254**	**333**	**21244**	**1599**	**334**	**8008**	**1077**	**1469**	**23735**
江门市	**181203**	**343**	**932205**	**166007**	**350**	**870523**	**9012**	**1265**	**171050**
蓬江区	453	277	1883	252	219	828	134	1002	2010
江海区	53	244	193	10	351	52	21	1266	390
新会区	28983	318	138072	24437	330	120948	2467	1126	41656
台山市	70617	361	382167	66200	365	362257	2626	1448	57035
开平市	42178	334	211325	38786	341	198549	1872	1219	34231
鹤山市	11053	367	60838	9826	377	55530	771	1028	11881
恩平市	27866	330	137726	26496	333	132359	1122	1417	23847
阳江市	**117242**	**352**	**618325**	**102905**	**364**	**562136**	**5264**	**1286**	**101590**
江城区	18678	646	87612	17561	648	83209	756	3197	16188
阳东区	26000	342	133566	22630	356	120925	1093	1208	19798
阳春市	50106	358	269249	42659	375	239738	2591	1291	50182
阳西县	22459	380	127898	20055	393	118264	825	1246	15422

8-6 续表 2

(2019年) 单位：公顷、千克、吨

县(市、区)别	粮食作物			#稻谷			薯类		
	播种面积	亩产	总产量	播种面积	亩产	总产量	播种面积	亩产	总产量
湛江市	**272126**	**360**	**1468883**	**222609**	**378**	**1260878**	**25051**	**1472**	**553075**
赤坎区	504	360	2724	437	382	2503	66	1087	1084
霞山区	1407	374	7890	1300	385	7505	71	1205	1279
麻章区	16067	693	84049	13449	727	73511	857	2720	16951
坡头区	13059	327	63973	10719	345	55469	1977	1227	36394
雷州市	63555	375	357210	57484	383	330378	3580	1471	78994
廉江市	76596	360	414033	62355	381	356012	9973	1416	211776
吴川市	29550	377	167207	27002	383	154967	1536	1739	40062
遂溪县	44492	357	237931	36077	369	199507	5834	1591	139243
徐闻县	26895	332	133866	13784	392	81026	1157	1573	27292
茂名市	**247026**	**405**	**1501586**	**206478**	**426**	**1320892**	**23231**	**1453**	**506200**
茂南区	23736	360	128302	21000	365	114868	1210	1569	28466
电白区	49539	399	296502	43282	410	266362	4135	1760	109160
信宜市	55032	415	342632	37792	460	260742	8334	1521	190144
高州市	59474	444	396336	54673	462	379222	3070	1057	48684
化州市	59245	380	337814	49730	402	299698	6482	1334	129746
肇庆市	**195483**	**403**	**1182897**	**165177**	**424**	**1050980**	**18691**	**1505**	**422025**
端州区									
鼎湖区	6079	400	36437	4734	427	30290	476	1388	9905
高要区	37182	427	238252	32653	438	214519	3443	1849	95477
四会市	20165	404	122178	13930	439	91638	4358	1663	108738
广宁县	27642	397	164711	22243	436	145607	3590	1242	66903
德庆县	23187	370	128855	20814	384	119886	1339	913	18339
封开县	32466	434	211224	28220	450	190483	2307	1531	52987
怀集县	48762	385	281240	42585	405	258557	3179	1461	69676
清远市	**145797**	**313**	**684064**	**118592**	**333**	**593180**	**7027**	**1045**	**110175**
清城区	15483	281	65155	14760	284	62840	235	1027	3624
清新区	24943	332	124265	22405	346	116182	1027	1115	17167
英德市	37721	316	179047	31608	333	158009	1385	1004	20852
连州市	20291	337	102534	16140	366	88657	1214	1056	19228
佛冈县	11107	311	51894	10501	317	49920	286	1027	4409
阳山县	21372	287	92060	12621	333	63072	1681	1031	25981
连山县	7280	347	37941	6572	358	35335	246	1044	3852
连南县	7601	273	31167	3986	321	19165	954	1053	15062
潮州市	**41769**	**431**	**269860**	**31803**	**464**	**221262**	**6320**	**1493**	**141510**
湘桥区	3647	470	25707	2837	478	20329	408	2041	12495
潮安区	14367	462	99585	10776	487	78668	1959	1902	55885
饶平县	23756	406	144568	18190	448	122265	3953	1233	73130
揭阳市	**129559**	**415**	**806582**	**80877**	**427**	**517866**	**42286**	**2049**	**1299725**
榕城区	9752	495	72332	7603	492	56069	1828	2672	73250
揭东区	24751	482	179131	14825	507	112647	7488	2507	281630
普宁市	33043	400	198472	21423	408	131194	10810	1974	320080
揭西县	29221	402	176091	19766	389	115414	8110	2073	252215
惠来县	32792	367	180556	17259	396	102542	14049	1768	372550
云浮市	**99750**	**417**	**623943**	**85825**	**445**	**572653**	**5147**	**1029**	**79450**
云城区	7619	418	47809	6609	445	44074	455	1019	6950
云安区	11691	385	67459	8249	443	54806	1328	1125	22425
罗定市	38443	424	244272	33759	452	228777	1175	839	14792
新兴县	20530	433	133276	18951	449	127679	848	977	12420
郁南县	21467	407	131127	18258	428	117317	1340	1137	22863

8-7 各县(市、区)农作物播种面积和产量

(2019年)

单位：公顷、千克、吨

县(市、区)别	糖蔗			花生			蔬菜			瓜类		
	播种面积	亩产	总产量	播种面积	亩产	总产量	播种面积	亩产	总产量	播种面积	亩产	总产量
广州市	**3**	**5571**	**273**	**5205**	**186**	**14542**	**148064**	**1735**	**3853154**	**199**	**1198**	**3582**
越秀区												
海珠区							642	1438	13853			
荔湾区							226	955	3234			
天河区							497	942	7024	7	500	55
白云区				186	148	413	38685	1457	845693	28	1106	460
黄埔区	2	6906	221	137	280	576	3372	1069	54091	18	1407	384
番禺区				3	429	21	8411	1421	179301	34	748	382
花都区				470	188	1322	19208	1681	484284	15	1251	279
南沙区				11	294	47	20862	2099	656961	12	1561	292
从化区	1	3059	52	2594	185	7197	13798	1481	306474	4	475	28
增城区				1804	184	4966	42365	2049	1302239	81	1404	1702
深圳市				**289**	**118**	**512**	**9501**	**1102**	**157057**	**104**	**1362**	**2130**
福田区												
罗湖区							14	416	89	7	1267	133
盐田区												
南山区							16	744	177	1	2750	33
宝安区							1479	1026	22773			
龙岗区							1617	585	14193	28	1068	456
龙华区							601	1102	9930	7	736	81
坪山区							1423	1442	30796	17	417	106
光明区							2854	1016	43502	5	514	36
深汕合作区				289	118	512	1496	1586	35597	39	2193	1285
珠海市				**217**	**309**	**1004**	**7091**	**1333**	**141828**	**434**	**911**	**5921**
香洲区							263	1007	3970	…	1400	7
金湾区				81	424	518	2479	1190	44254	170	940	2403
斗门区				135	240	486	4349	1435	93604	263	891	3511
汕头市				**1608.33**	**177**	**4268**	**44586**	**2530**	**1692361**	**472**	**2171**	**15355**
金平区							1285	2382	45915			
龙湖区				124	205	381	4945	2665	197656	1	2476	52
澄海区				126	254	480	18072	2537	687639	399	2112	12647
濠江区				285	161	687	1657	2445	60776	15	2443	557
潮阳区				300	207	930	9240	2445	338821	1	2000	40
潮南区				744	150	1680	9125	2554	349588	37	2572	1443
南澳县				29	250	110	262	3045	11966	17	2406	616
佛山市				**854**	**211**	**2707**	**33133**	**1703**	**846318**	**2338**	**1566**	**54915**
禅城区							123	1517	2803			
南海区							12546	1615	303931	247	1684	6235
顺德区							4982	1228	91740	2	879	29
高明区				509	227	1729	7549	1509	170866	279	1756	7349
三水区				345	189	978	7933	2328	276978	1810	1521	41302
韶关市	**1147**	**5706**	**98150**	**37902**	**230**	**131022**	**52286**	**1623**	**1272569**	**5392**	**2079**	**168129**
浈江区				1631	270	6616	2092	2219	69644	300	2261	10176
武江区				1223	224	4105	2640	2208	87418	268	1821	7316
曲江区				3561	253	13528	3441	2186	112840	209	3015	9448
乐昌市	21	3283	1044	3695	192	10642	11005	1407	232220	707	2085	22103
南雄市				7858	232	27352	8267	1631	202240	633	1929	18327
仁化县				6146	267	24608	3358	1767	89007	1651	2307	57145
始兴县				3727	243	13594	4427	2111	140183	1203	1905	34369
翁源县	1107	5803	96399	4747	269	19190	6607	1305	129314	60	1185	1068
新丰县	18	2609	707	3257	113	5526	7882	1366	161494	101	1318	2002
乳源县				2056	190	5861	2566	1253	48209	260	1581	6175

8-7 续表 1

(2019年) 单位：公顷、千克、吨

县(市、区)别	糖蔗			花生			蔬菜			瓜类		
	播种面积	亩产	总产量	播种面积	亩产	总产量	播种面积	亩产	总产量	播种面积	亩产	总产量
河源市	**876**	**4972**	**65305**	**23615**	**213**	**75580**	**36860**	**1353**	**748244**	**553**	**1575**	**13059**
源城区	10	5932	866	606	232	2111	2002	1298	38982	2	1378	51
东源县	400	5131	30804	6603	226	22356	6029	1237	111852	129	1439	2786
和平县				2268	212	7225	5728	1544	132645	94	1534	2155
龙川县				4534	180	12221	7618	1285	146779	79	1708	2036
紫金县	466	4816	33635	4734	222	15759	9335	1505	210755	155	1614	3755
连平县				4870	218	15908	6148	1163	107231	93	1635	2276
梅州市	**140**	**1865**	**3917**	**11828**	**189**	**33561**	**67690**	**2218**	**2252022**	**3668**	**1946**	**107066**
梅江区				370	206	1142	4336	1624	105639	194	878	2554
梅县区				2246	226	7602	11032	2782	460332	1286	2048	39514
兴宁市				1884	159	4481	17004	2926	746403	239	2146	7707
平远县				888	182	2430	3943	1105	65327	443	2067	13753
蕉岭县	140	1865	3917	1638	147	3613	5085	1457	111102	191	1775	5086
大埔县				563	162	1363	8093	1523	184843	867	1927	25059
丰顺县				1527	213	4875	6610	2142	212367	166	1915	4756
五华县				2711	198	8055	11587	2106	366009	282	2045	8637
惠州市	**640**	**7354**	**70623**	**18078**	**191**	**51754**	**118766**	**1774**	**3159504**	**1928**	**1736**	**50206**
惠城区	35	5107	2717	3049	197	9030	19205	1936	557686	76	1293	1466
惠阳区				1758	190	5014	19092	1704	487966	68	1920	1970
惠东县				4907	204	15029	31932	1726	826807	1440	1681	36331
博罗县	567	7400	62916	6506	177	17295	37218	1752	977835	263	2188	8632
龙门县	38	8770	4990	1858	193	5386	11319	1821	309210	81	1488	1807
汕尾市	**68**	**5024**	**5150**	**12330**	**167**	**30922**	**50924**	**1659**	**1267493**	**2460**	**2161**	**79741**
市城区				807	295	1806	2970	3047	66637	192	1432	4119
陆丰市				7701	164	18915	27569	1542	637685	840	2145	27036
海丰县	68	5024	5150	2415	161	5837	15663	1985	466357	1284	2334	44960
陆河县				1408	207	4364	4721	1367	96814	144	1684	3626
东莞市				**55**	**207**	**171**	**20042**	**1382**	**415469**	**81**	**982**	**1191**
中山市	**8**	**4661**	**592**	**43**	**221**	**144**	**15073**	**1480**	**334664**	**385**	**923**	**5338**
江门市	**1745**	**6426**	**168182**	**12286**	**173**	**31816**	**73348**	**1476**	**1623831**	**1538**	**1710**	**39437**
蓬江区	1	1818	20	78	192	225	3055	1501	68788	64	2270	2175
江海区				1	524	11	2024	1430	43408	142	1638	3480
新会区	36	5223	2836	299	199	892	7456	1470	164371	110	1146	1888
台山市	720	6007	64867	4660	184	12885	23277	1411	492686	773	1922	22293
开平市	8	2714	323	3354	160	8072	17262	1408	364567	32	1045	508
鹤山市				1175	152	2676	12988	1531	298290	409	1450	8898
恩平市	980	6812	100136	2719	173	7055	7287	1754	191721	8	1726	195
阳江市	**420**	**4567**	**28744**	**19813**	**157**	**46578**	**52696**	**1122**	**886871**	**2456**	**1507**	**55525**
江城区				1448	376	4401	5841	2321	95892	52	1315	1032
阳东区	176	3950	10432	4681	151	10582	10836	1214	197250	170	1257	3214
阳春市	244	5013	18312	11339	155	26377	25194	1041	393347	98	1666	2457
阳西县				2345	148	5218	10825	1234	200382	2135	1524	48822

8-7 续表 2

(2019年) 单位：公顷、千克、吨

县(市、区)别	糖蔗			花生			蔬菜			瓜类		
	播种面积	亩产	总产量	播种面积	亩产	总产量	播种面积	亩产	总产量	播种面积	亩产	总产量
湛江市	**133597**	**5605**	**11231642**	**60007**	**246**	**221060**	**150783**	**1781**	**4027941**	**7468**	**2025**	**226842**
赤坎区	15	4136	910	66	181	178	926	1439	19976			
霞山区	24	4692	1689	202	273	830	976	1039	15200			
麻章区	4860	10598	408279	2475	388	7264	6534	2089	106297	472	2904	9878
坡头区	263	4431	17448	3732	206	11555	4376	1587	104205	42	1978	1248
雷州市	55624	5303	4424796	13916	258	53824	34970	1746	915913	4617	2008	139047
廉江市	6537	3996	391801	13854	236	48980	37934	1731	984844	169	1988	5052
吴川市	489	5076	37256	6013	254	22939	6786	1494	152023	121	1545	2802
遂溪县	48555	6304	4591361	13355	277	55456	25446	2315	883571	1915	2281	65511
徐闻县	17230	5255	1358102	6393	209	20034	32836	1717	845912	132	1674	3304
茂名市	**6339**	**5007**	**476055**	**44816**	**221**	**148515**	**117191**	**1914**	**3363800**	**677**	**1333**	**13544**
茂南区	218	3647	11901	4983	214	15971	12273	1979	364334	12	1126	196
电白区	49	6327	4631	15151	212	48106	33863	1809	918958	51	956	736
信宜市				5989	223	20029	17927	1918	515870	364	1299	7097
高州市	221	3163	10501	7633	255	29228	25685	2268	873619	123	1823	3360
化州市	5851	5116	449022	11060	212	35181	27443	1679	691019	127	1131	2155
肇庆市	**118**	**5056**	**8955**	**26155**	**205**	**80530**	**85996**	**2178**	**2809856**	**6792**	**2546**	**259344**
端州区							147	2242	4933			
鼎湖区				366	220	1207	4032	1883	113876	227	2546	8654
高要区				3393	227	11560	33441	2039	1022755	2532	2416	91738
四会市				5246	205	16161	9605	2009	289422	276	1448	5993
广宁县				2946	186	8216	8329	2006	250667	951	1959	27954
德庆县				3914	211	12390	7757	2184	254081	126	2614	4924
封开县	115	5065	8762	5954	224	19962	9373	2290	321955	813	3472	42367
怀集县	3	4707	193	4337	170	11034	13312	2765	552167	1867	2775	77714
清远市	**1963**	**8790**	**258812**	**37133**	**214**	**119141**	**144979**	**1576**	**3427637**	**3085**	**2019**	**93442**
清城区	43	9412	6080	3548	221	11738	8940	1886	252940	161	1234	2983
清新区	39	5026	2910	6155	186	17171	20399	1929	590185	299	1838	8254
英德市	1875	8872	249540	10415	208	32496	27073	1942	788529	694	1923	20029
连州市				4603	222	15322	30167	1697	767783	1501	2388	53763
佛冈县				2629	199	7864	10974	1079	177591	10	936	146
阳山县	6	3065	282	6184	202	18747	33682	1212	612434	326	1142	5593
连山县				1451	251	5468	6051	1269	115213	87	1878	2458
连南县				2149	321	10335	7693	1066	122962	5	2842	216
潮州市				**2080**	**159**	**4971**	**15271**	**2288**	**524051**	**139**	**1867**	**3901**
湘桥区				168	164	414	1997	2373	71065	1	1111	10
潮安区				423	162	1028	5211	2235	174655	44	1612	1056
饶平县				1489	158	3529	8064	2301	278331	95	1989	2835
揭阳市				**8565**	**263**	**33813**	**51305**	**2507**	**1929572**	**290**	**2381**	**10351**
榕城区				102	334	513	5333	2279	182332	19	2483	710
揭东区				1849	342	9479	17110	2335	599223	1	667	10
普宁市				1344	215	4334	11125	2409	401956	24	3247	1156
揭西县				1919	298	8581	8293	2674	332700	34	1188	599
惠来县				3351	217	10906	9443	2918	413361	212	2472	7876
云浮市				**17633**	**205**	**54241**	**24933**	**1458**	**545325**	**1824**	**1219**	**33356**
云城区				804	174	2099	1123	1383	23293	187	1347	3772
云安区				2880	176	7602	3023	1272	57664	392	1432	8426
罗定市				7115	182	19464	7948	1020	121631	269	1368	5522
新兴县				2887	278	12020	10366	1947	302753	9	1231	160
郁南县				3947	221	13056	2474	1078	39984	968	1066	15476

8-8 主要年份茶叶、桑叶、水果面积及产量

项　目	单位	1990	1995	2000	2005	2010	2015	2017	2018	2019	2019年比上年增长(%)
一、茶叶年末实有面积	**千公顷**	**42.95**	**45.83**	**43.2**	**36.03**	**50.88**	**52.05**	**58.42**	**63.39**	**72.22**	**13.9**
茶叶总产量	万吨	2.59	3.96	4.21	4.45	5.38	8.07	9.29	9.99	11.08	**10.9**
二、桑叶年末实有面积	**千公顷**	**19.81**	**25.17**	**17.93**	**29.67**	**31.82**	**34.17**	**33.095**	**25.23**	**25.84**	**2.4**
桑叶总产量	万吨			51.25	81.34	94.35	113.54	115.46	97.29	101.82	4.7
三、水果年末实有面积	**千公顷**	**644.74**	**735.64**	**1001.6**	**996.91**	**1007.1**	**968.47**	**960.52**	**982.33**	**1007.00**	**2.5**
水果总产量	万吨	328.58	414.51	643.52	831.69	1049.2	1298.5	1421.2	1547.81	1644.38	6.2
#柑桔橙年末实有面积	千公顷	192.66	113.23	82.23	166.02	217.88	197.75	182.46	188.80	192.02	1.7
柑桔橙总产量	万吨	151.42	107.43	81.06	143.02	259.34	317.53	323.18	343.07	362.16	5.6
香(大)蕉年末实有面积	千公顷	68.73	87.61	101.01	128.39	114.57	108.15	107.03	108.74	111.33	2.4
香(大)蕉总产量	万吨	105.39	157.6	235.3	330.23	334.13	357.83	395.24	422.84	464.83	9.9
菠萝年末实有面积	千公顷	34.10	25.74	29.72	27.13	25.88	29.72	33.05	34.40	35.639	3.6
菠萝总产量	万吨	21.47	26.30	47.53	52.10	63.21	83.76	94.53	102.34	110.99	8.5
荔枝年末实有面积	千公顷	119.33	196.11	316.56	278.14	260.66	247.88	245.39	245.01	248.70	1.5
荔枝总产量	万吨	9.73	26.91	64.75	86.21	96.53	116.18	117.47	140.31	109.22	-22.2

8-9 水果、桑叶和茶叶生产情况

(2019年)　　单位：千公顷、万吨

项　目	年末实有面积	总产量	项　目	年末实有面积	总产量
一、水果	**1007.00**	**1644.38**	12.青梅	17.58	9.43
1.柑桔橙	192.02	362.16	13.火龙果	12.30	27.61
2.香(大)蕉	111.33	464.83	14.黄皮	9.29	11.99
3.菠萝	35.64	110.99	15.杨桃	7.20	12.87
4.荔枝	248.70	109.22	16.其他杂果	111.84	177.53
5.龙眼	114.51	90.29	**二、桑叶**	**25.84**	**101.82**
6.梨	8.44	11.92	**三、茶叶**	**72.22**	**11.08**
7.柿子	12.10	13.71	1.绿茶		4.48
8.李子	55.55	74.51	2.青茶(乌龙茶)		4.89
9.番石榴	13.51	46.95	3.红茶		0.97
10.芒果	12.68	17.73	4.黄茶		0.08
11.柚子	44.30	102.64	5.其他茶		0.66

8-10 各市水果、桑叶和茶叶生产情况

(2019年) 单位：公顷、吨

市 别	一、水果合计		1.柑、桔、橙		2.香(大)蕉	
	年末实有面积	总产量	年末实有面积	总产量	年末实有面积	总产量
全 省	1007000	16443844	192023	3621601	111329	4648306
广州市	63796	642578	3667	63532	6051	272788
深圳市	3577	36088	356	7392	144	2973
珠海市	5895	97641	139	1422	553	19462
汕头市	12854	296962	851	23301	1976	58824
佛山市	2019	44169	87	3790	857	31950
韶关市	43442	633030	22011	334061	329	4931
河源市	36510	437169	8372	106148	838	11828
梅州市	75417	1429890	7635	159515	3713	75607
惠州市	61044	876917	17830	268829	9710	376005
汕尾市	32450	304126	1002	37950	2227	45832
东莞市	12876	55775	9	82	1972	41903
中山市	3640	95277	108	2446	1089	42473
江门市	22919	380653	7503	163978	2852	100218
阳江市	51201	381448	4779	90690	4400	90682
湛江市	98392	2883769	5623	78244	28786	1351291
茂名市	239540	3957675	8747	104065	29618	1743449
肇庆市	78074	1810462	55221	1415039	6477	154353
清远市	49148	779719	25697	424272	811	25305
潮州市	16940	277490	2051	42041	680	31034
揭阳市	50792	525489	4434	64448	4626	104975
云浮市	46472	497517	15902	230356	3621	62423

8-10 续表 1

(2019年) 单位：公顷、吨

市 别	3.菠萝		4.荔枝		5.龙眼	
	年末实有面积	总产量	年末实有面积	总产量	年末实有面积	总产量
全 省	35639	1109948	248703	1092151	114514	902945
广州市	106	969	30336	39762	7966	32916
深圳市	114	2203	1734	6499	503	2279
珠海市	4	82	2779	4390	401	1661
汕头市	65	645	2315	9920	404	5232
佛山市	2	85	175	591	489	860
韶关市			3	86	198	1571
河源市			3959	5151	1184	6952
梅州市	158	1330	3198	19208	3473	31869
惠州市	397	5889	18937	69807	8140	65143
汕尾市	1331	8932	13847	101384	2378	27889
东莞市	1	18	8958	2786	1232	2095
中山市	260	3497	573	1559	449	4391
江门市	31	492	5775	22281	3926	24071
阳江市	57	679	23350	74612	10345	58290
湛江市	28632	999224	17252	141280	4787	45914
茂名市	199	3001	90362	438184	52238	454603
肇庆市	448	5467	1796	25856	2147	23100
清远市	7	58	1423	7976	876	7301
潮州市	423	7625	2331	24820	3163	42419
揭阳市	3299	67976	11552	65731	5578	31587
云浮市	105	1776	8049	30268	4638	32802

8-10 续表 2

(2019年)　　　　单位：公顷、吨

市　别	6.梨		7.柿子(鲜)		8.李子	
	年末实有面　积	总产量	年末实有面　积	总产量	年末实有面　积	总产量
全　省	8442	119151	12103	137095	55548	745104
广州市	25	34	1965	15458	2546	18342
深圳市	42	121	22	174	113	3370
珠海市					2	
汕头市	21	41	449	3282	24	372
佛山市	3	22	1	2	1	5
韶关市	748	10181	360	1995	8547	126105
河源市	233	3221	2219	22280	8692	113433
梅州市	1014	7795	3209	37745	5607	87025
惠州市	15	390	218	2652	746	7045
汕尾市	180	961	911	6377	1449	14323
东莞市			2	2	1	2
中山市				5		
江门市			3	17	20	37
阳江市	155	434	164	898	1274	6837
湛江市			3	91	37	437
茂名市	439	4754	667	11319	20330	273838
肇庆市	763	17536	881	23325	1726	31381
清远市	4105	69130	435	5050	1526	19647
潮州市	87	412	184	2609	98	1350
揭阳市	495	2830	174	1632	2143	33701
云浮市	116	1289	237	2182	666	7854

8-10 续表 3

(2019年)　　　　单位：公顷、吨

市　别	9.其他		二、桑叶		三、茶叶	
	年末实有面　积	总产量	年末实有面　积	总产量	年末实有面　积	总产量
全　省	228699	4067543	25843	1018155	72218	110775
广州市	11134	198777			118	69
深圳市	551	11077			92	59
珠海市	2017	70624			1	1
汕头市	6748	195345			821	775
佛山市	405	6864	1	5	25	24
韶关市	11246	154100	2920	56552	4715	7196
河源市	11013	168156	17	511	7940	6928
梅州市	47410	1009796	63	325	19810	20932
惠州市	5050	81157	7	50	2437	1664
汕尾市	9126	60478			1489	4226
东莞市	701	8887			37	2
中山市	1161	40906			13	5
江门市	2809	69559	9	42	1050	920
阳江市	6677	58326	4161	131770	232	497
湛江市	13272	267288	3040	136841	1902	6028
茂名市	36941	924462	6692	422469	1154	1183
肇庆市	8615	114405	628	18967	2260	6869
清远市	14270	220980	3235	74880	7943	10904
潮州市	7922	125180			11525	19783
揭阳市	18490	152609			6699	19264
云浮市	13139	128567	5069	175743	1956	3446

8-11 各县(市、区)水果、桑叶和茶叶生产情况

(2019年)　　　　单位：公顷、吨

县(市、区)别	一、水果合计		1.柑、桔、橙		2.香(大)蕉		3.菠萝	
	年末实有面积	总产量	年末实有面积	总产量	年末实有面积	总产量	年末实有面积	总产量
广州市	**63796**	**642578**	**3667**	**63532**	**6051**	**272788**	**106**	**969**
越秀区								
海珠区	208	4079			31	1324		
荔湾区								
天河区	69	344			…	3		
白云区	1603	4230	41	213	34	1186	11	25
黄埔区	2646	9142	47	580	257	2812	6	19
番禺区	371	10818			95	3726		
花都区	3877	20241	19	60	82	1871	10	144
南沙区	6399	250299	27	1155	3765	166601		
从化区	26933	112561	2357	27884	287	2264	21	265
增城区	21692	230864	1176	33640	1500	93001	58	516
深圳市	**3577**	**36088**	**356**	**7392**	**144**	**2973**	**114**	**2203**
福田区								
罗湖区	86							
盐田区	80	1						
南山区	420	2805						
宝安区	624	712	10	3				
龙岗区	171	202			7	23	2	37
龙华区								
坪山区	256	537	30	31				
光明区	176	737					3	21
深汕合作区	1763	31094	316	7358	137	2950	110	2145
珠海市	**5895**	**97641**	**139**	**1422**	**553**	**19462**	**4**	**82**
香洲区	565	1030	3	60	17	194	2	
金湾区	3133	72559	109	769	170	6332		
斗门区	2198	24052	27	593	365	12936	2	82
汕头市	**12854**	**296962**	**851**	**23301**	**1976**	**58824**	**65**	**645**
金平区	27	900						
龙湖区	1	50						
澄海区	2336	107344	61	4911	232	11179		
濠江区	49	732	2	27	4	153		
潮阳区	5862	153731	295	8349	1276	38112	65	645
潮南区	4183	29323	336	7810	392	7860		
南澳县	396	4882	157	2204	72	1520		
佛山市	**2019**	**44169**	**87**	**3790**	**857**	**31950**	**2**	**85**
禅城区								
南海区	83	2891			17	788		
顺德区	217	8689			205	8537		
高明区	867	11840	80	3642	232	5575	2	85
三水区	852	20749	7	148	402	17050		
韶关市	**43442**	**633030**	**22011**	**334061**	**329**	**4931**		
浈江区	1012	24494	524	13376	45	796		
武江区	813	11701	442	5529	21	497		
曲江区	2547	35093	1667	26991	17	172		
乐昌市	7111	160495	3372	91451	27	281		
南雄市	4152	50650	1789	22164	81	1200		
仁化县	10606	136740	8455	116073	52	1262		
始兴县	6150	91253	2600	36173	14	216		
翁源县	3406	75965	353	6786	6	104		
新丰县	5872	37711	1749	10566	66	401		
乳源县	1773	8928	1061	4952	0	2		

8-11 续表 1

(2019年) 单位：公顷、吨

县(市、区)别	一、水果合计		1.柑、桔、橙		2.香(大)蕉		3.菠萝	
	年末实有面积	总产量	年末实有面积	总产量	年末实有面积	总产量	年末实有面积	总产量
河源市	**36510**	**437169**	**8372**	**106148**	**838**	**11828**		
源城区	932	4474	19	957	20	247		
东源县	3604	36685	660	6971	139	1319		
和平县	4489	53346	555	6457	22	777		
龙川县	5939	80767	1927	29973	120	2075		
紫金县	14288	144730	3908	46012	533	7374		
连平县	7258	117167	1303	15778	4	36		
梅州市	**75417**	**1429890**	**7635**	**159515**	**3713**	**75607**	**158**	**1330**
梅江区	2619	46441	398	4387	59	1735		
梅县区	24817	731356	2354	60598	927	23153		
兴宁市	5296	165896	438	22089	155	11098		
平远县	5399	87477	2431	45032	295	3693		
蕉岭县	2875	48208	272	5351	253	4988		
大埔县	13060	203992	202	3679	737	11105	54	776
丰顺县	5984	62685	236	4143	712	12502	48	428
五华县	15368	83835	1303	14236	576	7333	55	126
惠州市	**61044**	**876917**	**17830**	**268829**	**9710**	**376005**	**397**	**5889**
惠城区	5753	42953	204	1681	655	13156	32	225
惠阳区	9198	33039	139	1559	273	8558	16	65
惠东县	10655	98164	1430	19719	618	8771	321	5336
博罗县	13132	214444	2428	36090	2369	101895	26	239
龙门县	22307	488317	13628	209780	5795	243625	3	24
汕尾市	**32450**	**304126**	**1002**	**37950**	**2227**	**45832**	**1331**	**8932**
市城区	1139	11390	32		38	520	1	10
陆丰市	12830	106424	190	1584	520	9031	1049	6664
海丰县	5212	68806	290	9195	664	14644	47	673
陆河县	13269	117506	489	27171	1004	21637	234	1585
东莞市	**12876**	**55775**	**9**	**82**	**1972**	**41903**	**1**	**18**
中山市	**3640**	**95277**	**108**	**2446**	**1089**	**42473**	**260**	**3497**
江门市	**22919**	**380653**	**7503**	**163978**	**2852**	**100218**	**31**	**492**
蓬江区	103	3254	19	423	49	2220		
江海区	208	7154	57	2095	60	1800		
新会区	5957	155149	4125	109927	746	29444	11	274
台山市	6114	81863	732	13316	677	22280		
开平市	4213	57732	944	9413	717	23572		
鹤山市	2104	16828	358	6071	101	3577	18	192
恩平市	4220	58673	1267	22733	503	17325	2	26
阳江市	**51201**	**381448**	**4779**	**90690**	**4400**	**90682**	**57**	**679**
江城区	2446	10644	29	254	73	722	35	496
阳东区	16731	60608	1394	17322	828	9622		
阳春市	21612	265350	3058	71096	3282	75805		
阳西县	10412	44846	298	2018	217	4533	22	183

8-11 续表 2

（2019年）　　　　单位：公顷、吨

县(市、区)别	一、水果合计		1.柑、桔、橙		2.香(大)蕉		3.菠萝	
	年末实有面积	总产量	年末实有面积	总产量	年末实有面积	总产量	年末实有面积	总产量
湛江市	**98392**	**2883769**	**5623**	**78244**	**28786**	**1351291**	**28632**	**999224**
赤坎区	16	286			5	113		
霞山区	9	280			5	200		
麻章区	1158	23804	15	173	500	15305	5	145
坡头区	926	27154	11	262	502	22516		
雷州市	24393	819111	206	2364	8574	399161	11448	363523
廉江市	30397	465725	5121	68652	3675	147673	26	689
吴川市	2706	86317	169	4807	1355	64788		
遂溪县	10179	305049	110	2093	4294	197766	315	8830
徐闻县	27252	1091547			8650	445160	16837	626037
茂名市	**239540**	**3957675**	**8747**	**104065**	**29618**	**1743449**	**199**	**3001**
茂南区	5456	40254			100	2455		
电白区	39156	419560	261	1935	2167	113439		
信宜市	59355	1069677	6605	90919	6176	311781	131	2139
高州市	86060	1698125	342	2190	16407	1028862		
化州市	49513	730059	1539	9021	4769	286912	68	862
肇庆市	**78074**	**1810462**	**55221**	**1415039**	**6477**	**154353**	**448**	**5467**
端州区	8	195			7	191		
鼎湖区	989	24242	125	1041	698	21292		
高要区	11404	218965	6117	126345	1290	34236	414	5065
四会市	8224	115452	4774	54585	2167	43829		
广宁县	12535	180665	9729	138885	283	6514	17	222
德庆县	18731	405370	15742	390288	274	3139	13	145
封开县	15456	429862	10775	321914	1307	34537	4	35
怀集县	10726	435711	7958	381981	451	10615		
清远市	**49148**	**779719**	**25697**	**424272**	**811**	**25305**	**7**	**58**
清城区	1342	36162	202	5191	47	1429	1	17
清新区	12234	276179	9593	205049	435	17638		
英德市	5694	72717	4528	65248	34	375		
连州市	10054	134878	2825	32612				
佛冈县	9343	107845	3374	34345	273	5424	6	41
阳山县	7304	92195	4165	67048	17	396		
连山县	1972	37054	844	11933	5	43		
连南县	1205	22689	166	2846				
潮州市	**16940**	**277490**	**2051**	**42041**	**680**	**31034**	**423**	**7625**
湘桥区	1991	83224	154	5320	201	10172	2	63
潮安区	4411	51762	419	8463	312	11479	266	5636
饶平县	10538	142504	1478	28258	167	9383	155	1926
揭阳市	**50792**	**525489**	**4434**	**64448**	**4626**	**104975**	**3299**	**67976**
榕城区	2222	37854	103	1352	941	31393	61	1629
揭东区	4165	39755	119	1552	629	13430	104	1571
普宁市	23727	227881	2963	43645	1748	24372	1590	15895
揭西县	7501	89581	1139	16474	907	27516	116	2755
惠来县	13177	130418	110	1425	401	8264	1427	46126
云浮市	**46472**	**497517**	**15902**	**230356**	**3621**	**62423**	**105**	**1776**
云城区	3410	38189	2277	24635	175	1280	7	129
云安区	5806	72276	3378	50482	378	6544	12	134
罗定市	7721	77864	1850	20173	559	11378	45	978
新兴县	7990	111905	512	16775	1248	27492	14	203
郁南县	21546	197283	7886	118291	1262	15729	27	332

8-11 续表 3

(2019年) 单位：公顷、吨

县(市、区)别	4.荔枝		5.龙眼		6.梨		7.柿子(鲜)	
	年末实有面积	总产量	年末实有面积	总产量	年末实有面积	总产量	年末实有面积	总产量
广州市	**30336**	**39762**	**7966**	**32916**	**25**	**34**	**1965**	**15458**
越秀区								
海珠区	2		2	6				
荔湾区								
天河区	24	138	19	96				
白云区	733	490	495	374	5			
黄埔区	1415	2884	587	1120			3	29
番禺区	13	58	79	1108				
花都区	1585	5398	1760	7748			4	18
南沙区	932	2690	181	936				
从化区	14159	16116	2247	11938	21	34	1453	9996
增城区	11473	11988	2597	9590			505	5415
深圳市	**1734**	**6499**	**503**	**2279**	**42**	**121**	**22**	**174**
福田区								
罗湖区	79		7					
盐田区	67	0	13	1				
南山区	287	2090	133	715				
宝安区	529	592	85	107				
龙岗区	94	92	51	19				
龙华区								
坪山区	114	105	94	141				
光明区	57		10	36				
深汕合作区	508	3620	109	1260	42	121	22	174
珠海市	**2779**	**4390**	**401**	**1661**				
香洲区	333	258	138	300				
金湾区	1062	937	109	333				
斗门区	1384	3195	153	1028				
汕头市	**2315**	**9920**	**404**	**5232**	**21**	**41**	**449**	**3282**
金平区								
龙湖区								
澄海区	129	1310	112	2579			3	27
濠江区	8	64	2	28				
潮阳区	130	1163	31	269	0	4	396	2910
潮南区	2021	7249	177	1918	18	22	48	301
南澳县	28	134	81	438	3	15	3	44
佛山市	**175**	**591**	**489**	**860**	**3**	**22**	**1**	**2**
禅城区								
南海区			1					
顺德区			4	67				
高明区	133	213	203	347	3	22	1	2
三水区	42	378	282	446				
韶关市	**3**	**86**	**198**	**1571**	**748**	**10181**	**360**	**1995**
浈江区								
武江区			2	14	10	294	6	340
曲江区	1	55	13	132	22	235	11	123
乐昌市					291	5089	…	5
南雄市					118	1611	2	32
仁化县					1	19	…	4
始兴县					56	1160	6	69
翁源县	1	31	133	1269	57	842	26	343
新丰县			50	156	135	724	285	842
乳源县					57	207	24	237

8-11 续表 4

(2019年)　　单位：公顷、吨

县(市、区)别	4.荔枝		5.龙眼		6.梨		7.柿子(鲜)	
	年末实有面积	总产量	年末实有面积	总产量	年末实有面积	总产量	年末实有面积	总产量
河源市	**3959**	**5151**	**1184**	**6952**	**233**	**3221**	**2219**	**22280**
源城区	496	1079	297	1101				
东源县	93	358	161	648	66	789	410	5632
和平县					42	717	96	1135
龙川县	17	311	125	882	62	1221	1474	12872
紫金县	3353	3403	601	4321	34	202	192	2105
连平县					29	292	47	536
梅州市	**3198**	**19208**	**3473**	**31869**	**1014**	**7795**	**3209**	**37745**
梅江区	…	1	70	940	3	51	92	4482
梅县区	154	2512	447	6978	81	1658	408	9777
兴宁市	172	2061	1530	8068	52	555	249	3888
平远县					20	245	295	3474
蕉岭县	50	556	419	3717	6	129	69	1373
大埔县	108	1100	77	680	72	953	374	4440
丰顺县	712	6318	623	8935	15	141	62	662
五华县	2002	6660	306	2551	765	4063	1660	9649
惠州市	**18937**	**69807**	**8140**	**65143**	**15**	**390**	**218**	**2652**
惠城区	2987	8223	1180	7795			12	102
惠阳区	6139	2992	2063	5223			18	199
惠东县	4868	23031	1681	24806			147	1968
博罗县	4393	33175	2430	20517	1	5	7	48
龙门县	550	2386	786	6802	14	385	34	335
汕尾市	**13847**	**101384**	**2378**	**27889**	**180**	**961**	**911**	**6377**
市城区	886	8949	94	1062			34	314
陆丰市	8960	66385	1161	13292	36	72	2	54
海丰县	2192	16202	416	4921	8	42	21	115
陆河县	1809	9848	707	8614	135	847	855	5894
东莞市	**8958**	**2786**	**1232**	**2095**			**2**	**2**
中山市	**573**	**1559**	**449**	**4391**				**5**
江门市	**5775**	**22281**	**3926**	**24071**			**3**	**17**
蓬江区	5	61	8	106				
江海区			**…**	**2**				
新会区	581	5189	244	2653			…	2
台山市	3091	6263	882	6681				
开平市	822	2205	607	2459				
鹤山市	624	2476	503	577			3	15
恩平市	653	6087	1682	11593				
阳江市	**23350**	**74612**	**10345**	**58290**	**155**	**434**	**164**	**898**
江城区	1364	6128	839	1701				
阳东区	10007	20382	3362	9442				
阳春市	3742	27977	4826	40518	155	434	164	898
阳西县	8237	20125	1318	6629				

8-11 续表 5

(2019年) 单位：公顷、吨

县(市、区)别	4.荔枝		5.龙眼		6.梨		7.柿子(鲜)	
	年末实有面积	总产量	年末实有面积	总产量	年末实有面积	总产量	年末实有面积	总产量
湛江市	**17252**	**141280**	**4787**	**45914**			**3**	**91**
赤坎区	3	27						
霞山区	…	2	…	3				
麻章区	235	1901	155	187				
坡头区	250	1275	61	432				
雷州市	554	6616	347	3970			3	91
廉江市	13502	107315	3327	32702				
吴川市	293	3073	499	3346				
遂溪县	1574	16757	473	4748				
徐闻县	956	4478	73	575				
茂名市	**90362**	**438184**	**52238**	**454603**	**439**	**4754**	**667**	**11319**
茂南区	3505	19356	1256	10991				
电白区	24055	148473	6669	55026				
信宜市	9058	57887	8959	97372	439	4754	645	11193
高州市	37203	159165	21339	160385			22	126
化州市	16541	53303	14015	130829				
肇庆市	**1796**	**25856**	**2147**	**23100**	**763**	**17536**	**881**	**23325**
端州区								
鼎湖区	32	289	52	549	30	186	3	66
高要区	932	17636	725	10936			70	859
四会市	148	2212	330	2968			24	354
广宁县	38	471	18	143	84	1244	96	1883
德庆县	524	3003	480	1698	77	392	57	1034
封开县	120	2236	488	6229	482	13347	495	14887
怀集县	1	9	53	577	91	2367	134	4242
清远市	**1423**	**7976**	**876**	**7301**	**4105**	**69130**	**435**	**5050**
清城区	100	1240	184	2126			17	119
清新区	12	80	70	521			69	979
英德市	1	9	80	674	5	59	13	96
连州市					3235	65372	177	1922
佛冈县	1310	6647	541	3976	337	697	102	823
阳山县			1	4	451	1437	1	19
连山县					1	29	12	76
连南县					76	1536	44	1016
潮州市	**2331**	**24820**	**3163**	**42419**	**87**	**412**	**184**	**2609**
湘桥区	57	1908	128	1807			6	180
潮安区	206	4495	191	1697	32	191	61	303
饶平县	2068	18417	2844	38915	55	221	117	2126
揭阳市	**11552**	**65731**	**5578**	**31587**	**495**	**2830**	**174**	**1632**
榕城区	208	1702	763	975	35	43	5	38
揭东区	807	7015	1930	10586	19	140	7	84
普宁市	2467	17954	1256	6511	431	2562	111	792
揭西县	1086	5990	739	4310	9	82	48	689
惠来县	6984	33070	889	9205	1	3	3	29
云浮市	**8049**	**30268**	**4638**	**32802**	**116**	**1289**	**237**	**2182**
云城区	90	795	154	963	0	1	6	101
云安区	586	4055	608	4284	15	120	64	595
罗定市	1632	8720	1643	13861	78	681	75	1012
新兴县	1851	8000	1372	9393	14	436	41	230
郁南县	3890	8698	860	4301	9	51	50	244

8-11 续表 6

(2019年)

单位：公顷、吨

县(市、区)别	8.李子		9.其他		二、桑叶		三、茶叶	
	年末实有面积	总产量	年末实有面积	总产量	年末实有面积	总产量	年末实有面积	总产量
广州市	**2546**	**18342**	**11134**	**198777**			**118**	**69**
越秀区								
海珠区			174	2749				
荔湾区								
天河区			25	107				
白云区	5	5	279	1937				
黄埔区			330	1698				
番禺区			184	5926				
花都区	2	14	414	4988				
南沙区			1494	78917				
从化区	2478	17665	3911	26399			118	69
增城区	60	658	4322	76056				
深圳市	**113**	**3370**	**551**	**11077**			**92**	**59**
福田区								
罗湖区								
盐田区							22	1
南山区								
宝安区			1	10				
龙岗区			17	31			2	
龙华区								
坪山区	1	17	16	243				
光明区			107	680				
深汕合作区	111	3353	410	10113			68	58
珠海市	**2**		**2017**	**70624**			**1**	**1**
香洲区			72	218				
金湾区			1682	64188				
斗门区	2		264	6218			1	1
汕头市	**24**	**372**	**6748**	**195345**			**821**	**775**
金平区			27	900				
龙湖区			1	50				
澄海区	1	20	1797	87318			1	10
濠江区			34	460				
潮阳区			3668	102279			125	95
潮南区	21	333	1171	3830			550	478
南澳县	2	19	50	508			145	192
佛山市	**1**	**5**	**405**	**6864**	**1**	**5**	**25**	**24**
禅城区								
南海区			66	2103				
顺德区			8	85				
高明区	1	5	213	1949	1	5	25	24
三水区			119	2727				
韶关市	**8547**	**126105**	**11246**	**154100**	**2920**	**56552**	**4715**	**7196**
浈江区	32	420	411	9902	11	200		
武江区	122	2556	210	2471	2	28	34	76
曲江区	155	2097	660	5288			430	317
乐昌市	2081	44370	1340	19299	53	1012	1354	1436
南雄市	1506	20177	656	5466	30	146	246	615
仁化县	134	2088	1964	17294	100	1328	992	1401
始兴县	1240	29516	2234	24119	813	12826	370	1138
翁源县	707	3332	2123	63258	1908	41003	287	114
新丰县	2425	19929	1163	5093	3	9	504	1617
乳源县	146	1620	484	1910			497	482

8-11 续表 7

(2019年) 单位：公顷、吨

县(市、区)别	8.李子		9.其他		二、桑叶		三、茶叶	
	年末实有面积	总产量	年末实有面积	总产量	年末实有面积	总产量	年末实有面积	总产量
河源市	**8692**	**113433**	**11013**	**168156**	**17**	**511**	**7940**	**6928**
源城区	46	386	53	704			21	34
东源县	1173	10426	902	10542			2755	2231
和平县	392	5988	3382	38272			1037	1027
龙川县	1526	20327	689	13106			1241	1238
紫金县	3976	57822	1691	23491			2007	1716
连平县	1580	18484	4296	82041	17	511	880	682
梅州市	**5607**	**87025**	**47410**	**1009796**	**63**	**325**	**19810**	**20932**
梅江区	136	3766	1860	31079			1407	870
梅县区	1714	37666	18731	589014			1400	1325
兴宁市	786	16797	1912	101340	57	230	1897	2626
平远县	1117	17760	1242	17273			1010	904
蕉岭县	291	3216	1514	28878			848	2615
大埔县	580	4651	10856	176608	7	95	3760	5799
丰顺县	25	191	3551	29365			5910	3268
五华县	957	2978	7744	36239			3578	3525
惠州市	**746**	**7045**	**5050**	**81157**	**7**	**50**	**2437**	**1664**
惠城区	30	396	653	11375				32
惠阳区	150	1873	400	12570			96	10
惠东县	295	1806	1294	12727			168	150
博罗县	202	2392	1276	20083			1966	1312
龙门县	69	578	1428	24402	7	50	207	160
汕尾市	**1449**	**14323**	**9126**	**60478**			**1489**	**4226**
市城区	9	205	45	330				
陆丰市	175	1120	738	8222			201	281
海丰县	663	9939	910	13075			635	1005
陆河县	602	3059	7433	38851			653	2940
东莞市	**1**	**2**	**701**	**8887**			**37**	**2**
中山市		**0**	**1161**	**40906**			**13**	**5**
江门市	**20**	**37**	**2809**	**69559**	**9**	**42**	**1050**	**920**
蓬江区			22	444			…	2
江海区			92	3257				
新会区			250	7660	7	42	18	51
台山市			731	33323			299	217
开平市	6	15	1118	20068			436	365
鹤山市	14	22	483	3898	3		167	152
恩平市			114	909			129	133
阳江市	**1274**	**6837**	**6677**	**58326**	**4161**	**131770**	**232**	**497**
江城区			105	1343				
阳东区	3	12	1137	3828	14	149		3
阳春市	1258	6608	5127	42014	4132	131408	157	476
阳西县	13	217	308	11141	15	213	75	18

8-11 续表 8

(2019年)　　单位：公顷、吨

县(市、区)别	8.李子		9.其他		二、桑叶		三、茶叶	
	年末实有面积	总产量	年末实有面积	总产量	年末实有面积	总产量	年末实有面积	总产量
湛江市	**37**	**437**	**13272**	**267288**	**3040**	**136841**	**1902**	**6028**
赤坎区			7	146				
霞山区			3	75			5	
麻章区			248	6093			17	27
坡头区			101	2669				
雷州市	3	54	3258	43332	330	7905	24	87
廉江市	34	383	4712	108311	570	27536	1611	5588
吴川市			391	10303				
遂溪县			3413	74855	1008	52561	11	151
徐闻县			737	15297	1132	48826	231	168
茂名市	**20330**	**273838**	**36941**	**924462**	**6692**	**422469**	**1154**	**1183**
茂南区			596	7452				
电白区			6004	100687				
信宜市	20207	272895	7136	220737			590	846
高州市	50	420	10697	346977	391	5999	75	59
化州市	73	523	12508	248609	6301	416470	489	278
肇庆市	**1726**	**31381**	**8615**	**114405**	**628**	**18967**	**2260**	**6869**
端州区			…	4				
鼎湖区	7	56	42	763			17	20
高要区	77	1818	1778	22070			265	913
四会市	8	124	771	11380	2	44	180	355
广宁县	134	1746	2136	29557	93	6037	283	1819
德庆县	306	1987	1259	3684	530	12863	201	247
封开县	730	17143	1056	19534	3	23	480	1159
怀集县	464	8507	1573	27413			834	2356
清远市	**1526**	**19647**	**14270**	**220980**	**3235**	**74880**	**7943**	**10904**
清城区	6	120	785	25920			255	82
清新区	53	1820	2002	50092	23	270	1210	860
英德市	29	195	1002	6061	1895	52103	4263	8326
连州市	256	2338	3562	32634	31	515	668	153
佛冈县	263	3691	3138	52201				
阳山县	623	1582	2046	21709	444	5507	623	120
连山县	202	6394	908	18579			300	534
连南县	93	3507	825	13784	842	16485	624	829
潮州市	**98**	**1350**	**7922**	**125180**			**11525**	**19783**
湘桥区	6	360	1437	63414			589	1685
潮安区	17	218	2906	19280			4818	6783
饶平县	75	772	3579	42486			6118	11315
揭阳市	**2143**	**33701**	**18490**	**152609**			**6699**	**19264**
榕城区	3	108	103	614			19	116
揭东区	39	880	510	4497			2482	2293
普宁市	894	11945	12267	104205			1182	2469
揭西县	601	7857	2855	23908			2708	12430
惠来县	606	12911	2756	19385			308	1956
云浮市	**666**	**7854**	**13139**	**128567**	**5069**	**175743**	**1956**	**3446**
云城区	65	470	636	9815			109	107
云安区	109	677	656	5385	325	11840	200	170
罗定市	243	3005	1597	18056	3170	141275	1255	2555
新兴县	99	701	2839	48675	44	1646	239	261
郁南县	151	3001	7411	46636	1531	20982	153	353

8-12 全省水稻品种种植面积

2019年 单位：万亩

品 种	面积（早稻）	品 种	面积（晚稻）
总面积	**1252.0**	**总面积**	**1438.5**
1.常规稻	542.0	1.常规稻	615.5
其中：美香占2号	58.6	其中：美香占2号	90.7
五山丝苗	31.1	粤禾丝苗	35.4
粤禾丝苗	30.7	五山丝苗	29.0
华航31号	25.2	粤农丝苗	18.2
金农丝苗	24.2	特籼占25	16.9
粤农丝苗	19.5	金农丝苗	16.7
特籼占25	15.7	合美占	16.2
粤香占	14.8	黄华占	16.0
合美占	14.4	粤晶丝苗2号	15.3
象牙香占	14.4	华航31号	15.1
2.杂交稻	710.0	2.杂交稻	823.0
其中：深优9516	32.9	其中：吉丰优1002	68.5
广8优金占	25.3	广8优165	34.7
Y两优3088	22.8	深两优5814	28.0
五优308	20.9	深优9516	23.1
广8优2168	18.1	广8优169	19.2
软华优1179	15.1	广8优金占	16.7
五丰优615	14.8	Y两优3088	12.5
恒丰优华占	13.7	广8优2168	12.3
五优1179	11.6	野香优9号	11.9
Y两优1173	11.5	广8优2156	11.8
3.优质稻(含国标、省标优质，以及外观一级以上品种)	866.4	3.优质稻(含国标、省标优质，以及外观一级以上品种)	1025.7
其中：美香占2号	58.6	其中：美香占2号	90.7
深优9516	32.9	粤禾丝苗	35.4
五山丝苗	31.1	广8优165	34.7
粤禾丝苗	30.7	五山丝苗	29.0
广8优金占	25.3	深两优5814	28.0
华航31号	25.2	深优9516	23.1
金农丝苗	24.2	广8优169	19.2
Y两优3088	22.8	粤农丝苗	18.2
五优308	20.9	特籼占25	16.9
粤农丝苗	19.5	金农丝苗	16.7

8-13 主要农作物病虫草鼠螺发生、防治面积及挽回损失

(2019年) 单位：万亩次；吨

项 目	发生面积	防治面积	挽回损失	实际损失	发生程度
生物灾害总计	**27506.78**	**34141.16**	**8826472.28**	**1443921.04**	**4**
一、病虫害合计	**19820.27**	**25754.12**	**6900333.40**	**1156747.92**	**4**
1.病害小计	6083.82	8021.84	2263660.14	410148.81	3
2.虫害小计	13736.45	17732.98	4636673.26	746599.11	4
二、农田草害合计	**4614.91**	**5036.80**	**1285368.25**	**146759.38**	**3**
三、农田鼠害合计	**2210.62**	**2421.15**	**512683.24**	**124020.61**	**3**
四、农田螺害合计	**860.98**	**929.09**	**128087.39**	**16393.13**	**2**

注：发生程度：1——轻发生；2——中偏轻；3——中等；4——中等偏重；5——大发生，下同。

8-14 各市农作物病虫草鼠螺发生面积、防治面积及挽回损失

(2019年)

市别	病虫草鼠螺总计				病虫害合计			
	发生面积（万亩次）	防治面积（万亩次）	挽回损失（吨）	实际损失（吨）	发生面积（万亩次）	防治面积（万亩次）	挽回损失（吨）	实际损失（吨）
全省	27506.78	34141.86	8826472.28	1443921.04	19820.27	25754.82	6900333.40	1156747.92
广州	1078.66	1328.38	269459.42	45804.15	593.08	870.70	212613.34	35119.24
深圳	20.63	69.49	1210.00	43.74	20.63	69.49	1210.00	43.74
珠海	34.06	57.31	56514.71	6525.40	29.42	47.91	54814.71	6312.40
汕头	465.03	826.77	128189.98	9506.99	337.43	687.33	106178.87	7041.14
佛山	549.21	593.50	85808.59	8671.72	405.73	460.25	53034.16	5876.45
韶关	1870.32	3119.73	1302987.17	165106.78	1377.62	2509.32	1052126.45	131192.32
河源	1927.81	2282.87	456457.86	71947.20	1498.13	1780.36	373489.76	61343.37
梅州	1370.60	1650.93	364497.11	36585.98	1063.78	1292.33	306273.81	32114.48
惠州	2124.70	2486.70	499505.81	94639.17	1593.87	1921.96	421430.17	82854.66
汕尾	1329.72	1919.32	330246.67	58147.33	907.59	1371.38	219996.92	44834.23
东莞	277.92	283.85	58332.96	38284.34	223.32	230.05	49823.96	36630.34
中山	89.93	89.64	57504.75	19206.85	63.35	63.06	41975.25	14030.35
江门	1944.11	2471.82	619313.79	73465.55	986.32	1466.11	437280.55	57455.69
阳江	1547.75	1629.49	281662.83	74310.81	1171.27	1248.56	224555.68	49193.91
湛江	3440.40	4327.08	1305333.95	221835.28	2366.86	3053.23	1020592.19	170135.30
茂名	2521.48	2466.22	518691.43	171592.70	1930.02	1913.54	462357.53	146980.00
肇庆	1706.52	2304.75	826112.19	57435.91	1310.02	1809.68	618670.30	38560.80
清远	2663.51	3085.24	718418.90	61250.26	2031.85	2418.94	500268.93	45741.71
潮州	424.08	511.39	191079.62	116904.98	275.80	396.29	166141.22	104997.66
揭阳	1100.01	1364.12	540319.88	82860.62	844.05	1108.01	399607.06	63461.26
云浮	1020.33	1273.26	214824.66	29795.28	790.13	1036.32	177892.54	22828.87

8-14 续表 1

市别	病害合计				虫害合计			
	发生面积（万亩次）	防治面积（万亩次）	挽回损失（吨）	实际损失（吨）	发生面积（万亩次）	防治面积（万亩次）	挽回损失（吨）	实际损失（吨）
全省	6083.82	8021.84	2263660.14	410148.81	13736.45	17732.98	4636673.26	746599.11
广州	143.18	227.84	52645.14	10312.55	449.90	642.86	159968.20	24806.69
深圳	1.59	6.39	535.00	18.22	19.04	63.10	675.00	25.52
珠海	7.78	11.26	6860.01	952.90	21.64	36.65	47954.70	5359.50
汕头	65.78	148.11	19404.86	1896.70	271.65	539.22	86774.01	5144.44
佛山	97.84	106.32	9330.43	2541.49	307.89	353.93	43703.73	3334.96
韶关	452.17	791.62	206318.67	32190.31	925.45	1717.70	845807.78	99002.01
河源	564.16	676.90	132110.85	23984.31	933.97	1103.46	241378.91	37359.06
梅州	373.07	472.34	113012.56	13500.03	690.71	819.99	193261.25	18614.45
惠州	482.14	615.43	158968.07	27580.56	1111.73	1306.53	262462.10	55274.10
汕尾	313.06	485.48	77690.98	16514.63	594.53	885.90	142305.94	28319.60
东莞	47.16	47.31	11026.50	7637.60	176.16	182.74	38797.46	28992.74
中山	18.19	18.12	12504.09	4178.50	45.16	44.94	29471.16	9851.85
江门	345.11	507.59	143830.80	20491.32	641.21	958.52	293449.75	36964.37
阳江	291.98	304.59	54830.02	10281.68	879.29	943.97	169725.66	38912.23
湛江	769.34	1018.37	495188.59	83002.18	1597.52	2034.86	525403.60	87133.12
茂名	579.24	612.25	213979.72	69880.26	1350.78	1301.29	248377.81	77099.74
肇庆	452.55	630.83	180997.18	13576.87	857.47	1178.85	437673.12	24983.93
清远	520.72	626.72	166255.90	20666.78	1511.13	1792.22	334013.03	25074.93
潮州	74.75	103.68	33791.88	20222.68	201.05	292.61	132349.34	84774.98
揭阳	214.14	267.07	108776.12	23154.02	629.91	840.94	290830.94	40307.24
云浮	269.87	343.62	65602.77	7565.22	520.26	692.70	112289.77	15263.65

8-14 续表 2

市 别	农田草害合计				农田鼠害合计			
	发生面积（万亩次）	防治面积（万亩次）	挽回损失（吨）	实际损失（吨）	发生面积（万亩次）	防治面积（万亩次）	挽回损失（吨）	实际损失（吨）
全 省	4614.91	5036.80	1285368.25	146759.38	2210.62	2421.15	512683.24	124020.61
广 州	245.92	211.58	29314.81	5579.63	205.71	210.75	22421.27	4824.68
深 圳								
珠 海	0.40	0.60	300.00	50.00	3.84	8.20	1200.00	155.00
汕 头	72.96	64.79	6616.00	895.60	53.03	71.79	15190.46	1514.05
佛 山	53.69	58.80	15274.00	1123.08	85.90	70.56	17400.43	1652.19
韶 关	359.21	456.31	203332.08	12775.23	84.59	86.79	44746.48	20753.72
河 源	306.14	360.11	66962.60	8174.53	70.23	83.75	9663.00	1329.80
梅 州	217.78	257.63	46449.47	2459.04	38.91	43.19	10123.42	1557.88
惠 州	342.21	373.87	45351.71	6585.00	119.06	119.99	20584.41	3267.36
汕 尾	300.05	334.94	92726.48	6741.78	103.81	191.86	15655.16	6329.67
东 莞	40.66	38.30	5404.00	1344.00	13.44	15.00	3000.00	250.00
中 山	22.02	22.02	14161.50	4720.50	2.84	2.84	852.00	284.00
江 门	418.49	429.85	104711.10	4741.11	388.30	415.86	59349.50	9797.00
阳 江	268.51	271.73	40810.02	18966.84	52.75	53.78	8608.75	3251.84
湛 江	448.51	564.44	111242.60	14733.79	491.66	571.26	157960.91	35271.32
茂 名	414.31	396.61	38985.90	15736.60	134.50	116.60	14628.80	7721.00
肇 庆	289.01	356.05	182006.06	17071.64	85.07	110.32	20883.46	1362.77
清 远	404.74	430.01	163552.75	7378.76	107.25	100.60	14836.49	5537.49
潮 州	96.14	75.75	18096.64	8477.32	42.29	27.95	5023.29	3065.00
揭 阳	186.36	192.87	88739.61	7160.10	54.24	49.86	48429.21	11344.26
云 浮	127.80	140.54	11330.92	2044.83	73.20	70.20	22126.20	4751.58

8-14 续表 3

市 别	农田螺害合计				水稻病虫害合计			
	发生面积（万亩次）	防治面积（万亩次）	挽回损失（吨）	实际损失（吨）	发生面积（万亩次）	防治面积（万亩次）	挽回损失（吨）	实际损失（吨）
全 省	860.98	929.09	128087.39	16393.13	7870.48	10054.89	1955952.69	288543.31
广 州	33.95	35.35	5110.00	280.60	103.89	119.43	28636.28	2738.55
深 圳								
珠 海	0.40	0.60	200.00	8.00	15.09	18.64	7608.61	492.00
汕 头	1.61	2.86	204.65	56.20	163.31	330.34	24752.40	1567.68
佛 山	3.89	3.89	100.00	20.00	48.89	69.57	10362.50	629.00
韶 关	48.90	67.31	2782.16	385.51	396.33	749.93	147629.62	11440.21
河 源	53.31	58.65	6342.50	1099.50	763.39	926.84	163245.30	24033.60
梅 州	50.13	57.78	1650.41	454.58	533.08	651.63	138629.17	13770.36
惠 州	69.56	70.88	12139.52	1932.15	443.49	514.40	114044.25	26880.05
汕 尾	18.27	21.14	1868.11	241.65	344.59	434.22	53838.92	8470.77
东 莞	0.50	0.50	105.00	60.00	3.62	4.71	1177.50	181.00
中 山	1.72	1.72	516.00	172.00	12.05	11.81	3542.70	1205.00
江 门	151.00	160.00	17972.64	1471.75	586.18	970.56	172294.20	24181.45
阳 江	55.22	55.42	7688.38	2898.22	398.90	417.07	98314.66	9884.09
湛 江	133.37	138.15	15538.25	1694.87	997.51	1077.85	317447.82	54581.33
茂 名	42.65	39.47	2719.20	1155.10	794.14	848.82	189113.90	37609.67
肇 庆	22.42	28.70	4552.37	440.70	472.04	689.76	121002.12	7950.84
清 远	119.67	135.69	39760.73	2592.30	830.22	965.81	131102.53	11270.39
潮 州	9.85	11.40	1818.47	365.00	128.85	175.59	19315.00	10319.25
揭 阳	15.36	13.38	3544.00	895.00	403.59	511.93	125355.05	34975.00
云 浮	29.20	26.20	3475.00	170.00	431.32	565.98	88540.16	6363.07

8-14 续表 4

市别	水稻病害小计				水稻稻瘟病			
	发生面积（万亩次）	防治面积（万亩次）	挽回损失（吨）	实际损失（吨）	发生面积（万亩次）	防治面积（万亩次）	挽回损失（吨）	实际损失（吨）
全省	2820.63	3676.10	820187.67	135430.23	350.72	553.86	86343.46	15515.61
广州	39.99	45.98	8785.91	1137.47	0.80	1.00	47.25	5.55
深圳								
珠海	4.61	5.06	2270.81	141.80				
汕头	49.25	105.58	7710.58	633.15				
佛山	11.74	17.81	2819.60	325.80	4.50	5.50	118.00	6.00
韶关	167.37	334.03	38823.79	6281.96	31.37	82.05	8493.80	1354.45
河源	288.87	358.55	60558.20	9833.17	73.89	96.33	17910.00	2882.37
梅州	199.85	259.81	55481.11	7093.52	23.91	29.88	5779.40	1309.13
惠州	131.07	163.72	31476.87	7067.97	17.12	34.40	4529.79	715.46
汕尾	146.45	192.06	36365.15	4548.79	12.83	17.02	3016.77	255.02
东莞	0.84	1.10	275.00	42.00				
中山	2.46	2.41	723.24	246.00				
江门	242.83	366.00	76149.00	11838.25	16.65	22.04	6587.50	1744.50
阳江	117.57	117.25	29403.61	2972.22	10.21	11.32	2071.60	231.70
湛江	339.25	379.49	187891.59	31084.26	16.15	19.56	5384.80	1351.09
茂名	272.57	321.37	106638.20	22996.90	40.28	83.37	5693.90	2841.90
肇庆	192.83	273.04	60716.73	4609.72	29.87	58.73	12615.12	1156.69
清远	261.64	303.57	36582.58	4367.30	48.70	61.28	5137.73	563.05
潮州	47.35	55.17	11051.10	6390.80	6.10	7.32	1170.10	374.50
揭阳	127.37	159.37	36491.40	11268.50	1.99	2.67	1004.50	308.60
云浮	176.72	214.73	29973.20	2550.65	16.35	21.39	6783.20	415.60

8-14 续表 5

市别	水稻纹枯病				水稻白叶枯病			
	发生面积（万亩次）	防治面积（万亩次）	挽回损失（吨）	实际损失（吨）	发生面积（万亩次）	防治面积（万亩次）	挽回损失（吨）	实际损失（吨）
全省	2026.80	2480.10	577209.97	91112.85	135.12	178.01	56078.89	7662.78
广州	38.45	44.01	8141.41	1026.72	0.72	0.95	573.35	102.10
深圳								
珠海	4.51	4.81	2260.91	140.50	0.10	0.25	9.90	1.30
汕头	32.19	65.97	5770.81	433.41	6.80	19.50	788.32	91.18
佛山	7.23	12.27	2698.60	318.80				
韶关	104.72	147.41	28378.15	4564.73	1.10	1.32	345.00	54.00
河源	195.29	240.45	40336.70	6576.25	2.04	3.04	131.00	22.10
梅州	148.76	190.37	43786.50	4732.17	8.40	11.60	2577.20	354.96
惠州	102.12	116.22	25413.05	6021.64	2.10	2.46	113.75	66.50
汕尾	78.49	109.82	26986.72	3371.41	27.81	32.35	2739.09	426.66
东莞	0.84	1.10	275.00	42.00				
中山	2.46	2.41	723.24	246.00				
江门	215.71	318.00	65212.50	9003.75	10.22	25.71	4295.00	1085.00
阳江	85.32	82.03	21242.66	2034.52	3.03	3.22	607.55	67.42
湛江	235.24	265.15	105369.85	16047.02	28.26	30.47	31318.14	3713.65
茂名	194.60	193.20	83448.20	15163.70	7.81	8.11	2301.60	488.40
肇庆	111.49	136.98	38563.86	2487.25	22.10	27.25	4464.10	260.08
清远	182.25	205.75	26326.81	3339.88	3.60	4.15	1425.49	129.53
潮州	39.50	45.65	9626.00	5891.30				
揭阳	103.43	131.10	27549.00	8379.80	7.13	3.67	1299.40	524.90
云浮	144.20	167.40	15100.00	1292.00	3.90	3.96	3090.00	275.00

8-14 续表 6

市别	水稻虫害小计				水稻三化螟			
	发生面积(万亩次)	防治面积(万亩次)	挽回损失(吨)	实际损失(吨)	发生面积(万亩次)	防治面积(万亩次)	挽回损失(吨)	实际损失(吨)
全省	5049.85	6378.79	1135765.02	153113.08	334.82	427.13	90723.83	10676.02
广州	63.90	73.45	19850.37	1601.08	0.11	0.11	11.20	2.31
深圳								
珠海	10.48	13.58	5337.80	350.20	0.01	0.01	5.00	0.50
汕头	114.06	224.76	17041.82	934.53	8.69	31.01	634.20	15.95
佛山	37.15	51.76	7542.90	303.20	1.50	1.50	10.80	3.80
韶关	228.96	415.90	108805.83	5158.25	10.20	26.76	8284.51	599.02
河源	474.52	568.29	102687.10	14200.43	64.49	74.43	12871.00	1970.50
梅州	333.23	391.82	83148.06	6676.84	51.08	58.66	10761.09	813.18
惠州	312.42	350.68	82567.38	19812.08	7.00	8.20	1363.00	582.50
汕尾	198.14	242.16	17473.77	3921.98				
东莞	2.78	3.61	902.50	139.00				
中山	9.59	9.40	2819.46	959.00				
江门	343.35	604.56	96145.20	12343.20	5.66	8.71	2176.00	334.30
阳江	281.33	299.82	68911.05	6911.87	0.60	0.70	163.00	18.00
湛江	658.26	698.36	129556.23	23497.07	32.40	35.35	10476.30	2323.00
茂名	521.57	527.45	82475.70	14612.77	7.61	7.61	159.80	22.10
肇庆	279.21	416.72	60285.39	3341.12	36.18	49.72	6213.24	351.13
清远	568.58	662.24	94519.95	6903.09	88.71	88.30	32028.69	2000.93
潮州	81.50	120.42	8263.90	3928.45				
揭阳	276.22	352.56	88863.65	23706.50	15.78	20.86	4576.00	1520.80
云浮	254.60	351.25	58566.96	3812.42	4.80	15.20	990.00	118.00

8-14 续表 7

市别	水稻稻纵卷叶螟				水稻稻飞虱			
	发生面积(万亩次)	防治面积(万亩次)	挽回损失(吨)	实际损失(吨)	发生面积(万亩次)	防治面积(万亩次)	挽回损失(吨)	实际损失(吨)
全省	1715.56	2126.83	360457.29	53232.17	2342.27	3008.26	545962.62	68513.02
广州	26.45	30.90	9322.96	596.70	36.36	40.78	10282.86	952.11
深圳								
珠海	5.15	6.65	3499.50	247.90	4.90	6.50	1737.90	88.30
汕头	44.71	77.30	9645.62	398.96	31.03	56.48	2779.90	185.42
佛山	17.05	23.98	4426.00	161.20	17.56	25.12	3092.90	133.10
韶关	54.74	111.23	10455.64	1313.28	113.21	203.76	62759.38	1913.55
河源	136.72	160.85	29271.30	4475.23	231.87	281.47	51885.50	6540.05
梅州	90.22	104.53	9257.42	849.78	153.93	186.83	53964.75	4073.08
惠州	104.82	119.81	27315.94	7109.48	150.15	170.18	45216.90	10419.32
汕尾	48.31	52.78	4903.89	1134.88	59.31	81.38	7056.08	1188.49
东莞	1.10	1.43	357.50	55.00	1.68	2.18	545.00	84.00
中山	3.44	3.37	1011.36	344.00	4.92	4.82	1446.48	492.00
江门	149.61	266.31	33517.50	4959.00	154.70	294.10	55860.00	5643.50
阳江	117.86	126.62	30403.02	2956.34	162.17	171.75	38162.53	3912.53
湛江	265.70	277.35	53045.45	7893.40	290.43	308.73	44252.58	8764.57
茂名	218.60	217.90	47408.40	7800.00	255.80	264.70	32023.20	5837.70
肇庆	97.16	129.73	28549.90	1187.08	110.42	183.12	19658.86	1408.97
清远	141.84	162.98	15732.89	946.64	224.65	268.57	26420.09	2421.81
潮州	32.00	38.16	2704.40	1882.60	43.80	76.56	5245.00	1982.00
揭阳	95.58	103.95	30518.60	8020.70	117.08	165.03	38075.75	10028.10
云浮	64.50	111.00	9110.00	900.00	178.30	216.20	45496.96	2444.42

8-14 续表 8

市别	花生病虫害合计				柑桔病虫害合计			
	发生面积（万亩次）	防治面积（万亩次）	挽回损失（吨）	实际损失（吨）	发生面积（万亩次）	防治面积（万亩次）	挽回损失（吨）	实际损失（吨）
全省	1083.48	1384.91	124046.82	29350.40	2140.17	3164.91	754517.96	105551.88
广州	10.41	15.03	1125.00	315.10	15.90	27.59	2913.73	953.31
深圳								
珠海	0.10	0.11	65.00	6.00	0.04	0.04	15.00	6.00
汕头					20.80	47.48	8090.08	233.14
佛山	6.04	5.78	269.00	185.00	1.30	1.40	700.00	39.81
韶关	117.51	223.18	22124.84	2970.47	289.45	775.88	67900.74	8316.67
河源	106.89	123.07	13833.35	2347.76	164.54	192.08	53280.40	9823.38
梅州	27.94	33.92	2290.01	518.90	244.17	302.63	40071.03	6578.25
惠州	118.41	139.02	15962.50	3145.94	247.31	284.41	76679.06	9429.68
汕尾	55.19	107.65	6862.42	1244.23	7.01	9.96	5037.32	876.85
东莞								
中山								
江门	18.69	22.42	1340.19	100.72	47.42	57.68	37690.00	5026.00
阳江	123.65	134.81	11552.99	3703.15	102.31	112.51	15395.12	4927.99
湛江	171.55	199.97	14855.80	3342.56	79.70	93.90	4103.00	627.00
茂名	116.23	109.14	14413.69	9030.68	60.50	62.40	12786.00	9512.00
肇庆	42.65	59.13	5914.63	434.90	336.60	506.29	282554.90	14139.85
清远	114.93	136.80	6850.97	783.54	333.96	389.24	83526.12	8640.89
潮州	3.07	3.30	652.00	206.35	25.05	71.17	29514.66	20354.79
揭阳	23.92	41.13	3443.62	478.67	21.28	27.76	17618.88	2434.17
云浮	26.30	30.45	2490.81	536.43	142.83	202.49	16641.92	3632.10

8-14 续表 9

市别	蔬菜病虫害合计			
	发生面积（万亩次）	防治面积（万亩次）	挽回损失（吨）	实际损失（吨）
全省	5077.31	6333.24	2563536.69	479176.14
广州	317.96	477.18	115909.02	27999.23
深圳	15.61	59.47	1135.00	37.22
珠海	8.25	17.75	39216.00	5407.70
汕头	127.57	254.03	53046.06	4259.24
佛山	333.54	369.22	39428.60	4222.56
韶关	301.65	418.88	519190.23	83283.15
河源	237.91	281.32	87114.90	14901.21
梅州	167.58	200.36	97959.46	8274.32
惠州	515.81	632.36	133200.71	25976.49
汕尾	137.15	192.15	92839.89	23201.47
东莞	148.11	177.73	44433.00	35546.40
中山	41.73	41.73	31297.50	10432.50
江门	266.59	316.60	140589.48	16005.53
阳江	410.63	436.45	78813.70	26902.09
湛江	514.26	666.37	311621.00	59016.67
茂名	207.88	185.57	63982.90	35045.50
肇庆	339.39	382.91	178005.09	11403.49
清远	584.29	732.74	226029.88	19115.07
潮州	57.49	72.45	75376.61	44046.51
揭阳	216.05	273.30	193096.35	14417.16
云浮	127.86	144.67	41251.31	9682.63

九、林业

省领导参加义务植树活动

全省林业工作会议在广州召开

许瑞生副省长到北京世园会广东馆视察

许瑞生副省长到省乐昌林场调研

首届粤港澳自然教育讲坛在广州举办

广东省林业产业协会第三届会员大会在广州召开

汕头、梅州创建森林城市通过评审

江门那吉森林小镇

自然教育蓬勃发展

梅州绿美乡村

林 业

2019年，全省各级林业部门坚持以习近平新时代中国特色社会主义思想为指导，深入践行绿水青山就是金山银山理念，紧紧围绕省委省政府决策部署，以机构改革为新起点，深入推进新一轮绿化广东大行动，统筹推进山水林田湖草系统治理，大力加强国土绿化、生态修复、自然保护地建设管理、森林资源保护监管和林业生态惠民等工作，顺利完成年度目标任务。

一、生态建设成效显著

（一）营造林总体情况。2019年，全省完成造林244726公顷，其中：人工造林22132公顷，封山（沙）育林93201公顷，退化林修复69898公顷，人工更新59495公顷。完成中幼龄林抚育502597公顷。

人工造林按区域划分：珠三角九市完成人工造林面积2389公顷，占全省10.8%。山区五市完成人工造林面积11082公顷，占全省50.1%。东西两翼完成人工造林面积8661公顷，占全省39.1%。

（二）林业重点工程。2019年全省共完成沿海防护林和珠江防护林体系工程营造林16003公顷。其中人工造林487公顷，退化修复285公顷，人工更新256公顷，森林抚育14975公顷。

分工程看，沿海防护林体系工程营造林共6965公顷，珠江流域防护林体系工程营造林共9038公顷。

（三）新造林成分情况。人工造林与无林地和疏林地新封山育林共33106公顷，按林种用途划分，其中，用材林造林14416公顷，占比43.5%；经济林造林1359公顷，占比4.1%。防护林造林14133公顷，占比42.7%；薪炭林造林590公顷，占比1.8%；特种用途林造林2608公顷，占比7.9%。我省用材林造林和防护林造林仍为主体。

二、林业产业持续增展

2019年，我省持续实施乡村振兴林业行动，着力发展绿色惠民产业，助力广东脱贫攻坚目标实现。以扶持发展林下经济为重点，因地制宜发展木本粮油、花卉苗木、林果、林药、森林旅游等特色产业，推进木材加工等传统优势产业转型升级。

（一）林业产业总产值小幅增长。在受外贸和房地产发展动力不足的持续影响下，2019年全省林业产业总产值增长3.04%，达8416亿元。

从产业结构上看，第一产业产值1103亿元，第二产业产值5446亿元，第三产业产值1866亿元，一、二、三产业占比分别为13.1%、64.7%、22.2%，产业结构基本同上年持平。

从行业增速上看，2019年林业产业产值整体增速较2018年稍为上升。其中：一产增速较快，但二产、三产均低于林业产业整体增速。

分行业看，2019年，以包括干鲜果品、含油果、茶、中药材以及森林食品等在内的经济林产品、花卉及其他观赏植物种植的第一产业产值为1103亿元，增长11.0%。以家具制造，木、竹、苇浆造纸和纸制品制造的第二产业产值为5446亿元，增长2.2%。而以森林旅游、休闲服务、专业技术服务为主体的第三产业产值为1855亿元，增长仅为1.3%。

分地区看，珠三角地区林业产业产值为6544亿元，占全省林业产业产值的77.8%，同比增长2.8%；山区韶关、河源、梅州、清远和云浮五市林业产业产值为879亿元，占全省林业产业产值的10.4%，同比增长6.2%；东西两翼地区林业产业产值为993亿元，占全省林业产业产值的11.8%，同比增长2.1%。林业产业主要还是集中在珠三角地区，山区五市林业产业增速较快。

2019年，林业产业产值超过300亿元的地市共有7个，分别是东莞、广州、佛山、深圳、中山、肇庆、江门，其中，东莞、广州、佛山、深圳林业产值超过1000亿元。7市林业产业产值合计6156亿元，占全省林业产业总产值的73.1%。

（二）2019年全省商品材总产量945.1万立方米，比上年增加9.91%。其中原木843.4万立方米，增加 7.81%；薪材 101.7 万立方米，增加 30.05%。

（三）2019 年全省大径竹产量为 23491 万根，比上年增长 5.5%。其中毛竹 8194 万根，占比 34.9%；其他竹 15300 万根，占比 65.1%。小杂竹 386 万吨。

（四） 2019 年全省各类经济林产品总量达到 1210.1 万吨，比上年增加 10.1%。其中水果产量 1121.8 万吨，比上年增加 10.4%；干果产量 7.8 万吨，比上年增长 9.9%；林产饮料产品产量 8.9 万吨，比上年增加 4.7%;林产调料产品产量 6.7 万吨，比上年增长 8.1%;竹笋干、食用菌等森林食品产量 8.4 万吨，比上年增长 5%;森林药材产量 11.4 万吨, 比上年增长 12.9%；木本油料产量 16.5 万吨，比上年增加 7.1%；林产工业原料产量 28.6 万吨，比上年增加 2.9%。

（五）2019 年末全省实有油茶林面积 18.1 万公顷，比上年增长 2.1%。当年油茶籽产量 16.2 万吨，比上年增长 8.24%

（六）2019 年全省人造板产量 1016 万立方米，与上年持平。其中胶合板 222 万立方米，纤维板 541 万立方米，刨花板 189 万立方米，其他人造板 65 万立方米。

（七）2019 年全省松香及其深加工产品产量 13.7 万吨，比上年减少 9.3%。

（八）2019 年全省林业旅游与休闲人次达 3.24 亿人次，比上年增长 9.8%；旅游收入 1802 亿元，同上年持平，直接带动其他产业产值 302 亿元。

三、林业投资保持稳定

2019 年全省林业累计完成投资 90.8 亿元，比上年增加 4 亿元，增长 4.6%。

（一）按资金来源分，其中中央财政资金 5.9 元，占总资金的 6.5%；地方财政资金 76.9 亿元，占总资金的 84.7%；国内贷款 1.5 亿元，占总资金的 1.6%；自筹资金 2.6 亿元，占总资金 2.9%；利用外资 0.36 亿元，占总资金 0.4 %；其他社会资金 3.5 亿元，占总资金 3.9%。

（二）按资金投入项目分，其中用于生态修复治理方面的投资为 49.25 亿元，占全部林业投资完成额的 54.24%;用于林业草原服务、保障和公共管理方面的投资为 41.47 亿元，占全部林业投资完成额的 45.67%；用于林草产品加工制造方面的资金为 0.08 亿元，占全部林业投资完成额的 0.09%。

（三）分区域看，2019 年珠三角地区累计完成林业投资 46.60 亿元，占全部林业投资完成额的 51.32%；山区五市林业完成投资 28.17 亿元，占全部林业投资完成额的 31.02%；东西两翼林业完成投资 16.04 亿元，占全部林业投资完成额 17.66%。各区域与上年完成投资额相比，珠三角地区增加 23.61%，山区五市减少 26.13%，东西两翼减少 18.38%。

四、林业系统从业人员情况

截至 2019 年底，全省林业系统各种经济类型单位共计 1592 个，其中企业 62 家、事业单位 1249 个家、机关 281 家。

2019 年全省林业系统在岗职工 23452 人，其中高中及高中以下学历 6565 人，中专及大专学历 9486 人，大学本科学历 6729 人，研究生学历 672 人。

2019 年全省林业系统在岗职工年平均工资 107542 元，比上年增长 14.41%。

9-1 主要年份林业主要指标

年 份	林业用地面积(千公顷)	有林地面积(千公顷)	活立木总蓄积量(万m3)	森林覆盖率(%)
1965	10855	4214	15186	24.1
1975	10973	5198	16737	29.9
1978	10518	5165	16894	30.2
1980	10518	5165	16894	30.2
1985	10204	4638	14983	27.2
1990	10713	7998	21243	48.4
1995	10848	9083	27313	55.9
2000	10823	9226	31634	56.9
2005	11022	9212	36459	59.1
2010	10981	9532	43936	57.0
2015	10959	9954	56636	58.9
2016	10920	9932	57855	59.0
2017	我省开展第四次森林资源二类调查年，无发布森林资源数据。			
2018	10652	9156	56027	58.59
2019	10594	9144	58264	58.61

9-1 续表 1

年份	造林面积(千公顷)	人工造林	飞机造林	迹地更新面积(千公顷)	人工更新
1965	419	411	8	21	15.3
1970	474	279	195	11	7.3
1975	359	288	71	35	34.7
1978	301	301		41	38
1980	371	201	170	46	39
1985	612	353	259	77	64
1990	312	259	53	52	51
1995	21	21		87	83
2000	17	17		106	97
2005	18	18		96	92
2010	95	92		48	48
2015	123	118		81	81
2016	101	101		48	48
2017	81	81		35	35
2018	85	85		22	22
2019	33	22		59	59

注：本表2019年造林面积特指：人工造林、飞播造林与无林地和疏林地新封山育林三项和。

9-1 续表 2

年份	低效林改造面积(千公顷)	育苗面积(本年新育)(千公顷)	幼林抚育实际面积(千公顷)	幼林抚育作业面积(千公顷)	成林抚育面积(千公顷)
1965	4.7	6.24	226	389	114
1970	1.3	1.6	281	339	147
1975	8	2.85	331	390	96
1978	17	2.57	439	506	123
1980	23	1.82	314	367	159
1985	33	3.19	331	403	152
1990	113	5.47	536	652	268
1995	109	1.88	390	453	274
2000	125	1.83	222	294	288
2005	46	1	146	175	122
2010	19	0.96	173	207	182
2015	71	7.93			
2016		6.6			
2017	54	5.21			
2018	59	4.08			
2019	70	2.35	—	—	503

注：1.从2002年起，森林资源数据包括红树林。
2.从2006年起，森林覆盖率采用新的计算方法。
3.从2019年起，林业统计制度修订后，打“—”线的项目没有纳入统计指标，没有数据。

9-1 续表 3

年 份	零星植树(万株)	油桐籽(吨)	油茶籽(吨)	棕片(吨)	松脂(吨)	竹笋干(吨)
1965	1202	5831	6868			
1970	1120	3001	30649			
1975	5384	1780	17985	327	90654	74
1978	6975	1231	11721	381	96680	55
1980	5425	976	13109	340	119829	125
1985	8252	865	16303	248	95917	249
1990	8834	2622	23736	466	100230	2770
1995	8232	3536	24997	606	114568	9004
2000	6653	3817	26268	663	110877	14132
2005	6201	5193	30470	1640	154593	17825
2010	6923	6050	82417	2536	181141	30291
2015	8066	7500	149374	3463	235109	39805
2016	7108	6904	146833	3541	225805	45118
2017	8180	7469	125195	3871	238825	57503
2018	7800	8701	149194	4433	248015	54779
2019	—	—	161528	—	—	60677

注：从2019年起，林业统计制度修订后，打“—”线的项目没有纳入统计指标，没有数据。

9-1 续表 4

年 份	板栗 (吨)	乌桕籽 (吨)	木材总产量 (万立方米)		
				原木	薪材
1965			234.7	190.4	44.3
1970	245	108	213.9	173.5	40.4
1975	303	39	252	217.1	34.9
1978	400	20	305.8	240.8	65
1980	589	68	306.4	259.5	46.9
1985	1614	5	403.9	314.4	89.5
1990	3577	59	211.6	188	23.6
1995	5440	70	306.7	275.4	31.3
2005	8637	253	362.15	323.97	38.18
2010	10616	527	654.91	611.56	43.35
2015	21229	900	790.83	711.74	79.09
2016	22556	956	756.01	693.43	62.58
2017	25922	1034	793.67	722.16	71.51
2018	25505	1047	859.91	782.26	77.65
2019	39589	—	945.09	843.41	101.67

9-1 续表 5

年 份	人造板产量 (万立方米)				松香类产品 (万吨)
		胶合板	纤维板	刨花板	
1965	0.11		0.11		5.72
1970	1.21	0.73	0.48		7.11
1975	2.7	0.94	1.56	0.2	8.63
1978	4.06	1.05	2.9	0.11	8.97
1980	5.23	1.39	3.53	0.31	10.18
1985	6.1	1.26	4.6	0.24	8.89
1990	21.39	7.8	4.3	9.3	9.42
1995	89.06	24.99	27.09	23.38	11.11
2005	340.05	58.55	261.6	15.69	7.38
2010	784.11	208.53	387.48	94.65	12.91
2015	1815.92	1108.4	552.01	138.3	14
2016	1389.18	668.53	501.01	205.42	20.34
2017	1056.88	316.7	513.74	208.89	15.58
2018	1011.4	330.74	479.66	174.91	15.06
2019	1016.44	221.94	540.8	188.53	13.65

9-2 林业主要指标

项目	计算单位	1985	1990	1995	2000	2005	2010	2015	2017	2018	2019
一、森林资源											
有林地面积	千公顷	4638	7998	9083	9226	9212	9532	9954	—	9156	9144
活立木总蓄积量	万m3	14983	21243	27313	31634	36459	43936	56636	—	56027	58264
森林覆盖率	%	27.2	48.4	55.9	56.9	59.1	57	58.9	—	58.59	58.61
二、营林生产											
造林面积	千公顷	612	312	21	17	18	95.14	123			33
人工造林	千公顷	353	259	21	17	18	91.95	118.46	80.74	85.18	22
飞播造林	千公顷	259	53								
新育苗面积	千公顷	3.19	5.47	1.9	1.9	1	0.96				2.35
幼林抚育实际面积	千公顷	330	536	390	236	146	173				—
成林抚育面积	千公顷	152	268	274	289	122	182				503
迹地更新面积	千公顷	77	52	87	115	96	48	81	35	22	59
其中：人工更新	千公顷	64	51	83	106	92	48	81	35	22	59
低效林改造面积	千公顷	33	113	109	127	46	19	71	54	59	70
三、主要林产品产量											
油桐籽	吨	865	2622	3536	3817	5193	6050	7500	7469	8701	—
油茶籽	吨	16303	23736	24997	26268	30407	82417	149374	125195	149194	161528
松脂	吨	95917	100230	114568	113118	154593	181141	235109	238825	248015	—
竹笋干	吨	248	2770	9004	14132	17825	30291	39805	57503	54779	60677
板栗	吨	589	1614	3936	5440	8637	10616	21229	25922	25505	39589
四、森工主要产品产量											
木材	万m3	404	212	307	275	362	655	791	794	860	945
原木	万m3	314	188	275	256	324	612	712	722	782	843
薪材	万m3	90	24	31	19	38	43	79	72	78	102
大径竹	万根	888	4823	7180	6809	11180	13252	12754	20401	22264	23491
毛竹	万根		2072	2451	2889	2669	3478	4094	5986	6063	8191
其它	万根		2751	4729	3921	8510	9774	8660	14415	16201	15300
人造板	万m3	6	21	89	145	340	784	1816	1057	1011	1016
胶合板	万m3	1	8	25	66	59	209	1108	317	331	222
纤维板	万m3	5	4	27	51	262	387	552	514	480	541
刨花板	万m3		9	23	28	16	95	138	209	175	189
松香类产品	万吨	9	9	11	10	7	13	14	16	15	14
紫胶	吨	80	179	395		20	357	1119	702	550	656
五、林业系统机构人员											
单位个数	个	1302	1932	2062	2002	1871	2159	1810	1699	1593	1686
在岗职工人数	人	95148	90661	79952	52227	37232	35916	30424	25526	24186	23452

注：1.2019年度“造林面积”包括人工造林、飞播造林、无林地和疏林地封山育林面积。
2.2019年度“成林抚育面积”是指“中幼林抚育面积”。

9-3 各市全部林业生产情况

(2019年)　　单位：公顷

市别	当年造林面积						
	总计	人工造林	当年新封山(沙)育林面积	无林地和疏林地新封	有林地和灌木林地新封	退化林修复	人工更新
全省	244726	22132	93201	10974	65575	69898	59495
广州	3419		2953		2953		466
深圳	1975						1975
珠海	841	148	436		436	172	85
汕头	5385	1020	2547		2547	1746	72
佛山	1133	149	427		360	390	167
韶关	19670	1070	7702	188	5317	9149	1749
河源	31677	2781	12793	3674	833	10642	5461
梅州	26810	4234	6729	2193	2587	10354	5493
惠州	7061	1340	4089		4089	797	835
汕尾	27983	2616	10719		10719	8246	6402
东莞	156	43				113	
中山	206					206	
江门	20901	327	1526		1447	989	18059
阳江	6641	1962	1718		1718	877	2084
湛江	3943	1001	367		367	1571	1004
茂名	11432	459	4880	1198	2755	3210	2883
肇庆	8202	99	1900		806	1928	4275
清远	29118	1962	18310	3434	13890	4508	4338
潮州	9301	344	5600		5600	3060	297
揭阳	12582	1109	6761		6761	4712	
云浮	10820	343	2624	67	1590	7208	645
中林雷州林业公司	2736						2736
省直属林场	2584	975	1120	220	800	20	469
国家级保护区	150	150					

9-3 续表 1

(2019年) 单位：公顷

市别	育苗面积	其中：国有育苗面积	中、幼龄林抚育
全省	2348	485	502597
广州	108	18	7435
深圳	93		3540
珠海	57	1	1329
汕头	45	9	8174
佛山	50	14	3464
韶关	446	112	53903
河源	138	36	50655
梅州	213	11	110650
惠州	67		16240
汕尾	140	21	28426
东莞	16	3	1380
中山	3	3	812
江门	87	55	28077
阳江	30	15	13665
湛江	212	24	7119
茂名	39	14	21093
肇庆	139	93	28749
清远	111	19	41773
潮州	23	9	11472
揭阳	205	6	14899
云浮	126	22	22507
中林雷州林业公司			8412
省直属林场			18823
国家级保护区			

9-3 续表 2

(2019年) 单位：吨

市　别	2.油茶籽	5.竹笋干	6.板 栗
全　省	161528	60677	39589
广　州	48	90	
深　圳			
珠　海			
汕　头	222	362	
佛　山			
韶　关	16146	8647	1250
河　源	59142	1605	10109
梅　州	27336	670	4500
惠　州	1648	150	80
汕　尾	10	176	
东　莞			
中　山			
江　门			6
阳　江		500	
湛　江	698	76	
茂　名	4994	403	
肇　庆	13971	6782	8415
清　远	28995	30852	11625
潮　州	1200		
揭　阳	1691	5604	
云　浮	5406	4760	3604
中林雷州林业公司			
省直属林场	21		
国家级保护区			

9-4 各县(市、区)造林更新低产林改造面积

(2019年) 单位：公顷

县(市、区)别	人工造林(荒山造林)	人工更新	退化林修复(森林改培)	无林地和疏林地新封	有林地和灌木林地新封
广东省	**22132**	**59495**	**69898**	**10974**	**65575**
广州市		**466**			**2953**
市辖区					
天河区					
白云区		67			
黄埔区					
番禺区					
花都区		133			
南沙区					
增城市					1420
从化区					1533
流溪河林场					
大岭山林场					
增城林场		133			
梳脑林场		133			
深圳市		**1975**			
罗湖区		35			
福田区		18			
南山区					
宝安区					
龙岗区		1333			
盐田区		21			
光明新区		63			
坪山区		221			
龙华区					
大鹏新区		84			
内伶仃福田国家级自然保护区					
市局本部		200			
珠海市	**148**	**85**	**172**		**436**
市辖区					
香洲区	10		72		
斗门区	40	59	67		40
金湾区	20				
万山海洋开发实验区公共建设局					353
高新技术产业开发区	54				
高栏港经济区海洋和农渔局	24	26	33		43
横琴新区					
淇澳－担杆岛自然保护区					
汕头市	**1020**	**72**	**1746**		**2547**
龙湖区					
金平区	20				

9-4 续表 1

(2019年) 单位：公顷

县(市、区)别	人工造林(荒山造林)	人工更新	退化林修复(森林改培)	无林地和疏林地新封	有林地和灌木林地新封
濠江区			62		
潮阳区	114		652		1467
潮南区	249		757		1067
澄海区	25	5			
南澳县	612	67	275		13
市局本部					
佛山市	**149**	**167**	**390**		**360**
市辖区					
禅城区					
南海区	84		27		
顺德区	21				
三水区	26	167			86
高明区	18		363		274
云勇林场					
市林科所					
韶关市	**1070**	**1749**	**9149**	**188**	**5317**
武江区			107		
浈江区			206		135
曲江区	85		24	188	
始兴县	446	300	732		1420
仁化县	118		896		135
翁源县		1079	467		1406
乳源瑶族自治县	108	80	1031		
新丰县			358		203
乐昌市	77		1901		1948
南雄市林	236		2607		
国有韶关林场			133		
国有曲江林场		267			
国有仁化林场			263		70
国有河口林场			200		
国有九曲水林场		23	111		
国有华溪林场			113		
华南虎自然保护区					
林业科学研究所(中心苗圃)					
市野生动植物和自然保护区办					
市林业局、韶关市森林分局					
市属国有林场管理处					
河源市	**2781**	**5461**	**10642**	**3674**	**833**
市辖区(含江东新区)		133	400		
源城区	12			67	
紫金县	904	1333	2733		

9-4 续表 2

(2019年)　　　　　　　　　　　　　　　　单位：公顷

县(市、区)别	人工造林(荒山造林)	人工更新	退化林修复(森林改培)	无林地和疏林地新封	有林地和灌木林地新封
龙川县	158	267	3087	2067	
连平县	358	933	1187		833
和平县	460	1962	2144	1387	
东源县	647	467	333	153	
新丰江		366			
牛岭水林场	242				
下石林场			25		
黎明林场			433		
桂山林场			50		
红星林场			250		
坪山林场					
梅州市	**4234**	**5493**	**10354**	**2193**	**2587**
梅江区		600	277		400
梅县	333		3118		633
大埔县	301	1000	908		
丰顺县	2000	1000	938		
五华县	1333	1347	2597		1021
平远县	67			1508	
蕉岭县		213	600		533
兴宁市	200	1333	1916	685	
梅南林场					
洲瑞林场					
大埔林场					
水口林场					
七畲径林场					
林业科学研究所					
惠州市	**1340**	**835**	**797**		**4089**
市辖区					
惠城区	133	125	42		
惠阳区			440		
大亚湾区					
仲恺区			74		
博罗县	133	44	109		667
惠东县	714	458	35		1889
龙门县	167	69	97		333
梁化林场		52			
九龙峰林场	60				
罗浮山林场					
象头山林场	67	67			
汤泉林场					
平安林场	20	20			

9-4 续表 3

(2019年) 单位：公顷

县(市、区)别	人工造林(荒山造林)	人工更新	退化林修复(森林改培)	无林地和疏林地新封	有林地和灌木林地新封
鸡笼山林场					
水东陂林场					
油田林场	46				
东江林场					
市林科所					
市局本部					
罗浮山省级自然保护区					
龙门南昆山省级自然保护区					1200
惠东古田省级自然保护区					
惠东莲花山白盆珠省级自然保护区					
汕尾市	**2616**	**6402**	**8246**		**10719**
城区	135	237	810		1333
红海湾经济开发区农林水务局	442		1232		667
海丰县	475	4604	600		3473
陆河县林业局	299	27	3640		1000
陆丰市林业局	1265	1517	1609		4226
黄羌林场					
吉溪林场					
红岭林场		17			20
罗经嶂林场					
东海岸林场			145		
湖东林场			65		
市局本部					
东莞市	**43**		**113**		
市自然保护区森林公园管理办					
银瓶山森林公园					
大岭山森林公园	18				
大屏嶂森林公园					
市林科所					
市公安局森林分局					
市局本部	25		113		
中山市					
江门市	**327**	**18059**	**989**		**1447**
蓬江区		291	60		3
江海区	5				
新会区		2048	348		470
台山市	97	5351			737
开平市	167	3200	100		
鹤山市	35	2596	74		237

9-4 续表 4

(2019年) 单位：公顷

县(市、区)别	人工造林（荒山造林）	人工更新	退化林修复（森林改培）	无林地和疏林地新封	有林地和灌木林地新封
恩平市	19	3533	248		
古兜山林场		166			
大沙林场		428	159		
狮山林场		180			
河排林场	4	187			
西坑林场		45			
古斗林场		34			
四堡林场					
林业科学研究所					
市局本部					
阳江市	**1962**	**2084**	**877**		**1718**
江城区林业局					
海陵岛试验区	39	8			
高新区林业局	71	6	3		
阳西县林业局	7	7			
阳东区林业局	130	309	225		298
阳春市林业局	433	768	133		319
阳江林场	514	736	400		1019
花滩林场	552	213	53		41
森林公园管理处	216	37	63		41
河尾山林场					
市公安局森林公安分局					
野生动植物保护站					
市局本部					
林业有害生物防治检疫					
百涌自然保护区					
湛江市	**1001**	**1004**	**1571**		**367**
坡头区	120		180		
麻章区	150	251			
开发区	34	102	207		
遂溪县	132	7	139		100
徐闻县	134	3	217		
廉江市	133	322	650		100
雷州市林业局	267	67	58		167
吴川市	20		120		
国营防护林场		66			
国营东海林场	11	12			
国营吴川林场		6			
市林业良种繁育场					
市林科所					
市局本部		168			

9-4 续表 5

(2019年) 单位：公顷

县(市、区)别	人工造林(荒山造林)	人工更新	退化林修复(森林改培)	无林地和疏林地新封	有林地和灌木林地新封
茂名市	**459**	**2883**	**3210**	**1198**	**2755**
市辖区			33		
茂南区	9	77			
高州市林业局	26	862	867		2422
化州市林业局	281	413		333	
信宜市		600	1756	865	
电白区林业局	143	67	554		333
八一林场					
厚元林场					
大雾岭林场					
东镇林场					
新田林场		127			
荷塘林场		200			
文楼林场		164			
播扬林场		100			
平定林场		68			
丽岗林场		82			
电白林场		123			
河尾山林场					
云开山自然保护区					
市林科所					
市森林公园管理处					
市野生动物救护研究中心					
市防治检疫办					
市生态中心					
市保护办					
肇庆市	**99**	**4275**	**1928**		**806**
高新区					
端州区					
鼎湖区					
广宁县		533	398		200
怀集县	33	1000	409		
封开县	33	1013			233
德庆县	33	751	65		346
高要市			610		
四会市		333	113		
市国有北岭山林场		60	7		27
清桂林场		37	53		
葵洞林场		27	6		
大南山林场		93			
大水口林场		125	67		

9-4 续表 6

(2019年)　　单位：公顷

县(市、区)别	人工造林（荒山造林）	人工更新	退化林修复（森林改培）	无林地和疏林地新封	有林地和灌木林地新封
市国有大坑山林场		116			
市国有新岗林场		187	200		
市局本部					
清远市	**1962**	**4338**	**4508**	**3434**	**13890**
清城区	333		333		
佛冈县		333	410		373
阳山县	428	1187	213		6384
连山壮族瑶族自治县			574	334	
连南瑶族自治县林业局		510	393	600	
清远市清新区林业局	284	766	510	2500	
英德市林业局	458	848	740		7133
连州市	227		1335		
银盏林场					
笔架山林场					
天堂山林场					
英德林场		353			
长江坝林场					
金鸡林场		79			
铁溪林场					
国营羊角山林场		5			
小龙林场	167	167			
龙坪林场	20	20			
杨梅林场	45	70			
市局本部					
潮州市	**344**	**297**	**3060**		**5600**
市辖区	66				
湘桥区农林业局	15	36	27		333
枫溪区农林水局					
潮安区林业局	83	63	940		2214
饶平县林业局	126	180	2093		3053
韩江林场	54				
凤凰山自然保护区					
揭阳市	**1109**		**4712**		**6761**
市辖区					
榕城区	10		25		307
揭东区	100		433		667
揭西县	275		1400		3367
惠来县	457		1200		1400
普宁市	267		1654		1020
大南山侨区					

9-4 续表 7

(2019年)　　单位：公顷

县(市、区)别	人工造林(荒山造林)	人工更新	退化林修复(森林改培)	无林地和疏林地新封	有林地和灌木林地新封
空港经济区					
蓝城区					
后溪林场					
云浮市	**343**	**645**	**7208**	**67**	**1590**
云城区	92		912		167
新兴县	67		1258	67	
郁南县	33	340	1509		
云安区	84		2042		696
罗定市	67		1487		727
大云雾林场		102			
市国有龙埔林场		136			
飞马林场		30			
同乐林场		37			
水台林场					
中林雷州林业公司		**2736**			
省直属林场	**975**	**469**	**20**	**220**	**800**
西江林业局		67			
乳阳林业局	157	83			
沙头角林场					
龙眼洞林场		5			
天井山林场	19	165			500
樟木头林场	58				
乐昌林场	133				
连山林场					
东江林场	110				
九连山林场			20	47	
德庆林场	225			173	
郁南林场	223	99			300
云浮林场	50	50			
国家级自然保护区	**150**				
南岭国家级自然保护区					
湛江红树林国家级自然保护区	150				
车八岭国家级自然保护区					
象头山国家级自然保护区					
石门台国家级自然保护区					

9-5 主要经济林产品生产情况

单位：吨

项　目	2017	2018	2019
主要经济林产品生产情况	**11112480**	**10991510**	**12101367**
一、水果产量	**10371713**	**10160555**	**11217830**
二、干果产量	**68516**	**70578**	**77545**
其中：板栗	25922	25505	39589
枣(干重)	2100	2700	2832
三、林产饮料产品(干重)	**63272**	**85153**	**89184**
四、林产调料产品(干重)	**58881**	**62487**	**66690**
五、森林食品(干重)	**76993**	**79916**	**114465**
其中：竹笋干	57503	54779	60677
六、森林药材	**77722**	**100604**	**114465**
七、木本油料	**129815**	**154008**	**164802**
其中：油茶籽	125195	149194	161528
其他木本油料	4620	4814	3274
八、林产工业原料	**265568**	**278209**	**286428**
其中：紫胶(原胶)	748	573	656

注：2019年国家林业统计制度修订后花卉生产情况指标没有列进统计指标，没有相关数据。

9-6 全部林业产业产值

(2019年)　　单位：万元

指　　标	总产值	指　　标	总产值
林业产业产值	**84159503**	(2)人造板制造	2681348
一、第一产业	**11031591**	(3)木质制品制造	1525687
(一)涉林产业合计	10880242	(4)竹、藤、棕、苇制品制造	436622
1.林木育种和育苗	120261	2.木、竹、藤家具制造	17265321
(1)林木育种	17089	3.木、竹、苇浆造纸和纸制品	22909622
(2)林木育苗	103172	(1)木、竹、苇浆制造	464094
2.营造林	643516	(2)造纸	10192956
3.木材和竹材采运	1137157	(3)纸制品制造	12252572
(1)木材采运	825920	4.林产化学产品制造	483899
(2)竹材采运	311237	5.木质工艺品和木质文教体育用品制造	198204
4.经济林产品的种植与采集	6476296	6.非木质林产品加工制造业	6865775
(1)水果种植	4648853	(1)木本油料、果蔬、茶饮料等加工制造	5663501
(2)坚果、含油果和香料作物种植		(2)野生动物食品与毛皮革等加工制造	601347
(3)茶及其他饮料作物的种植	463063	(3)森林药材加工制造	600927
(4)森林药材种植	466767	7.其他	932828
(5)森林食品种植		(二)林业系统非林产业	127097
(6)林产品采集	897613	三、第三产业	18664151
5.花卉及其他观赏植物种植	2458965	(一)涉林产业合计	18550846
6.陆生野生动物繁育与利用	44047	1.林业生产服务	14656
(二)林业系统非林产业	151349	2.林业旅游与休闲服务	18194446
二、第二产业	54463761	3.林业生态服务	138398
(一)涉林产业合计	54336664	4.林业专业技术服务	59506
1.木材加工和木、竹、藤、棕、苇制品制造	5681015	5.林业公共管理及其他组织服务	143840
(1)木材加工	1037358	(二)林业系统非林产业	113305

注：1.水果种植产值包含了坚果、含油果和香料作物种植产值，统计数值未进一步细分；
　　2.森林药材种植产值包含了森林食品种植产值，统计数数未进一步细分。

9-7 各市全部林业产业产值

(2019年) 单位：万元

市别	林业产业产值	第一产业	第二产业	第三产业
全省	84159503	11031591	54463761	18664151
广州	11188516	920683	6694883	3572950
深圳	10869956	1036036	5453320	4380600
珠海	1324036	48586	807561	467889
汕头	672425	48522	488932	134971
佛山	11150227	268548	10861836	19843
韶关	2395600	766859	395614	1233127
河源	1342206	628141	175787	538278
梅州	1461283	502900	406737	551646
惠州	2477386	488403	1181645	807338
汕尾	738361	149026	448724	140611
东莞	14435961	32229	13341337	1062395
中山	4899136	380385	3744257	774494
江门	4142566	470550	2889658	782358
阳江	2127577	218250	1151762	757565
湛江	2752074	270727	2146889	334458
茂名	2135407	1316039	351047	468321
肇庆	4875186	1394405	2930646	550135
清远	2793422	1075173	588379	1129870
潮州	429012	180595	20166	228251
揭阳	948358	195309	304998	448051
云浮	753402	589641	41806	121955
中林雷州林业公司	127350	32786	5989	88575
省直属林场	71640	17693	31788	22159
国家级自然保护区	3687	105		3582
省直其他林业单位	44729			44729

注：省直其他林业单位不包括省级自然保护区管护机构。

9-8 各市商品材产量

(2019年)　　单位：立方米

市　　别	商品材总产量		
	合　　计	原 木	薪 材
全　　省	9450871	8434123	1016748
广　　州	205519	205519	
深　　圳	38623		38623
珠　　海			
汕　　头	7428	4878	2550
佛　　山	110432	101054	9378
韶　　关	1068814	946284	122530
河　　源	740656	672024	68632
梅　　州	448709	435257	13452
惠　　州	648849	529291	119558
汕　　尾	142397	128146	14251
东　　莞	3277		3277
中　　山	3734		3734
江　　门	803601	803601	
阳　　江	525785	488782	37003
湛　　江	551219	423650	127569
茂　　名	343828	343828	
肇　　庆	1621600	1263366	358234
清　　远	1104567	1088165	16402
潮　　州	143556	116441	27115
揭　　阳	133192	122705	10487
云　　浮	484866	484866	
中林雷州林业公司	186190	146030	40160
省直属林场	134029	130236	3793
国家级保护区			

9-9 各市大径竹生产情况

(2019年) 单位：根

市别	大径竹总产量		
	合计	毛竹	其他
全省	234913883	81914462	152999421
广州	1483018	502588	980430
深圳			
珠海			
汕头	122122	122122	
佛山			
韶关	34273840	18077150	16196690
河源	10790500	8240500	2550000
梅州			
惠州	6556168	2871040	3685128
汕尾	804281	777034	27247
东莞			
中山			
江门	1410000	190000	1220000
阳江	5510276	191724	5318552
湛江	7162976	7120976	42000
茂名	88298180	18909307	69388873
肇庆	65107867	14639424	50468443
清远	5420707	4063014	1357693
潮州			
揭阳	4051238	2309773	1741465
云浮	3922710	3899810	22900
省直属林场			
国家级保护区			

9-10 林产工业主要产品产量

项　　目	计量单位	2017	2018	2019
木材加工及竹藤棕草制品				
一、锯材	立方米	2118160	1789871	1979470
1.普通锯材	立方米	2090527	1722124	1963170
2.特种锯材	立方米	27633	67747	16300
二、人造板	立方米	10568812	10113910	10164354
(一)胶合板	立方米	3167023	3307419	2219363
其中：竹胶合板	立方米	47036	78603	5036
(二)纤维板	立方米	5137387	4796599	5408046
1.木质纤维板	立方米	5068387	4791399	5402646
其中：中密度纤维板	立方米	4362827	4434702	4198808
2.非木质纤维板	立方米	69000	5200	5400
(三)刨花板	立方米	2088882	1749061	1885253
四、木竹地板	平方米	11936836	13478482	21649066
1.实木地板	平方米	4607462	6064794	6150786
2.实木复合木地板	平方米	7278026	7340655	15498280
林产化学产品				
一、松香类产品	吨	155828	150573	136546
1.松香	吨	101831	94407	84664
2.松香油深加工	吨	53997	56166	51882
六、紫胶类产品	吨	702	550	656

9-11 各市林产工业主要产品产量

单位：立方米

市别	锯材	人造板		
		合计	胶合板	纤维板
全省	1979470	10164354	2219363	5408046
广州	106341	184535	155067	
深圳				
珠海				
汕头				
佛山	31600	674309	388168	286141
韶关	117799	1421439	164443	429344
河源	70225	270184	133091	80000
梅州	49818	154220	93735	57235
惠州	292115	686140	43452	81933
汕尾	97440	88120		75600
东莞		271703	141004	82549
中山	3734	68815		
江门	426727	999777	135885	863892
阳江	1250	1267510	95000	1172510
湛江	107474	926778	588818	194802
茂名	89652	681895	89693	333159
肇庆	393606	2111523	128495	1673981
清远	57014	233274	12800	4900
潮州	23626	17370	14950	
揭阳	20221	31902	31902	
云浮	90828	74860	2860	72000
中林雷州林业公司				

9-11 续表

市别	人造板		木竹地板	松香类产品(吨)	
	刨花板	其它			松香
全省	1885253	651692	21649066	136546	84664
广州	29468		3135220		
深圳					
珠海					
汕头			2200000		
佛山			1435070		
韶关	749652	78000			
河源	24093	33000		20	20
梅州	3250				
惠州	560755				
汕尾	12000	520		361	361
东莞	41400	6750			
中山	67821	994	14712676		
江门			157900	2000	2000
阳江				5527	5527
湛江	143158			1705	1705
茂名	253656	5387		452	452
肇庆		309047		110576	58694
清远		215574		5473	5473
潮州		2420			
揭阳					
云浮			8200	10432	10432
中林雷州林业公司					

9-12 各县(市、区)主要林产品产量

县(市、区)别	商品材(立方米)			大径竹(根)			松香类产品(吨)
	合计	原木	薪材	合计	毛竹	其他	
广东省	**9450871**	**8434123**	**1016748**	**234913883**	**81914462**	**152999421**	**136546**
广州市	**205519**	**205519**		**1483018**	**502588**	**980430**	
天河区	203	203					
白云区	8242	8242					
黄埔区							
番禺区							
花都区	19312	19312					
南沙区							
增城市	80667	80667					
从化区	89508	89508					
流溪河林场							
大岭山林场							
增城林场	7587	7587					
梳脑林场							
深圳市	**38623**		**38623**				
罗湖区							
福田区							
南山区							
宝安区							
龙岗区							
盐田区							
光明区							
坪山区							
龙华区							
大鹏新区							
珠海市							
香洲区							
斗门区							
金湾区							
万山海洋开发实验区							
高新技术产业开发区							
高栏港经济区							
横琴新区							
汕头市	**7428**	**4878**	**2550**	**122122**	**122122**		
龙湖区							
金平区							
濠江区							
潮阳区				122122	122122		

9-12 续表 1

县(市、区)别	商品材(立方米)			大径竹(根)			松香类产品(吨)
	合计	原木	薪材	合计	毛竹	其他	
潮南区							
澄海区	4878	4878					
南澳县	2550		2550				
佛山市	**110432**	**101054**	**9378**				
禅城区							
南海区	4051	4051					
顺德区							
三水区	9378		9378				
高明区	97003	97003					
云勇林场							
韶关市	**1068814**	**946284**	**122530**	**34273840**	**18077150**	**16196690**	
武江区	73000	58000	15000	689372	689372		
浈江区	80043	80043		360600	322000	38600	
曲江区	121778	121778		1551139	1012710	538429	
始兴县	111645	83292	28353	6493361	2318534	4174827	
仁化县	64292	64292		10889288	7037846	3851442	
翁源县	216545	216545		2313332	710163	1603169	
乳源瑶族自治县	96162	66290	29872	89444	70000	19444	
新丰县	143352	102451	40901	158288	83660	74628	
乐昌市	93058	91664	1394	1530513	1530513		
南雄市	25149	18139	7010	10198503	4302352	5896151	
韶关林场	8685	8685					
曲江林场	9593	9593					
仁化林场	12763	12763					
河口林场	9264	9264					
九曲水林场	1838	1838					
华溪林场	1647	1647					
河源市	**740656**	**672024**	**68632**	**10790500**	**8240500**	**2550000**	**20**
市辖区	8200	8200					
源城区	4862	4862					
紫金县林业局	282231	247912	34319	3480000	3480000		
龙川县	109097	103855	5242	985500	985500		
连平县	53085	53085		200000	150000	50000	20
和平县	65500	58000	7500	6000000	3500000	2500000	
东源县林业局	164400	149200	15200	100000	100000		
新丰江林管局	45191	38820	6371				
牛岭水林场							
牛岭水林场	1100	1100		15000	15000		

9-12 续表 2

县(市、区)别	商品材(立方米)			大径竹(根)			松香类产品(吨)
	合计	原木	薪材	合计	毛竹	其他	
下石林场	2300	2300					
黎明林场				10000	10000		
桂山林场							
红星林场	4690	4690					
坪山林场							
梅州市	**448709**	**435257**	**13452**				
梅江区	21873	21873					
梅　县	80300	80300					
大埔县	99962	86960	13002				
丰顺县	98325	98325					
五华县	94369	94369					
平远县	27948	27948					
蕉岭县	17417	16967	450				
兴宁市	8515	8515					
梅南林场							
洲瑞林场							
大埔林场							
国有水口林场							
七畲径林场							
惠州市	**648849**	**529291**	**119558**	**6556168**	**2871040**	**3685128**	
惠城区	86982	86982		115125	104764	10361	
惠阳区	15284	15284					
大亚湾							
仲恺区	11575	8105	3470				
博罗县	150306	150306		4600599	2504909	2095690	
惠东县	226914	150437	76477				
龙门县	140536	102956	37580	1840444	261367	1579077	
梁化林场							
九龙峰林场							
罗浮山林场							
象头山林场	8038	8038					
汤泉林场	1743	1743					
平安林场	300	300					
鸡笼山林场	7171	5140	2031				
水东陂林场							
油田林场							
东江林场							

9-12 续表 3

县(市、区)别	商品材(立方米)			大径竹(根)			松香类产品(吨)
	合计	原木	薪材	合计	毛竹	其他	
汕尾市	**142397**	**128146**	**14251**	**804281**	**777034**	**27247**	**361**
城　区				45511	37391	8120	
红海湾开发区							
海丰县	66673	54922	11751				
陆河县	46669	44169	2500	428500	428500		361
陆丰市	29055	29055		330270	311143	19127	
东海岸林场							
黄羌林场							
吉溪林场							
红岭林场							
罗经嶂林场							
东海岸林场							
河尾山林场							
东莞市	**3277**		**3277**				
银瓶山森林公园							
大岭山森林公园							
大屏嶂森林公园							
东莞市	3277		3277				
中山市	**3734**		**3734**				
江门市	**803601**	**803601**		**1410000**	**190000**	**1220000**	**2000**
蓬江区	17579	17579					
江海区	183	183					
新会区	67232	67232		190000	190000		
台山市	205600	205600					
开平市	168748	168748		1220000		1220000	
鹤山市	189599	189599					
恩平市	78491	78491					
古兜山林场	4942	4942					
大沙林场	11685	11685					
狮山林场	13937	13937					2000
河排林场	28751	28751					
西坑林场	4370	4370					
古斗林场	2287	2287					
四堡林场	10197	10197					

9-12 续表 4

县(市、区)别	商品材(立方米)			大径竹(根)			松香类产品(吨)
	合计	原木	薪材	合计	毛竹	其他	
阳江市	**525785**	**488782**	**37003**	**5510276**	**191724**	**5318552**	**5527**
江城分区							625
海陵试验区	1110	1110					
阳江高新区	6650	4520	2130				
阳西县	21151	21151					4000
阳东区	55198	55198					
阳春市	339540	339540		5510276	191724	5318552	902
阳江林场	94251	59378	34873				
花滩林场	7885	7885					
阳春市河尾山林场							
湛江市	**551219**	**423650**	**127569**	**7162976**	**7120976**	**42000**	**1705**
坡头区	20823	20823					
麻章区	15000	15000		42000		42000	
开发区	6468	4527	1941				
遂溪县	74665	74665		931354	931354		
徐闻县	37570	36874	696				
廉江市	152638	96162	56476	4939622	4939622		1705
雷州市	195330	136731	58599	1250000	1250000		
吴川市	48585	38868	9717				
防护林场							
东海林场	140		140				
吴川林场							
茂名市	**343828**	**343828**		**88298180**	**18909307**	**69388873**	**452**
茂南区	9863	9863					
高州市	66545	66545		8395723	1695171	6700552	
化州市	79336	79336		6737956	6264660	473296	452
信宜市	128450	128450		65114761	4896118	60218643	
电白区	24260	24260		8049740	6053358	1996382	
八一林场	338	338					
厚元林场							
大雾岭林场							
东镇林场	184	184					
新田林场	2526	2526					
荷塘林场	8538	8538					
文楼林场	5843	5843					
播扬林场	8347	8347					
平定林场	3501	3501					
丽岗林场	4306	4306					
电白林场	1791	1791					
河尾山林场							

9-12 续表 5

县(市、区)别	商品材(立方米)			大径竹(根)			松香类产品(吨)
	合计	原木	薪材	合计	毛竹	其他	
肇庆市	**1621600**	**1263366**	**358234**	**65107867**	**14639424**	**50468443**	**110576**
端州区	4109	4109					
鼎湖区	18232	18232		455040	129532	325508	
大旺综合经济开发区	728	728					
广宁县	146885	146885		6511517	6511517		
怀集县	597312	311690	285622	49937296	6597961	43339335	33883
封开县	215948	215948		1400414	1400414		16973
德庆县	196114	157997	38117				48720
高要区	250450	250450					11000
四会市	153186	118691	34495	6500000		6500000	
北岭山林场	787	787					
清桂林场	1964	1964					
葵洞林场	4285	4285					
大南山林场	5427	5427					
大水口林场	10230	10230					
大坑山林场	5626	5626		303600		303600	
新岗林场	10317	10317					
清远市	**1104567**	**1088165**	**16402**	**5420707**	**4063014**	**1357693**	**5473**
清城区	91563	91563		1032192	246534	785658	
佛冈县	128757	128757		1410164	1182321	227843	116
阳山县	13890	13890		822245	822245		
连山壮族瑶族自治县	55829	55829		401538	275846	125692	5079
连南瑶族自治县	45770	45770		886900	668400	218500	
清新区	208978	200277	8701				
英德市	435700	435700		249782	249782		278
连州市	89748	89748		617886	617886		
银盏林场	2409	1881	528				
笔架山林场	1966	1966					
英德林场	14367	7372	6995				
金鸡林场	4881	4827	54				
清远市羊角山林场							
小龙林场	10709	10585	124				
清远市龙坪林场							
杨梅林场							
潮州市	**143556**	**116441**	**27115**				
湘桥区	5687	5687					
枫溪区							

9-12 续表 6

县(市、区)别	商品材(立方米)			大径竹(根)			松香类产品(吨)
	合计	原木	薪材	合计	毛竹	其他	
潮安区	24527	24527					
饶平县	98842	71727	27115				
凤泉湖高新区							
韩江林场	14500	14500					
揭阳市	**133192**	**122705**	**10487**	**4051238**	**2309773**	**1741465**	
榕城区							
揭东区	10768	10768					
揭西县	24969	14482	10487	1756600	27730	1728870	
惠来县	56310	56310		1673842	1670843	2999	
普宁市	37431	37431		321200	321200		
空港经济区				299596	290000	9596	
蓝城区	3714	3714					
云浮市	**484866**	**484866**		**3922710**	**3899810**	**22900**	**10432**
云城区	57242	57242		3611680	3611680		9500
新兴县	130073	130073					547
郁南县	80220	80220		311030	288130	22900	15
云安区	75588	75588					
罗定市	111620	111620					
大云雾林场	9837	9837					205
龙埇林场	13176	13176					
飞马林场							160
同乐林场	4049	4049					
水台林场	3061	3061					5
中林集团雷州林业局	186190	146030	40160				
广东省西江林场	7387	7387					
广东省沙头角林场							
广东省乳阳林场							
广东省龙眼洞林场							
广东省天井山林场	4336	4336					
广东省樟木头林场	4156	4156					
广东省乐昌林场	4693	4693					
广东省连山林场	8083	8083					
广东省东江林场	17156	17156					
广东省九连山林场	163	163					
广东省德庆林场	51905	48750	3155				
广东省郁南林场	29245	29245					
广东省云浮林场	6905	6267	638				

9-13 各市生态公益林重点工程建设投资完成情况

(2019年) 单位:万元

市别	合计	沿海防护林工程	珠江流域防护林工程
全省	1768	1736	32
广州			
深圳			
珠海	85	85	
汕头	58	58	
佛山			
韶关			
河源	32		32
梅州			
惠州			
汕尾	204	204	
东莞			
中山			
江门			
阳江	589	589	
湛江	182	182	
茂名			
肇庆			
清远			
潮州	618	618	
揭阳			
云浮			
中林雷州林业公司			
省直属林场			
国家级保护区			

9-14 林业投资完成与资金来源情况

单位：万元

项　　目	2018年	2019年	2019年比2018年增长(%)
一、本年计划投资			
二、自年初累计完成投资	867790	907967	4.63
1.生态修复治理		492547	
其中：造林与森林抚育		338494	
草原保护修复			
湿地保护与恢复		40735	
防沙治沙		149	
2.林(草)产品加工制造		760	
3.林业草原服务、保障和公共管理		414660	
其中：林业草原有害生物防治		14744	
林业草原防火		22594	
自然保护地监测管理		20997	
野生动物植物保护		10323	

注：2018年完成投资额分类统计口径与2019年不同。

9-15 林业系统从业人员与劳动报酬

(2019年)

项　目	单位个数(个)	单位从业人员(人)				离岗仍保留劳动关系的职工(人)	年末离退休人员(人)	在岗职工年人均工资(元/人)
		合计	在岗职工		其他从业人员(人)			
			小计	其中：专业技术人员				
总　计	1592	26695	23452	4240	3243	228	28156	107542
一、企业	62	2638	2053	708	585	26	3939	76244
二、事业	1249	17018	14862	3532	2156	186	19927	96047
三、机关	281	7039	6537	—	502	16	4290	142306

9-16 各市林业系统从业人员与劳动报酬

(2019年)

项目	单位个数(个)	单位从业人员(人)				离岗仍保留劳动关系的职工(人)	年末离退休人员(人)	在岗职工年人均工资(元/人)
		合计	在岗职工		其他从业人员			
			小计	其中：专业技术人员				
全省	1592	26,695	23452	4240	3243	228	28156	107542
广州	44	2,133	2017		116	3	1644	144936
深圳	17	343	278	54	65		51	209016
珠海	9	174	129	3	45			43845
汕头	14	192	137	26	55	1	101	123780
佛山	19	220	220	49			168	135246
韶关	193	2,824	2443	400	381	46	3237	90859
河源	214	1,778	1613	451	165	3	1524	86505
梅州	103	1,195	1134	303	61	1	1218	92418
惠州	201	1,487	1385	125	102	2	1378	108658
汕尾	52	626	577	22	49	44	623	75179
东莞	6	725	266	70	459	2	289	228369
中山	26	1,090	591	461	499		129	181294
江门	46	1,007	705	127	302		1207	146234
阳江	34	703	682	162	21	99	1065	86129
湛江	121	1,478	1470	170	8		1269	81388
茂名	50	1,284	1122	119	162		1794	79968
肇庆	123	1,826	1549	262	277		1912	103446
清远	108	2,197	2011	273	186	6	2106	103973
潮州	43	422	407	30	15		644	68708
揭阳	37	508	508	109		10	602	64093
云浮	85	661	631	78	30		516	101222
雷州林业局	13	1,258	1258	264			2941	45099
省直属林场	13	1611	1418	355	193	11	3179	78556
国家级保护区	10	200	151	50	49		21	220978
省直其他林业单位	11	753	750	277	3		538	308119

十、畜牧业与饲料工业

畜牧业与饲料工业

一、畜牧业生产

（一）畜禽生产。2019年广东省畜牧业总产值1404.13亿元，比上年减少5.2%，占农林牧渔业总产值19.6%；肉类产量412.1万吨，减少8.4%；禽蛋41.48万吨，增长5.7%；牛奶13.92万吨，增长0.2%。出栏生猪2940.17万头，减少21.8%；出栏家禽121183.46万只，增加10.9%；出栏肉牛33.3万头，增长0.3%；出栏肉羊110.9万头，增长0.3%。

1. 稳定生猪生产保障市场供应。受非洲猪瘟疫情和各地扩大禁养区、清拆养殖场影响，生猪产能出现阶梯式下滑，我省积极应对出台一系列稳产保供措施，推动生猪复产扩产形势转好。一是积极推进生猪稳产保供工作。召开中南六省区和省内生猪产销对接会，与云南、江西两省签署了生猪稳产保供战略合作框架协议，协调建立了粤桂、粤滇生猪“点对点”调运模式，组织7个市、县政府与10家知名企业签订了建设标准化规模养猪场招商投资意向书，计划新增约1500万头规模化养猪产能，6个主销区市与6家大型生猪生产企业签订了产销对接协议。二是制定生猪稳产保供政策文件。印发《广东省生猪生产发展总体规划和区域布局（2018–2020年）》，确保全省生猪自给率稳定在70%以上。出台稳产保供“猪十条”，落实用地、环保、财政、金融等扶持政策支持养殖场户升级改造和复产扩产，引进大型企业发展标准化规模养殖。出台《广东省人民政府办公厅关于加快推进生猪家禽产业转型升级的意见》，推动小散养殖向标准化规模养殖转型、粗放养殖向绿色科学养殖转型、小型屠宰场向现代化屠宰企业转型、调畜禽向调肉品转型等“四个转型”。三是加大财政金融政策扶持力度。落实中央和省级财政资金约7.2亿元，支持规模养殖场建设补助、贷款贴息、粪污资源化利用、生猪调出大县奖励、动物疫情处置和扑杀补助等。组织申报2020年中央预算内生猪规模养殖场建设补助和畜禽粪污资源化利用整县推进项目。省农业供给侧结构性改革基金出资21亿元，联合广东温氏、广东海大、新希望、江西正邦等省内外龙头企业，建立8个子基金，撬动社会资本66.5亿元投入生猪产业建设。四是强化禁养区排查与规范调整。省生态环境厅牵头、农业农村厅配合认真组织各地开展畜禽养殖禁养区排查，取消无法律法规依据及超范围划定的禁养区，为生猪复产扩产创造有利条件。

2. 推进畜禽养殖废弃物资源化利用。全面加快推进畜禽养殖废弃物资源化利用，2019年全省畜禽粪污综合利用率82.4%，规模养殖场、大型规模养殖场粪污处理设施配套装备率分别达94.9%、100%，完成年度考核目标。一是加快整县推进项目实施。印发《关于申报2019年中央财政畜禽粪污资源化利用项目的通知》，组织项目县编制实施方案，组织指导项目县填报全国投资项目在线审批监管平台和农业建设项目管理平台。支持全省畜禽养殖场提升粪污处理及资源化利用设施设备配套，推进源头减量、过程控制和末端利用。督促指导和推进15个中央粪污资源化利用整县推进项目建设，组织申报2020年非畜牧大县畜禽粪污资源化利用整县推进项目5个。二是加强技术推广和示范带动。印发《广东省畜禽粪污处理与资源化利用技术指南》《广东省畜禽养殖废弃物综合处理利用技术模式》，作为养殖场粪污处理与资源化利用工程环评和验收的技术依据。印发《2019年广东省现代化美丽牧场示范创建活动工作方案》，评选16家现代化美丽牧场，提升示范带动效应。三是推动种养循环发展。促进种养业协调布局，规划引导畜牧业有序发展，组织各地级以上市编制种养循环发展规划，加强粪肥和沼液科学还田利用，统筹构建养殖主体小循环、区域中循环和县域大循环的废弃物收集、转化、利用网络体系。

（二）饲料生产。2019年，全省饲料行业大力推进饲料业转型升级和结构调整，积极应对养殖业发展新形势新变化，全省饲料业发展总体平稳。受生猪产能下滑等因素影响，全省饲料工业产量和产值同比下降，饲料产品结构性调整，生猪饲料较大幅度下降，家禽、水产等饲料均有不同幅度增长。2019 年全省饲料工业总产值 1067 亿元，同比下降 11.2%，其中饲料产品总产值 1012 亿元，同比下降 13.4%，饲料添加剂总产值 55 亿，同比增长 52.6%。饲料产品总产量 2923.8 万吨，同比下降 8.3%，饲料添加剂总产量 17.2 万吨，同比增长 18.6%。

在饲料产品中，配合饲料 2840.52 万吨、浓缩料 24.29 万吨、添加剂预混合饲料 57.30 万吨、宠物饲料 1.68 万吨，同比分别增长 -7.9%、-38.5%、-10.3%和 52.1%。在配合饲料中，猪饲料 880.5 万吨、蛋禽料 204.13 万吨、肉禽料 1106.85 万吨、水产料 636.19 万吨、精料补充料 5.62 万吨、其他饲料 7.22 万吨，分别同比增长 -38.5%、11.8%、25.7%、9.7%、22.6%和 67.7%。

全省共有饲料和饲料添加剂生产企业 914 家，持有生产许可证 1041 个，其中浓配饲料 467 个、单一饲料 104 个、添加剂预混合饲料 255 个、饲料添加剂 71 个、混合型饲料添加剂 144 个。

（三）兽药生产。2019 年，全省有兽药 GMP 生产企业 104 家，其中，生物制品企业 9 家，原料药生产企业 6 家，中化药企业 89 家。据统计，全省年产兽药 38.1 亿元，年销售额 34.28 亿元，排全国第六。全省有兽药经营企业 3562 家，100%实现系统注册入网，实施追溯率为 90%以上。

二、畜牧业扶持政策

1. 继续实施畜禽粪污资源化利用整县推进项目，并在 2020 年新增支持非畜牧大县。

2. 对 2020 年底前新建、改扩建种猪场、规模猪场（户）和禁养区内规模养猪场（户）异地重建等给予适当补助，支持动物防疫、粪污处理、养殖环境控制、自动饲喂等基础设施建设。

3. 种猪场和 5000 头以上规模猪场流动资金贷款贴息实施期限延长至 2020 年 12 月 31 日，在延长期内，将符合规定的种猪场、规模猪场用于新建、改扩建猪场的建设资金纳入支持范围。将贷款贴息补助范围扩大到年出栏 500 头以上规模猪场。

4. 自 2019 年 5 月 1 日至 2020 年 12 月 31 日，将能繁母猪保额从 1000-1200 元增加至 1500 元、育肥猪保额从 500-600 元增加至 800 元。鼓励具备条件地方扩大生猪价格保险试点。

5. 2019 年适当增加生猪调出大县奖励资金规模，重点支持生猪生产发展、动物疫病防控和流通基础设施建设。

6. 非洲猪瘟强制扑杀补助经费由现行按年度结算调整为每半年结算发放一次，中央和省级财政资金下达后，县市要在三个月内将补助资金给付到位。

7. 强化省级财政的统筹作用，对非洲猪瘟防控经费保障、落实稳定生猪生产、强制扑杀补助等政策措施确有困难的县市，可降低或取消县市财政承担比例。

8. 生猪养殖用地按农用地管理，不需办理建设用地审批手续。在不占用永久基本农田前提下，合理安排生猪养殖用地空间，允许生猪养殖用地使用一般耕地，作为养殖用途不需耕地占补平衡。养殖设施原则上不得使用永久基本农田，涉及少量永久基本农田确实难以避让的，允许使用但必须补划。

9. 养殖设施允许建设多层建筑。生猪养殖圈舍、场区内通道及绿化隔离带等生产设施用地，根据养殖规模确定用地规模；增加附属设施用地规模，取消 15 亩上限规定，保障生猪养殖生产的废弃物处理等设施用地需求。

10. 依法科学划定禁养区，国家法律法规和地方法规之外的其他规章和规范性文件不得作为禁养区划定依据。开展禁养区划定情况排查，立即整改违反法律法规规定超划禁养区情形。加强禁养区整改调整政策支持，对禁养区内关停需搬迁的规模化养殖场户，优先支持异地重建，对符合环保要求的畜禽养殖建设项目，加快环评审批。对确需关闭的养殖场户，给予合理过渡期，严禁采取“一律关停”等简单做法。

11. 对年出栏 5000 头及以上的生猪养殖项目，探索开展环评告知承诺制改革试点，试点时间至 2021 年 12 月 31 日。

12. 从 2019 年 9 月 1 日起，对整车合法运输仔猪及冷鲜猪肉的车辆，恢复执行鲜活农产品运输“绿色通道”政策。在 2019 年 9 月 1 日至 2020 年 6 月 30 日期间，对整车合法运输种猪及冷冻猪肉的车辆，免收车辆通行费。

13. 在辽宁、河南、广东、重庆开展土地经营权、养殖圈舍、大型养殖机械抵押贷款试点。支持具备生猪活体抵押登记、流转等条件的地区，积极稳妥开展生猪活体抵押贷款试点。将土地经营权、养殖圈舍、大型养殖机械抵押贷款试点范围扩大到全国。支持银行将养殖圈舍、大型养殖机械、生猪活体纳入可接受押品目录。

14. 对符合授信条件但暂时遇到经营困难的种猪场（地方猪保种场）、生猪规模养殖场和屠宰加工企业，不得盲目限贷、抽贷、断贷。

15. 将全国农机购置补贴机具种类范围内的所有适用于生猪生产的机具品目原则上全部纳入省级补贴范围。对生猪养殖场（户）购置自动饲喂、环境控制、疫病防控、废弃物处理等农机装备应补尽补。

三、畜牧投入品及畜禽产品质量安全监管

（一）强化饲料行业管理。加强质量安全监管，提升饲料产品质量。一是加强日常监督管理，督促企业严格落实《饲料和饲料添加剂管理条例》《饲料质量安全管理规范》等法规规章及有关技术规范。严格饲料生产许可审批和批准文号核发，对不符合条件的一律不予许可，从源头上规范企业生产行为。二是按照“双随机、一公开”原则，组织开展全省饲料质量安全监管工作。省级监督抽查饲料生产企业 81 个、饲料产品 181 批次；各地监督抽查企业 775 个、产品 1690 批次。三是开展饲料产品质量风险预警监测，监测饲料产品 500 批次，重点监测重金属、霉菌毒素等有毒有害物质，筛查非法添加物和违禁药物。四是加强以猪血为原料的饲用血液制品生产过程管控，督促有关企业严格落实饲用血液制品生产条件，严防非洲猪瘟传播。对监管中发现的违法违规行为和产品质量问题，严肃依法查处，各地共查处饲料违法案件 31 宗。

（二）强化兽药行业监管。一是依法做好兽药行政许可管理。全年核换发兽药生产许可证 22 个、完成 1015 个产品批准文号的审查和技术协助、12 个兽药广告审批。同时认真做好取消新兽药临床试验等行政审批事项后的事中事后监管。二是切实加强兽药质量安全监管。印发实施兽药质量监督抽检和风险监测计划、动物源细菌耐药性监测计划和兽药残留监控计划，持续强化兽药质量监督抽检，全年共监督抽检 475 批兽药样品，合格率 99.2%，兽药残留监控抽检样品 380 批次，合格率 100%。进一步加强兽用生物制品监督管理，对全省兽用生物制品（疫苗）制售、使用全链条开展专项督查，严厉打击非法制售和使用“假冒非洲猪瘟疫苗”和“自家苗”等违法行为。要求相关单位自觉作出杜绝非法生产、经营、使用非洲猪瘟疫苗的承诺，督促生产企业落实国家规定开展非洲猪瘟检测，严把产品质量关。三是继续推动兽用抗菌药综合治理。结合农产品质量安全专项整治行动，进一步加强养殖环节中兽用抗生素使用和残留监管，推动兽用抗菌药使用减量化行动试点，进一步规范养殖场兽药使用行为，切实保障畜禽产品质量安全。四是深入推进兽药“二维码”追溯体系建设。在生产环节，进一步规范兽药生产企业数据信息上传；在经营环节，基本实现兽药全面可追溯；在使用环节，开展兽药使用追溯试点，确保兽药产品“来源可追溯、去向可追踪、风险可预警、责任可追究”。五是扎实做好安全生产工作。深入开展“安全生产月”和“安全生产万里行”活动，要求各地切实履行安全生产监管职责，督促指导相关企业落实主体责任和岗位责任，加大排查力度，消除安全隐患，确保安全生产。

（三）生猪屠宰专项整治。深入推进屠宰领域扫黑除恶专项斗争和畜禽屠宰监管“扫雷行动”，强化重点领域、重点地区的专项整治，合力打击私屠滥宰等违法犯罪行为。全省各地共开展“扫雷行动”媒体宣传 1568 次，发放宣传材料 22.1 万份，举办培训班 263 次，培训监管队伍及行业从业人员 14327 人次，接到各类举报 436 起，查实群众举报案件 226 起，开展联合执法 9123 次，共立案查处 387 件，涉案牲畜数量 3388 头、牲畜产品 21.53 吨，货值金额 632.91 万元，罚没金额 147.93 万元，案件曝光 47 件，移送公安机关案件 41 件，追究刑责 9 人，捣毁私屠滥宰窝点 152 个，关停整改生猪屠宰企业 534 家。

（四）开展“瘦肉精”专项整治。一是开展养殖、运输等环节“瘦肉精”监督抽检，省级专项抽检养殖、运输等环节活畜样品 235 个，各地抽检养殖场（户）39690 个、样品 312426 个，检验结果全部合格。二是印发《2019 年全省屠宰环节“瘦肉精”监督检测方案》，组织实施全省生猪屠宰环节“瘦肉精”监督检测和风险监测方案。在农业农村部监测屠宰环节“瘦肉精”监测任务中，抽检样品约 2.8 万份，抽检合格率为 100%。全省日常监测屠宰环节采集样品 226.7 万份，盐酸克伦特罗、莱克多巴胺、沙丁胺醇三种常见违禁物累计监测数量分别为 142.5 万份、126.1 万份、89 万份，检测合格率分别为 99.99%、99.99%、100%。三是对监管中发现的违法案件一律移送公安机关处理，严厉打击违法犯罪行为。

（五）生鲜乳质量安全监管。强化奶业监管，保障我省生鲜乳的质量和安全。全省登记在册的生鲜奶收购站 36 个，主要分布在广州、惠州、清远等大中城市。生鲜奶生产收购运输全部实行持证经营和运输车辆准运证管理，百分百实现机械挤奶。组织对生鲜乳收购站和运输车进行检查及监督抽样，全省共出动执法人员 539 人次，检查生鲜乳收购站 152 个次、奶牛场 157 个次，检测生鲜乳样品 388 批次，监测覆盖全部生鲜乳收购站、登记备案的运输车和规模奶牛场，受检生鲜乳中三聚氰胺等违禁添加物、抗生素等多项指标检测结果均 100%合格。

四、重大动物疫病防控

（一）非洲猪瘟防控工作成效显著。自 2018 年 8 月初我国首次发生非洲猪瘟疫情以来，广东省委、省政府高度重视，李希书记、马兴瑞省长、叶贞琴常委多次批示指示，多次实地调研和召开会议研究部署推进。一是全省各级迅速成立了防控指挥部，层层制定了预案，形成了全方位立体化的防控工作体系。二是提早并持续采取 I 级响应相关措施，先后建立应急值守、排查日报、预警周报、可疑快报和动态专报 5 个应急机制，兽医实验室监测系统、动物疫病追溯系统、动物检疫电子出证系统高效运行。三是按照“早、快、严、小”的原则，持续主动监测排查，坚决果断处置异常情况和风险隐患。四是深入推进生猪及其产品调运、生猪屠宰、餐厨剩余物专项整治和动物防疫大消毒行动，全面落实屠宰企业自检、配足驻场官方兽医“两项制度”，全方位阻断疫病传播途径。五是优化生猪调运监管政策，落实“绿色通道”政策，保障符合条件的种猪及仔猪正常流通，在去年率先启用省边界公安检查站开展动物卫生监督检查基础上，于 2019 年 9 月 1 日起正式实施动物及动物产品入粤指定道口制度，全面提升调运监管水平。六是加强政府企业联防联控，强化“两场”生物安全隔离带建设，打造动物防疫“命运共同体”，举办生猪扩产复养技术培训，推动引导小散养户等有序退出市场，全面提升生物安全水平。七是稳妥应对和处置香港检出非洲猪瘟阳性事件，全面提升供港养殖场、指定运输通道、中转仓等重点场所生物安全水平，全力保障供港澳生猪供给和安全。2019 年，我省生猪供香港、澳门数量分别约占到内地全部供应量的 75%和 100%。八是积极开展生猪产销对接，与广西、云南等省签订生猪稳产保供战略合作框架协议，经风险评估和农业农村部批准，探索建立了粤桂、粤滇生猪“点对点”调运新模式，加强省内生猪保供能力。九是坚持正面宣传，抓好舆情管控，维护社会稳定。

（二）稳步推进中南区非洲猪瘟联防联控。按照国务院领导指示精神和农业农村部工作部署，2019 年广东省积极牵头实施中南区分区防控试点，不断取得新进展。一是 2019 年 3 月 7 日在广州召开了联席会议，六省（区）政府分管领导出席会议并签订了《中南区区域化合作框架协议》；二是制定了《中南区重大动物疫病区域防控方案》，于 2019 年 6 月初由六省（区）指挥部联合印发实施；三是成立了中南区联席会议指挥机构，建立工作联络平台，初步实现区域内信息互通共享；四是组建了区域防控专家委员会，举办中南区非洲猪瘟检测技术培训班，召开专家会研究区域风险评估预警等机制；五是制定了《中南区非洲猪瘟等动物疫病环境监测工作指引》和《养殖场（户）生物安全检查指引》，统一区内风险监测和检查评估规范；六是制定出台《中南区公路动物卫生监督检查站设置指导意见》，推动广东、福建、广西、海南实行了指定道口制度（江西、湖南正在推进），开发试点运行了“中南运猪通”系统，优化生猪调运监管网络，为全程监管探索经验。七是争取到农业农村部作出特殊制度安排，从2019年11月30日开始，试点禁止非中南区的活猪（种猪、仔猪除外）调入中南区。标志着我国“调猪”向“运肉”迈出了实质性的一步。农业农村部对广东牵头推动中南区联防联控所取得成绩予以充分肯定，广东省人民政府在全国畜牧业工作会议上就中南区防控工作典型发言。

（三）稳步推进其它动物疫病防控工作。一是认真部署开展春秋防重大动物疫病防控工作。2019年全年组织投放4.87亿毫升禽流感疫苗和0.46亿毫升口蹄疫疫苗，免疫家禽约9.49亿羽，牲畜约0.27亿头，群体免疫密度达到95%以上，其中禽流感抗体水平为85.29%，口蹄疫抗体水平为80.75%，均超过国家70%合格标准。二是继续推动强制免疫“先打后补”改革工作。在总结惠州、阳江、中山、珠海等4市试点经验基础上，2019年新增广州、深圳、佛山、东莞、江门、湛江等6市扩大试点。三是深入推进动物疫病净化工作。制定印发了《关于开展全省规模化养殖场动物疫病净化示范创建工作的通知》（粤农农规〔2019〕8号），分病种、分区域、分阶段实施动物疫病净化计划，全面开展种畜禽场动物疫病净化工程。目前，全省已有39家种畜禽场通过省级评估验收，10家通过了国家级动物疫病净化场、示范场评估。四是持续推进动物疫病防控区域化管理。强化从化无疫区维护管理及功能拓展，加强与港方交流合作，积极推进从化无疫区隔离场建设。目前，香港马会已有300多匹现役赛马正式进驻从化马场，并于2019年3月成功举办了内地首届演示性速度马术比赛，香港特首林郑月娥、国务院港澳办主任张晓明、省长马兴瑞等领导出席了开幕典礼。林郑月娥在致辞时表示从化无疫区及马场的落成和持续运行，是粤港澳大湾区建设的一个极佳例子。

（四）强化动物防疫工作各项措施落实有力有效。以行业民生实事为抓手，强化动物防疫工作各项措施落实。一是认真做好执业兽医考试工作。对2018年考试中符合条件的998名考生进行资格授予认定并发放证书，精心组织2019年执业兽医考试机考试点工作，服务3965人顺利参加考试。二是强化兽医实验室生物安全监管。组织属地自查，签订责任书，加强培训，截至目前全省未出现生产责任事故。三是认真办理人大政协建议提案。针对非洲猪瘟防控、农村犬类管理等代表关切的问题与建议，逐一沟通答复，均获得满意评价。四是强化动物防疫机构队伍建设。督促各地采取有力措施，稳定基层兽医机构和队伍，分5批公示确认1443人官方兽医资格。推动出台公路检查站人员补助及离岗老兽医补贴政策，落实人员待遇保障。五是积极支持开展动物疫病防控技术科研攻关。经全力推动，2月份华南农业大学兽医学院动物生物安全三级实验室（ABSL-3）获批国家非洲猪瘟区域实验室资质。

五、病死畜禽无害化处理体系建设

全省病死畜禽无害化处理体系进一步完善。为进一步推动完善病死畜禽无害化处理体系，充分发挥区域化无害化处理设施设备的作用，省农业农村厅印发了《关于推动建立广东省死亡动物跨区域无害化处理机制的意见》(粤农农办〔2019〕111号)。为持续推进病死猪集中无害化处理与政策性养殖保险联动机制建设，建立由政府、养殖场（户）、保险公司共同参与的农业风险分担机制，进一步形成无害化处理与保险联动单位相互监督、相互制约的良性互动发展态势，省农业农村厅拟出台《关于开展广东省病死猪无害化处理和保险联动机制建设的通知》。

各地各级有关部门逐步克服土地、资金、邻避效应等瓶颈问题，以省级示范项目建设为重点，以跨区域协同处理为导向，大力推进全省病死畜禽无害化处理体系建设，逐渐实现了从无到有、从少到多的突破，取得了阶段性成效。省人大环资委组织的人大代表考察组也对我省已建成的病死畜禽无害化处理厂进行了实地考察，并给予了高度评价。

截至目前，省级病死畜禽无害化的9个示范项目中，茂名高州、阳江阳春、惠州惠城、韶关乐昌、湛江遂溪、潮州饶平、肇庆怀集项目均已完成项目建设并运行；河源灯塔盆地、云浮新兴项目正在快速推进中。据统计，全省共建成专业集中病死畜禽无害化处理厂17个、在建15个，分布于广州、深圳、珠海、佛山、惠州等市和湛江、茂名、肇庆、韶关、梅州、潮州等主要养殖集中区，可实行跨区域处理运行，基本实现全覆盖。32个无害化集中处理厂全部建成运行后，年处理能力将大幅提升至25–75万吨，可基本满足全省病死畜禽无害化处理的需求。（据统计，2018年全省肉猪、家禽出栏数分别为3757万头、10.9亿羽，按淘汰率8%计算，理论上我省实际年处理量约21万吨。32个处理厂单班次年处理能力可达25万吨，如遇应急情况，三班连续运转，年处理能力将达75万吨）。

我省的病死畜禽无害化体系也发挥了立竿见影的作用，取得了显著社会效益。一是有效应对非洲猪瘟疫情考验。各地处理设施建成以来立即投入运行，赶上今年特殊时期，加班加点，高压运行，积极应战非洲猪瘟。高州市病死畜禽无害化处理厂2018年6月试运营，至2019年9月份，累计处理病死猪13.05万头，月均处理1万头；阳春农业资源循环利用工程中心平均每天处理量约4–5吨，防控应急时期最大处理量达到了20吨/天，顺利完成处理任务，对阻止疫病的扩散、降低疫病防控压力，发挥了关键作用。二是改善了生态环境安全。2015年以前，农村病死猪专业化处置缺位，大都随意乱丢乱弃，江中漂、坡上躺、沟里埋现象普遍，污染水质、毒害土壤、熏臭空气，严重破坏环境。如今，病死畜禽有了正规去处，野外丢弃现象基本杜绝，减少了对生态环境的影响。三是提高了群众环保意识。近年来，基层病死畜禽政策宣传工作也取得一定成效，人民群众食品和公共卫生安全意识普遍提高，能够从情感上和行动支持理解有关政策执行，养殖场积极与处理厂建立密切联系，散养户出现病死畜禽能够主动报告、主动呼叫处理，体现了基层治理水平和乡风文明程度的提升。

六、畜禽屠宰管理工作

2019年全省有畜禽屠宰企业508家，其中通过农业农村部资格审核的生猪定点屠宰企业423家。生猪规模厂（年屠宰量2万头以上）220家，占52.0%。2019年全省生猪定点屠宰厂屠宰生猪3936.3万头，其中规模厂生猪屠宰量3530.3万头，占89.7%。全年屠宰检疫生猪3936.3万头、牛羊112.78万头、家禽10.54亿羽。

（一）积极推进屠宰行业改革发展。结合我省《关于畜牧业转型升级高质量发展的实施意见》，敦促各地加紧出台屠宰行业改革具体实施方案，大力推进小型屠宰厂点整合撤并，升级建造县域中心屠宰厂，淘汰落后产能，推动小型屠宰场向产加销一体化现代化屠宰厂转型升级。2019年通过农业农村部审核的生猪定点屠宰企业423家。

（二）强力落实屠宰环节“两项制度”。省、市、县成立工作领导小组，深入开展“百日行动”。全省在产生猪定点屠宰企业全部落实非洲猪瘟PCR自检，派驻检疫人员3772人，全部达到国家要求。组织全省410家在产生猪屠宰企业进行非洲猪瘟检测能力比对工作，进一步提升生猪屠宰场非洲猪瘟自检能力。

（三）强化肉品质量安全检查。分10期培训1000名肉检员，组织开展肉品质量安全监督检查，重点抽检非洲猪瘟病毒及“瘦肉精”，抽检合格率均为100%。

（四）加快推进生猪屠宰行业标准化建设。举办生猪屠宰企业标准化建设培训班，启动生猪屠宰标准化企业评估认定程序，全年分两批推动创建40家生猪屠宰标准化企业。省财政安排8000万元，其中6000万元用于整合撤并小型屠宰厂点，2000万元用于扶持粤东西北地区培育40家县域中心标准化屠宰企业。计划到2022年培育200家省级标准化屠宰厂。

（五）做好生猪屠宰统计监测。加强生猪屠宰统计监测，健全完善全省畜禽屠宰行业管理系统样本企业信息，进一步健全省、市、县及屠宰企业四级监测系统，完成全省所有屠宰企业基本信息上网入库，建档立卡。持续做好全省屠宰生猪及肉品价格日报、周报、月报工作，定期发布全省及各地生猪屠宰数量等动态信息，切实加强生产引导。

10-1　种畜禽场情况

(2019年)

项　目	单位	场个数(个)	年末存栏	能繁母畜	当年出场种畜禽	当年生产胚胎(枚)	当年生产冻精(万份)
一、种畜禽场总数		**411**	**-**	**-**	**-**	**-**	**-**
(一)种牛场	头	7	11234	7127	712	2792	-
1.种乳牛场	头	5	10534	6847	712	2792	-
2.种肉牛场	头	2	700	280			-
3.种水牛场	头						-
4.种牦牛场	头						-
(二)种马场	匹	1	142	4	97	-	-
(三)种猪场	头	232	1366948	338526	1222718	-	-
(四)种羊场	只	2	3166	1436	1676	1409	-
1.种绵羊场	只						-
其中：种细毛羊场	只						-
2.种山羊	只	2	3166	1436	1676	1409	-
其中：种绒山羊场	只						-
(五)种禽场		150	-	-	-	-	-
1.种蛋鸡场	套	16	2004972	-	-	-	-
其中：祖代蛋鸡场	套	4	307126	-	31610	-	-
父母代蛋鸡场	套	12	1697846	-	-	-	-
2.种肉鸡场	套	99	9020700	-	-	-	-
其中：祖代肉鸡场	套	13	1528310	-	2745000	-	-
父母代肉鸡场	套	86	7492390	-	-	-	-
3.种鸭场	只	13	254411	-	-	-	-
4.种鹅场	只	22	171617	-	-	-	-
(六)种兔场	只	1	1500	-	-	-	-
(七)种蜂场	箱	2	300	-	-	-	-
(八)其它		16	-	-	-	-	-
二、种畜站总数		**5**	**-**	**-**	**-**	**-**	**-**
1.种公牛站	头	0	0	-	-	-	
2.种公羊站	只			-	-	-	
3.种公猪站	头	5	419	-	-	-	446061

注：1.本表只统计已颁发许可证的种畜场、站；
2.凡已颁发许可证且未列入的第一类(一)至(七)项中的种畜场均列入其它，如种鹿场、种鹤场、种鸽场、种犬场、种狐狸场、种貂场、种鸵鸟场等。

10-2 省、市、县畜牧技术机构基本情况

(2019年)

指 标 名 称	计算单位	畜牧站	家畜繁育改良站	草原工作站	饲料监察所
一、省级机构	**个**	**1**			
在编干部职工	人	19			
其中按职称分		-	-	-	-
高级技术	人	9			
中级技术	人	6			
初级技术	人				
其中按学历	人	-	-	-	-
研究生	人	11			
大学本科	人	5			
大学专科	人				
中专	人				
离退休人员	人				
二、地(市)级机构	**人**	**9**	**1**		**2**
在编干部职工	人	70	88		12
其中按职称分	人	-	-	-	-
高级技术	人	14	11		1
中级技术	人	30	6		3
初级技术	人	17	19		3
其中按学历		-	-	-	-
研究生	人	6	1		
大学本科	人	38	19		11
大学专科	人	17	27		1
中专	人	1	12		
离退休人员	人	44	167		1
三、县市级机构	**人**	**70**	**16**	**2**	**8**
在编干部职工	人	1230	135	5	80
其中按职称分		-	-	-	-
高级技术	人	37	1		8
中级技术	人	257	14	2	34
初级技术	人	378	17	1	26
其中按学历	人	-	-	-	-
研究生		24			
大学本科	人	298	13		20
大学专科	人	449	21	2	35
中专	人	251	55		17
离退休人员	人	858	163		46

10-3 乡镇畜牧兽医机构基本情况

(2019年)

项　　目	计算单位	畜牧兽医站	项　　目	计算单位	畜牧兽医站
一、畜牧兽医站站数	**个**	**1008**	**三、技术职称状况**		-
二、畜牧兽医站职工总数	**人**	**5697**	畜牧兽医站高级技术职称	人	42
畜牧兽医站在编人数	人	4308	畜牧兽医站中级技术职称	人	812
畜牧兽医站离退休人员	人	3128	畜牧兽医站初级技术职称	人	1469
			畜牧兽医站技术员	人	757

10-4 全省生猪饲养规模情况

(2019年)　　计量单位：个、头

项　　目	场(户)数	年出栏数
年出栏数1---49头	124995	2889946
年出栏数50---99头	19736	1534170
年出栏数100---499头	21501	5167742
年出栏数500---999头	5630	4303430
年出栏数1000---2999头	3692	6369063
年出栏数3000---4999头	647	2563010
年出栏数5000---9999头	305	2136436
年出栏数10000---49999头	164	3225001
年出栏数50000头以上	14	904268
合　计	**176684**	**29093066**

10-5　全省肉鸡饲养规模情况

（2019年）　　计量单位：个、只

项　　目	场(户)数	年出栏数
年出栏数1————1999只	1526216	152330069
年出栏数2000————9999只	11096	59438338
年出栏数10000———49999只	12922	360203366
年出栏数50000———99999只	1834	120584206
年出栏数100000——499999只	440	73270978
年出栏数500000——999999只	30	21187962
年出栏数100万只以上	31	56930667
合　计	**1552569**	**843945586**

10-6　全省蛋鸡饲养规模情况

（2019年）　　计量单位：个、只、吨

项　　目	场(户)数	年存栏数	鸡蛋产量
年存栏数499只以下	369838	3121898	32981.76
年存栏数500——1999只	378	429525	4973.47
年存栏数2000——9999只	281	1471290	15744.34
年存栏数10000——49999只	196	4328894	50213.14
年存栏数50000——99999只	41	2953918	36364.38
年存栏数100000——499999只	25	6081110	72581.37
年存栏数500000只以上	3	3720000	50648
合　计	**370762**	**22106635**	**263506.46**

10-7 全省奶牛饲养规模情况

(2019年) 计量单位：个、头、吨

项　　目	场(户)数	年存栏数	牛奶产量
年末存栏数1--49头	352	2270	6020.09
年末存栏数50--99头	4	273	734.52
年末存栏数100--199头	1	140	300
年末存栏数200--499头	5	1875	7108
年末存栏数500--999头	12	8665	37106.76
年末存栏数1000--1999头	8	10370	39468.48
年末存栏数2000--4999头	7	22813	100333
合　计	**389**	**46406**	**191070.85**

10-8 全省肉牛饲养规模情况

(2019年) 计量单位：个、头

项　　目	场(户)数	年出栏数
年出栏数1---9头	124901	326205
年出栏数10---49头	2543	63740
年出栏数50---99头	324	23904
年出栏数100---499头	105	25273
年出栏数500---999头	7	4824
年出栏数1000头以上	2	2100
合　计	**127883**	**446046**

10-9　全省养羊饲养规模情况

（2019年）　　计量单位：个、只

项　　　目	场(户)数	年出栏数
年出栏数1---29只	12991	224773
年出栏数30---99只	2965	204029
年出栏数100---499只	839	148268
年出栏数500---999只	19	13470
年出栏数1000只以上	17	29928
合　计	**16831**	**620468**

10-10　主要年份畜牧业生产情况

单位：万头、万只

年份	黄水牛年末存栏头数	奶牛年末存栏头数	山羊年末存栏只数	生猪年末存栏量	能繁殖母猪	三鸟饲养量
1949						
1952	303.42		3.73	477.86	34.45	
1957	331.28		11.98	721.78	50.52	
1962	270.46		14.70	543.22	38.03	
1965	298.61		17.16	161.82	83.57	
1970	314.82	1.21	11.72	1425.24	123.27	773.00
1975	309.90	1.18	13.70	1757.38	143.52	1034.38
1978	295.67	1.51	16.38	1777.39	135.80	7192.70
1980	306.02	1.52	13.38	1704.59	115.70	13337.20
1985	414.58	2.01	10.23	1884.02	154.49	31646.50
1990	473.55	2.95	14.21	2058.89	141.98	53199.88
1995	468.97	2.56	27.30	2183.95	137.25	100729.14
2000	416.92	3.72	29.33	2034.79	143.75	124800.95
2005	367.43	4.83	39.20	2143.50	162.77	127070.31
2010	169.92	5.57	50.52	2332.51	262.65	150315.03
2015	127.13	5.79	83.55	2308.54	242.52	133755.82
2017	114.70	5.98	93.30	2132.82	229.43	141953.53
2018	114.59	5.97	92.96	2024.26	217.98	137498.10
2019	114.61	5.97	93.57	1333.79	131.01	149749.78

10-11　主要年份畜牧业主要产品产量

单位：万头、万吨

年份	生猪出栏头数	猪肉产量	出售和自宰的肉用牛	牛肉产量	羊肉产量	牛奶产量
1949	196.73	8.09				
1952	282.54	11.62			0.01	
1957	429.63	19.60	22.90	1.75	0.02	
1962	324.57	11.02	7.64	0.59	0.03	
1965	677.66	24.71	8.49	0.64	0.04	
1970	919.55	40.17	6.91	0.51	0.01	1.36
1975	956.00	45.47	5.95	0.43	0.01	1.33
1978	942.70	48.09	3.17	0.34	0.02	1.66
1980	1026.10	62.62	7.41	0.55	0.03	2.18
1985	1285.20	97.59	17.36	1.46	0.09	4.09
1990	1792.85	145.35	28.21	2.88	0.16	5.51
1995	2395.21	188.75	51.85	5.68	0.44	5.49
2000	2954.98	206.85	47.64	5.17	0.43	9.19
2005	3616.74	256.28	67.08	7.21	0.71	11.64
2010	3863.23	285.14	42.41	4.97	1.24	15.00
2015	3959.62	296.31	34.58	4.14	1.83	13.61
2017	3712.00	277.96	33.27	4.08	1.96	13.88
2018	3757.40	281.52	33.25	4.07	1.97	13.89
2019	2940.17	221.93	33.27	221.93	4.08	13.92

10-12 主要年份畜禽头数及肉类产量

项　　目	单位	1990	1995	2000	2005	2010
一、黄、水牛年末存栏头数	**万头**	**473.54**	**468.97**	**416.92**	**367.43**	**169.92**
二、奶牛年末存栏头数	**万头**	**2.95**	**2.56**	**3.72**	**4.83**	**5.57**
牛奶产量	万吨	5.51	5.49	9.19	11.64	15.00
三、山羊年末存栏只数	**万只**	**14.21**	**27.3**	**29.33**	**39.2**	**50.52**
四、生猪年末存栏头数	**万头**	**2058.89**	**2183.95**	**2034.79**	**2143.5**	**2332.51**
#能繁殖母猪	万头	141.98	137.25	143.75	162.77	262.65
肉猪出栏头数	万头	1792.85	2395.21	2954.98	3616.74	3863.23
五、肉类产量	**万吨**	**202.45**	**305.06**	**324.48**	**384.31**	**454.86**
猪肉	万吨	145.35	188.75	206.85	256.28	285.14
牛肉	万吨	2.88	5.68	5.17	7.21	4.97
羊肉	万吨	0.15	0.44	0.43	0.71	1.24
禽肉	万吨	54.02	109.94	111.5	113.66	158.04
兔肉	万吨	0.05	0.24	0.53	0.64	0.65
六、三鸟饲养量	**万只**	**53199.88**	**100729.14**	**124800.94**	**127070.31**	**150315.03**
鸡	万只	36964.58	76349.95	92969.13	93681.21	112066.35
鸭	万只	12073.08	19458.22	25682.07	27111.68	30921.04
鹅	万只	4162.22	4920.97	6149.74	6277.42	7327.64
七、禽蛋产量	**万吨**	**18.76**	**31.11**	**33.08**	**33.19**	**35.50**
八、蚕茧产量	**万吨**	**2.55**	**3.32**	**3.09**	**6.52**	**9.14**

10-12 续表

项　　目	单位	2015	2018	2019	2019年比上年增长(%)
一、黄、水牛年末存栏头数	**万头**	**127.13**	**120.56**	**114.61**	**-4.9**
二、奶牛年末存栏头数	**万头**	**5.79**	**5.97**	**5.97**	
牛奶产量	万吨	13.61	13.90	13.92	0.1
三、山羊年末存栏只数	**万只**	**83.55**	**92.96**	**93.57**	**0.7**
四、生猪年末存栏头数	**万头**	**2308.54**	**2024.26**	**1333.79**	**-34.1**
#能繁殖母猪	万头	242.52	217.98	131.01	-39.9
肉猪出栏头数	万头	3959.62	3757.40	2940.17	-21.8
五、肉类产量	**万吨**	**454.71**	**449.90**	**412.12**	**-8.4**
猪肉	万吨	296.31	281.52	221.93	-21.2
牛肉	万吨	4.14	4.07	4.08	0.1
羊肉	万吨	1.83	1.97	1.97	0.1
禽肉	万吨	145.01	153.25	176.24	15.0
兔肉	万吨	0.90	1.04	1.08	3.5
六、三鸟饲养量	**万只**	**133755.82**	**137498.10**	**149749.78**	**8.9**
鸡	万只	94811.02	96279.63	106267.53	10.4
鸭	万只	30394.60	32483.09	34182.63	5.2
鹅	万只	8550.21	8735.38	9299.62	6.5
七、禽蛋产量	**万吨**	**36.40**	**39.24**	**41.48**	**5.7**
八、蚕茧产量	**万吨**	**11.00**	**11.92**	**12.24**	**2.7**

10-13　各市畜牧业生产情况

(2019年)　　单位：万头、万只

市　别	一、牛年末				二、山羊年末	三、猪年末
	存栏头数	(1)役用牛	(2)肉用牛	(3)奶牛	存栏只数	存栏头数
全　省	120.58	31.73	82.88	5.97	93.57	1333.79
广州市	1.32		0.44	0.88	0.48	16.67
深圳市	0.26		0.06	0.20		4.07
珠海市						1.52
汕头市	0.73	0.24	0.37	0.13	0.31	21.88
佛山市	0.60	0.01	0.25	0.35	0.46	4.24
韶关市	4.42	1.08	3.18	0.16	7.95	117.59
河源市	5.53	1.59	3.91	0.03	4.15	69.88
梅州市	9.85	2.81	6.84	0.20	9.41	96.19
惠州市	6.50	2.26	3.57	0.66	1.93	60.21
汕尾市	4.71	1.41	3.30		1.09	30.44
东莞市						0.93
中山市	0.02		0.02	0.00	0.07	2.39
江门市	1.79	0.40	1.24	0.15	1.52	56.29
阳江市	9.67	2.62	6.77	0.29	3.30	148.65
湛江市	24.58	6.82	17.30	0.45	17.66	174.01
茂名市	16.81	4.62	12.13	0.06	7.72	193.69
肇庆市	17.98	4.42	12.83	0.72	8.51	67.23
清远市	7.94	1.44	5.06	1.43	21.83	124.87
潮州市	1.04	0.12	0.90	0.02	0.59	14.16
揭阳市	4.56	1.28	3.07	0.22	1.88	71.35
云浮市	2.28	0.62	1.64	0.02	4.69	57.53

10-13　续表

(2019年)　　单位：万头、万只

市　别		四、家禽年末				五、兔年末
	能繁殖母畜	存栏只数	鸡	鸭	鹅	存栏只数
全　省	131.01	40089.43	29028.82	6664.49	2525.45	152.26
广州市	1.63	1378.04	781.86	121.19	90.07	0.32
深圳市	0.65	47.51	13.46	12.43	2.06	
珠海市	0.20	132.90	123.13	2.21	4.40	
汕头市	2.14	601.95	254.86	93.19	213.16	
佛山市	0.36	2037.30	1337.94	456.56	191.44	0.02
韶关市	11.52	1371.11	989.61	281.34	70.09	2.87
河源市	6.60	1818.77	1376.82	273.67	77.60	6.50
梅州市	8.51	2542.46	2041.25	420.61	38.83	53.11
惠州市	5.91	1589.30	1287.32	205.79	72.26	0.68
汕尾市	3.06	618.48	465.03	110.86	33.47	0.20
东莞市	0.11	11.68	9.68	1.50	0.38	
中山市	0.40	217.54	85.97	67.46	0.16	0.06
江门市	6.17	3187.19	2140.76	443.21	267.35	1.58
阳江市	14.60	1086.95	795.35	170.31	92.26	0.49
湛江市	17.09	3173.99	2370.94	522.47	147.84	2.08
茂名市	19.02	7029.05	5335.44	1173.06	406.56	33.87
肇庆市	6.73	2606.05	1857.93	506.69	191.03	14.64
清远市	12.26	3607.11	2713.99	590.14	206.92	3.89
潮州市	1.38	510.18	355.23	97.00	56.40	0.57
揭阳市	7.01	837.76	606.71	145.82	49.91	1.00
云浮市	5.65	5684.12	4085.54	968.97	313.24	30.40

10-14 各县(市、区)畜牧业生产情况

(2019年)

单位：头、只

县(市、区)别	牛年末存栏头数	山羊年末存栏只数	猪年末存栏头数	能繁殖母畜	家禽年末存栏只数	兔年末存栏只数
广州市	**13157**	**4845**	**166746**	**16341**	**13780436**	**3167**
天河区						
白云区	1228		2877	291	2684564	
黄埔区						
花都区	120	518	37543	3967	1123816	2867
从化区	4836	468	58222	4815	2293620	
增城区	6169	3537	26580	4163	5452205	
番禺区	737	220			1557822	300
南沙区	67	102	41524	3105	668409	
深圳市	**2584**		**40681**	**6483**	**475071**	
宝安区						
龙岗区					549	
光明区	2026				178639	
大鹏区					19617	
坪山区						
深汕合作区	558		40681	6483	276266	
珠海市			**15176**	**2006**	**1329002**	
香洲区						
金湾区					14000	
斗门区			15176	2006	1213502	
汕头市	**7346**	**3149**	**218820**	**21444**	**6019477**	
金平区					13437	
龙湖区	75	10	16768	662	843571	
澄海区	999	330	28734	4995	3157026	
濠江区	1170	40	9858	437	162695	
潮阳区	515	802	70674	3435	1206645	
潮南区	3567	1258	80402	10671	524469	
南澳县	1020	709	12384	1244	111634	
佛山市	**6027**	**4576**	**42411**	**3560**	**20372991**	**220**
禅城区						
南海区			967	509	366250	
顺德区	20		11500	747	1052472	
高明区	234	1219	18451	1438	6726004	220
三水区	5773	3357	11493	866	12228265	
韶关市	**44241**	**79472**	**1175875**	**115236**	**13711140**	**28705**
浈江区	2441	11304	77124	4665	747322	
武江区	1801	3102	78994	9155	452539	
曲江区	2966	7778	157175	17066	2457392	3465
南雄市	9181	9076	279838	28846	2131339	
始兴县	3785	3317	54377	6112	959292	
翁源县	5464	9130	89302	6865	2123428	8335
仁化县	3548	10928	127818	9964	1905288	338
新丰县	5910	8964	55243	6141	1526976	13821
乳源瑶族自治县	3413	9326	28614	3099	425425	
乐昌市	5732	6547	227390	23323	982139	2746

10-14 续表 1

(2019年) 单位：头、只

县(市、区)别	牛年末存栏头数	山羊年末存栏只数	猪年末存栏头数	能繁殖母畜	家禽年末存栏只数	兔年末存栏只数
河源市	**55308**	**41536**	**698780**	**65971**	**18187697**	**64994**
源城区	301		618	123	1937100	
东源县	9738	11058	83405	9594	2963082	7171
和平县	9963	10974	107352	10754	3625854	4581
龙川县	12367	15337	234037	26406	4310247	38525
紫金县	16233		129531	9846	3069881	7299
连平县	6706	4167	143837	9248	2281533	7418
梅州市	**98456**	**94086**	**961931**	**85148**	**25424561**	**531059**
梅江区	738	675	46641	3284	257979	2459
梅县区	7910	19408	176475	9098	3116997	163520
蕉岭县	5077	12875	37612	3166	1004326	24568
大埔县	13108	7992	102258	4821	1656298	42348
丰顺县	17473	9532	115973	12217	6140364	23261
五华县	46821	19814	301012	31120	5299337	196042
兴宁市	4785	15419	98740	12912	6987635	22506
平远县	2544	8371	83220	8530	961625	56355
惠州市	**65007**	**19337**	**602089**	**59125**	**15892968**	**6753**
惠城区	7826	1890	75366	6258	2871250	
惠东县	25437	8846	330262	28961	3172430	
惠阳区	3938	1577	7368	646	649765	
博罗县	21379	5583	112000	16500	7786313	
龙门县	6427	1441	77093	6760	1413210	6753
汕尾市	**47082**	**10873**	**304363**	**30562**	**6184837**	**1951**
汕尾城区	894	312	29216	1257	160628	
红海湾区	482		1496	440	12627	
海丰县	7848	322	54657	8999	1158810	
陆河县	12033	1699	58992	8624	422410	
陆丰市	25825	8540	160002	11242	4430362	1951
东莞市			**9308**	**1053**	**116756**	
中山市	**203**	**733**	**23905**	**4042**	**2175363**	**550**
江门市	**17860**	**15182**	**562910**	**61712**	**31871903**	**15831**
蓬江区	224				485721	
江海区					26580	
新会区	250	1483	41652	4567	5521773	
台山市	8531	5914	117206	9943	4587165	9829
开平市	3705	5728	82406	13462	14804314	6002
恩平市	4334	1800	183646	16940	1640667	
鹤山市	816	257	138000	16800	4805683	
阳江市	**96673**	**32985**	**1486472**	**145971**	**10869473**	**4859**
江城区	6821	1013	135665	10910	861892	
阳东区	22830	26088	397353	28755	2815489	
阳西县	23188	1056	248758	17664	2138105	985
阳春市	40611	4214	699304	88394	4952033	3874
海陵区	3223	614	5392	248	101954	
湛江市	**245759**	**176568**	**1740124**	**170880**	**31739909**	**20809**
赤坎区	57				77776	
霞山区	500	300			88755	
坡头区	10328	3402	57057	5907	1202860	
麻章区	6863	11750	84747	9812	1674457	121

10-14 续表 2

(2019年) 单位：头、只

县(市、区)别	牛年末存栏头数	山羊年末存栏只数	猪年末存栏头数	猪年末能繁殖母畜	家禽年末存栏只数	兔年末存栏只数
吴川市	16985	4988	142132	11444	7188098	5329
徐闻县	20834	35055	83838	9885	1618806	319
雷州市	52706	55272	191478	18527	4523247	1965
遂溪县	52444	37594	424349	39432	8699156	4517
廉江市	85042	28207	756523	75873	6666754	8558
茂名市	**168103**	**77237**	**1936875**	**190207**	**70290482**	**338650**
茂南区	8114	5340	134123	11653	6957640	1846
电白区	33358	22906	459954	55955	9515946	40575
信宜市	34710	7099	285117	24655	32179906	208969
高州市	47243	1986	487416	39066	13378428	57046
化州市	44678	39906	570265	58878	8258562	30214
肇庆市	**179760**	**85146**	**672330**	**67293**	**26060472**	**146410**
端州区						
鼎湖区	7872	5387	24361	1826	797436	
高要区	8567	4123	205970	15023	6485122	21761
广宁县	17667	17277	79287	14216	2423365	11919
四会市	12867	9975	32890	3091	4608117	2116
德庆县	12035		5253	525	2593186	
封开县	34445	29052	82003	9500	3121034	30502
怀集县	86307	19332	242566	23112	6032212	80112
清远市	**79409**	**218330**	**1248685**	**122621**	**36071115**	**38926**
清城区	4626	13546	68232	7712	11435686	30232
英德市	21904	22546	366926	36875	4867236	2766
佛冈县	2490	16484	68949	16417	2021083	
连山自治县	1785	18100	10350	4547	450941	629
连南自治县	5082	7857	8998	1295	661577	1820
连州市	8211	44892	156768	18849	2364948	2085
阳山县	27437	74682	358635	21090	4622877	1394
清新区	7874	20223	209827	15836	9646767	
潮州市	**10389**	**5933**	**141570**	**13841**	**5101798**	**5673**
湘桥区	1382	254	21818	2567	614351	
饶平县	6365	4844	66585	6708	3562347	5673
潮安区	2642	835	53167	4566	925100	
揭阳市	**45611**	**18796**	**713479**	**70064**	**8377609**	**9991**
榕城区	1632	2272	32999	2718	996237	
揭东区	2540	3178	114626	19030	1594784	2071
惠来县	18018	8573	213000	9968	2848512	
普宁市	13646	1450	135457	12314	888977	2200
揭西县	9775	3323	217397	26034	2049099	5720
云浮市	**22785**	**46907**	**575333**	**56498**	**56841246**	**304047**
云城区	615	625	107030	10280	1833717	34626
新兴县	1630	17854	239601	35633	39804256	49950
郁南县	1336	4196	60227	2153	5867914	517
罗定市	15527	21512	113154	5940	8336618	212881
云安区	3677	2720	55321	2492	998741	6073

10-15 各市畜牧业主要产品产量

(2019年) 单位：万头、万只、吨

市 别	当年出栏肉猪头数	当年出售和自宰的肉用牛	当年出售和自宰的肉用羊	当年出售和自宰的肉用狗	当年出售和自宰的家禽
全 省	2940.17	33.27	110.91	315.33	121183.46
广州市	41.20	0.46	0.65	3.66	6828.73
深圳市	6.09	0.08		0.52	163.77
珠海市	17.80	0.01	0.03		305.47
汕头市	58.46	0.32	0.39		2071.79
佛山市	104.11	0.05	0.39	0.42	6625.72
韶关市	199.72	0.81	7.32	6.00	3923.15
河源市	84.95	1.42	3.67	15.07	4340.42
梅州市	189.55	2.73	11.36	46.37	7769.15
惠州市	113.93	1.55	2.58	6.82	5082.24
汕尾市	53.06	2.27	1.65	8.64	2115.33
东莞市	1.02		0.06		39.48
中山市	6.30	0.01	0.19		661.44
江门市	198.93	0.43	1.76	23.36	9654.92
阳江市	217.12	3.30	3.35	7.31	3114.17
湛江市	325.97	6.39	18.22	24.06	9602.51
茂名市	521.85	2.47	12.37	51.58	20941.31
肇庆市	299.27	3.93	17.46	57.73	9859.12
清远市	228.14	2.20	19.42	17.45	9089.85
潮州市	50.96	0.88	0.74	0.12	1288.28
揭阳市	114.83	3.28	2.28	16.14	3745.75
云浮市	106.91	0.70	7.03	30.08	13960.87

10-15 续表 1

(2019年) 单位：万头、万只、吨

市 别	1. 鸡	2. 鸭	3. 鹅	4. 鸽	5. 其他家禽	当年出售和自宰的兔
全 省	77238.71	27518.14	6774.17	8251.51	1400.93	330.09
广州市	4074.05	394.50	168.63	2189.52	2.04	0.72
深圳市	55.35	24.28	7.95	76.18		
珠海市	146.58	74.81	11.04	69.59	3.45	
汕头市	1330.61	258.63	426.55	0.60	55.41	
佛山市	3865.90	1843.50	675.27	229.59	11.46	0.07
韶关市	2447.19	1261.25	89.97	116.11	8.63	3.60
河源市	3015.83	1040.68	92.69	186.36	4.86	9.64
梅州市	5197.28	1766.54	174.45	395.83	235.05	92.80
惠州市	3468.57	1034.41	395.41	173.42	10.43	0.33
汕尾市	1319.79	504.67	219.17	58.99	12.72	2.07
东莞市	32.26	4.95	2.03	0.25		
中山市	132.12	421.36	2.56	104.73	0.67	0.12
江门市	6763.13	1020.12	967.86	680.95	222.85	6.59
阳江市	2204.67	375.27	499.91	23.81	10.52	1.76
湛江市	6178.06	3108.88	157.51	111.16	46.90	4.04
茂名市	12526.95	5420.51	225.09	2686.22	82.54	64.72
肇庆市	6022.52	2633.54	893.18	215.71	94.17	62.75
清远市	6354.06	1121.58	1202.58	404.78	6.86	3.15
潮州市	555.81	448.37	269.34	14.76		0.81
揭阳市	2339.13	1096.46	128.84	122.48	58.83	5.84
云浮市	9208.87	3663.85	164.14	390.48	533.54	71.08

10-15　续表 2

(2019年)　　单位：万头、万只、吨

市　别	肉类产量合　计	猪肉产量	牛肉产量	羊肉产量	家禽肉产量	兔肉产量
全　省	4121245	2219347	40754	19727	1762383	10761
广州市	114936	31611	611	112	81945	2
深圳市	6192	4260	101		1787	
珠海市	20544	14833	9	6	5696	
汕头市	86979	45600	442	85	40852	
佛山市	191668	81004	77	83	110461	1
韶关市	208999	149517	986	1278	56010	83
河源市	132556	65946	1735	630	61234	290
梅州市	271154	144193	3639	2158	108768	2889
惠州市	163315	88533	1690	468	71151	5
汕尾市	76242	40663	2739	270	30461	117
东莞市	1290	772		12	506	
中山市	12465	4316	8	46	8092	3
江门市	288850	148904	473	301	137019	126
阳江市	219723	163132	3571	562	51059	47
湛江市	414866	253527	8188	3254	144239	141
茂名市	711816	392393	2851	2130	304068	1600
肇庆市	388324	219559	5020	2929	141971	2724
清远市	320882	171216	2713	3458	140293	83
潮州市	67346	38316	1141	164	26399	25
揭阳市	144667	80575	3972	467	53373	239
云浮市	278431	80477	788	1314	186999	2386

10-15　续表 3

(2019年)　　单位：万头、万只、吨

市　别	其他肉产量	奶类产量	蜂蜜产量	蜂蜡产量	禽蛋产量	蚕茧产量
全　省	68273	139369	25696	6752	414775	122370
广州市	655	32154	2742	856	23017	
深圳市	44	9225	55	12	1489	
珠海市					5759	
汕头市		2885	479		5799	
佛山市	42	7241			5555	
韶关市	1125	4527	2387	931	19897	8029
河源市	2721	1583	2311	319	12406	21
梅州市	9507	2153	4671	543	43411	22
惠州市	1468	15151	1517	658	13478	
汕尾市	1992		605	68	10512	
东莞市			161	1		
中山市		24	48		3474	
江门市	2027	3171	126		37256	
阳江市	1352	8304	375	46	12648	27028
湛江市	5517	7234	777	254	38732	19629
茂名市	8774	527	663	133	75556	27968
肇庆市	16121	12303	3912	1590	30618	700
清远市	3119	29526	364	19	23085	20149
潮州市	1301	48	733	26	6259	
揭阳市	6041	3313	1767	521	29086	
云浮市	6467		2003	775	16738	18824

10-16 各县(市、区)畜牧业主要产品产量

(2019年) 单位：头、只、吨

县(市、区)别	当年出栏肉猪头数	当年出售和自宰的肉用牛	当年出售和自宰的肉用羊	当年出售和自宰的肉用狗	当年出售和自宰的家禽	当年出售和自宰的兔	猪肉产量
广州市	**412023**	**4569**	**6536**	**36613**	**68287322**	**7172**	**31611**
天河区							
白云区	7500	143	165		23190824		562
黄埔区	8600	40	563		1891667		644
花都区	155534	160	937	4532	6588430	6822	11666
从化区	121444	975	878	18931	5077574		8777
增城区	57960	3095	3976	12850	20845575		5393
番禺区		149	17		6075741	350	
南沙区	60985	7		300	4617511		4569
深圳市	**60921**	**772**		**5200**	**1637671**		**4260**
宝安区							
龙岗区					2854		
光明区					761846		
大鹏区					271412		
坪山区							
合作区	60921	772		5200	601559		4260
珠海市	**178028**	**71**	**268**		**3054684**		**14833**
香洲区							
金湾区					78000		
斗门区	157278	71	268		2605884		12392
汕头市	**584598**	**3217**	**3912**		**20717900**		**45600**
金平区	16716		167		390943		1189
龙湖区	49049	18			2565354		3708
澄海区	130168	622			12589703		10023
濠江区	19711	254	71		517295		1626
潮阳区	173766	157	892		2622419		12832
潮南区	173508	1682	1733		1814871		14379
南澳县	21680	484	1049		217315		1843
佛山市	**1041116**	**542**	**3857**	**4232**	**66257210**	**665**	**81004**
禅城区							
南海区	74454				3285300		8395
顺德区	122360		320		2911544		8207
高明区	322482	15	96	2300	26775992	665	25093
三水区	521820	527	3441	1932	33284374		39309
韶关市	**1997171**	**8075**	**73235**	**59990**	**39231519**	**36039**	**149517**
浈江区	104543	165	9290	50	2114623		7997
武江区	124961	454	2357	1519	1300986		9338
曲江区	226215	602	7783	5191	4288022	6985	18396
南雄市	436968	2107	6998	9272	10492932		31962
始兴县	146656	1143	2750	7286	4793574		11050
翁源县	164799	1093	6545	11663	4581916	12216	12312
仁化县	201740	979	19292	7091	5133203	1697	14768
新丰县	92391	656	4452	7155	2852914	8215	7074
乳源自治县	89015	459	5391	4161	587134		6516
乐昌市	409883	417	8377	6602	3086215	6926	30104

10-16 续表 1

(2019年) 单位：头、只、吨

县(市、区)别	当年出栏肉猪头数	当年出售和自宰的肉用牛	当年出售和自宰的肉用羊	当年出售和自宰的肉用狗	当年出售和自宰的家禽	当年出售和自宰的兔	猪肉产量
河源市	**849530**	**14170**	**36694**	**150696**	**43404203**	**96351**	**65946**
源城区	37308	163		411	3874697		2938
东源县	151055	3328	9597	16747	8542845	7943	12018
和平县	154567	2157	8547	12041	9925079	10214	11997
龙川县	223610	2998	10195	80518	6474415	52731	17934
紫金县	163581	3556		36490	10716196	8751	12420
连平县	119409	1968	8355	4489	3870971	16712	8639
梅州市	**1895504**	**27316**	**113642**	**463720**	**77691481**	**928031**	**144193**
梅江区	124570	2775	649	2382	2323707	2124	10136
梅县区	247460	2734	26822	76435	9240764	299936	19986
蕉岭县	151569	4952	23950	9526	3932589	54796	11331
大埔县	145312	1709	6198	27150	6633015	59831	10840
丰顺县	188331	4613	6529	22422	23885761	93704	14316
五华县	485110	4575	18797	266547	10616988	319285	36100
兴宁市	441810	3313	17672	29605	18787541	33043	32920
平远县	111342	2645	13025	29653	2271116	65312	8564
惠州市	**1139295**	**15450**	**25825**	**68240**	**50822388**	**3250**	**88533**
惠城区	229719	2224	1774	7259	7185544		18274
惠东县	401120	3073	6673	18108	8842434		30538
惠阳区	16765	2622	3228		1379726		1277
博罗县	403378	6094	13516	38468	28713070		31720
龙门县	88313	1437	634	4405	4702376	3250	6724
汕尾市	**530570**	**22730**	**16474**	**86377**	**21153304**	**20673**	**40663**
汕尾城区	50016	383	248		1794419		3798
红海湾区	3393	315			133158		258
海丰县	90709	4699	1572	43023	5412377		7025
陆河县	99998	5367	1890	19765	2126050	19323	7900
陆丰市	286454	11966	12764	23589	11687300	1350	21682
东莞市	**10179**		**569**		**394791**		**772**
中山市	**62955**	**72**	**1895**		**6614361**	**1235**	**4316**
江门市	**1989310**	**4318**	**17585**	**233583**	**96549182**	**65944**	**148904**
蓬江区	2800				3868820		200
江海区	2818				267620		242
新会区	282846		816		22324982	1875	20906
台山市	337297	2564	4466		12935617	9667	24803
开平市	609782	857	10620	157233	34151498	54402	45915
恩平市	293261	539	1370		7465042		21326
鹤山市	460506	358	313	76350	15535603		35512
阳江市	**2171220**	**32963**	**33523**	**73077**	**31141715**	**17580**	**163132**
江城区	215106	2490	679	905	2286774		15631
阳东区	525225	3934	15581	29133	7075538		38251
阳西县	398013	14431	1951	2885	7944921	1865	29013
阳春市	1016625	11315	13979	40154	13261724	15715	79004
海陵区	16251	793	1333		572758		1233
湛江市	**3259680**	**63861**	**182152**	**240576**	**96025126**	**40416**	**253527**
赤坎区		23	36		88942		
霞山区		22	921		418364		
坡头区	275371	2355	4954		3644974		21872
麻章区	207165	1830	11079	13172	5633894	374	15426

10-16 续表 2

(2019年) 单位：头、只、吨

县(市、区)别	当年出栏肉猪头数	当年出售和自宰的肉用牛	当年出售和自宰的肉用羊	当年出售和自宰的肉用狗	当年出售和自宰的家禽	当年出售和自宰的兔	猪肉产量
吴川市	310754	3693	4893	4907	18611066	6173	24053
徐闻县	184853	4023	37394	2653	5132127	506	13818
雷州市	364431	13456	67514	90583	12464809	4177	28099
遂溪县	763173	10520	27086	41104	27677382	8674	59582
廉江市	1153933	27939	28275	88157	22353568	20512	90677
茂名市	**5218471**	**24653**	**123685**	**515780**	**209413087**	**647154**	**392393**
茂南区	691572	1296	3632	46003	32811426	5382	44961
电白区	1199750	4662	16046	127305	30999703	61435	91172
信宜市	841401	6385	78379	151487	72762771	368209	65285
高州市	1210729	5797	17098	142479	48222299	174160	93094
化州市	1275019	6513	8530	48506	24616888	37968	97881
肇庆市	**2992695**	**39264**	**174574**	**577274**	**98591168**	**627512**	**219559**
端州区	100				1600		7
鼎湖区	219827	1043	2807	4810	3469074		16623
高要区	753128	2771	9831	44458	25832119	71543	58578
广宁县	243395	4032	20231	45480	9571550	106350	17145
四会市	568657	3630	6013	12900	20183296	10480	46763
德庆县	96164	2543			7997848		7576
封开县	228006	9998	24024	88374	10037894	62607	15188
怀集县	883418	15247	111668	381252	21497787	376532	57679
清远市	**2281416**	**21979**	**194184**	**174520**	**90898544**	**31518**	**171216**
清城区	235772	1810	8484	20463	31531181	20164	17456
英德市	427363	8274	17906	30433	11260199	2864	32811
佛冈县	127549	335	7649	959	2854989		9685
连山自治县	74752	490	13727	26534	1582479	761	5860
连南自治县	39888	771	3842	20395	1848301	945	3117
连州市	378589	2341	40411	7830	5400887	3320	27436
阳山县	574231	3976	54985	40372	12627397	3464	42811
清新区	423272	3982	47180	27534	23793111		32040
潮州市	**509571**	**8799**	**7359**	**1183**	**12882766**	**8122**	**38316**
湘桥区	32005	1251			1302737		2435
饶平县	383546	6573	6302	1183	8885906	8122	27993
潮安区	94020	975	1057		2694123		7888
揭阳市	**1148321**	**32819**	**22767**	**161422**	**37457476**	**58373**	**80575**
榕城区	132223	2096		11652	3976571	9422	6349
揭东区	222070	1143	596	18300	6143144	5855	12569
惠来县	210804	11821	10776	31450	9765913		16665
普宁市	215293	5979	808	13020	5169051	2000	16783
揭西县	367931	11780	10587	87000	12402797	41096	28209
云浮市	**1069081**	**7035**	**70333**	**300834**	**139608714**	**710815**	**80477**
云城区	146401	913	104	17805	9768372	158965	9955
新兴县	546932	1467	31669	101796	95998642	84501	45479
郁南县	80622	308	9863	4625	15842822	14576	5134
罗定市	203769	3402	22629	149877	15961357	444731	13603
云安区	91357	945	6068	26731	2037521	8042	6306

10-16 续表 3

(2019年)　　　　单位：头、只、吨

县(市、区)别	牛肉产量	羊肉产量	家禽肉产量	牛奶产量	蜂蜜产量	禽蛋产量
广州市	**611**	**112**	**81945**	**32154**	**2742**	**23017**
天河区						
白云区	18	3	23471	4344	124	134
黄埔区	5	10	1643			46
花都区	22	16	11400	362	702	608
从化区	125	16	5605	17462	1319	13366
增城区	420	67	17640	8341	584	4434
番禺区	20		13087	1635	11	4265
南沙区	1		9099	10	2	164
深圳市	**101**		**1787**	**9225**	**55**	**1489**
宝安区						
龙岗区			7			
光明区			381	9225		
大鹏区			112			
坪山区						
深汕合作区	101		1287		55	1489
珠海市	**9**	**6**	**5696**			**5759**
香洲区						
金湾区			747			
斗门区	9	6	4949			5759
汕头市	**442**	**85**	**40852**	**2863**	**479**	**5799**
金平区		3	786			36
龙湖区	3		5843	99		862
澄海区	100		25828	116		2766
濠江区	29	1	757	1954		679
潮阳区	27	19	4601			911
潮南区	221	38	2741	694	400	453
南澳县	62	24	296		79	92
佛山市	**77**	**83**	**110461**	**7241**		**5555**
禅城区						
南海区			8635			
顺德区		9	3694	26		38
高明区	5	2	33695			1320
三水区	72	72	64437	7215		4197
韶关市	**986**	**1278**	**56010**	**4527**	**2387**	**19897**
浈江区	21	161	3032	127	428	389
武江区	57	41	1879	3532		1415
曲江区	74	140	6467	868	67	1886
南雄市	252	123	14732		363	4966
始兴县	135	47	6825		325	2074
翁源县	141	107	6466		98	1878
仁化县	120	332	7315		53	1977
新丰县	81	89	4076		961	1505
乳源自治县	55	94	836		2	827
乐昌市	50	144	4382		90	2980

10-16 续表 4

(2019年) 单位：头、只、吨

县(市、区)别	牛肉产量	羊肉产量	家禽肉产量	牛奶产量	蜂蜜产量	禽蛋产量
河源市	**1735**	**630**	**61234**	**1583**	**2311**	**12406**
源城区	23		5835			115
东源县	404	148	12350		759	5103
和平县	263	146	13326		54	1271
龙川县	370	195	9136	1583	159	2412
紫金县	435		15181		1295	2816
连平县	240	141	5406		44	689
梅州市	**3639**	**2158**	**108768**	**1996**	**4671**	**43411**
梅江区	429	18	4783	32	85	323
梅县区	340	495	16873	337	1410	4500
蕉岭县	594	398	5691	179	1595	673
大埔县	203	127	10554	230	546	2361
丰顺县	557	111	34175	393	465	3044
五华县	791	387	13989	287	93	16775
兴宁市	394	360	19209	425	165	14090
平远县	331	262	3494	113	312	1645
惠州市	**1690**	**468**	**71151**	**15151**	**1517**	**13478**
惠城区	244	37	10055	280	477	5556
惠东县	329	106	12575		263	2752
惠阳区	299	73	2053			321
博罗县	667	241	39929	3784	684	4165
龙门县	151	11	6539	11087	93	684
汕尾市	**2739**	**270**	**30461**		**605**	**10512**
汕尾城区	46	4	2477		8	1319
红海湾区	37		194			134
海丰县	544	29	7756		221	4862
陆河县	668	40	3466		190	595
陆丰市	1444	197	16568		186	3602
东莞市		**12**	**506**		**161**	
中山市	**8**	**46**	**8092**	**24**	**48**	**3474**
江门市	**473**	**301**	**137019**	**3171**	**126**	**37256**
蓬江区			5632			37
江海区			372			162
新会区		20	29878	680	44	1205
台山市	280	74	19410		36	7950
开平市	93	183	47611	2491	30	11049
恩平市	62	18	11956			15955
鹤山市	38	6	22160		16	898
阳江市	**3571**	**562**	**51059**	**8304**	**375**	**12648**
江城区	256	13	3165			1763
阳东区	1415	32	12544		26	3531
阳西县	428	243	12325	8304	36	2271
阳春市	1381	248	22186		313	5048
海陵区	91	26	839			35
湛江市	**8188**	**3254**	**144239**	**7234**	**777**	**38732**
赤坎区	3	1	133			85
霞山区	3	16	629			123
坡头区	314	85	5655			4246
麻章区	233	192	8568	729		1374

10-16 续表 5

(2019年)　　单位：头、只、吨

县(市、区)别	牛肉产量	羊肉产量	家禽肉产量	牛奶产量	蜂蜜产量	禽蛋产量
吴川市	468	89	27400		7	7173
徐闻县	491	667	7640		6	557
雷州市	1753	1230	18162		5	8399
遂溪县	1372	479	41250	6505	142	7607
廉江市	3551	495	34802		617	9168
茂名市	**2851**	**2130**	**304068**	**527**	**663**	**75556**
茂南区	161	76	44267		59	5024
电白区	519	285	46045		131	22523
信宜市	742	1318	112072	496	84	9370
高州市	686	312	62589		220	33119
化州市	743	139	39095	31	169	5520
肇庆市	**5020**	**2929**	**141971**	**12303**	**3912**	**30618**
端州区			2			
鼎湖区	124	48	4995	11980	132	406
高要区	347	178	37198		1395	11186
广宁县	508	315	13783		1795	1086
四会市	447	125	29064	323	25	9079
德庆县	328		11517		120	2160
封开县	1338	423	14455		270	1702
怀集县	1928	1840	30957		175	4999
清远市	**2713**	**3458**	**140293**	**29526**	**364**	**23085**
清城区	223	168	52520	3281	6	7434
英德市	921	335	13068	5627	128	1448
佛冈县	66	133	3822	1774	25	9627
连山自治县	84	327	2367		29	131
连南自治县	113	97	3976	5	46	311
连州市	305	632	6741	18839	1	838
阳山县	516	936	17690		99	1829
清新区	485	830	40109		30	1467
潮州市	**1141**	**164**	**26399**	**48**	**733**	**6259**
湘桥区	177		3455		90	231
饶平县	838	144	17401	48	452	5659
潮安区	126	20	5543		191	369
揭阳市	**3972**	**467**	**53373**	**3280**	**1767**	**29086**
榕城区	138		5300	794	102	2444
揭东区	144	11	8252	801		3254
惠来县	1469	248	14830		485	10282
普宁市	727	20	8038	1211	80	2359
揭西县	1494	188	16953	474	1100	10747
云浮市	**788**	**1314**	**186999**		**2003**	**16738**
云城区	109	2	15402			1481
新兴县	171	660	126423		25	1015
郁南县	40	158	20570		882	4803
罗定市	376	407	21023		1062	8768
云安区	92	87	3581		34	671

10-17 全省饲料加工企业主要年份饲料生产情况

项　目	单位	2005	2010	2015	2016	2017	2018	2019	2019比2018增减(%)
生产能力	吨/小时	3698	14126.35	15828	15860.87	15860.87	15860.87	15860.87	—
全年实际产量	吨	12420678	18807084	25730232	28248133	29511163	31879876	29237982	-8.29
配合饲料	吨	11967447	17997638	24644169	27094318	28317267	30834526	28405199	-7.88
配合饲料家禽料	吨	6772565	8422722	9719511	11129650	10031563	10632591	13109799	23.3
蛋禽料	吨	983978	1502723	1683368	2011529	1770699	1825313	2041339	11.84
肉禽料	吨	5788588	7009366	8036144	9118121	8260863	8807278	11068460	25.67
配合饲料猪料	吨	2855709	6339038	10425051	11222083	13047301	14314410	8805030	-38.49
配合饲料水产料	吨	2264139	3145836	4346688	4455353	5025540	5798600	6361898	9.71
配合饲料其他	吨	71805	81315	152919	287232	212863	88925	128473	44.47
浓缩饲料	吨	186615	289878	438174	471739	462323	395244	242914	-38.54
浓缩饲料猪料	吨	128704	232234	406222	432525	434016	372610	216054	-42.02
添加剂预混料	吨	266616	519567	647889	682076	731573	639039	573031	-10.33
预混料猪料	吨	187067	391820	441675	458229	489564	416550	266493	-36.02
预混料禽料	吨	42122	48237	72823	81037	73331	64597	119698	85.3
全年营业收入	亿元	291	582	862	899	1002	1136	999	-12.06
工业总产值	亿元	300	593	962	935	1018	1165	1009	-13.39

注：2020年3月，农业农村部调整并公布了各省份2018年饲料产量和产值数据。

10-18　各市主要年份饲料生产总量

单位：吨

市别	1995	2000	2005	2010	2015	2016	2017	2018	2019
合计	**6223168**	**8507764**	**12420679**	**18807084**	**25730232**	**28248133**	**29511163**	**31879876**	**29237982**
广州	829278	1392240	2276190	2940760	3234175	3254435	3140106	3118453	2520910
深圳	1103488	1023976	718856	688406	323968	280266	393340	227704	182072
珠海	227831	183353	507512	626343	909826	1002431	1095494	1312803	1364188
汕头	351445	357863	341779	428775	466057	477296	530525	772865	662780
佛山	1509331	2485870	3978825	4653046	4264050	4662189	4411336	4593869	4079165
韶关	69369	24535	163492	385013	586719	567952	650829	751381	809088
河源		5589	94934	147001	330799	331816	347914	428270	408968
梅州	31600	14867	63120	139830	334648	324351	374351	449915	429966
惠州	98580	116222	126459	399958	1276757	1557852	1570987	1694247	1544634
汕尾			910	1215	8574	6727	24769	27796	33260
东莞	199210	303211	379736	594626	1026796	1185701	1157797	992202	1213468
中山	116736	220899	237299	452231	352742	406670	427167	423231	378193
江门	711549	626794	800724	2136088	3795172	4116234	4230194	4553478	4559471
阳江	8632	22835	23283	22310	646335	1050762	1317956	1541775	1340546
湛江	411309	658061	1065288	1340679	2030280	2296118	2556824	2877964	2787201
茂名	156335	211229	337855	1282489	2025907	2298952	2765584	3057236	2201054
肇庆	91647	56603	200247	515213	902746	1073791	1201034	1222920	904841
清远	8022	8602	190184	491797	1147692	1175842	1410317	1736143	1495208
潮州	29985	16506	52620	53352	109835	110198	103663	128102	176770
揭阳	46303	81400	75088	261647	538147	603953	722855	712024	664602
云浮	221894	697109	786279	1246297	1419004	1484286	1078117	1257500	1481597

注：2020年3月，农业农村部调整并公布了各省份2018年饲料产量和产值数据。

十一、渔业

2019 年 3 月 17-18 日，香港渔民团体联会会长何俊贤一行到访广东省农业农村厅。

2019 年 4 月 27 日，第二届中华白海豚保护宣传日启动。

2019 年 5 月 17 日，农业农村部副部长于康震（中）、广东省农业农村厅厅长顾幸伟（左）等出席渔业扶贫产销对接活动。

2019 年 5 月 10 日，“池塘养殖转型升级绿色生态模式”示范项目启动。

2019 年 6 月 5 日，中国农业农村部副部长于康震（左）在《中华人民共和国政府和越南社会主义共和国政府北部湾渔业合作协定》实施十五周年总结会上向越南农业与农村发展部副部长黎国营（右）赠送纪念品。

2019 年 6 月 18 日，2019 中国国际水产博览会暨中国海鲜食材采购大会在湛江市开幕。

2019年7月17-19日，全国水产技术推广总站站长崔利锋一行赴广东开展配合饲料替代幼杂鱼专题调研。.

2019年7月22-23日，广东省农业农村厅厅长顾幸伟带队赴香港推进粤港农业合作及流动渔船渔民管理工作。

2019 年 10 月 29 日，广东（梅州）举办"稻鱼共生"丰收庆典。

2019 年 12 月 16 日，广东省农业农村厅厅长顾幸伟出席"庆祝新中国成立 70 周年暨澳门回归祖国 20 周年澳门渔船海上大巡游"活动。

2019 年 12 月 23 日，首届广东渔业种业博览会开幕。

渔业

2019年是新中国成立70周年，是决胜全面建成小康社会的关键之年，结合习近平总书记“关于“三农”工作论述、关于乡村振兴重要论述等的学习贯彻以及《粤港澳大湾区发展规划纲要》、十部委《关于加快推进水产养殖业绿色发展的若干意见》等指示。在省委、省政府的正确领导下，农业部的正确指引下，我省渔业主管部门认真贯彻中央农业农村工作、促进渔业高质量发展有关会议和厅党组部署，切实落实提质增效、减量增收、绿色发展、富裕渔民的目标，构建水产养殖绿色发展格局，持续推进渔业绿色、创新、高效、规范，稳步推进我省渔业的高质量发展。

一、我省渔业发展面临的形势

我省地理环境优越、气候适宜，渔业资源丰富形成了独特的区域优势，渔业一直以来是我省经济社会发展的重要来源。党的十九大以来，国家和省对渔业绿色发展作出了系列新部署、提出了新要求。

一是近年来，党中央、国务院、农业农村部及省政府对广东经济发展和渔业在内的农业工作高度重视，出台了《粤港澳大湾区发展规划纲要》、《关于加快推进水产养殖业绿色发展的若干意见》等文件，并组织制订《广东省加快推进水产养殖业绿色发展实施意见（审议稿）》，编制《广东省渔港建设管理操作指南（试行）》，规范渔港建设管理。

二是渔业作为民生产业的重要组成部分，整体布局渔业产业融入大农业。我省重点治理养殖水生态、发展水产良种产业体系、合理规划养殖水域滩涂、渔民减船转产和渔船更新改造、推进深水网箱和智能渔场建设，并成立了渔港工作领导小组和广东水产种业创新联盟，开展了南海开渔节、渔业种博会等重大活动，大幅提升渔业影响力。

三是我省渔业发展指标中少数发展较好，在全国处于领先地位。2019年我省渔业经济总产值3624亿元，位居全国第二，比山东省少500亿元；水产品总产量866万吨，首次位居全国第一；淡水养殖产量400万吨，位居全国第二，比湖北省少53万吨；海水养殖产量329万吨，位居全国第三，比第一的山东省少182万吨；水产养殖产量729.14万吨，增长4.41%，继续位居全国首位。机动渔船54123艘，降低-2.36%，机动渔船总吨位104.83万吨，减低0.59%，功率221.21万千万，降低1.82%，广东渔民人均纯收入21997元，增长8.43%。国家级良种场5家，等等。

二、2019年我省渔业经济运行总体情况

2019年，随着各地水产养殖规模的扩大，渔业投入不断增加，全年水产品总产量达到866万吨，同比增长2.72%，其中水产品产值预计达到1525亿元，同比增长3.8%。渔民人均纯收入预计达到21997元，同比增长8.43%。

海水养殖产量329万吨，增长了3.9%；淡水养殖产量400万吨，增长了4.8%。

海洋捕捞产量119万吨，下降了5.96%；淡水捕捞产量1.79万吨，下降了6.37%。

渔民人均纯收入21996元，增长了8.43%。

三、2019年渔业经济发展的新亮点

十九大以来，我省渔业不断调整产业结构，多产业多方位绿色全面发展，理论创新指导实践，不断涌现新的亮点，继续推进渔业可持续健康发展。

一是水产良种稳步前行。

累计选育出南美白对虾“中科1号”等33个水产新品种，占全国水产新品种的15%。虎龙斑、青龙斑等多个杂交新品种获得国家和省技术奖。大规模推广新品种27个。建成国家级水产良种场5家、国家级水产种质监督检验测试中心1家、国家级水产引种保种中心1家、省级水产良种场71家、现代渔业种业示范场9家。

二是品牌创建和健康养殖示范齐头并进。

大力推进省级健康养殖示范场和示范县的创建活

动。制定《广东省渔业优势区域发展规划（2018–2035年）》。累计创建国家级水产健康养殖示范场327个，建成国家级稻渔综合种养示范基地1个，注册稻鱼品牌4个。

三是水产养殖尾水综合治理全面开展。

佛山市完成水产养殖产排污系数科学评估工作，佛山市鱼猪混养、鱼禽混养等高污染模式逐步清除，池塘跑道推水减排和小区循环减排模式养殖鳢。

惠州市启动水产养殖产排污系数科学评估工作，惠东县制定了高位池尾水处理方案，肇庆市推广罗氏沼虾“虾草”生态养殖模式，降低尾水排放。

湛江、茂名、潮州许多企业积极开展南美白对虾循环水养殖，发展海参和海蜇等净化水养殖。

四是渔港建设和渔船改造升级。

目前，我省各类渔港建设项目全面铺开，在建渔港项目48个，已经完成竣工验收18个，总体进度65%。其中，15个标准渔港建设项目，已经完成竣工验收11个，建成待验收2个；13个现代渔港建设项目竣工验收3个，总体建设进度从36%推进到84%；14个渔港升级改造和整治维护项目已动工8个，建成待验收1个；6个渔港管理标准示范项目，已建成验收4个。

全省共核减渔船4728艘、压减功率27.2万千瓦；完成渔船更新改造3196艘，基本完成国家下达的十三五渔民减船转产和渔船更新改造五年任务，有效改善了我省捕捞渔船结构，工作进度处于国内领先水平。

五是推进深水网箱和智能渔场建设。

大力支持发展深水网箱如深水抗风浪养殖网箱和深远海大型智能养殖装备的建设。省级深水网箱产业发展专项累计投入11290万元，支持建设项目31个。珠海市建成“德海1号”半潜式智能渔场、“澎湖号”半潜式波浪能深水网箱养殖平台。目前我省共有深水网箱2163个，年产优质鱼3万多吨，年产值12亿多元，取得了较好的经济、社会和生态效益。

六是渔业类现代农业产业园建设初见成效。

在省农业农村厅的大力支持下，截止2019年，全省累计扶持水产现代农业产业园13个，其中：粤东西北地区省级现代农业产业园7个，国家级现代农业产业园1个；珠三角地区纳入省级现代农业产业园管理5个。13个产业园总投资约72.5亿元，其中，财政资金7亿元。

11-1 主要年份水产品产量及养殖面积

年 份	水产品							养殖		
	产量	海水			淡水			面积	海水	淡水
	(万吨)	产品	捕捞	养殖	产品	捕捞	养殖	(千公顷)	养殖	养殖
1957	49.89	34.44	32.79	1.65	15.45	1.06	14.39	142.26	25.64	116.62
1962	34.45	24.46	23.16	1.30	9.99	0.90	9.09	167.02	21.20	145.82
1965	49.49	34.85	33.23	1.62	14.64	1.76	12.88	180.95	28.94	152.01
1970	57.32	41.71	40.41	1.30	15.61	1.12	14.49			
1975	71.84	53.83	52.81	1.02	18.01	1.14	16.87	193.08	17.41	175.67
1978	65.50	46.47	45.67	0.80	19.03	0.98	18.05	187.23	16.05	171.18
1980	63.34	41.54	40.78	0.76	21.8	0.85	20.95	200.29	21.54	178.75
1985	109.44	58.74	56.26	2.48	50.70	1.93	48.77	290.16	56.13	234.03
1990	207.66	124.53	110.74	13.79	83.13	4.19	78.94	43.67	92.33	251.34
1995	449.86	189.41	178.71	10.70	164.23	14.45	149.78	445.82	116.15	329.67
2000	593.19	360.46	191.46	168.98	323.73	13.52	219.21	564.51	194.89	369.62
2005	695.23	397.75	172.05	225.70	297.29	13.03	284.26	604.65	224.40	380.25
2010	729.03	401.50	152.43	249.07	327.53	12.86	314.67	563.41	199.26	364.16
2011	762.53	418.22	152.65	265.57	344.31	12.84	331.47	573.91	203.41	370.50
2012	739.35	408.92	153.65	255.27	330.43	12.88	317.55	575.21	201.83	373.38
2013	764.29	418.58	152.88	265.70	345.71	12.81	332.91	570.14	197.20	372.94
2014	783.22	426.44	153.90	272.55	356.78	12.41	344.37	564.99	193.69	371.30
2015	803.71	434.71	154.00	280.71	369.00	12.26	356.74	565.68	194.86	370.82
2016	818.28	441.53	151.01	290.52	376.75	12.12	364.63	480.80	166.20	314.60
2017	833.54	451.81	148.91	302.90	381.73	12.04	369.69	473.77	161.69	312.08
2018	842.44	449.17	132.44	316.73	393.28	11.53	381.75	478.90	165.61	313.28
2019	866.40	455.49	126.36	329.13	410.91	10.90	400.01	478.21	164.99	313.22

注：2000年以后的水产品产量数据按照新的标准统计，2006年以后年份的数据以第三次全国农业普查结果为基础做了调整。

11-2　水产生产概况

项　　目	计量单位	2018	2019	2019比2018增长(%)
水产品总产量	万吨	842.44	866.4	2.84
海洋捕捞(包括外海)	万吨	132.44	126.36	-4.59
海水养殖	万吨	316.73	329.13	3.92
淡水捕捞	万吨	11.53	10.9	-5.46
淡水养殖	万吨	381.75	400.01	4.78
渔业总产值(按现价计算)	亿元	3452.54	3690.26	6.89
水产品产值(不包括种苗)	亿元	1383.82	1524.78	10.19
海洋捕捞	亿元	147.72	263.14	78.13
海水养殖	亿元	603.99	499.6	-17.28
淡水捕捞	亿元	18.53	15.07	-18.67
淡水养殖	亿元	613.57	746.98	21.74
水产种苗	亿元	31.57	35.47	12.35
其中：水产品加工	亿元	218.84	235.87	7.78
渔机修造	亿元	4.25	7.41	74.35
绳网制造	亿元	1.90	1.83	-3.68
建筑业	亿元	4.99	5.27	5.61
第三产业产值	亿元	1673.90	1744.33	4.21
渔民人均纯收入	元/人	20287.00	21997	8.43
海洋捕捞产量	万吨	127.16	126.36	-0.63
其中：鱼类	万吨	90.97	88.8	-2.38
虾类	万吨	13.84	13.3	-3.9
蟹类	万吨	7.32	7.3	-0.27
贝类	万吨	4.43	4.19	-5.52
藻类	万吨	0.61	0.57	-6.3
头足类	万吨	6.10	5.8	-4.93
海水养殖总面积	千公顷	165.61	164.99	-0.38
产量	万吨	316.73	329.13	3.92
单产	千克/公顷	19124.34	19948.48	4.31
其中：鱼类面积	千公顷	28.45	29.57	3.94
产量	万吨	59.48	66.46	11.74
单产	千克/公顷	20906.61	22475.48	7.5
虾类面积	千公顷	52.69	53.58	1.7
产量	万吨	50.75	52.54	3.52
单产	千克/公顷	9633.54	9805.9	1.79
蟹类面积	千公顷	8.20	8.29	1.09
产量	万吨	7.46	8.25	10.62
单产	千克/公顷	9093.77	9951.75	9.43
贝类面积	千公顷	69.16	66.98	-3.16
产量	万吨	189.45	192.6	1.66
单产	千克/公顷	27392.09	28754.85	4.98
藻类面积	千公顷	2.72	2.69	-1.1
产量	万吨	7.17	7.38	2.94
单产	千克/公顷	26356.99	27434.94	4.09

11-2 续表

项　　目	计量单位	2018	2019	2019比2018增长(%)
淡水养殖总面积	千公顷	313.28	313.22	-0.02
产量	万吨	381.75	400.01	4.78
单产	千克/公顷	12185.58	12770.90	4.80
其中：池塘养殖面积	千公顷	244.48	244.77	0.12
产量	万吨	349.16	365.85	4.78
单产	千克/公顷	14281.74	14946.64	4.66
其中：鱼类产量	万吨	349.78	366.83	4.88
虾类产量	万吨	24.99	27.14	8.62
蟹类产量	万吨	0.85	0.25	-70.13
淡水捕捞产量	万吨	11.53	10.90	-5.47
其中：鱼类	万吨	7.78	7.55	-3.00
虾类	万吨	0.82	0.84	3.00
蟹类	万吨	0.43	0.44	1.95
贝类	万吨	2.36	2.01	-14.89
水产冷库数量	座	519	504	-2.89
制冰能力	吨/日	41490	42258	1.85
冻结能力	吨/日	21615	21265	-1.62
冷藏能力	吨/次	338153	354650	4.88
水产加工品数量	万吨	144.64	135.01	-6.66
其中：冷冻品	万吨	41.61	39.96	-3.96
渔业乡(镇)	个	88	81	-7.95
渔业村	个	1004	900	-10.36
渔业人口	万人	225.85	229.07	1.42
渔业从业人员	万人	125.02	123.84	-0.95
其中：专业	万人	80.97	80.92	-0.06
兼业	万人	36.9	35.78	-3.03
机动渔船合计艘数	艘	55432	54123	-2.36
吨位	吨	1054569	1048309	-0.59
功率	千瓦	2253150	2212143	-1.82
其中：生产渔船艘数	艘	51285	50073	-2.36
吨位	吨	974149	957288	-1.73
功率	千瓦	1969563	1920331	-2.50
非机动渔船艘数	艘	2534	2446	-3.47
吨位	吨	6788	6134	-9.63

11-3 各市渔业生产基本情况

(2019年)

市别	水产品总产量(吨)					渔业经济总产值(万元)	其中水产品
	合计	海洋捕捞(包括外海)	海水养殖	淡水捕捞	淡水养殖	产值	产值
全省	8664017	1263587	3291325	108998	4000107	36239420.5	15247777
广州	465545	28882	77730	35407	323526	1457806.68	888886
深圳	84445	62762	18779	44	2860	949545.84	303901
珠海	324761	15408	89518	1705	218130	1682110.42	742826
汕头	473087	130249	247410	3362	92066	1616919.14	727934
韶关	83245			2732	80513	187936.04	122840
河源	44856			1729	43127	704016.88	51282
梅州	108246			12163	96083	867697.47	119865
惠州	158143	17875	50958	932	88378	1009731.50	266487
汕尾	584035	195214	338103	2233	48485	1812684.34	1008287
东莞	48575	6508		776	41291	325397.91	93539
中山	342379	666	2159	851	338703	1957739.25	686951
江门	792388	77936	225632	11221	477599	2756855.03	2028094
佛山	698118			5863	692255	4201766.60	1375553
阳江	1186736	312171	770032	7894	96639	3468643.57	1879960
湛江	1255442	224263	843558	4740	180881	6363511.60	2195594
茂名	922169	126090	475530	2708	317841	2318669.17	1032333
肇庆	511325			4759	506566	1292548.33	775462
清远	134229			1905	132324	852116.43	195629
潮州	199988	17206	130420	3416	48946	960205.93	367743
揭阳	144715	46357	21496	3257	73605	1006253.09	258072
云浮	101590			1301	100289	447265.25	126539
其他(省直属)							

11-3 续表

(2019年)

市别	水产养殖面积合计(公顷)	海水养殖	淡水养殖	渔业船舶合计 艘	总吨	千瓦
全省	478212.33	164989.66	313222.67	54123	1048309	2212143
广州	22312.12	4334.80	17977.32	1591	33188	99667
深圳	1061.97	832.87	229.10	2115	44106	110728
珠海	24992.37	13590.50	11401.87	1512	28354	65425
汕头	15337.82	11057.29	4280.53	1945	88127	138483
韶关	15918.13		15918.13	614	673	7540
河源	5672.00		5672.00	757	770	6953
梅州	10669.00		10669.00	463	771	6252
惠州	17539.20	3148.00	14391.20	2214	14970	64205
汕尾	18407.57	13680.00	4727.57	4755	96930	285892
东莞	5300.67		5300.67	259	17830	25716
中山	20218.00	1211.00	19007.00	551	2362	10983
江门	55289.00	18539.00	36750.00	3707	128357	212858
佛山	34590.89		34590.89	1663	2635	17574
阳江	31746.80	19160.00	12586.80	5060	248486	392530
湛江	83468.88	56223.40	27245.48	17292	173217	395066
茂名	37497.82	14579.00	22918.82	3111	125998	196254
肇庆	33917.36		33917.36	1489	2043	10561
清远	16825.20		16825.20	1116	1525	11928
潮州	12458.53	6921.80	5536.73	1747	12697	52243
揭阳	8227.00	1712.00	6515.00	1563	23387	94120
云浮	6762.00		6762.00	599	1883	7165
其他(省直属)						

11－4 各市海洋捕捞产量

(2019年) 单位：吨

市 别	海洋捕捞(包括外海)	鱼类	甲壳类	虾	蟹	贝类	藻类	头足类	其它
全 省	1225228	883558	208705	135825	72880	41895	5729	57379	27962
广 州	28572	25254	1346	495	851	702		1270	
深 圳	29167	15527	9101	4318	4783	2012	18		2509
珠 海	13382	7154	1636	995	641	657	220	318	3397
汕 头	130249	101094	19695	10082	9613	2859	17	6381	203
惠 州	17875	12503	2851	1819	1032	880	18	1289	334
汕 尾	195214	124214	39989	21928	18061	9328	1153	16808	3722
东 莞	6508	4870	1438	1162	276	29		170	1
中 山	666	604	39	33	6	22			1
江 门	77521	60162	12986	7493	5493	2703	240	405	1025
阳 江	312171	224571	62766	45951	16815	7314	2335	9151	6034
湛 江	224250	159053	38026	26607	11419	12177	641	9033	5320
茂 名	126090	105245	9824	8202	1622	1884	750	5485	2902
潮 州	17206	11071	2431	2171	260	953	249	780	1722
揭 阳	46357	32236	6577	4569	2008	375	88	6289	792

11－4 续表

(2019年) 单位：吨

市 别	合计	按捕捞渔具分					
		拖网	围网	刺网	张网	钓业	其他
全 省	1225228	620356	120237	356141	5844	77780	44870
广 州	28572	13464	1591	8227	1552	3116	622
深 圳	29167	271	2685	26211			
珠 海	13382	7495	866	3183		892	946
汕 头	130249	86438	7946	24032	978	7985	2870
惠 州	17875	2519	5448	9030		869	9
汕 尾	195214	130249	15752	28742	734	12158	7579
东 莞	6508	4246	1020	1214			28
中 山	666	10		553		94	9
江 门	77521	31848	11926	29046	455	3349	897
阳 江	312171	108680	61775	114728		22150	4838
湛 江	224250	114984	3127	66600	998	13183	25358
茂 名	126090	85679	3518	24574		11743	576
潮 州	17206	4883	4559	5034	1127	583	1020
揭 阳	46357	29590	24	14967		1658	118

11-5 各市海水养殖产量

(2019年)

单位：吨

市别	合计	鱼类	甲壳类			贝类	藻类	其他
				虾	蟹			
全省	3291325	664627	607927	525443	82484	1925986	73752	19033
广州	77730	71393	6112	3599	2513	215		10
深圳	18779	1967	6951	6894	57	9710	92	59
珠海	89518	64785	10310	6172	4138	14219		204
汕头	247410	54296	43152	27513	15639	89645	51955	8362
惠州	50958	11722	12189	11379	810	25861	348	838
汕尾	338103	72545	49816	34751	15065	204214	3437	8091
东莞								
中山	2159	451	1708	598	1110			
江门	225632	29773	37020	28016	9004	158615	29	195
阳江	770032	137884	121012	106602	14410	510327		809
湛江	843558	110187	208817	200767	8050	523678	638	238
茂名	475530	73309	71274	67091	4183	318222	12725	
潮州	130420	31932	27860	22850	5010	70075	326	227
揭阳	21496	4383	11706	9211	2495	1205	4202	

11-5 续表

(2019年)

单位：吨

市别	按养殖水域分			其中：养殖方式分						
	海上	滩涂	其他	深水网箱	普通网箱	工厂化	池塘	筏式	吊笼	底播
全省	1221327	1315836	754162	35160	119662	10519	702288	445052	97016	698544
广州			77730				77730			
深圳	15279	2500	1000		2041	1000		1992		
珠海	18153	8068	63297	10950	1850		59860	9045	1300	4785
汕头	92625	94822	59963		2988	1187	52046	114498	8500	26645
惠州	19921	17632	13405	18	4256	478	14462	10085	2932	4587
汕尾	161843	119206	57054	1335	14287	2444	14433	890	8038	9635
东莞										
中山		2159					2159			
江门	29526	103786	92320		3777		60117	73361		74995
阳江	415697	221217	133118	994	36611		90952	121436	6425	104709
湛江	246955	449963	146640	19717	30320	83	226978	73714	69772	231891
茂名	159316	251975	64239	1176	13370	507	62423			214245
潮州	62012	39510	28898	970	10162	2502	21950	40031	49	27052
揭阳		4998	16498			2318	19178			

11-6 各市海水养殖面积

(2019年) 单位：公顷

市 别	合 计	鱼类	甲壳类			贝类	藻类	其他
				虾	蟹			
全 省	164990	29569	61865	53579	8285	66977	2692	3887
广 州	4335	3034	1289	1066	223	6		6
深 圳	833	214	164	160	4	438	7	10
珠 海	13591	3366	3176	1641	1535	5573		1476
汕 头	11057	2035	2883	2145	738	4171	1891	78
惠 州	3148	625	805	707	98	1468	36	214
汕 尾	13680	3059	4371	2926	1446	5729	424	97
东 莞								
中 山	1211	122	1089	544	545			
江 门	18539	2298	6052	5007	1045	10097	7	85
阳 江	19160	1968	6842	5959	883	10200		150
湛 江	56223	8710	28283	27339	944	17507	33	1691
茂 名	14579	2636	3847	3481	366	8037	59	
潮 州	6922	1358	1742	1541	201	3532	210	80
揭 阳	1712	145	1322	1064	258	220	25	
其 他								

11-6 续表

(2019年) 单位：公顷

市 别	按养殖水域分			其中：养殖方式分						
	海上	滩涂	其他	深水网箱立方水体	普通网箱平方米	工厂化立方水体	池塘	筏式	吊笼	底播
全 省	48664	65728	50598	3008686	3446924	1451668	67754	16997	3406	44692
广 州			4335				4335			
深 圳	736	23	74	1340000	450	740000		87		
珠 海	5016	3241	5334	230000	45000		6078	1952	209	3710
汕 头	3468	4295	3294		418	120029	3454	2870	333	1947
惠 州	1906	721	521	22400	131237	84500	966	278	287	1581
汕 尾	3473	6507	3701	9000	184724	12	1251	56	311	12737
东 莞										
中 山		1211					1211			
江 门	4247	5606	8686		28150		7102	4062		6781
阳 江	6276	9027	3857	151102	389850		7798	3094	482	3163
湛 江	12783	29100	14340	1113384	907505	9	29138	3833	1742	9254
茂 名	8351	3621	2607	3790	100000	5068	3678			3367
潮 州	2410	2280	2232	1755800	42800	7050	1252	765	42	2152
揭 阳		95	1617			495000	1492			
其 他										

11-7 各市淡水捕捞产量

(2019年)

单位：吨

市别	合计	鱼类	甲壳类			贝类	其他
				虾	蟹		
全省	108998	75469	12830	8446	4384	20085	612
广州	35407	23102	2798	1910	888	9500	7
珠海	1705	1649	39	18	21	17	
汕头	3362	2447	806	376	430	40	69
韶关	2732	1880	284	203	81	568	
河源	1729	1520	186	173	13	22	1
梅州	12163	10538	743	693	50	764	118
惠州	932	611	55	55		266	
汕尾	2233	1855	358	286	72	12	8
东莞	776	706	44	17	27	26	
中山	851	696	122	76	46	33	
江门	11221	6400	2352	1120	1232	2446	23
佛山	5863	1230	772	730	42	3860	1
阳江	7894	4788	2266	1295	971	733	107
湛江	4740	4249	122	69	53	367	
茂名	2708	1937	115	102	13	564	92
肇庆	4759	3876	419	320	99	457	7
清远	1905	1576	190	155	35	139	
潮州	3416	2491	712	499	213	80	133
揭阳	3257	2752	332	235	97	150	23
云浮	1301	1146	114	113	1	41	

11-8 各市淡水养殖产量

(2019年) 单位：吨

市别	合计	鱼类	甲壳类			贝类	藻类	其他
				虾	蟹			
全省	4000107	3668328	273984	271445	2539	10658		47137
广州	323526	304554	13137	11782	1355	3999		1836
深圳	2860	2759	64	42	22	9		28
珠海	218130	179369	38715	38715		17		29
汕头	92066	67426	23798	23798		21		821
韶关	80513	79885	287	223	64	176		165
河源	43127	42197	268	241	27	40		622
梅州	96083	94303	525	403	122	599		656
惠州	88378	85447	38	38		10		2883
汕尾	48485	45484	1807	1304	503	22		1172
东莞	41291	38705	710	651	59	20		1856
中山	338703	294614	41171	41166	5			2918
江门	477599	359260	106602	106577	25	1815		9922
佛山	96639	92652	3536	3536		2		449
阳江	96639	92652	3536	3536		2		449
湛江	180881	179075	1131	964	167	430		245
茂名	317841	308723	7025	7004	21	1871		222
肇庆	506566	469492	26797	26777	20	572		9705
清远	132324	130637	527	486	41	237		923
潮州	48946	46151	1692	1586	106	395		708
揭阳	73605	63727	5034	5034				4844
云浮	100289	97717	431	429	2	423		1718
其他								

11-8 续表

(2019年) 单位：吨

市别	合计	其中按水域分					其中养殖方式		
		池塘	湖泊	水库	河沟	稻田	围栏	网箱	工厂化
全省	4000107	3658489	8402	244434	16136	1929	1095	1737	1061
广州	323526	317501		5995					15
深圳	2860	2332					34		
珠海	218130	218082		48					
汕头	92066	89358		806	907				
韶关	80513	63695		16111		592			51
河源	43127	33866		9256		5			
梅州	96083	62341	1350	28375	9	45		10	298
惠州	88378	83572		4358	6				310
汕尾	48485	35065	1982	5795	3078	123	439		
东莞	41291	40477		632			567	48	167
中山	338703	338466							
江门	477599	440773		844	3668				
佛山	692255	687532		4371	352				220
阳江	96639	82339	2797	9131	1102		5		
湛江	180881	150933	541	26463	1951		50	239	
茂名	317841	261872		52376		170		210	
肇庆	506566	434742	40	48081	3461			669	
清远	132324	118675	1692	9327	324	721		500	
潮州	48946	42333		5494	172				
揭阳	73605	63120		9275	643				
云浮	100289	91415		7696	463	273		61	
其他									

11-9 各市淡水养殖面积

(2019年) 单位：公顷

市别	合计	按水域分						集约化养殖方式		
		池塘	湖泊	水库	河沟	其它	稻田	围栏(平方米)	网箱(平方米)	工厂化(立方水体)
全　省	313222.7	244773.54	1643	58283.51	1351.98	7170.64	3689.86	769397	126649	69214
广　州	17977.32	17051.71		922.61		3		90		16666
深　圳	229.1	186.4				42.7		1000		
珠　海	11401.87	11365.87		36						
汕　头	4280.53	4070		56.32	47.44	106.77				
韶　关	15918.13	9617.6		6300.53			1830.6		2800	5600
河　源	5672	4758		914			16			
梅　州	10669	5936	118	4187	2	426	148		100	14014
惠　州	14391.2	9479.2		4686	5	221				21000
汕　尾	4727.57	3323.83	219	601.5	300.24	283	61			
东　莞	5300.67	4862.34		433		5.33		766667	13333	2934
中　山	19007	18992				15			830	5500
江　门	36750	30205		4543	150	1852				
佛　山	34590.89	33914.26		609.63	67					3500
阳　江	12586.8	8503.8	372	3314	280	117		1600		
湛　江	27245.48	14622.93	350	11895.55	124	253		40	31000	
茂　名	22918.82	16067.82		6721		130			3520	
肇　庆	33917.36	25223.45	104	5844	144	2601.91			10166	
清　远	16825.2	11691.6	480	3879.37	69.3	704.93	1500.26		38000	
潮　州	5536.73	4469.73		800	36	231				
揭　阳	6515	4999		1367	67	82				
云　浮	6762	5433		1173	60	96	134		26900	
其　他										

11-10 各市海淡水养殖苗

(2019年)

市别	海水鱼苗(万尾)	虾类苗种量(亿尾)	贝类苗种量(万粒)	淡水鱼苗产量(万尾)	淡水鱼种产量(吨)	投放鱼种数量(吨)
全省	282314	7968	310932	77745992	221508	192697
广州	59210	367		324939	21478	28658
深圳	2008	15	5098			
珠海	846	186		446590	2884	2884
汕头	1321	492	30792	71093	57	68
韶关				139030	8946	8167
河源				14109	4764	4524
梅州				349147	6360	5755
惠州	99965	13	350	641830	5523	5695
汕尾	61529	176	41745	11350	5	5
东莞				245477	179	1411
中山						
江门	431	1342		2640495	16646	7634
佛山				31010205	18765	12943
阳江	4807	86	22717	34511370	1460	1764
湛江	5720	1494	126811	398311	1700	329
茂名	247	231	891	2799541	24144	24768
肇庆		13		1501876	92660	75776
清远				499157	5290	5082
潮州	46230	3520	3930	18122	450	450
揭阳		33	78598	197329	854	531
云浮				1926021	9343	6253

11-11 各市水产加工

(2019年)

市别	一、水产加工企业数量(个)	加工能力(吨/年)	二、水产冷库座数	冻结能力(吨/日)	冻藏能力(吨/次)	制冰能力(吨/日)
全省	1022	2264072	504	21265	354650	42258
广州	2	35055	1	170	4058	40
深圳	2	9400	1	25	600	10
珠海	19	83660	30	163	4182	320
汕头	63	196279	78	1817	43385	3603
韶关			1	24	25	20
河源						
梅州	2	26				
惠州	5	18011	3	231	198	80
汕尾	43	57465	51	512	2440	736
东莞	15	380				
中山	19	82972	23	271	1858	122
江门	92	191200	45	600	42902	1498
佛山	21	95112	32	1845	54510	125
阳江	37	288877	59	1760	17190	1709
湛江	193	477832	92	6818	112167	28141
茂名	206	583411	28	6440	52949	4689
肇庆	9	75674	9	176	6215	30
清远						
潮州	11	36660	16	290	7320	570
揭阳	282	17058	30	93	2651	545
云浮	1	15000	5	30	2000	20

11-11 续表 1

(2019年)

市别	三、水产加工品总量(吨)	淡水加工产品	(一)水产品冷冻(吨)	冷冻加工品	(二)鱼糜制品及干腌制品(吨)	鱼糜制品	干腌品
全省	1350100	330257	997412	597784	131576	79149	52427
广州	12918	12918	8290	3620	4628	4572	56
深圳	6430	5225	5225	5125	25		25
珠海	36650	20550	36335	13805	285		285
汕头	141391	8740	106733	70483	9538	9241	297
韶关							
河源							
梅州	2848	2848			2848	2557	291
惠州	9343	62	6457	952	2864	311	2553
汕尾	90291	16718	73499	17946	10505	2132	8373
东莞	380				380		380
中山	20429	20168	13756	8120	2927	21	2906
江门	66300	15317	35142	12713	5332	2757	2575
佛山	36079	36079	16887	1439	797		797
阳江	184899	20023	132354	67908	32070	26375	5695
湛江	341932	39701	283386	231115	20650	2279	18371
茂名	296303	81873	187754	134637	30275	24871	5404
肇庆	42103	42103	42036	16641			
清远							
潮州	36162	602	33014	1130	678		678
揭阳	18235		9240	4926	7671	4033	3638
云浮	7407	7330	7304	7224	103		103

11-11 续表 2

(2019年)

市别	藻类加工 (吨)	(三)罐制品 (吨)	(四)水产饲料 (吨)	(五)鱼油制品 (吨)
全省	2942	31831	81238	47
广州				
深圳		360		
珠海				
汕头	1310	29	338	19
韶关				
河源				
梅州				
惠州				
汕尾	1047	2905	2264	
东莞				
中山		3046		
江门	50	5716	2200	
佛山		18300		
阳江		1436	15434	
湛江		25	23689	28
茂名	60		36381	
肇庆		14		
清远				
潮州	475		932	
揭阳				
云浮				

11-11 续表 3

(2019年)

市别	(六)其它水产加工品 (吨)	助剂和添加剂 (吨)	珍珠 (公斤)	四、用于加工的水产品量 (吨)	淡水产品
全省	105001		6168	1651497	519474
广州				13630	13630
深圳	820			2000	
珠海	30			41830	15620
汕头	23424		3400	188925	22575
韶关					
河源					
梅州				4002	4002
惠州	22			10955	216
汕尾	71			70344	8111
东莞					
中山	700			20854	20438
江门	17860			105594	53688
佛山	95			17325	17325
阳江	3605			262202	32340
湛江	14154		2768	292896	69633
茂名	41833			468462	177047
肇庆				73694	73694
清远					
潮州	1063			37840	630
揭阳	1324			30309	
云浮				10635	10525

11-12 各市渔业船舶拥有量

市别	总计			机动渔船								
							生产渔船					
										捕捞渔船		
	艘	总吨	千瓦	艘	总吨	千瓦	艘	总吨	千瓦	艘	总吨	千瓦
全省	56569	1054443	2212143	54123	1048309	2212143	50073	957288	1920331	45501	937443	1858180
广州	1632	33229	99667	1591	33188	99667	1394	29243	76684	1394	29243	76684
深圳	2115	44106	110728	2115	44106	110728	1826	41813	96846	1593	41286	92057
珠海	1521	31169	65425	1512	28354	65425	1247	18569	40838	1060	17698	40273
汕头	2157	88137	138483	1945	88127	138483	1696	65879	100144	1572	64788	96617
韶关	614	680	7540	614	673	7540	608	613	7068	608	613	7068
河源	780	784	6953	757	770	6953	756	767	6909	756	767	6909
梅州	463	771	6252	463	771	6252	449	614	4662	449	614	4662
惠州	2218	15128	64205	2214	14970	64205	1937	8597	37827	1803	6542	30007
汕尾	5242	97419	285892	4755	96930	285892	4545	90386	257951	4333	90069	256400
东莞	259	17830	25716	259	17830	25716	253	17591	25056	253	17591	25056
中山	552	2363	10983	551	2362	10983	511	1922	5364	511	1922	5364
江门	3739	128587	212858	3707	128357	212858	3265	121281	183265	3196	120458	177897
佛山	1732	2864	17574	1663	2635	17574	1628	2306	14105	1628	2306	14105
阳江	5141	248614	392530	5060	248486	392530	4155	232038	350060	3760	230303	342401
湛江	18205	174534	395066	17292	173217	395066	16484	163916	365620	14115	156671	345481
茂名	3111	125998	196254	3111	125998	196254	2969	122283	179841	2956	122283	179770
肇庆	1504	2055	10561	1489	2043	10561	1461	1936	9686	1461	1341	9686
清远	1116	1525	11928	1116	1525	11928	1112	1474	11612	1112	1474	11612
潮州	2216	13342	52243	1747	12697	52243	1668	11976	49618	836	7393	38968
揭阳	1653	23425	94120	1563	23387	94120	1528	22758	91227	1524	22755	91215
云浮	599	1883	7165	599	1883	7165	581	1326	5948	581	1326	5948

11-12 续表 1

市别	机动渔船								
	生产渔船			辅助渔船					
	养殖渔船						捕捞辅助船		
	艘	总吨	千瓦	艘	总吨	千瓦	艘	总吨	千瓦
全省	4572	19845	62151	4050	91021	291812	3682	80618	200352
广州				197	3945	22983	165	2706	10725
深圳	233	527	4789	289	2293	13882	259	1561	7559
珠海	187	871	565	265	9785	24587	222	8623	19922
汕头	124	1091	3527	249	22248	38339	234	21129	27992
韶关				6	60	472			
河源				1	3	44			
梅州				14	157	1590			
惠州	134	2055	7820	277	6373	26378	246	5331	12560
汕尾	212	317	1551	210	6544	27941	201	6494	25910
东莞				6	239	660	6	239	660
中山				40	440	5619	17	149	575
江门	69	823	5368	442	7076	29593	417	6540	21018
佛山				35	329	3469	20	61	296
阳江	395	1735	7659	905	16448	42470	894	16084	36629
湛江	2369	7245	20139	808	9301	29446	763	6953	17058
茂名	13		71	142	3715	16413	136	3694	16164
肇庆		595		28	107	875	19	40	246
清远				4	51	316			
潮州	832	4583	10650	79	721	2625	43	427	1451
揭阳	4	3	12	35	629	2893	31	569	1449
云浮				18	557	1217	9	18	138

11-12 续表 2

市别	机动渔船					
	辅助渔船					
	渔业执法船			其它		
	艘	总吨	千瓦	艘	总吨	千瓦
全省	237	5954	78710	131	4449	12750
广州	29	1153	11941	3	86	317
深圳	10	142	4581	20	590	1742
珠海	6	21	1264	37	1141	3401
汕头	15	1119	10347			
韶关	6	60	472			
河源	1	3	44			
梅州	14	157	1590			
惠州	22	590	12101	9	452	1717
汕尾	9	50	2031			
东莞						
中山	23	291	5044			
江门	22	401	8121	3	135	454
佛山	15	268	3173			
阳江	11	364	5841			
湛江	22	597	8560	23	1751	3828
茂名	6	21	249			
肇庆	9	67	629			
清远	4	51	199			117
潮州				36	294	1174
揭阳	4	60	1444			
云浮	9	539	1079			

11-12 续表 3

市别	机动渔船按船长分								
	24米以上			12-24米			12米以下		
	艘	总吨	千瓦	艘	总吨	千瓦	艘	总吨	千瓦
全省	3589	647011	1078303	8415	276311	648850	40608	123967	478452
广州	51	19793	41315	625	11125	42513	915	2270	15839
深圳	138	40511	83308	41	2078	6216	797	1516	16890
珠海	98	22073	36806	97	4084	12272	1317	2197	16347
汕头	242	40115	59289	859	45863	73378	844	2149	5816
韶关				1	44	79	488	629	7417
河源							757	770	6953
梅州				3	138	756	457	633	5283
惠州	32	5681	9436	85	4564	16931	2097	4724	35304
汕尾	778	57362	182000	720	33273	60125	3238	12388	44189
东莞	42	11151	12212	104	6160	12110	113	519	1394
中山	2	316	671	71	1145	4611	478	901	5701
江门	233	94733	127896	671	25102	48003	2800	8029	36357
佛山				107	161	3190	1554	699	13868
阳江	862	189536	259645	796	46632	95655	3402	12302	36788
湛江	363	53828	104122	2339	57227	130329	14590	57544	160615
茂名	492	102149	130966	436	16001	41193	2183	7848	24095
肇庆				8	107	278	1367	1907	9964
清远				16	44	89	1100	1473	11840
潮州	210	7925	25410	604	1680	16715	827	3022	12143
揭阳	45	1418	5227	818	20657	83584	700	1210	5307
云浮	1	420		14	226	823	584	1237	6342

11-12 续表 4

市　别	捕捞渔船按功率分					
	441千瓦以上(600马力以上)			45-440千瓦　(61-559马力)		
	艘	总吨	千瓦	艘	总吨	千瓦
全　省	509	214960	349284	7363	572314	1093008
广　州	33	14676	33656	349	11070	29379
深　圳	82	30790	65922	162	9724	21721
珠　海	26	6438	11935	99	9724	16453
汕　头	6	3794	3270	529	48872	81134
韶　关						
河　源					551	
梅　州						
惠　州				50	3201	6779
汕　尾	21	3747	13268	1250	74640	204197
东　莞	3	1125	1504	128	15949	22220
中　山				17	824	1640
江　门	94	66122	87663	422	42465	57473
佛　山						
阳　江	69	29347	47952	1283	188812	273104
湛　江	102	31078	45677	1394	58659	144119
茂　名	73	27843	38437	528	84689	117150
肇　庆						
清　远						
潮　州				327	1795	31200
揭　阳				825	21339	86439
云　浮						

11-12 续表 5

市　别	捕捞渔船按功率分			非机动渔船合计	
	44千瓦以下　(60马力以下)				
	艘	总吨	千瓦	艘	总吨
全　省	37629	150169	415888	2446	6134
广　州	1012	3497	13649	41	41
深　圳	1349	772	4414		
珠　海	935	1536	11885	9	2815
汕　头	1037	12122	12213	212	10
韶　关	608	613	7068		7
河　源	756	216	6909	23	14
梅　州	449	614	4662		
惠　州	1753	3341	23228	4	158
汕　尾	3062	11682	38935	487	489
东　莞	122	517	1332		
中　山	494	1098	3724	1	1
江　门	2680	11871	32761	32	230
佛　山	1628	2306	14105	69	229
阳　江	2408	12144	21345	81	128
湛　江	12619	66934	155685	913	1317
茂　名	2355	9751	24183		
肇　庆	1461	1341	9686	15	12
清　远	1112	1474	11612		
潮　州	509	5598	7768	469	645
揭　阳	699	1416	4776	90	38
云　浮	581	1326	5948		

11-12 续表 6

市别	海洋渔业机动渔船								
				生产渔船					
							捕捞渔船		
	艘	总吨	千瓦	艘	总吨	千瓦	艘	总吨	千瓦
全　省	42085	1019283	2098625	38262	931335	1820409	33958	913072	1761278
广　州	955	31482	91805	793	28158	72137	793	28158	72137
深　圳	889	38197	98076	642	37090	87048	433	36994	84975
珠　海	1225	27873	63699	964	18100	39150	777	17229	38585
汕　头	1898	87175	137947	1675	64927	99608	1567	63852	96329
韶　关									
河　源									
梅　州									
惠　州	1780	14455	59906	1507	8124	34108	1373	6069	26288
汕　尾	4558	95266	285852	4348	88722	257911	4333	88699	256360
东　莞	232	17830	25716	226	17591	25056	226	17591	25056
中　山	287	1711	9145	248	1329	3556	248	1329	3556
江　门	2673	125533	201987	2240	118469	173184	2171	117646	167816
佛　山									
阳　江	5056	248475	392507	4151	232027	350037	3756	230292	342378
湛　江	17106	170565	394211	16298	161264	364765	13945	154263	344637
茂　名	2925	125708	195399	2783	121993	178986	2783	121993	178986
肇　庆									
清　远									
潮　州	1489	12477	51411	1410	11634	46792	578	7051	36111
揭　阳	1012	22536	90964	977	21907	88071	975	21906	88064
云　浮									

11-12 续表 7

市别	海洋渔业机动渔船								
	生产渔船			辅助渔船					
	养殖渔船						捕捞辅助船		
	艘	总吨	千瓦	艘	总吨	千瓦	艘	总吨	千瓦
全　省	4304	18263	59131	3823	87948	278216	3532	79261	197963
广　州				162	3324	19668	141	2608	10041
深　圳	209	96	2073	247	1107	11028	220	375	4705
珠　海	187	871	565	261	9773	24549	218	8611	19884
汕　头	108	1075	3279	223	22248	38339	208	21129	27992
韶　关									
河　源									
梅　州									
惠　州	134	2055	7820	273	6331	25798	246	5331	12560
汕　尾	15	23	1551	210	6544	27941	201	6494	25910
东　莞				6	239	660	6	239	660
中　山				39	382	5589	16	91	545
江　门	69	823	5368	433	7064	28803	412	6534	20921
佛　山									
阳　江	395	1735	7659	905	16448	42470	894	16084	36629
湛　江	2353	7001	20128	808	9301	29446	760	6953	17058
茂　名				142	3715	16413	136	3694	16164
肇　庆									
清　远									
潮　州	832	4583	10681	79	843	4619	43	549	3445
揭　阳	2	1	7	35	629	2893	31	569	1449
云　浮									

11-12 续表 8

市别	海洋渔业机动渔船					
	辅助渔船					
	渔业执法船			其它		
	艘	总吨	千瓦	艘	总吨	千瓦
全省	162	4238	67620	129	4449	12633
广州	18	630	9310	3	86	317
深圳	9	142	4581	18	590	1742
珠海	6	21	1264	37	1141	3401
汕头	15	1119	10347			
韶关						
河源						
梅州						
惠州	18	548	11521	9	452	1717
汕尾	9	50	2031			
东莞						
中山	23	291	5044			
江门	18	395	7428	3	135	454
佛山						
阳江	11	364	5841			
湛江	25	597	8560	23	1751	3828
茂名	6	21	249			
肇庆						
清远						
潮州				36	294	1174
揭阳	4	60	1444			
云浮						

11-12 续表 9

市别	海洋渔业捕捞渔船按作业类型分								
	拖网			围网			刺网		
	艘	总吨	千瓦	艘	总吨	千瓦	艘	总吨	千瓦
全省	4126	384134	741736	1293	132105	192532	23568	260936	565898
广州	28	7431	22677	18	5685	9069	692	8781	32748
深圳	30	8915	20789	9	3764	8372	328	1546	7932
珠海	56	12879	21908	14	2147	3076	605	1119	10011
汕头	234	16594	31540	24	7751	7732	871	19856	29870
韶关									
河源									
梅州									
惠州	10	992	2020	61	939	3613	1184	3772	17668
汕尾	1373	58740	166838	306	8122	17275	2136	15603	53717
东莞	71	14178	16270	31	1774	4108	106	1392	4147
中山	2	166	262				241	910	2692
江门	169	47028	56099	86	38461	48332	1772	27085	53392
佛山									
阳江	314	75176	109434	265	45123	60160	2687	75579	121222
湛江	671	44405	96521	353	4599	10108	10317	80319	175706
茂名	291	76759	105022	110	13144	17950	2135	19802	36607
肇庆									
清远									
潮州	254	4650	22570	13	436	2085	199	957	6126
揭阳	623	16221	69786	3	160	652	295	4215	14060
云浮									

11-12 续表 10

市别	海洋渔业捕捞渔船按作业类型分								
	张网			钓业			其它		
	艘	总吨	千瓦	艘	总吨	千瓦	艘	总吨	千瓦
全省	281	2502	5310	1894	97307	172040	2796	36088	83762
广州	2	1096	1244	10	4821	5010	43	344	1389
深圳				61	17304	35990	5	5465	11892
珠海	29	79	223	61	905	3198	12	100	169
汕头	110	145	656	282	19471	26308	46	35	223
韶关									
河源									
梅州									
惠州				26	245	871	92	121	2116
汕尾	85	242	876	271	4667	13577	162	1325	4077
东莞	13	81	263	5	166	268			
中山				5	253	602			
江门				102	4761	9263	42	311	730
佛山									
阳江				410	29769	46736	80	4645	4826
湛江	42	859	2048	308	1629	3676	2254	22452	56578
茂名				219	11286	18685	28	1002	722
肇庆									
清远									
潮州				80	720	4290	32	288	1040
揭阳				54	1310	3566			
云浮									

11-12 续表 11

市别	海洋渔业机动渔船按船长分								
				24米以上			12-24米		
	艘	总吨	千瓦	艘	总吨	千瓦	艘	总吨	千瓦
全省	42085	1019283	2098625	3545	646465	1074206	8208	264680	642202
广州	955	31482	91805	50	19460	40447	605	10822	41538
深圳	889	38197	98076	130	36033	79829	34	1519	5256
珠海	1225	27873	63699	98	22073	36806	97	4084	12271
汕头	1898	87175	137947	235	39679	59289	849	45463	73319
韶关									
河源									
梅州									
惠州	1780	14455	59906	32	5681	9436	84	4525	19041
汕尾	4558	95266	285852	753	57362	182000	664	25516	60125
东莞	232	17830	25716	42	11151	12463	104	6268	12110
中山	287	1711	9145	2	316	671	54	1016	4395
江门	2673	125533	201987	233	94733	127896	609	24683	46701
佛山									
阳江	5056	248475	392507	862	189326	259644	792	46842	95655
湛江	17106	170565	394211	361	59211	104122	2341	55612	130329
茂名	2925	125708	195399	492	102149	130966	436	16001	41193
肇庆									
清远									
潮州	1489	12477	51411	210	7873	25410	602	1672	16685
揭阳	1012	22536	90964	45	1418	5227	937	20657	83584
云浮									

11-12 续表 12

市别	海洋渔业机动渔船按船长分			海洋渔业捕捞渔船按功率分					
	12米以下						441千瓦以上(600马力以上)		
	艘	总吨	千瓦	艘	总吨	千瓦	艘	总吨	千瓦
全省	30332	108138	382217	33958	913072	1761278	492	211598	343637
广州	300	1200	9820	793	28158	72137	33	14676	33656
深圳	725	645	12991	433	36994	84975	65	27189	60275
珠海	1030	1716	14622	777	17229	38585	26	6438	11935
汕头	814	2033	5339	1567	63852	96329	6	3794	3270
韶关									
河源									
梅州									
惠州	1664	4249	31429	1373	6069	26288			
汕尾	3141	12388	43727	4333	88699	256360	21	3747	13268
东莞	86	411	1143	226	17591	25056	3	1364	1504
中山	231	379	4079	248	1329	3556			
江门	1831	6117	27390	2171	117646	167816	94	66122	87663
佛山									
阳江	3402	12307	37208	3756	230292	342378	69	29347	47952
湛江	14404	55742	159760	13945	154263	344637	102	31078	45677
茂名	1997	7558	23240	2783	121993	178986	73	27843	38437
肇庆									
清远									
潮州	677	2932	9316	578	7051	36111			
揭阳	30	461	2153	975	21906	88064			
云浮									

11-12 续表 13

市别	海洋渔业捕捞渔船按功率分						非机动渔船合计	
	45-440千瓦 (61-559马力)			44千瓦以下 (60马力以下)				
	艘	总吨	千瓦	艘	总吨	千瓦	艘	总吨
全省	7242	566481	1090498	26224	134993	327143	1753	5445
广州	349	10996	29379	411	2486	9102		
深圳	46	9054	20368	322	751	4332		
珠海	98	9719	16373	653	1072	10277	9	2815
汕头	527	47996	80846	1034	12062	12213	210	
韶关								
河源								
梅州								
惠州	50	3201	6779	1323	2868	19509	2	156
汕尾	1250	73270	204157	3062	11682	38935	487	489
东莞	128	15818	21471	95	409	2081		
中山	17	824	1640	231	505	1916		
江门	422	42465	57473	1655	9059	22680		
佛山								
阳江	1281	188816	273104	2406	12129	21322	2	16
湛江	1394	56499	144119	12449	66686	154841	560	1317
茂名	528	84689	117150	2182	9461	23399		
肇庆								
清远								
潮州	327	1795	31200	251	5256	4911	469	645
揭阳	825	21339	86439	150	567	1625	14	7
云浮								

11-13　各市渔业人口与从业人员

(2019年)

市　别	渔业乡(个)	海洋渔业	渔业村(个)	海洋渔业	渔业户(个)	海洋渔业	渔业人口(人)	海洋渔业
全　省	81	70	900	579	506516	194825	2290679	943008
广　州			12	5	10139	582	44767	2143
深　圳	2		9		2058	269	9852	1840
珠　海	4	4	21	10	19782	1081	93271	4314
汕　头	9	8	42	37	26730	18676	141788	89845
韶　关			1		16686		87419	
河　源			16		6224		27871	
梅　州					38887		98725	
惠　州	3	3	25	21	9580	6310	60951	34042
汕　尾	21	19	176	83	30505	28728	197786	142677
东　莞	1		31	1	4613	756	16090	2180
中　山								
江　门		3	54	38	40302	10165	126312	46265
佛　山			40		44986		168070	
阳　江	5	5	93	89	32755	22212	164211	113858
湛　江	13	10	222	174	97359	60956	471373	311288
茂　名	9	9	62	59	37530	13297	192631	81555
肇　庆	5		12		18390		77526	
清　远			16		5066		15161	
潮　州	7	7	29	29	13890	13890	56251	20539
揭　阳	2	2	35	33	45177	17903	215790	92462
云　浮			4		5857		24834	

11-13　续表 1

(2019年)

市　别			渔业人口与从业人员(人)				
	传统渔民	海洋渔业	渔业从业人员	专业从业人员	女　性	兼业从业人员	女　性
全　省	963604	632532	1238360	809195	130565	357813	66958
广　州	8369	1208	29245	22665	3320	5541	3179
深　圳	5375	356	9051	8994	298	32	3
珠　海	17336	3862	56632	50580	21410	2641	5314
汕　头	66912	58912	63383	44795	3182	14495	2278
韶　关	26437		53176	28141	4995	21700	4925
河　源	2790		16294	13092	690	2991	574
梅　州	30654		50803	31145	8132	16573	2595
惠　州	30795	21571	39793	20785	4173	13946	3498
汕　尾	110781	114576	51910	39928	2633	9131	1463
东　莞	5591	15	4531	2765	549	1378	268
中　山							
江　门	58420	32606	80845	47245	7284	28476	7164
佛　山	81055		95444	83806	17589	10424	1552
阳　江	81258	79095	98588	70283	8297	23355	5338
湛　江	247438	197197	262804	163003	25217	78219	13673
茂　名	60534	51970	134691	72659	3459	56591	751
肇　庆	7861		47320	39005	9431	5189	5013
清　远	580		12371	6976	1086	5115	592
潮　州	20539		24864	15645	1217	8673	939
揭　阳	93635	71164	91706	38000	5269	50081	6516
云　浮	7244		14909	9683	2334	3262	1323

11-13　续表 2

(2019年)

市　别	渔业人口与从业人员(人)					海洋渔业人口与从业人员(人)		
			专业从业人员中			海洋渔业从业人员		
	临时从业人员	女　性	捕捞	养殖	其它		专业从业人员	女　性
全　省	71352	22886	243814	496599	68782	471399	344983	44790
广　州	1039	292	3929	18587	149	3116	2796	1624
深　圳	25	20	8405	555	34	1829	1785	36
珠　海	3411	393	3788	45635	1157	8516	5829	2459
汕　头	4093	986	22664	18616	3515	39280	30762	1264
韶　关	3335	854	1461	19990	6690			
河　源	211	206	1445	8456	3191			
梅　州	3085	790	1441	28907	797			
惠　州	5062	888	6678	12910	1197	22773	12961	2716
汕　尾	2851	506	26722	10176	3030	46583	37846	2425
东　莞	388	62	744	1934	87	1247	595	265
中　山								
江　门	5124	2033	13033	26389	7823	32592	22515	1050
佛　山	1214	239	2959	78342	2505			
阳　江	4950	4256	35008	27796	7479	66395	51957	7137
湛　江	21582	7880	70525	82282	10196	140525	110210	20287
茂　名	5441	535	21965	42878	7816	39996	30016	403
肇　庆	3126	1489	2693	35728	584			
清　远	280	55	1437	5511	28			
潮　州	546	130	5626	9589	430	16610	12230	1112
揭　阳	3625	265	12163	13763	12074	51937	25481	4012
云　浮	1964	1007	1128	8555				

11-13　续表 3

(2019年)

市　别	海洋渔业人口与从业人员(人)						
					专业从业人员中		
	兼业从业人员	女　性	临时从业人员	女　性	捕捞	养殖	其它
全　省	99811	23400	26605	12344	186200	115258	43525
广　州	284	10	36		1031	1619	146
深　圳	24	3	20	20	1419	347	19
珠　海	2181	1164	506	331	2724	2460	645
汕　头	7098	935	1420	602	21964	5769	3029
韶　关							
河　源							
梅　州							
惠　州	5475	1496	4337	773	5909	5852	1200
汕　尾	6082	926	2655	385	26243	8822	2781
东　莞	532		120		595		
中　山							
江　门	9480	522	597	476	10619	6181	5715
佛　山							
阳　江	11042	4615	3396	2850	28342	17696	5919
湛　江	21322	8638	8993	6362	52680	50171	7359
茂　名	5785	255	4195	495	18639	7084	4293
肇　庆							
清　远							
潮　州	4050	452	330	50	5380	6420	430
揭　阳	26456	4384			10655	2837	11989
云　浮							

11-14 渔业灾情

(2019年)

市别	受灾养殖面积（公顷）	台风、洪涝	病害	干旱	污染	其它
全省	33682.41	9930.94	7193.2	1304.03	351.26	14902.98
广州	203.38	128.38	50	22		3
深圳						
珠海	2		2			
汕头	1389		30		16	1343
韶关	264	84	68	100		12
河源	2273.58	2270.58	3			
梅州	2487.11	355.88	1296.96	675.03	90.26	68.98
惠州	35		35			
汕尾	3075	1065	16			1994
东莞	84	84				
中山						
江门	900.6	79.6	438		23	360
佛山	126.21	50	75.21			1
阳江	14105	3915	194	6	8	9982
湛江	4853.5	1562.8	2985.7	40	193	72
茂名	23		23			
肇庆	1834.7	195.7	654			985
清远	12.33	7	3.33			2
潮州	1603	123	970	450		60
揭阳						
云浮	411	10	349	11	21	20

11-14 续表 1

(2019年)

市别	水产品损失（吨）	台风、洪涝	病害	干旱	污染	其它
全省	52472	14567	22207	2063	656	12979
广州	173	151	18		4	
深圳						
珠海	40		40			
汕头	956		87		37	832
韶关	187	62	70	51		4
河源	1042	1036	6			
梅州	4513	450	2072	1611	282	98
惠州	19	1	18			
汕尾	1994	1981	13			
东莞	319	319				
中山						
江门	4433	29	3625		82	697
佛山	708	327	359			22
阳江	2827	2026	437	29	92	243
湛江	19267	5752	13069	218	137	91
茂名	20		20			
肇庆	10042	1021	379			8642
清远	40	18	15			7
潮州	4487	662	1345	150		2330
揭阳	620	620				
云浮	785	112	634	4	22	13

11-14 续表 2

(2019年)

市别	损毁渔业设施(台风、洪涝)					
	池塘(公顷)	网箱(箱)	围栏(千米)	沉船(艘)	船损(艘)	堤坝(米)
全省	1584.66	2055	157	5	23	3918
广州	127.3					
深圳					4	
珠海						
汕头						
韶关	75					
河源	171.7					
梅州	82.86					89
惠州	2.1					
汕尾	42	720	150			500
东莞						380
中山						
江门	135					
佛山	15					
阳江	335	602	7		3	575
湛江	468	373			12	574
茂名						
肇庆	6.7					
清远						
潮州	123	360		3	4	1800
揭阳				2		
云浮	1					

11-14 续表 3

(2019年)

市别	损毁渔业设施(台风、洪涝)						
	泵站(座)	涵闸(座)	码头(米)	护岸(米)	防波堤(米)	工厂化养殖(座)	苗种繁育场(个)
全省	60	189	80	1295	2164	1	5
广州							
深圳							
珠海							
汕头							
韶关							2
河源							2
梅州		1			600		
惠州							
汕尾			42				
东莞						1	
中山							
江门			38				
佛山							
阳江				995	1064		
湛江		8		300	500		
茂名							
肇庆							
清远							
潮州	60	180					1
揭阳							
云浮							

11-14 续表 4

(2019年)

市 别	人员损失(台风、洪涝)(人)	失 踪	死 亡	重 伤	直接经济损失合计(万元)
全 省					73843
广 州					786
深 圳					300
珠 海					200
汕 头					2209
韶 关					292
河 源					892
梅 州					4469
惠 州					17
汕 尾					2799
东 莞					2286
中 山					
江 门					8895
佛 山					1280
阳 江					4536
湛 江					30274
茂 名					115
肇 庆					4418
清 远					62
潮 州					7706
揭 阳					1530
云 浮					777

11-14 续表 5

(2019年)

市 别	水产品损失(万元)	台风、洪涝	病害	干旱	污染	其它
全 省	63026	19172	30109	2888	815	10042
广 州	120	120				
深 圳						
珠 海	200		200			
汕 头	2209		202		52	1955
韶 关	235	108	59	58		11
河 源	433	428	5			
梅 州	4114	586	1683	1473	232	140
惠 州	17	5	12			
汕 尾	2799					2799
东 莞	2200	791	705	705		
中 山						
江 门	8795	70	8592		121	12
佛 山	880	635	155			90
阳 江	1023	140	657	37	97	92
湛 江	26004	11361	13614	520	284	224
茂 名	115		115			
肇 庆	4373	284	431			3658
清 远	62	35	20			7
潮 州	7190	3000	3070	80		1040
揭 阳	1500	1500				
云 浮	757	111	589	15	29	14

11-14 续表 6

(2019年)

市别	损毁渔业设施(台风、洪涝)(万元)	池塘	网箱	围栏	沉船	船损	堤坝
全省	10817.55	6360.73	1519	44	34	390	584
广州	666	666					
深圳	300					300	
珠海							
汕头							
韶关	57	22					
河源	459	459					
梅州	355	304					20
惠州							
汕尾							
东莞	85.82						36
中山							
江门	100						
佛山	400	400					
阳江	3513	1607	693	44		50	87
湛江	4270	2697	714			15	301
茂名							
肇庆	45.73	45.73					
清远							
潮州	516	150	112		4	25	130
揭阳	30				30		
云浮	20	10					10

11-14 续表 7

(2019年)

市别	损毁渔业设施(台风、洪涝)(万元)							
	泵站	涵闸	码头	护岸	防波堤	工厂化养殖	苗种繁育场	其它
全省	30	280	100	620	677	49.82	46	83
广州								
深圳								
珠海								
汕头								
韶关							6	29
河源								
梅州		5			25			1
惠州								
汕尾								
东莞						49.82		
中山								
江门			100					
佛山								
阳江				530	502			
湛江		250		90	150			53
茂名								
肇庆								
清远								
潮州	30	25					40	
揭阳								
云浮								

11－15　渔业经济总产值

(2019年)　　　　单位：万元

市　别	合　计	一、渔业 (水产品)	海洋捕捞	海水养殖	淡水捕捞
全　省	36239420.50	15247776.76	2631355.82	4995958.68	150704.46
广　州	1457806.68	888886.00	86235.83	267476.64	53185.91
深　圳	949545.84	303901.00	253693.24	11942.65	127.54
珠　海	1682110.42	742826.00	18818	209924	3262
汕　头	1616919.14	727934.00	214979.15	367660.14	3927.77
韶　关	187936.04	122840.00			5536.02
河　源	704016.88	51282.00			3412.34
梅　州	867697.47	119865.00			11879.23
惠　州	1009731.50	266487.00	40335	106984	698
汕　尾	1812684.34	1008287.00	391894.18	565427.4	1932.74
东　莞	325397.91	93539.00	9034.98		400.63
中　山	1957739.25	686951.00	1924	18104	2021
江　门	2756855.03	2028094.00	140940	213614.64	15109.17
佛　山	4201766.60	1375553.00			12712.21
阳　江	3468643.57	1879960.00	527220.23	1034403.36	10202.03
湛　江	6363511.60	2195594.00	508108.17	1449159.09	2545.04
茂　名	2318669.17	1032333.00	296589	453564	2242
肇　庆	1292548.33	775462.00			6468.06
清　远	852116.43	195629.00			2860.38
潮　州	960205.93	367743.00	50850	236481	6864
揭　阳	1006253.09	258072.00	90734.04	61217.76	4597.14
云　浮	447265.25	126539.00			721.25

11－15　续表 1

(2019年)　　　　单位：万元

市　别	淡水养殖	水产苗种	二、渔业工业和建筑业	水产品加工	渔业机具制造
全　省	7469757.80	390969.81	4287906.96	2384598.27	76485.73
广　州	481987.62	38478	292718.74	21177	
深　圳	38137.57	6320	29768	29768	
珠　海	510822	18105	525082	278980	2272
汕　头	141366.94	1741.39	318110.89	311287.65	4923.24
韶　关	117303.98	4178.07			
河　源	47869.66	2754	77		77
梅　州	107985.77	14175.07	13533.95	2020.25	105.2
惠　州	118470	17014	14156	7853	631
汕　尾	49032.68	128.9	208353	190916	13462
东　莞	84103.39	1155	6258	435	1780
中　山	664902	17968	68763	22791	
江　门	1658430.19	63	444938	128204	8076
佛　山	1362840.79	42297.05	157811.31	102483	
阳　江	308134.38	22890.43	372433.28	355381.28	6445
湛　江	235781.7	59994.04	1284889.79	461623.09	12947.29
茂　名	279938	25041.68	397683	360323	17445
肇　庆	768993.94	54419.85	48389	41022	223
清　远	192768.62	17997.6			
潮　州	73548	15214	24660	24660	
揭　阳	101523.06	23201.73	54595	25087	7399
云　浮	125817.75	7833	25687	20587	700

11-15 续表 2

(2019年) 单位：万元

市 别	渔船渔机修造	渔用绳网制造	渔用饲料	渔用药物	建筑	其它
全 省	46046.78	19422.91	1735617.04	10556.01	55821.42	24828.49
广 州			271541.74			
深 圳						
珠 海	1160.00	140.00	238000.00	580.00	5250.00	
汕 头	1258.77	653.66	1450.00			450.00
韶 关						
河 源						
梅 州	63.95	41.25	8740.79	1808.51	128.42	730.78
惠 州	550.00	81.00	172.00		5500.00	
汕 尾	7227.00	5292.00	131.00		1014.00	2830.00
东 莞	1765.00	15.00	3723.00	20.00		300.00
中 山			38402.00	3223.00	2182.00	2165.00
江 门	4778.00	806.00	306056.00	997.00	1575.00	30.00
佛 山			54028.31	1300.00		
阳 江	4662.00	1497.00	5570.00		1912.00	3125.00
湛 江	7205.06	3642.00	784113.20	1884.50	23964.00	357.71
茂 名	12678.00	3683.00	13160.00		5255.00	1500.00
肇 庆	32.00	178.00	5924.00	123.00	671.00	426.00
清 远						
潮 州						
揭 阳	4109.00	3290.00	2618.00	452.00	6125.00	12914.00
云 浮	558.00	104.00	1987.00	168.00	2245.00	

11-15 续表 3

(2019年) 单位：万元

市 别	三、渔业流通和服务业	水产流通	水产(仓储)运输	休闲渔业	其它
全 省	16703736.78	15346819.11	86012.84	1188080.00	82824.83
广 州	2902383.84	2872929.59		29454.25	
深 圳	40113.44	493.26		39620.17	
珠 海	385815.03	359168.53	300.00	25246.50	1100.00
汕 头	965499.96	954513.68	1480.92	9425.36	80.00
韶 关	17098.31	1487.90		15610.42	
河 源	3523.58	2687.42		836.16	
梅 州	202705.70	118332.95	328.00	83151.54	893.21
惠 州	190449.54	129103.74	1208.00	57982.80	2155.00
汕 尾	573271.49	254129.41	24680.00	255545.07	38917.00
东 莞	458245.54	275050.08		182695.46	500.00
中 山	353556.09	265044.53	24967.00	63284.56	260.00
江 门	396949.00	356228.18	9789.00	12168.81	18763.00
佛 山	4279159.28	4247849.01	972.40	30337.88	
阳 江	241408.64	140472.57	1580.00	97818.07	1538.00
湛 江	4222287.98	4178919.13	3778.52	38479.71	1110.62
茂 名	998524.91	956525.16	4070.00	37869.75	60.00
肇 庆	39860.59	12806.17	1256.00	24777.42	1021.00
清 远	3734.05	1209.40		2524.65	
潮 州	54169.70	54131.70			38.00
揭 阳	92039.46	39568.87	4455.00	31810.59	16205.00
云 浮	282823.44	126032.16	7148.00	149459.28	184.00

十二、农垦

5月31日，广东·东盟农产品交易博览会暨美丽垦区小城镇建设论坛在湛江农垦局举行，省政协常委、省政府原副秘书长、广东农村研究院院长颜学亮，省农垦集团公司副总经理蔡亦农等出席论坛。此次论坛是广东·东盟农博会的重要组成部分，旨在促进现代化农业发展和新型城镇化建设，推动乡村振兴背景下农垦的改革发展。

2019年6月27–28日，由广东省农垦总局、中国农垦经济研究会主办的 “2019农垦经济与乡村振兴高峰论坛暨中国农垦经济研究会年会”在广东农工商职业技术学院举行,围绕“深化农垦改革发展，助力乡村振兴战略实施”这一主题展开对话交流。

6月16日至18日，第47届养猪产业博览会2019年春季种猪中心测定活动中，广垦畜牧集团股份有限公司下属湛江广垦沃而多原种猪有限公司杜洛克种猪（耳号700）、杜洛克种猪（耳号706）、杜洛克种猪（耳号711）和长白种猪（耳号900）分别获第一、二、三名。

10月18至20日，国家农业农村部部长韩长赋视察广垦橡胶集团泰国企业，强调广东农垦要结合国家战略需求，进一步扩大市场占有率和话语权，不断提升企业品牌知名度和国际影响力，努力打造农业领域橡胶航母。图为农业农村部部长韩长赋（左二）在省农垦集团公司（省农垦总局）党委书记、董事长（局长）陈少平（左一）陪同下深入考察广垦橡胶集团海外种植园。

10月29日，由国家农业科技创新联盟主办的粤港澳大湾区奶业高质量发展论坛在广州举行。论坛期间，燕塘乳业公司被授予华南首个“优质乳工程标杆示范工厂”、“优质乳工程标杆示范牧场”。图为我国首个“生乳用途分级技术规范”发布仪式。

11月15日至18日，广东农垦组织下属12家企业参加在江西省南昌市举办的第十七届中国国际农产品交易会，广垦畜牧“黑加宝”牌黑土猪被展会评选为“我最喜爱的农垦产品品牌”。图为省农垦集团（农垦总局）副总经理（副局长）吕林汉（前排左三）向广东省委常委叶贞琴（前排左四）介绍广东农垦参展企业。

11月27日至28日，农业农村部、财政部联合组织的国家现代农业产业园创建绩效评价第7考察组组长王宏一行3人到湛江开展广东农垦湛江垦区现代农业产业园创建现场考察。图为省农垦集团公司（省农垦总局）党委副书记、总经理（副局长）支光南（右一）陪同考察组组长王宏（右二）参观“双创”示范基地。

12月27日，广东省农垦集团财务有限公司正式挂牌营业，并现场验收首笔业务。广东省农垦集团财务有限公司是农业农村部直属垦区首家财务公司，也是广东省银保监局辖内第14家财务公司，填补了广东省国有农业龙头企业财务公司行业类别的空白。

广东农垦2019年国民经济和社会发展情况公报

2019年，广东农垦高举新时代改革开放旗帜，坚持新发展理念，面对中美贸易摩擦升级、非洲猪瘟疫情肆虐等国内外复杂多变的经济形势和垦区新一轮深化改革加快发展任务，在省委省政府和农业农村部的正确领导下，始终坚持“聚焦主业、稳中求进、防控风险”的发展基调，积极投身乡村振兴战略，全面谋划改革发展，积极转变经营理念，突出效益导向，扎实打好“深化农垦改革、企业精细化管理、农场三年扭亏增盈”三大攻坚战，较好完成了全年主要经济目标任务，垦区经济社会实现平稳健康发展。

一、综合

2019年，广东农垦实现生产总值191.96亿元，比上年增长5.01%，其中：第一产业增加值63.52亿元，增长4.12%，对GDP增长的贡献率为27.41%；第二产业增加值72.83亿元，增长1.02%，对GDP增长的贡献率为8.01%；第三产业增加值55.61亿元，增长11.91%，对GDP增长的贡献率为64.58%；三次产业结构由上年的32.97:38.97:28.06变为33.09:37.94:28.97。人均农垦生产总值达49273元，增长3.29%。国有在岗职工年均纯收入64773元，增长10.18%，垦区居民人均可支配收入27378元，增长5.99%。全年国有企业营业总收入达235.15亿元，同比减少2.3亿元，减幅1%，实现利润36977万元，同比增加0.7亿元，增幅23.5%。

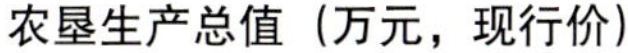
农垦生产总值（万元，现行价）

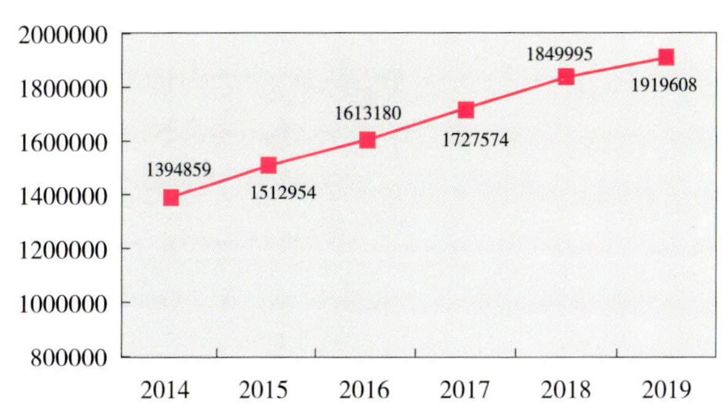

2019年农垦生产总值构成图

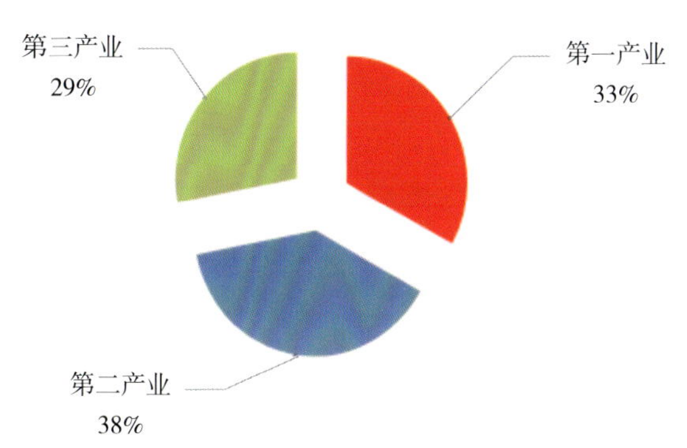

一年来，垦区经济社会实现量的合理增长和质的稳步提升，呈现出高质量发展的良好势头，为实现垦区经济社会“十三五”发展规划目标，垦区全面建成小康社会作出新的贡献。在总结成绩的同时，我们也要清醒地看到存在的问题，在发展中逐步解决。一是企业治理和内控管理不够完善，董事会的决策作用、高管层的经营管理作用、监事会的监督制衡作用尚未完全理顺。二是产业创新能力弱，产业龙头带动能力不强，产业发展利益调节机制尚待理顺，新产品研发滞后，产品老旧、附加值低，部分产品品牌多而不强，产业龙头企业盈利能力不足。三是农场经营能力弱，农场企业化任务艰巨，粤东、粤西垦区发展差距大，部分农场缺乏主导产业、自我造血功能不强，不足以支撑企业运转开支的需要。四是企业进取和责任意识有待增强，有的经营者满足于小富即安的现状，主动进取不够、经营思路不清，有的经营者瞻前顾后，责任担当精神不够、制度执行不严。

二、农业

2019年，广东农垦实现第一产业增加值63.52亿元，增长4.12%。农林牧渔业总产值(按现行价计算)113.9亿元，下降0.27%，农林牧渔业商品产值为98.9亿元，农业商品率为86.8%。

2019年，实现农作物总播种面积4.77万公顷，下降3.73%，其中：粮食播种面积0.74万公顷，增加0.96%；糖蔗种植面积2.64万公顷，下降7.61%；油料播种面积0.21万公顷，下降5.34%；蔬菜播种面积0.73万公顷，增长3.13%。

垦区国内外橡胶年末实有面积7.57万公顷，其中：国内基地橡胶年末实有面积4.79万公顷，增长0.69%；水果年末实有面积3.37万公顷，增长6.18%；剑麻3689公顷，增长0.77%；茶叶654公顷，增长1.83%。

全年生猪饲养量124.8万头，下降37.88%，其中年末存栏46.6万头；牛年末存栏2.31万头，其中奶牛1.32万头；全年水产养殖面积3673公顷。

全年粮食产量5.34万吨，下降3.48%；糖蔗产量216.79万吨，下降4.29%；油料产量0.61万吨，下降1.52%；蔬菜产量15.98万吨，增长27.74%；干胶产量75.89万吨（包含海外、海南和云南），增长13.76%；水果产量93.89万吨，增长4.26%；剑麻直纤维产量3312吨，增加24.42%；茶叶产量819.88吨，下降4.20%。

全年肉类总产量9.73万吨，下降26.69%，其中猪肉产量6.65万吨，下降37.31%；禽肉产量2.89万吨，增长14.54%，禽蛋产量3415吨，增长16.39%。全年水产品产量4.22万吨，增长0.72%，其中海水养殖1.09万吨，淡水养殖3.13万吨。鲜牛奶产量6.41万吨，增长1.45%。

全年农业固定资产投入9.16亿元，增长16.74%。年末农业机械总动力为46.45万千瓦，增长3.69%。全年农用化肥施用量（折纯）5.7万吨，增长0.64%；农用塑料薄膜用量767吨，下降14.59%；农药施用量3835吨，下降6.67%；农场用电量40334万千瓦时，下降2.76%；有效灌溉面积达24154公顷，增加7.86%。

三、工业和建筑业

2019年，实现工业增加值64.30亿元，增长0.08%，占生产总值的33.5%。

2019年，垦区各类工业企业591家，其中：国有及非国有规模以上工业企业83家，垦区各类工业企业全年实现工业增加值64.30亿元，增长0.08%，全年实现工业总产值按现行价计算（下同）为249.16亿元，增长4.8%，国有及非国有规模以上工业总产值225.56亿元，占工业总产值的90.5%，工业产品销售率为98.37%，全年实现工业利润是31.46亿元，应交税金54303万元。

2019年垦区二十三大类工业产品中，产值排前十位的行业是：化学原料和化学制品制造业产值74.80亿元，占30.02%；其他制造业产值74.61亿元，占29.94%；农副食品加工业产值32.58亿元，占13.07%；食品制造业16.89亿元，占6.78%；橡胶和塑料制品业11.83亿元，占4.75%；金属制品业10.89亿元，占4.37%；家具制造业产值6.31亿元，占2.53%；纺织服装、服饰业3.11亿元，占1.25%；木材加工和木、竹、藤、棕、草制品业3.11亿元，占1.25%；纺织业2.69亿元，占1.08%。这十大产业总产值236.82亿元，占工业总产值的95.05%。

2019年垦区工业主要产品产量及其增减情况

产品名称	单位	产量	比上年增减(%)
机制糖	吨	387500	2.5
罐头	吨	1864	-26.6
酒精	吨	2420	-30.2
乳制品	吨	163750	12.0
食用油	吨	33977	-23.3
有机复混肥	吨	38198	10.3
饲料	吨	75721	-33.6
水泥	吨	130855	1.7
家具	万件	271.2	-26.5
服装	万件	1122.0	1.5

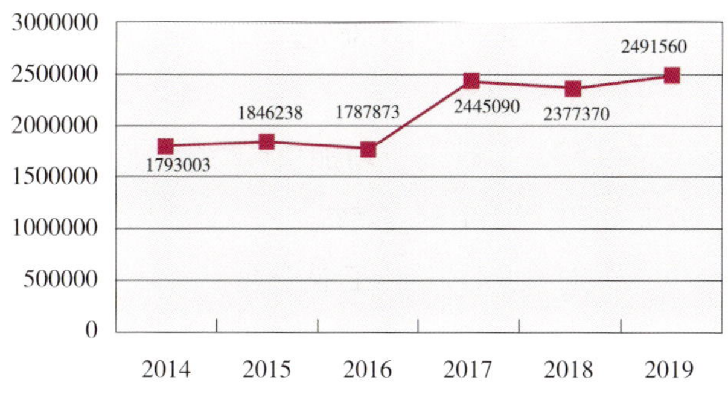

2019 年，全年完成建筑业产值 22.53 亿元，增长 6.5%，房屋施工面积 64.1 万平方米，房屋竣工面积 50.41 万平方米。建筑业增加值达 8.54 亿元，增长 8.8%。

四、固定资产投资

2019 年，全年全社会固定资产投资总额 31.49 亿元，增长 5.9%，其中国有固定资产投资完成 14.68 亿元，增长 17.0%，非国有投资完成 16.81 亿元，下降 2.2%。

分三次产业看，第一产业投资 9.16 亿元，增长 16.7%。第二产业投资 7.51 亿元，增长 63.3%。第三产业投资 14.82 亿元，减少 14.3%。

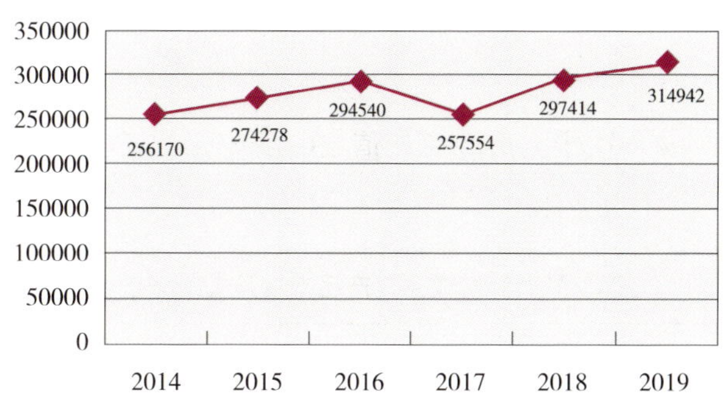

五、交通运输业、批零贸易业、餐饮业、服务业及出口商品

2019 年，现有主要运输工具 2784 台，全年货运量 596.20 万吨；客运量 782.39 万人，营业总收入 76526 万元。

2019 年，年末批零贸易业、餐饮业、居民服务业营业单位总数达 5724 个，营业网点 5022 个，从业人员 22748 人，年末固定资产原值 30.50 亿元，营业用房 117.45 万平方米，销售和营业总额 197.06 亿元。

2019 年，出口商品总金额达到 66.64 亿元，下降 14.2%。其中：工业品出口达 61.66 亿元，占出口总额的 92.5%。

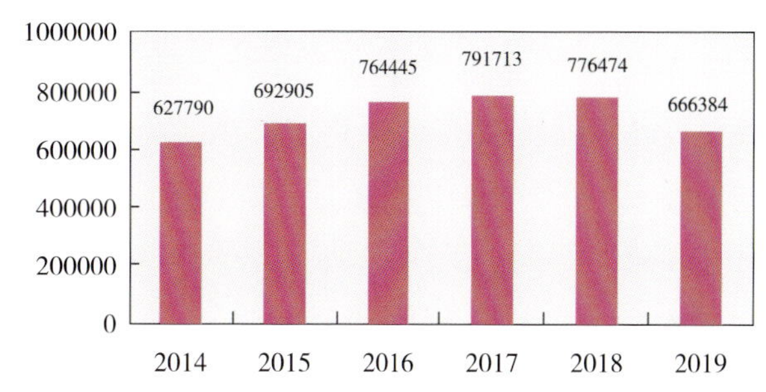

六、科技生产、土地

2019 年，垦区共有科研和推广机构 49 家，其中省地级 7 家；垦区农业综合机械化水平、农业科技贡献率和良种覆盖率分别达到 73.8%、69.8%和 100%。

科技创新与成果。通过割胶制度改革，全年共推广新割制 312.64 万株，推广率 40.96%，全垦区胶工人均干胶产量 5.09 吨，同比提高 25.37%。通过推广甘蔗生产全程机械化，完成 2018/2019 榨季机收 4.2 万亩，占总面积的 10.54%；完成 2019/2020 榨季机种 8.02 万亩，占新植原料蔗的 53.0%，同比提高 5.53%。完成无人机防治 21 万亩，同比提高 46.9%。繁育剑麻、油茶、菠萝等健康种苗 420 万株，新增特色农业 7000 多亩。制（修）订国家、行业标准 4 个，企业标准 5 个；广垦热带农业科普基地、广东农工商职业技术学院校园热带植物园、湛江现代热带农业科普基地等 3 个基地获第一批全国热带作物科普基地称号；“蛋白乳浊体系稳定化及高品质乳制品产业化关键技术”获 2018 年度广东省科技进步奖一等奖，“广垦生猪良种繁育体系建设与应用推广”、“红江橙无毒健康苗规模化繁育技术及苗木推广应用”分别获 2018 年度广东省农业技术推广奖二等奖和三等奖。

质量安全监管与品牌建设。通过加强垦区农产品的品牌建设和质量安全监管，强化基地标准化建设，大力推广农产品质量追溯，开展垦区农产品质量安全快速检测 3500 多样次。华煌茶叶、蒸青绿茶、名富番石榴、红江橙、燕塘鲜牛奶 5 个产品获省第三届“十大名牌”系列农产品称号；蜂泉白砂糖、燕塘老广州风味发酵乳、鲜牛奶、原味酸奶饮品、华煌红茶、红江橙 6 个产品荣获“2019 年广东省名牌产品（农业类）”称号；收获菠萝罐头基地、燕塘乳业广州开发区旗舰工厂、湛江燕塘澳新牧业奶牛基地、燕塘乳业阳江红五月奶牛基地、陆丰广垦畜牧生猪基地通过粤港澳大湾区“菜篮子”生产基地认证；广东农垦湛江剑麻成功申报中国特色农产品优势区。

科技体系整合与合作交流。进一步整合垦区科研机构，提高广东农垦热带农业研究院科技服务水平。广垦研究院先后与中国农业科学院柑桔研究所、东方剑麻集团正式签订合作协议，并与中国热带农业科学院、中国农业科学院、海南大学、华南农业大学、清华大学深圳研究院等 10 多家科研院校进行了技术交流与合作，联合申报科技重大专项，积极推进科创平台建设；燕塘乳业科技创新中心升级为国家级创新中心，成为华南地区首家获准设立博士后工作站的乳制品企业；广垦畜牧集团智慧养殖联合实验室模拟环境监控系统调试完成，实现了生猪养殖的精细化、远程可视化管理。

2019 年，垦区年末土地总面积 223102.03 公顷，其中：耕地 38206.12 公顷，林地 81907.46 公顷，水面面积 6011.22 公顷，茶果桑园面积 34637.63 公顷。广东农垦国有农场国有土地使用权应确权发证面积为 21.2 万公顷（318.11 万亩），截至 2019 年底已经完成国有土地确权登记发证面积 20.79 万公顷（311.81 万亩），发证率为 98.02%，已全面完成权属清晰、无争议农垦国有土地使用权的登记发证任务。加强土地管理，加大力度追收土地租金、补偿金等土地收益。各局被占地均建档入库实行固化管理，当年被占全部收回。截至目前垦区共收回历史被占地 5543.19 亩，其中湛江垦区 1263.49 亩，茂名垦区 4027.7 亩，阳江垦区 252 亩，垦区无新增被侵占土地。完善垦区国有资源有偿使用电子交易平台及土地租赁电子合同网签系统，垦区土地及物业对外发包全部在电子交易平台竞价交易，实现公开、公平、公正，降低廉政风险，下一步向大宗物资采购、大宗产品销售等领域拓展。全面开展垦区土地对标管理工作，建立国土、企管、财务、生产等多部门联动机制，正在研发土地管理大数据平台（土地对标管理信息系统）。各农场（单位）已制定土地收益表，地籍图并上墙公示，接受群众监督检查。着力推进留用地的落地开发和三旧改造，积极与地方政府沟通，拓宽留用地价值显现途径。

七、教育和卫生

教育事业。2019 年，垦区有普通高等学校 1 所，在校学生 20201 人，当年新招生人数 7652 人，当年毕业生 5577 人；中专 1 所，在校学生 4208 人，当年毕业生 1153 人；技工学校 2 所，在校学生 996 人，当年毕业生 470 人。广东农工商职业技术学院入选《2019 中国高等职业教育质量年度报告》“国际影响力前 50 强”。

垦区职业教育稳步发展。2019 年，为推进垦区职业教育院校整合，将湛江中专、技校和茂名技校日常管理权统一划归至农工商学院，构建起人、财、物、事统一管理的职业教育体制和运作机制，为垦区职教整体办学质量提升、农垦职教健康发展打下坚实基础。

中高职扩招取得新成绩。2019 年，广东农垦中高职教育纳入全省“扩容、提质、强服务”三年行动计划（2019–2021 年）实施范围，获得省财政专项资金支持 1367 万元。高职方面，省教育厅给予农工商学院自主招生试点指标 803 个；通过积极与垦区院校协调，将已经参加过农民教育培训的垦区职工等列入高职扩招专项计划，高职扩招专项（第二期）原计划招生 880 人，实际报名人数 2369 人。中职教育方面，农工商学校主动对接农工商学院获得自主招生指标 275 个。此外，省农垦集团公司与农工商学院联合申报作物生产技术、物业管理、会计、工商企业管理等四个专业作为试点，总计面向垦区内外招生1340人，实际报名人数2408人。

农民教育培训持续发力，全年共培育977人。培训工作覆盖五大垦区和直属五大产业集团，首次开展垦区职业经理人培训。2019年在第二届高素质农民发展论坛上，广东农垦农民创新创业教育培训案例入选“100个全国农民教育培训发展典型案例”，东方红农场（湛江）农民田间学校入选“100个全国示范农民田间学校”；茂名热作所谢黎黎博士入选“100名优秀农民教育培训教师”；广垦畜牧关翔入选“100名优秀农民教育培训学员”。同期还有新闻稿件两篇入选“农民教育培训优秀新闻宣传作品”。

医疗卫生事业。2019年，垦区医疗集团(医联体)进一步强化专业化运营、集团化管理和优质化服务。垦区新挂牌“广东省精神卫生中心农垦分中心”“湛江农垦第三医院”；新建成两栋医疗大楼，建筑总面积超过2万平方米；关停了4家医院、托管了7家医院。在国家相继取消药品、耗材加成，利润空间明显缩减的情况下，垦区医疗卫生事业实现稳步增长，各项收入较上年增长10%以上，总额超过17亿元，创出历史新高。

截至2019年末，垦区有医疗单位46个，其中：三级医院1家，二级医院3家，卫生防疫站2所，实际开放病床数7041张，卫生技术人员3851人，其中医生1159人。

八、公路、小城镇和安居工程建设

2019年，投入农村综合改革转移支付、税改、水库移民等项目资金3.35亿元，着力提升农场人居生活环境，基本实现职工安全饮水和生活垃圾、生活污水的无害化处理；持续深入开展农场和基层单位环境整治三年行动，做好农场区域内的“三清一改”，努力建设生态宜居、富裕繁荣、和谐发展的美丽农场；以6个“美丽乡村”建设示范点为抓手，突出农垦特色，完成农场卫生净化、环境绿化、道路亮化等500多个工程建设；水库移民经营性物业项目区实现“农场增效，移民增收”，带动周边水库移民发展自营经济，增强农场的造血能力，具有良好经济效益和社会效益。

九、扶贫攻坚

2019年垦区在10个扶贫农场实施财政扶贫资金项目23个，投入财政资金3822万元。贫困农场扶贫开发贯彻产业扶贫优先的原则，着重提高农场自我造血能力。其中，投入产业扶贫项目资金为3293万元，占比86.2%，安排了16个产业发展项目。共计种植茶叶305.8亩，种植油茶710.7亩，建设茶园配套路或机耕路15.18公里，种植火龙果120亩，种植沃柑326亩，种植澳洲坚果240亩，种植沙糖桔130.7亩，种植剑麻200亩，优质蔬菜基地200亩，新建茶叶厂房2839平方米，购买茶叶加工设备3套，建设生猪养殖小区3710平方米，涵盖垦区主导产业和优势特色产业。另外，投入528万元实施一批基建项目，建设道路4.4公里，收胶站1320平方米，新增晒场13735平方米，仓库200平方米，升级改造200立方米水利设施，有效改善农场职工生产、储运等生产条件。全面落实湛江雷州市水标村的对口帮扶工作，2019年省农垦集团公司投入187.87万元用于水标村基础设施改造和产业发展项目，实现脱贫110户399人，脱贫率100%，全村居民人均收入14027元，增长16.96%，实现了贫困户和贫困村均脱贫摘帽。

十、人口、职工与垦区居民收入

2019年全垦区年末总人口39.19万人。

国有单位从业人员年末总数6.12万人，其中：国有在岗职工为3.49万人。全年国有在岗职工纯收入合计22.88亿元，国有在岗职工年均纯收入64773元，增长10.18%。

2019年末从业人员123995人，其中：从事第一产业53127人，占从业人员总数的42.8%；从事第二产业32732人，占从业人员总数的26.4%；从事第三产业38136人，占从业人员总数的30.8%。从业人员年平均纯收入45610元，增长5.51%。2019年垦区居民人均纯收入27378元，增长5.99%。

十一、农综、农业产业化重点龙头企业和境外企业基本情况

2019年，总共投入财政资金7200万元用于农业综合开发土地治理项目，共建设高标准农田71039亩；其中，5380万元用于广垦糖业集团建设高标准农田52039亩，840万用于广前糖业建设高标准农田8000亩，500万用于红星农场建设高标准农田6000亩，480万用于东方红农场建设高标准农田5000亩。2019年完成农业龙头企业的申报和监测工作，新增广东省广垦粮油有限公司、湛江燕塘乳业有限公司、广东广垦糖业集团有限公司和广东省梅陇农场为省级农业龙头企业，至2019年末，垦区共有16家省级以上龙头企业，其中3家为国家级重点龙头企业。2019年末，垦区境外企业达19家，境外企业全年总收入82.43亿元。

十二、财务状况

资产负债情况：由于畜牧、粮油等产业的迅速发展，垦区国有资产规模进一步扩大。2019年末垦区资产总额为409.8亿元，比年初数增加18.8亿元，负债总额238.9亿元，比年初增加14.8亿元，资产负债率为58.3%，处于财务安全值的有效范围内。

所有者权益增减变动情况：2019年末所有者权益170.9亿元（其中:归属于母公司的所有者权益为148.5亿元），比年初增加3.9亿元，增加的主要原因：一是垦区实现综合收益增加3亿元（其中，实现盈利未分配利润增加1.6亿元）；二是少数股东权益的变动。

资产运营效率及债务风险情况：广东垦区2019年资产负债率为58.3%，处于较低的水平，有效地控制了企业的债务风险；流动比率103.36%，比上年增加了3.3个百分点；总资产现金回收率1.39%，同比上年减少2.83个百分点，经营活动现金流量净流入5.7亿元；净资产利润率和总资产报酬率分别为1.54%和1.75%，企业资产的运营效率较好。

利 润（万元）

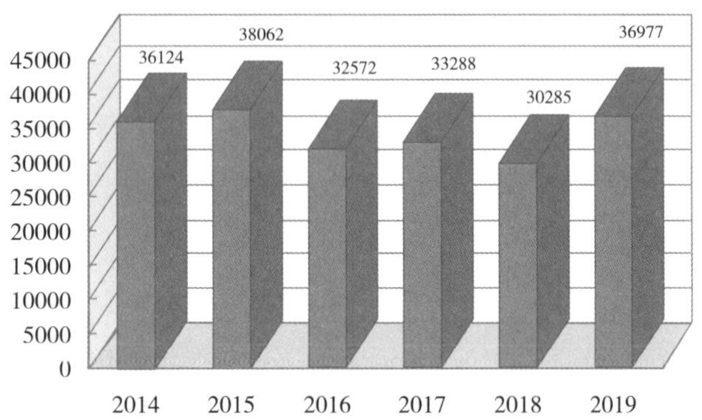

国有营业总收入、利润情况：2019年垦区实现营业收入235亿元，比上年减少2.3亿元，减幅1%；实现利润总额3.7亿元，比上年增加7033万元，增幅23.5%。税金缴纳情况：垦区2019年共实现各项税费5.85亿元。

十三、非国有经济

2019年，垦区实现非国有经济生产总值94.2亿元，增长5.0%，占垦区经济总量的49.1%。其中第一产业增加值16.69亿元，第二产业增加值50.90亿元，第三产业增加值26.63亿元，各产业占非国有经济总量的比重分别为：17.7%、54.0%、28.3%。

注：根据广东农垦社会职能改革要求，垦区124所基础教育学校至2018年底已平稳移交地方管理，经济活动内容已不再纳入垦区综合统计调查范围，为保持数据的可比性及准确体现垦区2019年社会经济发展状况，相关指标的增幅数据按调整后同口径进行对比。

12-1 主要年份广东农垦统计指标

项　　目	计量单位	1957	1962	1965	1970	1975	1978	1985	1990	1995	2000
土地总面积	公顷	198620	347113	236953	254767	250980	251129	238980	220026	219038	217705
农垦总人口	人		117529	158740	248600	295340	318060	317136	347144	337737	352608
国有在岗职工人数	人	21181	61066	77856	130255	151145	167555	169606	167169	123892	101698
国有职工工资总额	万元	1094	2305	2671	4358	6441	8110	16199	37206	75000	65145
工农业总产值(现行价)	万元								143320	345274	415136
其中：农业总产值	万元							32568	77132	157695	186062
工业总产值	万元							21475	66188	187579	229074
农垦社会总产值(现价)	万元						41176	63405	162320	464602	522934
农垦生产总值(现价)	万元						20176	31233	71970	176407	171361
利润总额	万元	-357	75	1521	1734	3367	4684	3582	3825	23521	-20713
交纳税金	万元	19	121	828	1230	481	481	2109	7449	15900	14279
国有固定资产原值	万元							95570	125191	213315	469584
国有固定资产净值	万元							70312	89256	168452	336609
出口商品总金额	万元	118	125	446	32	193	219	217	10134	31833	28123
出口创汇金额	万美元						49	76	2073	3826	3386
农产品销售金额	万元	174	357	810	738	12374	19694	26165	59015	121698	132871
干胶总产量(国内基地)	吨		1388	3426	7232	12361	16288	24408	30241	27158	20034
剑麻纤维产量	吨	64	74	1337	3016	5695	7271	10893	10538	16889	17873
干毛茶产量	吨		1	2	1	8	35	1431	3135	2613	2320
水果总产量	吨	875	966	1002	2426	795	1726	16783	62134	74575	143415
年末林地面积	公顷	33099	30223	36297	39716	39972	39960	32385	38077	33680	24755
鲜牛奶产量	吨	106	250	604	656	1469	1912	3162	3423	5062	3158
肉类产量	吨	809	1265	681	2400	2466	4012	13033	15306	21736	37905
水产品产量	吨	18	104	32	79	423	227	791	2834	8128	15391
机制糖产量	吨	393	1878	13281	13134	12168	15557	39111	79506	113893	183434
水泥产量	吨					21023	39353	120598	171199	594066	432540
固定资产投资额	万元	1239	2355	2385	4766	4454	5882	9596	8580	88376	30250

12-1 续表

项目	计量单位	2005	2010	2012	2013	2014	2015	2016	2017	2018	2019
土地总面积	公顷	221793	226031	227299	226878	228696	228305	228834	228364	223729	223102
农垦总人口	人	350249	375095	371718	377214	379765	377975	382887	389346	390400	391906
国有在岗职工人数	人	65714	59370	50806	49608	48575	47512	46127	43264	39749	34941
国有职工工资总额	万元	64852	101106	126661	151177	204725	221171	227502	237889	249786	246718
工农业总产值(现行价)	万元	616773	1593241	2163955	2380289	2591071	2759359	2782341	3521951	3519462	3630582
其中：农业总产值	万元	273438	434598	606365	755616	798068	913121	994468	1076861	1142092	1139022
工业总产值	万元	343335	1158643	1557590	1624673	1793003	1846238	1787873	2445090	2377370	2491560
农垦社会总产值(现价)	万元	750248	1938973	2621921	2945647	3218085	3475153	3581996	4392133	4447843	4636004
农垦生产总值(现价)	万元	323933	836254	1120432	1291257	1394859	1512954	1613180	1727574	1849995	1919608
利润总额	万元	14568	33848	35055	32045	36124	38062	32572	33288	30285	36977
交纳税金	万元	15361	26551	40933	32352	40234	30608	46724	53649	52524	58590
国有固定资产原值	万元	682053	772743	1383863	1426796	1520104	1583426	1817613	1877682	1982831	2082242
国有固定资产净值	万元	546608	580666	1151826	1182017	1241348	1272136	1364954	1450760	1502552	1545905
出口商品总金额	万元	78937	452321	534325	575922	627790	692905	764445	791713	776474	666384
出口创汇金额	万美元	9915	69400	86109	93532	100899	108071	111204	114954	105656	89078
农产品销售金额	万元	210751	367085	518616	643817	622950	789697	821199	912964		
干胶总产量(国内基地)	吨	21307	13383	15382	16012	11968	12970	12923	14006	13882	16226
剑麻纤维产量	吨	14410	13610	9103	8351	6140	7929	3279	2715	2663	3312
干毛茶产量	吨	1737	1092	985	1021	779	617	685	702	856	820
水果总产量	吨	236156	401505	508151	651313	661381	875421	896783	889913	900609	938931
年末林地面积	公顷	24635	23225	23847	24788	25188	28002	28628	29532	83359	81907.5
鲜牛奶产量	吨	19711	26303	40986	38234	37866	45618	48196	58300	63199	64116
肉类产量	吨	42117	64140	85594	107649	114404	119212	119812	128517	132757	97323
水产品产量	吨	21755	30386	34512	35262	36328	36746	38871	43908	41917	42184
机制糖产量	吨	352576	518025	542663	504538	442987	364552	350028	339925	377957	387500
水泥产量	吨	483468	520730	516692	372192	401000	309376	293584	250807	128643	130855
固定资产投资额	万元	59761	202232	220648	235703	256170	274278	294540	257554	297414	314942

12-2 广东农垦2019年主要指标完成情况

指标名称	单位	总局合计		湛江局	茂名局	阳江局	揭阳局	汕尾局	直属单位
		完成数	增长率(%)						
一、农垦总人口	**人**	**391906**	**0.39**	**145429**	**95727**	**14138**	**51376**	**37259**	**47977**
其中：从业人数	人	123995	-1.91	31790	25381	3669	14838	14596	33721
内：国有在岗职工	人	34941	-12.1	13703	6180	1905	711	713	11729
二、土地总面积	**公顷**	**223102**	**-0.28**	**91020**	**55482**	**30312**	**11800**	**9345**	**25143**
其中：耕地	公顷	38206	0.4	25276	227	1241	1390	1490	8582
高标准农田	公顷	22893	0.3	15809			100	333	6651
三、农业生产									
1.橡胶年末面积	公顷	47856	0.69	6832	29127	8230	2089	1062	516
橡胶年末株数	万株	1468	0.98	234	839	263	69	50	13
开割到达面积	公顷	29070	11.56	3696	19011	6143	181	39	
开割到达株数	万株	794	21.41	118	521	147	6	2	
全年干胶总产	吨	758936	13.76	1213	11725	3187	79	21	742711
其中：国内干胶总产	吨	16226	16.89	1213	11725	3188	79	21	
单株年产干胶	公斤	2.1	-7.08	1.6	2.2	2.3	1.3	1.1	
公顷年产干胶	公斤	549	-8.22	326	587	567	436	533	
2.剑麻年末面积	公顷	3689	0.75	3156			533		
纤维总产	吨	3312	24.37	3128			184		
3.茶叶年末面积	公顷	654	1.83	218	236	8	169	23	
茶叶总产	吨	820	-4.2	194	212	21	365	28	
4.水果年末面积	公顷	33691	6.18	16109	5342	1429	3540	1248	6023
其中：柑桔橙	公顷	975	18.34	744	78	88	55		10
菠萝	公顷	11448	6.17	5861	26	1	75	117	5368
荔枝	公顷	7069	3.01	1977	2721	369	1142	859	1
龙眼	公顷	3381	0.46	336	1682	654	571	136	2
香(大)蕉	公顷	6423	6.16	5340	269	81	100	57	576
水果总产量	吨	938931	4.26	563922	28756	3521	11314	2455	328963
其中：柑桔橙	吨	10244	27.87	7083	179	992	1990		
菠萝	吨	535857	11.17	238527	132	18	225	1251	295704
荔枝	吨	28298	-43.68	11365	13039	198	3265	431	
龙眼	吨	10886	-43.01	3073	5882	244	1466	221	
香(大)蕉	吨	289477	-0.49	248323	6545	1332	534	250	32493

12-2 续表1

指标名称	单位	总局合计		湛江局	茂名局	阳江局	揭阳局	汕尾局	直属单位
		完成数	增长率(%)						
5.年末林地面积	公顷	81907	-1.74	12088	39318	22304	4345	2551	1301
木材总产	立方米	134864	24.12	75538	27557	23078	10	4631	4050
6.粮食播种面积	公顷	7398	0.96	2007	756	335	1846	2419	35
粮食总产量	吨	53367	-3.48	21135	4432	1670	9147	16050	933
其中:水稻播种面积	公顷	4107	-1.13	718	297	96	948	2046	2
水稻总产量	吨	26418	-5.48	4507	2422	593	5229	13649	18
7.糖蔗播种面积	公顷	26440	-7.61	16330	33	35			10042
糖蔗总产量	吨	2167852	-4.29	1403402	1782	1136			761532
8.油料播种面积	公顷	2134	-5.38	791	628	160	194	48	313
油料总产量	吨	6060	-1.52	2143	1755	604	514	106	938
9.蔬菜种植面积	公顷	7269	3.12	4148	1029	214	745	842	291
蔬菜产量(含菜用瓜)	吨	159826	27.75	105181	15575	2774	14106	15918	6272
10.猪全年饲养量	万头	124.83	-37.88	47.11	50.1	16.18	7.4	3.76	0.29
年末存栏量	万头	46.58	-43.84	12.1	25.78	6.6	1.88	0.21	0.01
11.牛年末存栏量	万头	2.31	-8.33	0.43	0.07	0.07	0.21	0.06	1.47
其中:奶 牛	万头	1.32	19.23	0.01					1.31
12.肉类总产量	吨	97323	-26.69	44604	28008	10077	6363	7860	411
其中:猪 肉	吨	66467	-37.31	28792	20713	8913	4555	3272	222
13.水产养殖面积	公顷	3673	2.3	911	360	1252	146	962	42
水产品产量	吨	42184	0.64	10235	6611	19349	1114	4800	75
14.农业机械总动力	千瓦	464516	3.69	124081	74985	79658	10992	34412	140388
四、工业生产									
1.工业企业个数*	个	591	1.55	181	176	14	70	71	79
2.工业产品产量									
其中:水 泥	吨	130855	1.72			130855			
机制糖	吨	387500	2.52						387500
罐 头	吨	1864	-26.59	1864					
饲 料	吨	75721	-32.16		3871			1401	70449
酒 精	吨	2420	-30.17						2420
成品茶	吨	629	-9.7	168	60	12	363	26	

12-2 续表2

指标名称	单位	总局合计		湛江局	茂名局	阳江局	揭阳局	汕尾局	直属单位
		完成数	增长率(%)						
乳制品	吨	163750	12.01						163750
家 具	万件	271	-26.48	208	4	14			45
复混肥	吨	38198	10.3		24963	10073			3162
砖	万块	44007	-19.84	9860	17424	8120	292	3811	4500
食用油	吨	33977	-23.25	697	2713				30567
五、全部固定资产投资	**万元**	**314942**	**5.89**	**78078**	**62038**	**32909**	**13335**	**17779**	**110803**
1.第一产业	万元	91648	16.73	44263	18975	8703	4756	6152	8799
2.第二产业	万元	75110	63.36	15655	15470	20635	3506	8783	11061
3.第三产业	万元	148184	-14.31	18160	27593	3571	5073	2844	90943
其中：国有固定资产投资	万元	146823	16.97	58138	38532	7639	3762	7333	31419
六、农垦社会总产值(现价)	**万元**	**4636004**	**4.52**	**854092**	**525870**	**183505**	**119353**	**191542**	**2761642**
1.第一产业	万元	1139022	-0.27	509345	213906	111365	53094	42431	208881
2.第二产业	万元	2716865	4.94	240837	151683	30654	45250	115062	2133379
其中：工业	万元	2491560	4.8	133975	80397	21402	29578	98984	2127224
3.第三产业	万元	780117	10.69	103910	160281	41486	21009	34049	419382
七、农垦生产总值(现价)	**万元**	**1919607**	**5.01**	**471638**	**301232**	**101906**	**60309**	**79161**	**905361**
1.第一产业增加值	万元	635145	4.12	273066	134313	67216	27710	22447	110393
2.第二产业增加值	万元	728344	1.02	74051	61354	12934	17417	38867	523721
其中：工业	万元	642984	0.08	39288	29565	7453	11185	33600	521893
3.第三产业增加值	万元	556118	11.91	124521	105565	21756	15182	17847	271247
八、出口商品总金额	**万元**	**666384**	**-14.2**	**6196**	**251**	**46005**	**110**	**976**	**612846**
九、全年利税总额	**万元**	**95567**	**15.9**	**19979**	**1882**	**2733**	**953**	**787**	**69233**
其中:利润	万元	36977	23.5	13376	978	1504	947	784	19388
十、按农垦人口计算									
1.人均农垦生产总值	元	49273	4.4	32557	31508	71932	11847	21283	193267
2.国有在岗职工年均收入	元	64773	10.2	59688	47042	47073	47004	47353	84683
3.农垦人口人均纯收入	元	27378	6	24599	24471	28612	17815	22625	55697
4.从业人员年均纯收入	元	45610	5.5	47038	39546	43828	24808	31386	64885

12-3 农垦基本情况

指标名称	计量单位	农垦总局	湛江局	茂名局	阳江局	揭阳局	汕尾局	直属单位
一、农场组织情况								
1.农场个数	个	47	16	12	6	6	3	4
二、小城镇情况								
1.小城镇个数	个	42	15	12	5	4	2	4
2.小城镇人口	人	147232	52942	41395	12242	20227	9314	11112
3.小城镇占地面积	万平方米	6383	2688	1551	586	383	445	730
三、农垦人口情况								
1.农垦年末总人口	人	391906	145429	95727	14138	51376	37259	47977
其中：农场人口	人	337439	129938	93724	13517	51037	37178	12045
少数民族人口	人	7530	3357	1615	580			1978
2.农垦年内平均人口	人	389585	144864	95606	14167	50908	37195	46845
四、收入及住房情况								
1.居民人均可支配收入	元	27378	24599	24471	28612	17815	22625	55697
2.年末实有住房面积	万平方米	1397	560	333	49	166	136	153

12-4 土地利用面积和耕地情况

指标名称	单位	农垦总局	湛江局	茂名局	阳江局	揭阳局	汕尾局	直属单位
一、土地总面积	**公顷**	**223102**	**91020**	**55482**	**30312**	**11800**	**9345**	**25143**
1.耕地面积	公顷	38206	25276	227	1241	1390	1490	8582
其中：水田	公顷	3277	827	4	622	665	1158	2
高标准农田面积	公顷	22893	15809			100	333	6651
2.牧草地面积	公顷	39	39					
3.林地面积	公顷	81907	12088	39318	22304	4345	2550	1301
其中：橡胶面积	公顷	47856	6832	29127	8230	2089	1062	516
4.水面面积	公顷	6011	1704	778	1278	612	1385	254
其中：可养殖水面	公顷	3953	913	694	1249	146	893	58
5.茶果桑园	公顷	34638	16579	5786	1621	3710	1250	5692
6.可垦荒地面积	公顷	1831	1152	55	101	55	180	288
7.宜林地面积	公顷	3245	1461	55		341	1151	237
其中：宜植橡胶面积	公顷	1286	80	55			1151	
8.居民点及工矿用地面积	公顷	10981	6002	2318	539	446	411	1265
9.其他面积	公顷	46243	26719	6945	3228	900	927	7524
二、农业产业园区情况								
1.农业产业园区个数	个	3	3					
2.农业产业园区占地面积	公顷	25906	25906					
三、耕地变动情况								
1.年初实有耕地面积	公顷	38052	25127	227	1313	1390	1461	8534
2.当年增加的耕地面积	公顷	318	240				30	48
3.当年减少的耕地面积	公顷	164	91		73			
其中：国家基建占地	公顷	56	52		4			

12-5 农作物播种面积和产量

指标名称	计量单位	农垦总局	湛江局	茂名局	阳江局	揭阳局	汕尾局	直属单位
农作物播种情况总计								
播种面积	公顷	47717	26945	2501	820	3442	3315	10694
总产量	吨							
每公顷产量	公斤/公顷							
一、粮食作物								
播种面积	公顷	7398	2007	756	335	1846	2419	35
总产量	吨	53367	21135	4432	1670	9147	16050	933
每公顷产量	公斤/公顷	7214	10531	5867	4985	4955	6635	26657
其中：夏收作物								
播种面积	公顷	2755	385	258	103	792	1216	1
总产量	吨	15898	2480	1952	555	4618	6283	10
每公顷产量	公斤/公顷	5771	6442	7578	5364	5831	5168	10000
(一)谷物合计								
播种面积	公顷	5051	1268	345	106	1007	2323	2
总产量	吨	33240	8824	2714	637	5436	15611	18
每公顷产量	公斤/公顷	6581	6961	7863	6005	5398	6720	9000
1.稻　谷								
播种面积	公顷	4107	718	297	96	948	2046	2
总产量	吨	26418	4507	2422	593	5229	13649	18
每公顷产量	公斤/公顷	6432	6276	8150	6185	5516	6670	9000
其中：早　稻								
播种面积	公顷	1946	262	125	13	475	1070	1
总产量	吨	11175	1621	782	80	2502	6180	10
每公顷产量	公斤/公顷	5742	6177	6263	6030	5267	5778	10000
2.玉　米								
播种面积	公顷	901	549	30	10	35	277	
总产量	吨	6694	4318	217	44	153	1962	
每公顷产量	公斤/公顷	7425	7856	7243	4314	4371	7089	
3.其他谷物								
播种面积	公顷	42		18		24		
总产量	吨	129		75		54		
每公顷产量	公斤/公顷	3071		4167		2250		
(二)豆类合计								
播种面积	公顷	192	63	32	12	84		
总产量	吨	536	123	103	33	278		
每公顷产量	公斤/公顷	2797	1959	3144	2657	3310		
1.大　豆								
播种面积	公顷	145	60	13	5	67		
总产量	吨	331	114	29	14	174		
每公顷产量	公斤/公顷	2284	1900	2319	2581	2597		
2.杂　豆								
播种面积	公顷	47	3	20	7	17		
总产量	吨	205	9	73	19	104		
每公顷产量	公斤/公顷	4388	3214	3669	2714	6118		
(三)薯　类								
播种面积	公顷	2155	676	378	217	755	96	33

12-5 续表

指标名称	计量单位	农垦总局	湛江局	茂名局	阳江局	揭阳局	汕尾局	直属单位
总产量	吨	19590	12188	1615	1001	3433	438	915
每公顷产量	公斤/公顷	9091	18016	4277	4617	4547	4563	27727
二、油料合计								
播种面积	公顷	2134	791	628	160	194	48	313
总产量	吨	6060	2143	1755	604	514	106	938
每公顷产量	公斤/公顷	2840	2710	2797	3773	2647	2208	2997
1.花　生								
播种面积	公顷	2066	753	628	160	164	48	313
总产量	吨	5823	2050	1755	604	370	106	938
每公顷产量	公斤/公顷	2819	2723	2797	3773	2254	2208	2997
2.芝　麻								
播种面积	公顷	38	38					
总产量	吨	93	93					
每公顷产量	公斤/公顷	2447	2447					
三、麻类合计								
播种面积	公顷	3689	3156			533		
总产量	吨	79483	79299			184		
每公顷产量	公斤/公顷	21547	25128			345		
四、甘蔗合计								
播种面积	公顷	26440	16330	33	35			10042
总产量	吨	2167852	1403402	1782	1136			761532
每公顷产量	公斤/公顷	81992	85937	54180	32738			75837
五、药材类合计								
播种面积	公顷	353	353					
总产量	吨	1716	1716					
每公顷产量	公斤/公顷							
六、蔬菜、瓜类合计								
播种面积	公顷	7269	4148	1029	214	745	842	291
总产量	吨	159826	105181	15575	2774	14106	15918	6272
每公顷产量	公斤/公顷							
1.蔬　菜								
播种面积	公顷	6493	3731	954	202	701	841	64
总产量	吨	144054	96343	14555	2700	13015	15778	1664
每公顷产量	公斤/公顷							
2.瓜　类								
播种面积	公顷	776	416	75	12	44	2	227
总产量	吨	15772	8839	1020	74	1091	140	4608
每公顷产量	公斤/公顷							
七、其他作物								
播种面积	公顷	436	161	56	76	124	6	13
总产量	吨							
每公顷产量	公斤/公顷							
青饲料								
播种面积	公顷	105	26	3	38	34	4	
总产量	吨	2058	479	60	468	901	150	
每公顷产量	公斤/公顷							

12-6 茶、果、桑生产情况

指标名称	计量单位	农垦总局	湛江局	茂名局	阳江局	揭阳局	汕尾局	直属单位
一、茶 叶								
年末实有面积	公顷	654	218	236	8	169	23	
收获面积	公顷	571	209	168	6	165	23	
产量	吨	820	194	212	21	365	28	
二、水 果								
年末实有面积	公顷	33691	16109	5342	1429	3540	1248	6023
收获面积	公顷	27425	13217	4554	690	3085	563	5316
产量	吨	938931	563922	28756	3521	11314	2455	328963
1.香 蕉								
年末实有面积	公顷	6423	5340	269	81	100	57	576
收获面积	公顷	5783	4737	267	72	99	32	576
产量	吨	289477	248323	6545	1332	534	250	32493
2.柑、橘、橙、柚								
年末实有面积	公顷	975	744	78	88	55		10
收获面积	公顷	606	508	5	43	50		
产量	吨	10244	7083	179	992	1990		
3.菠 萝								
年末实有面积	公顷	11448	5861	26	1	75	117	5368
收获面积	公顷	9248	4380	19	1	71	95	4682
产量	吨	535857	238527	132	18	225	1251	295704
4.荔 枝								
年末实有面积	公顷	7069	1977	2721	369	1142	859	1
收获面积	公顷	5451	1718	2300	122	1008	303	
产量	吨	28298	11365	13039	198	3265	431	
5.龙 眼								
年末实有面积	公顷	3381	336	1682	654	571	136	2
收获面积	公顷	2740	335	1528	327	496	54	
产量	吨	10886	3073	5882	244	1466	221	
6.芒 果								
年末实有面积	公顷	118	36	35		47		
收获面积	公顷	97	15	35		47		
产量	吨	632	450	58		124		
7.杨 桃								
年末实有面积	公顷	212	8	188		5		11
收获面积	公顷	188	8	168		5		7
产量	吨	2389	281	1944		138		26
8.火龙果								
年末实有面积	公顷	936	853	9	50			24
收获面积	公顷	662	611	9	21			21
产量	吨	31909	31190	85	176			458
9.番石榴								
年末实有面积	公顷	670	619	22				29
收获面积	公顷	650	606	16				28
产量	吨	18087	17861	149				257
10.其他								
年末实有面积	公顷	2455	330	312	187	1545	79	2
收获面积	公顷	2000	299	208	104	1308	79	2
产量	吨	11152	5950	742	561	3572	302	25
三、桑 园								
年末实有面积	公顷	394	300		7			87
收获面积	公顷	367	300		7			60
产量	吨	15453	14294		126			1033

12-7 林业生产情况

指标名称	计量单位	农垦总局	湛江局	茂名局	阳江局	揭阳局	汕尾局	直属单位
一、营林情况								
1.当年造林面积	公顷	898	200	109	149	307	4	129
(1)用材林	公顷	187	98	31		19		39
(2)经济林	公顷	323	21	76	145		4	77
(3)防护林	公顷	148	81		4	49		14
(4)薪炭林	公顷	225				225		
(5)特种用材林	公顷	16		2		14		
2.当年零星植树	株	180852	88191	37761	31400		23500	
3.年末实有育苗面积	公顷	3		2			1	
其中：当年新育面积	公顷	3		2			1	
4.幼林抚育面积	公顷	11300	937	10323			40	
5.成林抚育面积	公顷	27590	2327	24468		758	37	
6.森林覆盖率	%	37	32	71	74	37	48	5
二、林产品产量								
1.油茶籽	吨	272		268	4			
2.松 脂	吨	434			434			
三、竹木采伐								
1.木 材	立方米	134864	75538	27557	23078	10	4631	4050
2.毛 竹	根	666618		325130	131400	210088		

12-8 畜牧业生产情况

指标名称	计量单位	农垦总局	湛江局	茂名局	阳江局	揭阳局	汕尾局	直属单位
一、畜牧业饲养情况								
(一)大牲畜总头数	万头	2.51	0.63	0.07	0.07	0.21	0.06	1.47
其中：从事农事劳役的牲畜	万头	0.48	0.23	0.02	0.03	0.06		0.14
(二)牛年末存栏	万头	2.31	0.43	0.07	0.07	0.21	0.06	1.47
能繁殖母牛	万头	1.11	0.10	0.01	0.02	0.06		0.93
仔　牛	万头	0.50	0.06	0.00	0.00	0.03		0.39
1.黄牛	万头	0.72	0.32	0.04	0.05	0.17	0.06	0.07
其中：能繁殖母牛	万头	0.15	0.07	0.01	0.01	0.05		0.00
仔　牛	万头	0.09	0.05	0.00	0.00	0.03		
2.良种及改良种乳牛	万头	1.32	0.01					1.31
其中：能繁殖母牛	万头	0.93	0.01					0.92
仔　牛	万头	0.40	0.00					0.39
3.水牛	万头	0.27	0.09	0.03	0.01	0.04		0.09
其中：能繁殖母牛	万头	0.02	0.01	0.00	0.00	0.00		0.01
仔　牛	万头	0.01	0.01	0.00	0.00	0.00		
(三)猪年末存栏	万头	46.58	12.10	25.78	6.60	1.88	0.21	0.01
其中：能繁殖母猪	万头	5.74	1.77	2.15	1.56	0.21	0.05	0.01
仔　猪	万头							
(四)山羊年末存栏	万只	0.89	0.13	0.63	0.12			0.01
(五)家禽年末存栏	万只	480.51	149.52	169.31	16.36	22.66	116.51	6.14
(六)兔年末存栏	万只	3.18	0.03	2.63				0.52
二、规模化饲养情况								
(一)良种及改良种乳牛								
规模化养殖场	个	3						3
规模化养殖量	万头	0.70						0.70
带动农户个数	个	4000						4000
(二)猪								
规模化养殖场	个	96	34	41	17	3	1	
模化养殖量	万头	39.25	20.93	9.96	5.59	0.45	2.32	
带动农户个数	个	395	70	197	128			
(三)家　禽								
规模化养殖场	个	27	4	5	1		17	
模化养殖量	万只	332.66	16.50	84.46	10.00		221.70	
带动农户个数	个	210	197	10	3			
三、畜产品								
(一)肉类总产量	吨	97323	44604	28008	10077	6363	7860	411
1.当年出栏肉猪	万头	78.25	35.00	24.32	9.58	5.52	3.54	0.28
猪肉产量	吨	66467	28792	20713	8913	4555	3272	222
2.当年出售和自宰的肉用牛	万头	0.38	0.20	0.01	0.04	0.12	0.01	0.01
牛肉产量	吨	722	385	24	61	238	7	7.15
3.当年出售和自宰的肉用羊	万只	1.79	0.11	1.56	0.13			0.00
羊肉产量	吨	373	37	298	38			0
4.兔肉产量	吨	120	1	116				3
5.禽肉产量	吨	28909	15320	6363	1065	1414	4581	166.40
(二)牛奶产量	吨	64116	304					63812
(三)蜂蜜产量	吨	40	9	9	5	16	1	
(四)禽蛋产量	吨	3415	1526	1425	64	59	282	59
(五)蚕茧产量	吨	919	832					87
桑蚕茧	吨	919	832					87

12-9　渔业生产情况

指标名称	计量单位	农垦总局	湛江局	茂名局	阳江局	揭阳局	汕尾局	直属单位
一、水产品总产量合计	**吨**	**42184**	**10235**	**6611**	**19349**	**1114**	**4800**	**75**
海 水	吨	10882	39		7200		3643	
淡 水	吨	31302	10196	6611	12149	1114	1157	75
其中：养殖产量合计	吨	42154	10205	6611	19349	1114	4800	75
海 水	吨	10882	39		7200		3643	
淡 水	吨	31272	10166	6611	12149	1114	1157	75
1.鱼类合计	吨	29205	10196	6599	9094	1114	2130	72
海 水	吨	2718			1745		973	
淡 水	吨	26487	10196	6599	7349	1114	1157	72
2.虾蟹类合计	吨	12964	39		10255		2670	
海 水	吨	8164	39		5455		2670	
淡 水	吨	4800			4800			
其中：对虾合计	吨	10087	39		8600		1448	
海 水	吨	6587	39		5100		1448	
淡 水	吨	3500			3500			
3.其 他	吨	15		12				3
海 水	吨							
淡 水	吨	15		12				3
二、养殖面积合计	**公顷**	**3673**	**911**	**360**	**1252**	**146**	**962**	**42**
海 水	公顷	1333	6		470		857	
淡 水	公顷	2340	905	360	782	146	105	42
其中：对虾养殖面积合计	公顷	963	6		700		257	
海 水	公顷	563	6		300		257	
淡 水	公顷	400			400			

12-10 橡胶生产情况

指标名称	计量单位	农垦总局	湛江局	茂名局	阳江局	揭阳局	汕尾局	直属单位
1.年末实有面积(国内基地)	公顷	47856	6832	29127	8230	2089	1062	516
年末实有株数(国内基地)	万株	1468	234	839	263	69	50	13
其中：当年定植面积	公顷	24	8	16				
当年定植株数	万株	1.2	0.4	0.7				
2.当年补换植株数	万株	0.9		0.9				
3.当年更新倒树面积	公顷	41		41				
4.当年更新定植面积	公顷	41		41				
5.年末苗圃存苗株数	万株	3.6			3.6			
6.未开割树本年平均增粗	厘米	4.8	4.6	4.9	4.8	4.8	5.0	4.0
7.年内实际到达开割面积	公顷	29070	3696	19011	6143	181	39	
当年新开割面积	公顷	1718	650	831	221	14	2	
8.开割到达株数	万株	794	118	521	147	6	2	
当年新开割株数	万株	63	23	32	7	1	0	
9.年内实有停割株数	万株	42	17	11	14	0		
10.全年干胶总产量(国内基地)	吨	16226	1213	11725	3188	79	21	
其中：标准胶	吨	3222	1213	1719	197	72	21	
烟胶片	吨	7				7		
浓缩乳胶(折干胶)	吨	11461		8851	2610			
胶清片	吨	1534		1154	380			
11.单株年产干胶	公斤	2.1	1.6	2.2	2.3	1.3	1.1	
12.公顷年产干胶	公斤	549	326	587	567	436	533	
13.橡胶加工厂	个	73	1	2	1			69
其中：标准胶厂	个	56	1	1				54
浓缩乳胶厂	个	9		1				8
烟片厂	个	7						7
14.境外橡胶年末面积	公顷	27805						27805
15.境外干胶总产	吨	10137						10137
16.本年收购民营胶(折干胶)	吨	75939						75939

12-11 热带、亚热带作物生产情况

指标名称	计量单位	农垦总局	湛江局	茂名局	阳江局	揭阳局	汕尾局	直属单位
生产情况合计								
年末实有面积	公顷	4248	3340	197	70	623		18
当年新定植面积	公顷	642	531	54	43			14
收获面积	公顷	2347	1949	64	39	282		13
1.剑麻(按纤维计算)								
年末实有面积	公顷	3689	3156			533		
当年新定植面积	公顷	390	390					
收获面积	公顷	1980	1784			196		
总产量	吨	3312	3128			184		
2.胡椒(按籽计算)								
年末实有面积	公顷	79	30	49				
收获面积	公顷	71	24	47				
总产量	吨	112	48	64				
3.油棕(按油计产量)								
年末实有面积	公顷	6			6			
收获面积	公顷	1			1			
总产量	吨	4			4			
4.南药								
年末实有面积	公顷	154	18	131				5
当年新定植面积	公顷	59	5	53				1
收获面积	公顷	8	8					
总产量	吨	174	174					
其中：砂仁年末实有面积	公顷	2						2
当年新定植面积	公顷							
收获面积	公顷							
总产量	吨							
其中：益智年末实有面积	公顷	126		124			2	
当年新定植面积	公顷	46		46				
收获面积	公顷							
总产量	吨							
5.澳洲坚果								
年末实有面积	公顷	30	3		27			
当年新定植面积	公顷	30	3		27			
收获面积	公顷							
总产量(按干薯计算)	吨							
6.木薯								
年末实有面积	公顷	291	133	17	38	90		13
当年新定植面积	公顷	163	133	1	16			13
收获面积	公顷	286	133	17	37	86		13
总产量(按干薯计算)	吨	254195	2108	226	250403	1098		360

12-12 农业机械拥有量表

指标名称	计量单位	农垦总局	湛江局	茂名局	阳江局	揭阳局	汕尾局	直属单位
一、农业机械总动力	**千瓦**	**464516**	**124081**	**74985**	**79658**	**10992**	**34412**	**140388**
1.柴油发动机动力	千瓦	260454	97836	35477	49522	6167	19150	52302
2.汽油发动机动力	千瓦	55994	12014	27546	6910	3054	5082	1388
3.电动机动力	千瓦	138405	13488	9009	21233	1207	9880	83588
4.其它机械动力	千瓦	9664	744	2953	1993	564	300	3110
二、拖拉机及配套机械								
1.大中型拖拉机	台	750	336	60		97	54	203
2.小型及手扶拖拉机	台	3481	2667	244	70	72	142	286
3.大中型拖拉机配套农具	部	1012	505	4				503
4.小型及手扶拖拉机配套农具	部	471	356	44	15	23	33	
三、种植业机械								
(一)耕整地及种植机械								
1.播种机	台	84	47			2		35
2.机动水稻插秧机	台	4	4					
3.化肥深施机	台	74	67	5		2		
4.机引铺膜机	台	17	17					
(二)农用排灌机械								
1.排灌动力机械	台	9404	1954	2136	4224	294	606	190
其中：柴油机	台	6707	1010	829	4127	101	506	134
电动机	台	1531	944	455	72	8		52
2.农用水泵	台	4569	2020	435	1658	131	85	240
3.滴喷灌溉机械	套	152	46	103				3
(三)植保机械								
机动喷雾(粉)机	台	6602	3261	1697	459	1086	35	64
(四)收获机械								
1.联合收获机	台	62	7			1	28	26
	千瓦	4983	95			55	799	4034
2.机动割晒机	台	1						1
	千瓦	3						3
3.其他作物收获机械	台	6	2					4
	千瓦	51	45					6

12-12 续表

指标名称	计量单位	农垦总局	湛江局	茂名局	阳江局	揭阳局	汕尾局	直属单位
(五)脱粒烘干机械								
1.机动脱粒机	台	459		27	10		420	2
2.谷物烘干机	台	8	6	2				
(六)种子加工设备								
1.种子清选机	台	1						1
(七)设施农业设备								
1.温室	平方米	101975	49000					52975
2.大棚	平方米	457742	385012	4500				68230
3.田园管理机	台	21	21					
四、农副产品加工机械								
1.粮食加工机械	台	95	22	25	1	32	7	8
2.油料加工机械	台	80	21	45	2			12
3.橡胶粗加工机械	台	2123	113	207	43	4		1756
五、畜牧业机械								
1.牧草收割机	台	9	4		5			
2.机动挤奶器	套	4						4
六、林业机械								
1.挖坑机	台	843	3	838		2		
2.植树机	台	6			6			
七、渔业机械								
渔用机动船	艘	7		4		3		
八、运输机械								
农用运输车	辆	2019	958	224	68	59	38	672
	千瓦	88646	41991	15388	4942	2213	1275	22837
九、农田基本建设机械								
1.推土机	台	119	48	40	3	3	13	12
	千瓦	7155	2928	2041	180	300	368	1338
2.挖掘机	台	69	22	41		3	2	1
	千瓦	4024	1871	1479		354	214	106
3.开沟机(台)	台	7	3					4
	千瓦	90	33					57

12-13 农业机械化、用电、化肥、水利情况

指标名称	计量单位	农垦总局	湛江局	茂名局	阳江局	揭阳局	汕尾局	直属单位
一、农业机械化情况								
1.当年实际机耕面积(按耕地面积计算)	公顷	36453	24204	26	352	420	920	10531
2.当年实际机播面积(按播种面积计算)	公顷	8403	4091				13	4299
其中：机械播秧面积(按插秧面积计算)	公顷	13					13	
3.当年机械收割面积(按收获面积计算)	公顷	4995	1962		182	83	875	1893
4.飞机施肥面积	公顷	303						303
5.飞机病虫害防治面积	公顷	5294	3271					2023
6.自有农用飞机	架	6	1					5
二、农场用电量	**万千瓦小时**	**40335**	**18781**	**4086**	**1088**	**1738**	**4581**	**10061**
三、农药施用量	**吨**	**3835**	**1993**	**886**	**189**	**141**	**169**	**457**
四、农用肥料施用情况								
(一)农用化肥施用总量(实物量)	吨	217687	132222	22904	1135	9178	12259	39989
(二)农用化肥施用总量(折纯量)	吨	57371	30043	7099	433	3058	5326	11412
其中：施用于农作物的数量	吨	45409	29352	2806	57	1963	46	11185
(三)生物肥施用量(实物量)	吨	30513	7213	13256	3724	5047		1273
(四)有机肥施用量(实物量)	吨	169759	121903	17777	2619	11859	3518	12083
(五)测土配方施肥面积	公顷	44081	14658	24184			67	5172
五、农用塑料薄膜使用量	**吨**	**767**	**469**	**1**		**14**	**9**	**274**
其中：地膜使用量	吨	711	469			14	9	219
地膜覆盖面积	公顷	15399	9318			36	28	6016
六、沼气池	**个**	**356**	**211**	**66**	**70**	**1**	**2**	**6**
沼气池体积	立方米	261416	98430	116966	780	15000	30000	240
七、农田水利情况								
1.有效灌溉面积	公顷	24154	16534	364	218	977	1379	4681
其中：机灌面积(包括水轮泵提水灌溉)	公顷	6482	5234	205	49	199	303	492
电灌面积	公顷	11747	8343			50		3354
漫灌面积(自流灌溉面积)	公顷	4995	2289	97	121	633	1076	778
其中：节水灌溉面积	公顷	6024	4199	11	8	345		1460
喷灌面积	公顷	5367	3827		8	95		1436
滴灌面积	公顷	396	372					24
2.机电井数量	眼	2472	1542	171	8		372	379

12-14 无公害、绿色、有机食品生产情况

指标名称	计量单位	农垦总局	湛江局	茂名局	阳江局	揭阳局	汕尾局	直属单位
一、认证个数　　（合计）								
1.水稻	个	1					1	
2.糖料	个	3						3
3.茶叶	个	4	3	1				
4.水果	个	5	2					3
其中：柑桔、橙、柚	个	1	1					
菠萝	个	1	1					
其它水果	个	3						3
5.虾类	个	1			1			
6.果脯加工类	个	5	5					
二、带动农户数量								
1.糖料	户	16700						16700
2.茶叶	户	328	300	28				
3.水果	户	2880	2810					70
其中：柑桔、橙、柚	户	2600	2600					
菠萝	户	210	210					
其它水果	户	70						70
4.虾类	户	75			75			
5.果脯加工类	户	100	100					
三、已认证无公害农产品								
1.水稻　（面积）	公顷	200					200	
（产量）	吨	990					990	
2.茶叶　（面积）	公顷	175		175				
（产量）	吨	39		39				
四、已认证A级绿色食品								
1.糖料　（面积）	公顷	20193						20193
（产量）	吨	168000						168000
2.茶叶　（面积）	公顷	362	187	175				
（产量）	吨	202	164	38				
3.水果　（面积）	公顷	1154	1141					13
（产量）	吨	28480	27780					700
其中：柑桔、橙、柚　（面积）	公顷	641	641					
（产量）	吨	6530	6530					
菠萝　（面积）	公顷	500	500					
（产量）	吨	21250	21250					
其它水果　（面积）	公顷	13						13
（产量）	吨	700						700
4.果脯加工类　（产量）	吨	1864	1864					
五、已认证AA级绿色食品								
3.虾类　（面积）	公顷	245			245			
（产量）	吨	7104			7104			
五、已认证有机食品								
1.水稻　（面积）	公顷	200					200	
（产量）	吨	990					990	
2.水果　（面积）	公顷	15						15
（产量）	吨	250						250
其中：其它水果　（面积）	公顷	15						15
（产量）	吨	250						250

12-15　农作物种业基本情况

指标名称	计量单位	农垦总局	湛江局	茂名局	阳江局	揭阳局	汕尾局	直属单位
一、种子基地播种面积及生产量								
1.种子播种面积合计	公顷	53	53					
原种播种面积	公顷							
良种播种面积	公顷	53	53					
2.生产量合计	吨	95	95					
原种生产量	吨							
良种生产量	吨	95	95					
其中：水稻	吨	95	95					
二、晒场面积	**公顷**	**8000**	**8000**					
三、仓储面积	**平方米**	**1000**	**1000**					
四、库存能力	**吨**	**100**	**100**					
五、种子公司个数	**个**	**2**	**2**					
六、年末从业人数	**人**	**28**	**28**					
其中：技术人员人数	人	7	7					

12-16　农林牧渔业总产值

指标名称	计量单位	农垦总局	湛江局	茂名局	阳江局	揭阳局	汕尾局	直属单位
一、农林牧渔业总产值(现行价)	**万元**	**1139022**	**509345**	**213906**	**111365**	**53094**	**42431**	**208881**
1.种植业产值	万元	654870	397084	45574	7230	28762	9453	166767
2.林业产值	万元	67095	7173	39641	5524	5429	889	8439
其中：橡胶产值	万元	34218	1329	19101	4149	1865	28	7746
3.牧业产值	万元	301037	93498	101069	38181	16874	18982	32433
4.渔业产值	万元	103538	10248	17546	60385	1826	13107	426
5.农林牧渔服务业产值	万元	12482	1342	10076	45	203		816
二、农林牧渔业商品总产值	**万元**	**988973**	**437891**	**181601**	**104957**	**41274**	**35518**	**187732**

12-17 规模以上工业企业和国有规模以下工业企业基本情况

指标名称	计量单位	农垦总局	湛江局	茂名局	阳江局	揭阳局	汕尾局	直属单位
一、企业个数合计	**个**	**83**	**26**	**4**	**4**	**1**	**2**	**46**
其中：国有	个	66	21	4	4			37
亏损企业个数	个	24	13		1			10
其中：国有	个	24	13		1			10
二、工业总产值(现价)	**万元**	**2255625**	**52780**	**7339**	**10187**	**4100**	**80521**	**2100698**
其中：国有	万元	1291753	34006	7339	10187			1240221
三、工业销售产值(现价)	**万元**	**2218945**	**47171**	**3776**	**9823**	**5000**	**75595**	**2077580**
其中：国有	万元	1257389	28463	3776	9823			1215327
四、主营业务收入	**万元**	**2396180**	**51619**	**4930**	**8645**	**4600**	**61004**	**2265382**
其中：国有	万元	1443499	25728	4930	8645			1404196
五、主营业务成本	**万元**	**1839843**	**47027**	**3804**	**7455**	**3800**	**50194**	**1727563**
其中：国有	万元	1334198	25791	3804	7455			1297148
六、主营业务费用	**万元**	**148017**	**4808**	**469**	**1162**	**734**	**6745**	**134099**
其中：国有	万元	58555	3936	469	1162			52988
七、主营业务税金及附加	**万元**	**65305**	**1209**	**30**	**50**	**10**	**1557**	**62449**
其中：国有	万元	28908	720	30	50			28108
八、主营业务利润	**万元**	**295397**	**575**	**560**	**-69**	**290**	**4131**	**289910**
其中：国有	万元	22818	-2235	560	-69			24562
九、从业人员年末人数	**人**	**20324**	**1789**	**233**	**167**	**50**	**1957**	**16128**
其中：国有	人	12380	1509	233	167			10471
十、从业人员年平均人数	**人**	**19786**	**1901**	**233**	**160**	**58**	**1942**	**15492**
其中：国有	人	11740	1594	233	160			9753
十一、从业人员年报酬总额	**万元**	**163508**	**8799**	**1336**	**837**	**296**	**10159**	**142081**
其中：国有	万元	66278	6937	1336	837			57168
十二、利润总额	**万元**	**314602**	**2045**	**561**	**307**	**290**	**8818**	**302581**
其中：国有	万元	22781	-420	561	307			22333
亏损企业亏损额	万元	21476	2647		228		8818	9783
其中：国有	万元	12658	2647		228			9783
十三、应缴税金	**万元**	**54303**	**2250**	**69**	**229**	**66**	**2357**	**49333**
其中：国有	万元	21253	1552	69	229			19404
十四、固定资产原值	**万元**	**584672**	**59706**	**9227**	**8887**	**5000**	**38441**	**463411**
其中：国有	万元	510229	55240	9227	8887			436875
生产经营用	万元	546859	46287	6172	5901	3500	36549	448450
其中：国有	万元	479355	42686	6172	5901			424596
十五、固定资产净值	**万元**	**377835**	**24816**	**5106**	**3591**	**3000**	**36560**	**304762**
其中：国有	万元	315583	22568	5106	3591			284318

12-18 工业总产值(现行价)

指标名称	计量单位	农垦总局	湛江局	茂名局	阳江局	揭阳局	汕尾局	直属单位
一、工业总产值 (现行价)	**万元**	**2491561**	**133975**	**80397**	**21402**	**29578**	**98984**	**2127225**
工业企业个数	个	591	181	176	14	70	71	79
其中：国有及国有控股 (总产值)	万元	1291753	34006	7339	10187			1240221
(企业数)	个	66	21	4	4			37
战略性新兴工业 (总产值)	万元							
(企业数)	个							
二、按工业主要行业划分								
煤炭开采和洗选业	万元							
石油和天然气开采	万元							
黑色金属矿采选业	万元							
有色金属矿采选业	万元							
非金属矿采选业	万元	8419		5719				2700
开采专业及辅助性活动	万元	11809	10026	1783				
其他采矿业	万元	14015	11809	2206				
农副食品加工业	万元	325768	2963	6112		538	3060	313095
食品制造业	万元	168893	1623	462		11599		155209
酒、饮料和精致茶制造业	万元	9859	1850	2474	78	1115	2890	1452
烟草制品业	万元							
纺织业	万元	26905	20057	153		462		6233
纺织服装、服饰业	万元	31113	24848	290				5975
皮革、毛皮、羽毛及其制品和制鞋业	万元	13030	234	11406	860			530
木材加工和木、竹、藤、棕、草制品业	万元	31109	19000	7076	31	3642	375	985
家具制造业	万元	63079	1108	5185	1272	514		55000
造纸和纸制品业	万元	9814	9414	400				
印刷和记录媒介复制业	万元	400					167	233
文教、工美、体育和娱乐用品制造业	万元							
石油、煤炭及其他燃料加工业	万元							
化学原料和化学制品制造业	万元	748009			340			747669
医药制造业	万元	107		107				
化学纤维制造业	万元							
橡胶和塑料制品业	万元	118309	2938	7902	469			107000
非金属矿物制品业	万元	6218	323	3191	1085		1619	
黑色金属冶炼和压延加工业	万元							
有色金属冶炼和压延加工业	万元	2305					2305	
金属制品业	万元	108904	1881	1283		985		104755
通用设备制造业	万元							
专用设备制造业	万元	7661	5766					1895
汽车制造业	万元							
铁路、船舶、航空航天和其他运输设备制造业	万元	471		471				
电气机械和器材制造业	万元							
计算机、通信和其他电子设备制造业	万元	16475		1357				15118
仪器仪表制造业	万元							
废弃资源综合利用业	万元	156	156					
金属制品、机械和设备修理业	万元	8486		3377		318	4406	385
电力、热力生产和供应业	万元	11985	1747		6412	1585	106	2135
燃气生产和供应业	万元	1238		1238				
水的生产和供应业	万元	957	64				893	
其他制造业	万元	746068	18170	18204	10855	8820	83163	606856

12-19 主要工业产品产量

指标名称	计量单位	农垦总局	湛江局	茂名局	阳江局	揭阳局	汕尾局	直属单位
大 米	吨	23166	79	475		4642	11770	6200
饲 料	吨	75721		3871			1401	70449
其中：配合饲料	吨	73513		2363			701	70449
混合饲料	吨	2208		1508			700	
精制食用植物油	吨	33977	697	2713				30567
成品糖	吨	387500						387500
乳制品	吨	163750						163750
其中：液体乳	吨	163750						163750
罐 头	吨	1864	1864					
饮料酒	千升	1454		1117			337	
其中：白酒(折65度，商品量)	千升	1425		1088			337	
软饮料	吨	294	294					
其中：果汁和蔬菜汁饮料类	吨	208	208					
精制茶	吨	629	168	60	12	363	26	
纱	吨	5422	5422					
服 装	万件	1122	746				2	374
皮革鞋靴	万双	538	4	524	10			
家 具	万件	271	208	4	14			45
机制纸及纸板(外购原纸加工除外)	吨	15592	15415	177				
农用氮、磷、钾化学肥料总计(折纯)	吨							
其中：氮肥(折含N100%)	吨							
磷肥(折五氧化二磷100%)	吨							
钾肥(折氧化钾100%)	吨							
化学农药原药(折有效成分100%)	吨							
其中：杀虫剂原药	吨							
除草剂原药	吨							
中成药	吨	7		7				
塑料制品	吨	38012	4012					34000
水 泥	吨	130855			130855			
砖	万块	44007	9860	17424	8120	292	3811	4500
瓦	万片	1650		1650				
发电量	万千瓦小时	21514	2399		1	781	63	18271
自来水生产量	万立方米	60				8	52	

12-20　建筑业基本情况

指标名称	计量单位	农垦总局	湛江局	茂名局	阳江局	揭阳局	汕尾局	直属单位
一、年末单位个数	**个**	**251**	**112**	**44**	**16**	**36**	**27**	**16**
其中：国有及国有控股	个	11	6	2	3			
二、年末从业人员	**人**	**6245**	**1678**	**2653**	**210**	**1172**	**471**	**61**
其中：国有及国有控股	人	317	263		54			
三、全年从业人员报酬	**万元**	**39096**	**18123**	**13391**	**1553**	**4270**	**1401**	**358**
其中：国有及国有控股	万元	8620	8224		396			
四、年末固定资产原值	**万元**	**41956**	**18940**	**14064**	**4307**	**1788**	**1045**	**1812**
其中：国有及国有控股	万元	9264	7919		1345			
五、年末拥有机械设备总台数	**台**	**1018**	**343**	**584**	**19**	**12**	**25**	**35**
其中：国有及国有控股	台	51	39		12			
六、全年施工房屋建筑面积	**平方米**	**641131**	**256187**	**262629**	**28419**	**55483**	**37700**	**713**
其中：国有及国有控股	平方米	27107.5	21884.0	3968.5	1255.0			
七、房屋建筑竣工面积	**平方米**	**504136**	**169763**	**233378**	**23755**	**46287**	**30240**	**713**
其中：国有及国有控股	平方米	26097.5	20874.0	3968.5	1255.0			
八、建筑业总产值	**万元**	**225305**	**106862**	**71286**	**9252**	**15672**	**16078**	**6155**
其中：国有及国有控股	万元	41783	39460	758	1565			

12-21　交通运输业基本情况

指标名称	计量单位	农垦总局	湛江局	茂名局	阳江局	揭阳局	汕尾局	直属单位
一、年末单位个数	**个**	**876**	**155**	**572**	**31**	**27**	**86**	**5**
其中：国有及国有控股	个	6	1			1		4
二、年末从业人员	**人**	**3911**	**290**	**2009**	**77**	**332**	**234**	**969**
其中：国有及国有控股	人	739	4			26		709
三、全年从业人员报酬	**万元**	**23684**	**2295**	**10123**	**719**	**2273**	**1228**	**7046**
其中：国有及国有控股	万元	6762	22			653		6087
四 、年末固定资产原值	**万元**	**34361**	**3223**	**13702**	**661**	**1719**	**2103**	**12953**
其中：国有及国有控股	万元	7933	363					7571
五、年末拥有主要运输工具	**台**	**2784**	**263**	**1490**	**69**	**106**	**109**	**747**
其中：国有及国有控股	台	664	20					644
六、全年客货运输量								
1.货运量	万吨	596	122	287	17	9	25	137
其中：国有及国有控股	万吨							
2.客运量	万人	782	91	62		197	20	412
其中：国有及国有控股	万人	450	38					412
七、营业总收入	**万元**	**76526**	**9560**	**38388**	**3184**	**4411**	**832**	**20151**
其中：国有及国有控股	万元	6516	1443			900		4173
货运及装卸收入	万元	50993	4704	25215	3184	1118	794	15978
其中：国有及国有控股	万元							

12-22 批发零售业基本情况

指标名称	计量单位	农垦总局	湛江局	茂名局	阳江局	揭阳局	汕尾局	直属单位
一、年末单位个数	**个**	**3543**	**1228**	**436**	**160**	**204**	**321**	**1194**
其中：国有及国有控股	个	26	5	1	2			18
二、年末从业人员	**人**	**10144**	**1890**	**2069**	**253**	**652**	**1084**	**4196**
其中：国有及国有控股	人	1297	47	4	7			1239
三、全年从业人员报酬	**万元**	**58127**	**8971**	**9422**	**1837**	**3839**	**2260**	**31798**
其中：国有及国有控股	万元	10612	517	16	87			9992
四、营业网点个数	**个**	**2879**	**1240**	**416**	**159**	**76**	**88**	**900**
其中：国有及国有控股	个	155	9	3	1			142
五、年末固定资产原值	**万元**	**161558**	**63147**	**9281**	**2954**	**1713**	**3692**	**80771**
其中：国有及国有控股	万元	121225	53163	155	80			67827
六、年末营业用房面积	**平方米**	**218675**	**56821**	**32774**	**16710**	**6939**	**30674**	**74757**
其中：国有及国有控股	平方米	13751	1086	1563	180			10922
七、销售总额或营业收入	**万元**	**1677876**	**133140**	**64225**	**83004**	**10223**	**32281**	**1355003**
其中：国有及国有控股	万元	1152864	11743	1038	33940			1106143

12-23 餐饮业基本情况

指标名称	计量单位	农垦总局	湛江局	茂名局	阳江局	揭阳局	汕尾局	直属单位
一、年末单位个数	**个**	**663**	**170**	**147**	**28**	**39**	**51**	**228**
其中：国有及国有控股	个	9	5					4
二、年末从业人员	**人**	**4390**	**698**	**1163**	**104**	**181**	**253**	**1991**
其中：国有及国有控股	人	279	37					242
三、全年从业人员报酬	**万元**	**25816**	**3522**	**5093**	**650**	**1002**	**323**	**15226**
其中：国有及国有控股	万元	3154	79					3075
四、营业网点个数	**个**	**563**	**167**	**135**	**28**	**10**	**8**	**215**
其中：国有及国有控股	个	9	5					4
五、年末固定资产原值	**万元**	**27696**	**4437**	**7534**	**838**	**664**	**782**	**13441**
其中：国有及国有控股	万元	2536	241					2295
六、年末营业用房面积	**平方米**	**229472**	**146538**	**20910**	**10697**	**2459**	**2178**	**46690**
其中：国有及国有控股	平方米	15743	3125					12618
七、销售总额或营业收入	**万元**	**107896**	**12342**	**17886**	**4431**	**2134**	**1478**	**69625**
其中：国有及国有控股	万元	4056	117					3939

12-24 服务业基本情况

指标名称	计量单位	农垦总局	湛江局	茂名局	阳江局	揭阳局	汕尾局	直属单位
一、年末单位个数	**个**	**1518**	**369**	**564**	**46**	**74**	**75**	**390**
其中：国有及国有控股	个	43	13	2	1			27
二、年末从业人员	**人**	**8214**	**983**	**2614**	**98**	**251**	**591**	**3677**
其中：国有及国有控股	人	2553	234	557	4			1758
三、全年从业人员报酬	**万元**	**47567**	**5191**	**12461**	**522**	**958**	**1963**	**26472**
其中：国有及国有控股	万元	18167	1594	3935	41			12597
四、营业网点个数	**个**	**1580**	**346**	**750**	**45**	**14**	**28**	**397**
其中：国有及国有控股	个	50	13	2				35
五、年末固定资产原值	**万元**	**115758**	**14501**	**25909**	**1336**	**470**	**1066**	**72476**
其中：国有及国有控股	万元	88363	9168	18847	1			60347
六、年末营业用房面积	**平方米**	**726361**	**68411**	**75061**	**16575**	**2366**	**3029**	**560919**
其中：国有及国有控股	平方米	488412	33515	45886	30			408981
七、销售总额或营业收入	**万元**	**184826**	**22503**	**48310**	**7392**	**1311**	**1751**	**103560**
其中：国有及国有控股	万元	72981	5705	19339	102			47835

12-25 固定资产投资完成情况

指标名称	计量单位	农垦总局	湛江局	茂名局	阳江局	揭阳局	汕尾局	直属单位
一、本年完成投资总额(按工程用途分)	**万元**	**314942**	**78078**	**62038**	**32909**	**13335**	**17779**	**110803**
其中：国 有	万元	146823	58138	38532	7639	3762	7333	31419
1.第一产业	万元	91648	44263	18975	8703	4756	6152	8798
其中：国 有	万元	70012	34458	12761	7159	2034	5866	7734
2.第二产业	万元	75110	15655	15470	20635	3506	8783	11061
其中：国 有	万元	24954	8698	10839	176	149		5092
3.第三产业	万元	148184	18161	27593	3571	5073	2844	90943
其中：国 有	万元	51857	14982	14932	304	1579	1467	18593
二、资金来源合计	**万元**	**314942**	**78078**	**62038**	**32909**	**13335**	**17779**	**110802**
其中：国 有	万元	146823	58138	38532	7639	3762	7333	31419
1.国家预算内资金	万元	71028	24496	28305	4883	349	7049	5947
其中：国 有	万元	68566	24995	26039	4883	349	7049	5750
2.国内贷款	万元	2000						2000
其中：国 有	万元	2000						2000
3.利用外资	万元							
其中：国 有	万元							
4.自筹资金	万元	126074	46099	16533	26235	5009	409	31789
其中：国 有	万元	69129	32425	10392	2756	431	284	22841
5.其他资金	万元	115840	7484	17201	1791	7977	10321	71066
其中：国 有	万元	7128	1217	2101		2982		828
三、当年新增固定资产	**万元**	**160536**	**49810**	**41132**	**25298**	**2564**	**11730**	**30002**
其中：国 有	万元	95473	35097	28190	3316	1365	4732	22773

12-26 外贸出口商品情况

指标名称	计量单位	农垦总局	湛江局	茂名局	阳江局	揭阳局	汕尾局	直属单位
一、外贸出口供货商品金额	**万元**	**666384**	**6196**	**251**	**46005**	**110**	**976**	**612846**
1.农产品	万元	520						520
2.畜产品	万元	3291	2064	251			976	
3.水产品	万元	46005			46005			
4.工业品	万元	616568	4132			110		612326
其中：食　品	万元	192	82			110		
纺织品	万元	2706	661					2045
二、外贸出口供货商品量								
1.猪	头	20936	12741	2325			5870	
2.猪 肉	吨	2634	1478	245			911	
3.蛋 类	吨							
4.鱼 类	吨	2120			2120			
5.对 虾	吨	10070			10070			
6.罐 头	吨	829	829					
7.服 装	万件	316						316
8.棉 纱	万件	359	359					

12–27 主要物资和能源消费情况

指标名称	计量单位	农垦总局	湛江局	茂名局	阳江局	揭阳局	汕尾局	直属单位
一、物资消费								
1.钢 材	吨	53594	22192	15840	11167	1399	1026	1970
2.木 材(包括原木和锯材)	立方米	41758	27300	11151	329	1629	631	718
3.水 泥	吨	250294	139778	75593	11082	7947	4618	11276
4.烧 碱	吨	108	52					56
5.化 肥(实物量)	吨	218979	132910	23504	1135	9178	12259	39993
6.聚乙、丙烯	吨	104	32			2		70
二、能源消费								
1.原 煤	吨	4905	2328	902				1675
原 煤	吨标准煤	3502	1662	644				1196
2.焦 碳	吨	91	91					
焦 碳	吨标准煤	89	89					
3.汽 油	吨	35275	12541	8509	2185	1322	5337	5381
汽 油	吨标准煤	51904	18453	12521	3215	1946	7852	7917
4.柴 油	吨	66049	10664	8508	1451	884	6679	37863
柴 油	吨标准煤	96241	15539	12397	2115	1288	9732	55170
其中：农用柴油	立方米	9282	4685	735	180	314	379	2989
5.电 力	万千瓦时	92148	22846	9134	3393	1757	5499	49519
电 力	吨标准煤	372276	92296	36900	13708	7099	22218	200055
6.燃气消费	立方米	1137275	1603	13826	246	1086	9247	1111267
工业用气	立方米	1119125	1603				6267	1111255
其中：天然气	立方米	1114155					2900	1111255
农业用气	立方米	18150		13826	246	1086	2980	12
其中：天然气	立方米	1062				1062		
7.其他能源	吨标准煤	59279	1376	5902		820		51181
三、热力消费								
供热耗热量	万千焦耳	94880						94880
供热耗热量	吨标准煤	323541						323541
供冷耗冷量	万千焦耳	253440						253440
供冷耗冷量	吨标准煤	864230						864230
四、水消费								
1.工业用水总量	立方米	32014691	414923	384701	36815	74363	3047054	28056834
地表水源用水量	立方米	30049121	210889	353157	19320	68129	2618154	26779472
地下水源用水量	立方米	1249303	90310	16075	15495	1431	426800	699192
其他水源用水量	立方米	716266	113724	15469	2000	4803	2100	578170
2.工业废水排放量	立方米	3204254	4385	29187	5931	920	42751	3121080
3.农业用水总量	立方米	18341645	7807163	5703343	158714	938750	3493886	239790
其中：地表水源用水量	立方米	13164500	3692665	5681923	66920	801748	2873006	48238
地下水源用水量	立方米	5071071	4104310	7883	31024	137002	599300	191552
其他水源用水量	立方米	106075	10188	13537	60770		21580	

12-28 农垦科研基本情况

指标名称	计量单位	农垦总局	湛江局	茂名局	阳江局	揭阳局	汕尾局	直属单位
一、科研单位个数	**个**	**49**	**15**	**10**	**6**	**6**	**3**	**9**
其中：部、省、地属科研单位	个	7						7
场直属科研单位	个	42	15	10	6	6	3	2
二、职工合计	**个**	**2115**	**60**	**27**	**3**	**14**	**21**	**1990**
其中：部、省、地属科研单位	个	1967						1967
场直属科研单位	个	148	60	27	3	14	21	23
科技人员	个	447	26	25	3	8	8	377
其中：部、省、地属科研单位	个	368						368
场直属科研单位	个	79	26	25	3	8	8	9
本科及以上科技人员	个	266	13	15			2	236
其中：部、省、地属科研单位	个	232						232
场直属科研单位	个	34	13	15			2	4
三、其他人员	**个**	**1657**	**30**	**2**		**6**	**13**	**1606**
其中：部、省、地属科研单位	个	1592						1592
场直属科研单位	个	65	30	2		6	13	14
四、科技经费合计	**万元**	**5720**	**63**	**25**			**10**	**5622**
其中：部、省、地属科研单位	万元	5542						5542
场直属科研单位	万元	179	63	25			10	81
1.国家拨款	万元	1235	39	25			10	1161
其中：部、省、地属科研单位	万元	1161						1161
场直属科研单位	万元	74	39	25			10	
2.省地局自筹	万元	4						4
其中：部、省、地属科研单位	万元	4						4
场直属科研单位	万元							
3.企业自筹	万元	4481	24					4457
其中：部、省、地属科研单位	万元	4377						4377
场直属科研单位	万元	105	24					81
五、实验地面积	**公顷**	**775**	**225**	**6**			**337**	**207**
其中：部、省、地属科研单位	公顷	104						104
场直属科研单位	公顷	671	225	6			337	103

12-29 从业人员及工资总额(合计)

指标名称	计量单位	农垦总局	湛江局	茂名局	阳江局	揭阳局	汕尾局	直属单位
一、从业人员年末数	**人**	**123995**	**31790**	**25381**	**3669**	**14838**	**14596**	**33721**
第一产业	人	53127	18362	11057	2283	8659	8649	4117
第二产业	人	32732	4327	5297	608	2622	3327	16551
第三产业	人	38136	9101	9027	778	3557	2620	13053
二、国有单位从业人员年末数	**人**	**61232**	**20076**	**6231**	**1968**	**6467**	**6376**	**20114**
1.在岗职工年末数	人	34941	13703	6180	1905	711	713	11729
2.其他从业人员年末数	人	26291	6373	51	63	5756	5663	8385
三、国有单位年平均从业人员	**人**	**60627**	**20159**	**6294**	**1977**	**5864**	**6336**	**19997**
四、国有单位离开本单位仍保留劳动关系的职工	**人**	**279**	**204**		**5**			**70**
内部退养职工	人	150	98	24	23	1		4
五、国有单位从业人员工资总额	**万元**	**353119**	**120138**	**29412**	**9450**	**36159**	**26014**	**131946**
1.在岗职工工资总额	万元	246719	94267	29171	9158	3528	3199	107396
2.其他从业人员工资总额	万元	106021	25627	241	282	32631	22815	24425
六、国有单位离开本单位仍保留劳动关系的职工补贴	**万元**	**379**	**244**		**10**			**125**

12-30 从业人员及工资总额(农场)

指标名称	计量单位	农垦总局	湛江局	茂名局	阳江局	揭阳局	汕尾局	直属单位
一、从业人员年末数	**人**	**64757**	**23781**	**5245**	**3308**	**14749**	**14536**	**3138**
第一产业	人	43124	17189	4542	2203	8628	8613	1949
第二产业	人	8608	2057	37	459	2622	3327	106
第三产业	人	13025	4535	666	646	3499	2596	1083
二、国有单位从业人员年末数	**人**	**36006**	**14543**	**5245**	**1689**	**6395**	**6316**	**1818**
1.在岗职工年末数	人	18434	8527	5232	1689	639	653	1694
2.其他从业人员年末数	人	17572	6016	13		5756	5663	124
三、国有单位年平均从业人员	**人**	**35268**	**14332**	**5277**	**1766**	**5766**	**6268**	**1859**
四、国有单位离开本单位仍保留劳动关系的职工	**人**	**168**	**94**		**5**			**69**
内部退养职工	人	110	86	10	12			2
五、国有单位从业人员工资总额	**万元**	**159985**	**60442**	**22524**	**7178**	**35064**	**25408**	**9369**
1.在岗职工工资总额	万元	81343	37671	22469	7168	2734	2593	8708
2.其他从业人员工资总额	万元	78398	22636	55		32330	22815	562
六、国有单位离开本单位仍保留劳动关系的职工补贴	**万元**	**244**	**135**		**10**			**99**

12-31 农垦生产总值(按产业分类)

指标名称	计量单位	农垦总局	湛江局	茂名局	阳江局	揭阳局	汕尾局	直属单位
合 计								
增加值合计(按当年价格算)	万元	1919608	471638	301232	101907	60309	79161	905361
合计中：非国有部分	万元	942211	149119	173018	46045	44901	67329	461799
其中：劳动者报酬	万元	795330	281289	134535	22805	42839	45315	268547
固定资产折旧	万元	213106	49977	51294	7409	5531	3591	95304
生产税净额	万元	143963	14413	19202	2491	2156	5523	100178
另：政府补贴	万元	3252	1267	1658	181			146
营业盈余	万元	767209	125959	96201	69202	9783	24732	441332
(一)第一产业								
增加值合计(按当年价格算)	万元	635145	273066	134313	67216	27710	22447	110393
合计中：非国有部分	万元	166947	65911	43248	22974	14723	11424	8667
其中：劳动者报酬	万元	317524	166449	62552	13149	22438	19487	33449
固定资产折旧	万元	100050	32531	28332	5108	2570	537	30972
生产税净额	万元	957	668	52	160			77
另：政府补贴	万元	2485	639	1646	160			40
营业盈余	万元	216614	73418	43377	48799	2702	2423	45895
(二)第二产业								
增加值合计(按当年价格算)	万元	728344	74051	61354	12934	17417	38867	523721
合计中：非国有部分	万元	509004	46306	54531	6963	17417	38772	345015
其中：劳动者报酬	万元	199504	36801	24771	3597	10076	18223	106036
固定资产折旧	万元	71171	6812	8386	734	1821	1725	51693
生产税净额	万元	91494	9982	8247	817	1365	3941	67142
另：政府补贴	万元	712	615		21			76
营业盈余	万元	366175	20456	19950	7786	4155	14978	298850
1.工 业								
增加值合计(按当年价格算)	万元	642984	39288	29565	7453	11185	33600	521893
合计中：非国有部分	万元	442553	25475	25088	4112	11185	33506	343187
其中：劳动者报酬	万元	160425	18671	11309	2058	5806	16795	105786
固定资产折旧	万元	62777	3878	4886	620	1532	704	51158
生产税净额	万元	81691	5544	4785	356	954	3053	66999
另：政府补贴	万元	712	615		21			76
营业盈余	万元	338091	11196	8585	4419	2893	13048	297950
2.建筑业								
增加值合计(按当年价格算)	万元	85360	34763	31789	5481	6232	5267	1828
合计中：非国有部分	万元	66451	20832	29442	2851	6232	5266	1828
其中：劳动者报酬	万元	39078	18129	13463	1539	4270	1428	249
固定资产折旧	万元	8394	2935	3499	114	289	1021	536
生产税净额	万元	9804	4439	3462	460	411	888	144
另：政府补贴	万元							
营业盈余	万元	28084	9260	11365	3368	1262	1930	899

12-31 续表1

指标名称	计量单位	农垦总局	湛江局	茂名局	阳江局	揭阳局	汕尾局	直属单位
(三)第三产业								
增加值合计(按当年价格算)	万元	556118	124521	105565	21756	15182	17847	271247
合计中：非国有部分	万元	266261	36902	75240	16108	12761	17133	108117
其中：劳动者报酬	万元	278303	78040	47211	6059	10325	7605	129063
固定资产折旧	万元	41884	10644	14577	1566	1140	1329	12638
生产税净额	万元	51512	3762	10903	1514	791	1582	32960
另：政府补贴	万元	55	13	12				30
营业盈余	万元	184419	32085	32874	12617	2926	7331	96586
1.农、林、牧、渔专业及辅助性活动								
增加值合计(按当年价格算)	万元	2373	393	821		169		990
合计中：非国有部分	万元	1020	30	821		169		
其中：劳动者报酬	万元	2645	215	599		169		1662
固定资产折旧	万元	66	9	12				45
生产税净额	万元	74	3	68				3
另：政府补贴	万元							
营业盈余	万元	-412	166	142				-720
2.批发和零售业								
增加值合计(按当年价格算)	万元	135243	25052	22363	7565	5519	5379	69365
合计中：非国有部分	万元	102501	19863	18989	7194	5512	5270	45673
其中：劳动者报酬	万元	58306	8975	9433	1791	3757	2324	32026
固定资产折旧	万元	6641	1392	2484	260	318	363	1824
生产税净额	万元	14172	1885	2964	987	300	471	7565
另：政府补贴	万元	13	13					
营业盈余	万元	56124	12800	7482	4527	1144	2221	27950
3.交通运输、仓储和邮政业								
增加值合计(按当年价格算)	万元	52076	4656	27530	2153	3942	2306	11489
合计中：非国有部分	万元	40592	4384	24726	2153	3194	2250	3885
其中：劳动者报酬	万元	24302	2300	10318	719	2247	1373	7345
固定资产折旧	万元	8224	333	5274	264	523	200	1630
生产税净额	万元	4800	365	3503	83	300	165	384
另：政府补贴	万元							
营业盈余	万元	14750	1658	8435	1087	872	568	2130
4.住宿和餐饮业								
增加值合计(按当年价格算)	万元	59438	6678	14662	5035	1831	1496	29736
合计中：非国有部分	万元	52061	6346	12539	5035	1831	1496	24814
其中：劳动者报酬	万元	26141	3538	4951	650	996	471	15535
固定资产折旧	万元	4962	659	1917	363	87	186	1750
生产税净额	万元	6621	584	1972	230	132	137	3566
另：政府补贴	万元	30						30
营业盈余	万元	21714	1897	5822	3792	616	702	8885

12−31 续表2

指标名称	计量单位	农垦总局	湛江局	茂名局	阳江局	揭阳局	汕尾局	直属单位
5.信息传输、软件和信息技术服务业								
增加值合计(按当年价格算)	万元	2775						2775
合计中：非国有部分	万元	2775						2775
其中：劳动者报酬	万元	1890						1890
固定资产折旧	万元	148						148
生产税净额	万元	164						164
另：政府补贴	万元							
营业盈余	万元	573						573
6.金融业								
增加值合计(按当年价格算)	万元	3384		60				3324
合计中：非国有部分	万元	60		60				
其中：劳动者报酬	万元	1098		40				1058
固定资产折旧	万元	37		20				17
生产税净额	万元	189						189
另：政府补贴	万元							
营业盈余	万元	2060						2060
7.房地产业								
增加值合计(按当年价格算)	万元	31078					4529	26549
合计中：非国有部分	万元	4529					4529	
其中：劳动者报酬	万元	4940					609	4331
固定资产折旧	万元	465					217	248
生产税净额	万元	14628					491	14137
另：政府补贴	万元							
营业盈余	万元	11045					3212	7833
8.租赁和商务服务业								
增加值合计(按当年价格算)	万元	24344	210		33			24101
合计中：非国有部分	万元	944						944
其中：劳动者报酬	万元	9441	69		41			9331
固定资产折旧	万元	1248	12		162			1074
生产税净额	万元	2784	4					2780
另：政府补贴	万元							
营业盈余	万元	10871	125		-170			10916
9.科学研究和技术服务业								
增加值合计(按当年价格算)	万元	1863		872			129	862
合计中：非国有部分	万元	129					129	
其中：劳动者报酬	万元	1861		870			129	862
固定资产折旧	万元	2		2				
生产税净额	万元							
另：政府补贴	万元							
营业盈余	万元							

12-31 续表3

指标名称	计量单位	农垦总局	湛江局	茂名局	阳江局	揭阳局	汕尾局	直属单位
10.水利、环境和公共设施管理业								
增加值合计(按当年价格算)	万元	388	167	221				
合计中：非国有部分	万元							
其中：劳动者报酬	万元	308	87	221				
固定资产折旧	万元	15	15					
生产税净额	万元	14	14					
另：政府补贴	万元							
营业盈余	万元	51	51					
11.居民服务、修理和其他服务业								
增加值合计(按当年价格算)	万元	74213	12954	19463	1867	1370	3343	35216
合计中：非国有部分	万元	56856	5207	15885	1668	1370	3325	29401
其中：劳动者报酬	万元	38443	7483	9148	522	923	2048	18319
固定资产折旧	万元	4554	564	1917	141	94	349	1489
生产税净额	万元	7741	899	2396	214	59	318	3855
另：政府补贴	万元							
营业盈余	万元	23475	4008	6002	990	294	628	11553
12.教　育								
增加值合计(按当年价格算)	万元	28735	5401	818				22516
合计中：非国有部分	万元	735	687	48				
其中：劳动者报酬	万元	25492	5278	751				19463
固定资产折旧	万元	3127	52	29				3046
生产税净额	万元	7						7
另：政府补贴	万元							
营业盈余	万元	109	71	38				
13.卫生和社会工作								
增加值合计(按当年价格算)	万元	82110	57869	13368	1966	155	33	8719
合计中：非国有部分	万元	3382	385	2171	58	110	33	625
其中：劳动者报酬	万元	61007	45545	7565	1033	67	33	6764
固定资产折旧	万元	10508	7594	1919	135	88		772
生产税净额	万元	29	8	1				20
另：政府补贴	万元	12		12				
营业盈余	万元	10566	4722	3883	798			1163
14.公共管理、社会保障和社会组织								
增加值合计(按当年价格算)	万元	58098	11141	5386	3138	2196	632	35605
合计中：非国有部分	万元	676				575	101	
其中：劳动者报酬	万元	22428	4549	3315	1303	2166	618	10477
固定资产折旧	万元	1888	5	1002	242	30	14	595
生产税净额	万元	289						289
另：政府补贴	万元							
营业盈余	万元	33493	6587	1069	1593			24244

十三、农产品进出口贸易

13-1 农副产品出口分类值

单位：万美元

类别	1995	2000	2005	2010	2018	2019
活动物	21117.00	15908.00	9885.00	17534.00	19537.58	22362.95
肉及食用杂碎	5517.00	8104.00	12798.00	28007.00	41174.10	48685.19
水产品	54464.00	25862.00	53585.00	102449.00	122042.72	101413.37
乳品、蛋品、天然蜂蜜、其他	2526.00	3660.00	3660.00	102449.00	7886.75	7339.02
其他动物产品	8687.00	5100.00	3264.00	3866.00	6522.10	8102.29
树苗及花草	885.00	785.00	2638.00	2734.00	6227.99	7545.90
蔬菜	25156.00	11284.00	19896.00	29140.00	29864.81	32967.64
水果及坚果	13460.00	5406.00	11819.00	17832.00	26138.29	26565.02
咖啡、茶叶及调味香料	7842.00	6569.00	9460.00	12298.00	21851.86	25873.17
谷物	491.00	522.00	9.00	80.00	58.24	23.23
制粉工业产品	1571.00	3443.00	4528.00	10218.00	10869.96	11046.97
植物油籽及果实、种子、药材	24958.00	9852.00	11014.00	13086.00	14775.40	15066.03
虫胶、树胶、树脂	1034.00	841.00	1439.00	2732.00	5939.09	5658.43
编结植物材料、其他植物产品	2400.00	1608.00	1895.00	2301.00	5740.26	4870.00
动、植物油脂及蜡	28350.00	6515.00	4372.00	8684.00	38556.10	29010.59

注：本表资料按海关统计口径整理。

13-2 农副产品及其加工品海关进出口情况

单位：万美元

类别	2018		2019	
	出口	进口	出口	进口
一、活动物、动物产品	**197163**	**423373**	**187903**	**587905**
1.活动物	19538	765	22363	957
2.肉及食用杂碎	41174	201904	48685	290777
3.鱼、甲壳动物、软体动物及其他水生无脊椎动物	122043	141414	101413	203225
4.乳品；蛋品；天然蜂蜜；其他食用动物产品	7887	72700	7339	84362
5.其他动物产品	6522	6589	8102	8584
二、植物产品	**121466**	**765184**	**129616**	**741915**
1.活树及其他活植物；鳞茎、根及类似品；插花及装饰用簇叶	6228	4651	7546	4099
2.食用蔬菜、根及块茎	29865	18128	32968	8808
3.食用水果及坚果；甜瓜或柑橘属水果的果皮	26138	332773	26565	423575
4.咖啡、茶、马黛茶及调味香料	21852	5587	25873	9608
5.谷物	58	160430	23	112722
6.制粉工业产品；麦芽；淀粉；菊粉；面筋	10870	19278	11047	16371
7.含油子仁及果实；杂项子仁及果仁；工业用或药用植物；稻草、秸秆及饲料	14775	215612	15066	157693
8.虫胶；树胶、树脂及其他植物液、汁	5939	4621	5658	5068
9.编结用植物材料；其他植物产品	5740	4103	4870	3971
三、动、植物油脂及蜡	**38556**	**78535**	**29011**	**101266**
动、植物油、脂及其分解产品；精制的食用油脂；动、植物蜡	38556	78535	29011	101266
四、食品、烟草及制品	**654401**	**692852**	**627718**	**688256**
1.肉、鱼、甲壳动物、软体动物及其他水生无脊椎动物的制品	233671	4259	213860	4616
2.糖及糖食	67428	27891	68204	33442
3.可可及可可制品	14959	15152	14314	14623
4.谷物、粮食粉、淀粉或乳的制品；糕饼点心	83711	262585	96061	279378
5.蔬菜、水果、坚果或植物其他部分的制品	54305	35411	53110	37619
6.杂项食品	58540	89562	61953	103928
7.饮料、酒及醋	118484	170435	92605	134351
8.食品工业的残渣及废料；配制的动物饲料	16542	68373	18584	58383
9.烟草、烟草及烟草代用品的制品	6761	19183	9027	21916
五、其他	**920056**	**1097797**	**895568**	**804186**
1.木及木制品；木炭	173753	384336	154242	274509
2.软木及软木制品	278	134	246	231
3.稻草、秸秆、针茅或其他编结材料制品；篮筐及柳条编结品	27560	382	26034	276
4.木浆及其他纤维状纤维素浆；回收(废碎)纸及纸板	639	352816	566	243595
5.纸及纸板；纸浆、纸或纸板制品	499346	167361	523239	144731
6.蚕丝	12385	1697	17639	1485
7.羊毛、动物细毛或粗毛；马毛纱线及其机织物	8150	18783	11157	13952
8.棉花	197944	172287	162446	125406

13-3 主要农副产品外贸出口情况

(2019年)

项　　目	单位	数量	人民币(万)	美元值(万)
农产品			6806074.53	986884.72
肉类(包含杂碎)	吨	130076.67	337170.47	48909.32
水海产品	吨	564381.91	1998755.82	289858.59
蔬菜	吨	650911.10	302125.29	43853.98
鲜或冷藏蔬菜	吨	580549.18	167733.65	24319.18
鲜、干水果及坚果	吨	187887.01	181694.27	26247.36
苹果	吨	34428.53	24538.73	3559.05
茶叶	吨	6880.62	65610.66	9507.04
粮食	吨	125378.26	47960.99	6954.08
稻谷及大米	吨	0.02	0.02	0.00
罐头	吨	76164.55	122597.87	17796.83
蔬菜罐头	吨	60548.48	90343.03	13094.94
酒类及饮料			635400.17	92191.60
果蔬汁	吨	2053.77	2961.42	431.64
啤酒			47375.64	6851.80
烟草及其制品	吨	12880.19	62613.65	9027.44
烤烟	吨	3825.52	6237.98	897.68
卷烟	吨	3205.65	29970.05	4308.62
医药材及药品	吨	95142.65	1140974.34	165643.72
中药材	吨	16755.97	86685.79	12550.63
中式成药	吨	1584.53	29466.60	4275.18
抗菌素(制剂除外)	吨	15637.84	323260.63	46972.87
医用敷料	吨	29948.72	153413.28	22244.20
皮革、毛皮及其制品			1397018.79	202754.34
裘皮服装	吨	334.30	27122.75	3914.10
木及其制品	吨	886824.51	1057660.98	153363.18
家用或装饰用木制品	吨	89499.29	272262.86	39443.53
胶合板及类似多层板	吨	304333.11	158985.91	23058.19
植物材料编结品	吨	56861.59	179351.18	26033.77
纸浆、纸及其制品	吨	1979917.00	3612773.19	523800.53

13-4 农、林、牧、渔利用外资情况

年份	签订合同数(宗)	合同利用外资(万美元)	实际利用外资(万美元)	年份	签订合同数(宗)	合同利用外资(万美元)	实际利用外资(万美元)
1979	50	1997	514	1998	121	11212	17243
1980	59	5120	3471	1999	104	20232	20983
1981	45	5593	610	2000	94	10600	14451
1982	79	4217	946	2001	104	22655	17937
1983	48	2661	1198	2005	166	23113	7720
1984	250	8806	814	2006	192	28609	11539
1985	168	7901	2464	2007	336	48282	18295
1986	69	8681	6537	2008	211	39901	20832
1987	88	8590	4544	2009	95	28735	23922
1988	131	14668	8318	2010	84	27770	14327
1989	66	5156	6062	2011	118	73110	15871
1990	76	4128	3785	2012	127	66417	15264
1991	97	8372	2290	2013	121	53841	15143
1992	248	30462	4475	2014	150	76376	16888
1993	494	46597	6746	2015	74	64924	7880
1994	257	37439	9889	2016	78	88783	11135
1995	206	33419	10654	2017	254	74432	7363
1996	149	30464	16365	2018	290	123601	22212
1997	116	19766	19358	2019	70	87693	18659

注：2018年外商直接投资使用商务部反馈人民币数据。

13-5 各市农、林、牧、渔利用外资情况

市别	2019签订合同数(宗)	2019合同利用外资(万美元)	实际利用外资(万美元)						
			2000	2005	2010	2015	2016	2018	2019
合计	70	87693	14451	7720	14327	7880	11135	22212	18659
广州	13	11665	2219	222	373	232	4411	1577	
深圳	4	36361	145	146				17	
珠海	3	288	545	560	189	37	15	408	
汕头		-98	142		18				118
佛山	1	556	687	118	60	37	107		340
韶关	6	2288	1142	187	2105	204	480	4615	1683
河源	13	44894	911	1120	519	1531	202	2653	583
梅州	3	-15903	1196	334	689	1199	394	6767	43
惠州	7	-17135	2388	1516	1975	45	754	572	262
汕尾		-45	94	528	242	94	88	731	342
东莞	4	1900		314	62	38			89
中山		6	22	149			672	1000	9000
江门	6	4196	713	334	245	237	196	1146	1989
阳江		1000	184	230	2933	131	185	110	
湛江		3800	392	187	26	130			3000
茂名	1	3734	261	220	126	82	826	289	116
肇庆	2	771	1746	944	3695	3700	2345		
清远	3	2147	543	344	419	13	70	44	547
潮州	1		289	104	85	106	90	2177	
揭阳			576	72	511				
云浮	3	7268		91	55	64	300	107	547

注：2018年外商直接投资使用商务部反馈人民币数据。

十四、农村经济收入分配与效益

14-1　农村集体经济基本情况

(2019年)　　单位：个、万元

项　　目	数　量	项　　目	数　量
农村集体经济组织和生产要素情况			
1.汇总镇级经济联合总社数	-	其中:(1)从事家庭经营	1762
2.汇总村级经济联合社数	22934	其中:从事第一产业	1078
3.汇总组级经济合作社数	213337	(2)外出务工劳动力	1447
4.汇总农户数(万户)	1545	其中：常年外出务工劳动	1134
(1)纯农户	928	①乡外县内	441
(2)农业兼业户	249	②县外省内	609
(3)非农业兼业户	123	③省外	85
(4)非农户	245	7.村组集体资产总额	73362956
5.汇总人口数(万人)	6419	(1)村级集体资产	24645733
6.汇总劳动力(万个)	3584	(2)组级集体资产	48717223

14-2　村组集体经济组织资产负债情况

(2019年)

项　　目	金　额	项　　目	金　额
一、流动资产合计	**36324217**	**一、流动负债合计**	**24058575**
1.货币资金	27261721	1.短期借款	1076982
2.短期投资	1318237	2.应付款项	22488793
3.应收款项	7584854	3.应付工资	235380
4.存货	159404	4.应付福利费	257419
二、农业资产合计	**133785**	**二、长期负债合计**	**3300442**
1.牲畜(禽)资产	5674	1.长期借款及应付款	3204326
2.林木资产	128111	2.一事一议资金	96116
三、长期资产合计	**36904954**	**三、所有者权益合计**	**46003939**
1.长期投资	4449230	1.实收资本金	11241336
2.固定资产合计	29273329	2.公积公益金	32489708
其中:当年新购建的	444579	3.未分配收益	2272895
(1)固定资产原值	34507265	**四、负债及所有者权益合计**	**73362956**
(2)减：累计折旧	10289059	**五、附报：**	
(3)固定资产净值	24218205	1.经营性固定资产原值	13097644
(4)固定资产清理	137135	2.负债合计	27359017
(5)在建工程	4917988	其中：(1)经营性负债	6871756
3.其他资产	3182396	(2)兴办公益事业负债	1548237
四、资产总计	**73362956**	3.当年新增负债	1611431

14–3 村组集体经济组织收益分配情况

(2019年) 单位：万元

项 目	金 额	项 目	金 额
一、总收入	**11440372**	**六、可分配收益**	**8493301**
1.经营收入	4635279	**七、各项分配**	**7587725**
2.发包及上交收入	3448917	1.提取公积金、公益金	1091241
3.投资收益	359063	2.提取应付福利费	1208207
4.补助收入	953678	3.外来投资分利	31770
5.其他收入	2043435	4.农户分配	4601600
二、总支出	**4555538**	5.其他分配	654907
1.经营支出	1296091	**八、年末未分配收益**	**905576**
2.管理费用	1794843	**九、附报指标**	
其中：①干部报酬	366076	1.汇入本表村数	22241
②报刊费	13008	2.当年无收益的村	14240
3.其他支出	1464604	3.有集体经营收益的村	8001
三、本年收益	**6884834**	(1)集体经营收益在5万元以下的村	1732
四、年初未分配收益	**1216099**	(2)集体经营收益在5—10万元的村	704
五、其他转入	**392367**	(3)集体经营收益在10万元以上的村	5565

14–4 村级集体经济组织资产负债情况

(2019年) 单位：万元

项 目	金额	项 目	金额
一、流动资产合计	**22857186**	**一、流动负债合计**	**16867112**
1.货币资金	16406309	1.短期借款	954338
2.短期投资	866069	2.应付款项	15758647
3.应收款项	5441770	3.应付工资	165505
4.存货	143037	4.应付福利费	-11378
二、农业资产合计	**30172**	**二、长期负债合计**	**2495097**
1.牲畜(禽)资产	1737	1.长期借款及应付款	2415821
2.林木资产	28435	2.一事一议资金	79276
三、长期资产合计	**25829865**	**三、所有者权益合计**	**29355014**
1.长期投资	3693421	1.实收资本金	6516008
2.固定资产合计	20105466	2.公积公益金	21651337
其中:当年新购建的	321130	3.未分配收益	1187668
(1)固定资产原值	22657764	**四、负债及所有者权益合计**	**48717223**
(2)减：累计折旧	6583654	**五、附报：**	
(3)固定资产净值	16074110	1.经营性固定资产原值	7747954
(4)固定资产清理	89779	2.负债合计	19362209
(5)在建工程	3941577	其中：(1)经营性负债	4752123
3.其他资产	2030978	(2)兴办公益事业负债	1036216
四、资产总计	**48717223**	3.当年新增负债	1327786

14-5 村级集体经济组织收益分配情况

(2019年) 单位：万元

项目	金额	项目	金额
一、总收入	**6425654**	**六、可分配收益**	**3873580**
1.经营收入	2665393	**七、各项分配**	**3622688**
2.发包及上交收入	1594229	1.提取公积金、公益金	663810
3.投资收益	217049	2.提取应付福利费	815321
4.补助收入	836369	3.外来投资分利	27726
5.其他收入	1112613	4.农户分配	1523635
二、总支出	**3129715**	5.其他分配	592196
1.经营支出	920161	**八、年末未分配收益**	**250892**
2.管理费用	1272505	**九、附报指标**	
其中：①干部报酬	299063	1.汇入本表村数	22241
②报刊费	11861	2.当年无收益的村	14240
3.其他支出	937050	3.有集体经营收益的村	8001
三、本年收益	**3295939**	(1)集体经营收益在5万元以下的村	1732
四、年初未分配收益	**426775**	(2)集体经营收益在5—10万元的村	704
五、其他转入	**150867**	(3)集体经营收益在10万元以上的村	5565

14-6 组级集体经济组织资产负债情况

(2019年) 单位：万元

项目	金额	项目	金额
一、流动资产合计	**13467031**	**一、流动负债合计**	**7191463**
1.货币资金	10855412	1.短期借款	122645
2.短期投资	452169	2.应付款项	6730146
3.应收款项	2143084	3.应付工资	69875
4.存货	16367	4.应付福利费	268797
二、农业资产合计	**103613**	**二、长期负债合计**	**805345**
1.牲畜(禽)资产	3937	1.长期借款及应付款	788505
2.林木资产	99676	2.一事一议资金	16840
三、长期资产合计	**11075089**	**三、所有者权益合计**	**16648926**
1.长期投资	755809	1.实收资本金	4725328
2.固定资产合计	9167862	2.公积公益金	10838371
其中:当年新购建的	123449	3.未分配收益	1085227
(1)固定资产原值	11849501	**四、负债及所有者权益合计**	**24645733**
(2)减：累计折旧	3705405	**五、附报：**	
(3)固定资产净值	8144095	1.经营性固定资产原值	5349690
(4)固定资产清理	47356	2.负债合计	7996808
(5)在建工程	976411	其中：(1)经营性负债	2119634
3.其他资产	1151418	(2)兴办公益事业负债	512021
四、资产总计	**24645733**	3.当年新增负债	283645

14-7 组级集体经济组织收益分配情况

(2019年)　　　　单位：万元

项　　目	金额	项　　目	金额
一、总收入	**5014718**	**三、本年收益**	**3588895**
1. 经营收入	1969886	**四、年初未分配收益**	**789325**
2. 发包及上交收入	1854688	**五、其他转入**	**241501**
3. 投资收益	142013	**六、可分配收益**	**4619720**
4. 补助收入	117309	**七、各项分配**	**3965037**
5. 其他收入	930822	1. 提取公积金、公益金	427430
二、总支出	**1425823**	2. 提取应付福利费	392887
1. 经营支出	375931	3. 外来投资分利	4044
2. 管理费用	522338	4. 农户分配	3077965
其中：①干部报酬	67014	5. 其他分配	62711
②报刊费	1147	**八、年末未分配收益**	**654683**
3. 其他支出	527554		

14-8 各市农村经济基本情况

(2019年)　　单位：个、万元

市别	汇总村级经济联合社数	汇总组级经济合作社数	汇总农户数(万户)	纯农户数(万户)	农业兼业户数(万户)	非农业兼业户数(万户)	非农户数(万户)	汇总人口数(万人)	汇总劳动力(万个)	从事家庭经营
合计	22934	213337	1545	928	249	123	245	6419	3584	1762
广州	1303	11023	114	54	11	9	40	346	237	121
珠海	147	267	6	4	1	1	1	26	17	8
汕头	1166	45	90	38	22	12	18	431	246	135
佛山	580	4205	71	27	8	4	32	232	150	42
韶关	1403	13616	56	45	7	2	2	232	141	75
河源	1248	20376	72	36	17	10	8	312	171	74
梅州	2057	31223	104	62	20	14	9	458	246	122
惠州	1058	9869	56	38	9	3	5	242	134	51
汕尾	994	2935	80	39	8	4	29	298	140	62
东莞	556	2301	43	13	2	3	24	139	72	22
中山	290	1944	29	9	3	3	13	112	74	32
江门	1122	12729	71	49	12	5	5	268	169	92
阳江	721	9125	59	41	9	4	6	229	137	65
湛江	1968	11415	141	103	22	7	9	620	326	185
茂名	3039	27466	150	98	27	13	13	675	356	164
肇庆	1404	20114	92	67	15	5	5	370	214	112
清远	1117	19552	85	63	10	6	6	368	214	116
潮州	851	366	47	24	13	5	5	210	107	56
揭阳	1005	998	118	78	24	8	8	594	291	158
云浮	905	13768	62	40	11	5	5	258	142	71

14-8 续表

(2019年)　　单位：万元

市别	从事第一产业(万人)	外出务工劳动力(万人)	常年外出务工劳动力	乡外县内(万人)	县外省内(万人)	省外(万人)	村组集体资产总额(万元)	村级集体资产(万元)	组级集体资产(万元)
合计	1078	1447	1134	441	609	85	73362956	24645733	48717223
广州	76	80	55	38	13	4	23228656	8294378	14934278
珠海	6	7	5	4	1	0	451605	85584	366022
汕头	67	83	63	30	25	8	2433926	2992	2430934
佛山	23	50	33	24	7	2	9688545	5333353	4355192
韶关	51	57	46	15	28	4	683344	299134	384210
河源	51	86	76	18	55	3	426860	30733	396127
梅州	78	112	88	27	56	5	544036	69580	474456
惠州	29	60	45	27	15	2	1941518	990315	951203
汕尾	42	64	53	17	33	3	355377	114459	240918
东莞	5	16	10	6	3	1	19274012	5260921	14013091
中山	13	31	21	16	4	2	4170026	603523	3566503
江门	64	67	54	32	18	4	2800314	1028015	1772298
阳江	49	63	47	16	29	3	376107	60788	315319
湛江	112	121	97	34	54	9	1496297	937164	559133
茂名	106	159	127	32	82	13	436389	138702	297688
肇庆	73	91	77	24	49	5	1162444	689768	472676
清远	81	95	76	25	46	4	843342	492744	350599
潮州	24	38	29	14	13	2	931676	27474	904202
揭阳	81	101	73	25	42	6	1749659	-	1749659
云浮	49	65	59	17	37	5	368821	186105	182716

14-9 各市村级集体经济组织资产负债情况

(2019年)

单位：万元

市别	一、流动资产合计	1.货币资金	2.短期投资	3.应收款项	4.存货	二、农业资产合计
合计	22857186	16406309	866069	5441770	143037	30172
广州	9123045	7329048	192323	1587619	14055	3381
珠海	208707	160291	678	47172	566	3
汕头	1242146	817136	9007	404155	11849	268
佛山	2428634	1261263	11516	1155474	381	
韶关	142806	106997	17433	18011	364	319
河源	116254	87070	297	28743	144	864
梅州	164382	145781	2621	15730	250	3025
惠州	287498	208021	511	78761	205	5326
汕尾	72887	62725	127	9904	131	353
东莞	5090824	3586266	500653	957803	46102	2664
中山	1171043	681551	70184	416369	2940	668
江门	902220	472217	18941	351289	59774	572
阳江	145931	114825	584	30446	76	1208
湛江	222731	186784	1530	34272	144	707
茂名	146096	127660	594	17503	340	1025
肇庆	226226	199889	3244	22140	953	1764
清远	126619	99199	6861	20357	203	5229
潮州	430249	339984	16380	73783	103	313
揭阳	525191	342011	9716	169074	4390	955
云浮	83697	77589	2871	3168	69	1527

14-9 续表 1

(2019年)

单位：万元

市别	1.牲畜(禽)资产	2.林木资产	三、长期资产合计	1.长期投资	2.固定资产合计	其中:当年新购建的
合计	1737	28435	25829865	3693421	20105466	321130
广州	5	3376	5807852	732781	4867456	74427
珠海	1	2	157311	20149	135725	132
汕头	588	-320	1188520	82279	1087387	13507
佛山			1926557	180793	1288070	8367
韶关	10	309	241085	32953	205217	1004
河源	20	844	279009	54740	219349	3453
梅州		3025	307049	46044	254850	4695
惠州	49	5278	658379	36881	612371	3355
汕尾	172	181	167678	5654	161975	201
东莞		2664	8919603	1842830	6260915	155803
中山		668	2394792	397670	1558371	28178
江门		572	869506	131559	710829	2995
阳江	323	886	168180	10555	144751	426
湛江	142	566	335695	21400	310265	1013
茂名	80	945	150567	4368	140884	783
肇庆	137	1626	244686	14910	225906	5026
清远	8	5221	218750	36724	180413	380
潮州	37	276	473639	11621	459031	4997
揭阳	166	789	1223513	24867	1191675	12361
云浮		1527	97492	4644	90027	29

14-9 续表 2

(2019年)　　单位：万元

市 别							
	(1)固定资产原值	(2)减：累计折旧	(3)固定资产净值	(4)固定资产清理	(5)在建工程	3.其他资产	四、资产总计
合 计	22657764	6583654	16074110	89779	3941577	2030978	48717223
广 州	5108178	1414683	3693495	21368	1152593	207616	14934278
珠 海	124965	10761	114204	288	21233	1437	366022
汕 头	783845	38238	745607	4901	336880	18855	2430934
佛 山	1483401	447466	1035934	15713	236423	457694	4355192
韶 关	204518	11005	193513	424	11280	2916	384210
河 源	218646	28791	189854	3137	26357	4920	396127
梅 州	211753	2800	208953	16662	29235	6155	474456
惠 州	524115	75099	449015	2270	161086	9127	951203
汕 尾	115127	373	114754	556	46665	50	240918
东 莞	8873012	3575010	5298002	2309	960604	815858	14013091
中 山	2023366	740152	1283214	-840	275997	438751	3566503
江 门	707644	156277	551367	1252	158210	27118	1772298
阳 江	86643	1499	85144	339	59268	12874	315319
湛 江	310415	25355	285060	691	24514	4031	559133
茂 名	125802	2485	123316	373	17195	5314	297688
肇 庆	218929	17385	201544	828	23534	3870	472676
清 远	177181	10281	166900	672	12841	1614	350599
潮 州	379874	10892	368982	4381	85668	2987	904202
揭 阳	890979	11189	879790	14199	297686	6971	1749659
云 浮	89373	3913	85460	259	4308	2821	182716

14-9 续表 3

(2019年)　　单位：万元

市 别	一、流动负债合计	1.短期借款	2.应付款项	3.应付工资	4.应付福利费
合 计	16867112	954338	15758647	165505	-11378
广 州	7954636	142703	7760190	49230	2512
珠 海	117136	4226	108312	1531	3068
汕 头	1079281	58984	1007918	22723	-10344
佛 山	2090812	125509	1926550	1591	37161
韶 关	82595	435	80957	808	395
河 源	55546	1821	55241	120	-1637
梅 州	69103	1959	67125	682	-662
惠 州	190920	4696	199808	1509	-15093
汕 尾	19608	1518	18327	1292	-1529
东 莞	2190410	341948	1787378	61084	
中 山	1072293	184280	884076	6522	-2585
江 门	700318	42778	643475	4764	9301
阳 江	129479	341	128105	970	64
湛 江	143532	7717	134065	1184	566
茂 名	66061	3161	62119	681	100
肇 庆	130662	1201	129609	1639	-1786
清 远	53362	5237	52309	784	-4969
潮 州	287657	4146	280140	4469	-1098
揭 阳	384012	21460	383630	3903	-24981
云 浮	49689	217	49313	20	139

14-9 续表 4

(2019年) 单位：万元

市别	二、长期负债合计	1.长期借款及应付款	2.一事一议资金	三、所有者权益合计	1.实收资本金	2.公积公益金	3.未分配收益
合计	2495097	2415821	79276	29355014	6516008	21651337	1187668
广州	681387	681169	218	6298255	883827	5022587	391841
珠海	47463	47175	288	201422	53914	141346	6162
汕头	239104	222223	16881	1112549	334079	853260	-74790
佛山	107235	103020	4215	2157145	689099	1387708	80338
韶关	15203	14897	306	286412	113900	106443	66070
河源	53911	44796	9115	286670	121099	95258	70312
梅州	36443	32490	3952	368910	132842	127313	108755
惠州	56816	45170	11645	703468	152552	439122	111794
汕尾	21030	20650	381	200279	19057	140661	40562
东莞	544807	544807		11277874	2634698	8643176	
中山	242357	241093	1264	2251853	534537	1740262	-22946
江门	137829	127663	10165	934152	147064	708650	78438
阳江	51057	49483	1575	134783	16394	84132	34257
湛江	64695	63624	1071	350907	81830	239894	29183
茂名	61806	59179	2627	169821	80256	45179	44386
肇庆	40382	33448	6934	301632	66963	154505	80164
清远	25723	23985	1738	271514	92309	113849	65356
潮州	32268	27862	4406	584277	141214	440886	2177
揭阳	27158	24949	2209	1338489	150151	1143482	44856
云浮	8424	8138	285	124603	70224	23625	30754

14-9 续表 5

(2019年) 单位：万元

市别	四、负债及所有者权益合计	1.经营性固定资产原值	2.负债合计	其中：(1)经营性负债	(2)兴办公益事业负债	3.当年新增负债
合计	48717223	7747954	19362209	4752123	1036216	1327786
广州	14934278	2658391	8636023	2246445	13123	729309
珠海	366022	82695	164600	2390	2506	
汕头	2430934	158512	1318385	275686	130539	237273
佛山	4355192	544824	2198047	338442	13397	1355
韶关	384210	125531	97798	103	271	-615
河源	396127	17445	109457	230	1834	203
梅州	474456	40254	105546	684	3451	1252
惠州	951203	170160	247735	12622	2688	43924
汕尾	240918	18749	40639	592	796	1132
东莞	14013091	1931521	2735217	1560913	782951	291732
中山	3566503	944266	1314650	154771	11704	4457
江门	1772298	407933	838147	123314		2991
阳江	315319	15290	180536		1168	1202
湛江	559133	130629	208227	4651	16209	445
茂名	297688	88916	127867	1208	1536	274
肇庆	472676	63908	171044	4319	631	1193
清远	350599	66589	79085	1635	6023	-300
潮州	904202	81114	319925	1773	6618	4700
揭阳	1749659	159258	411170	21869	40772	7211
云浮	182716	41969	58113	475		47

14-10 各市组级集体经济组织资产负债情况

(2019年) 单位：万元

市　别	一、流动资产合计	1.货币资金	2.短期投资	3.应收款项	4.存货	二、农业资产合计
合　计	13467031	10855412	452169	2143084	16367	103613
广　州	5070835	4348001	101393	619245	2197	696
珠　海	52542	50169	5	2347	20	
汕　头	1506	463		1043		
佛　山	3132743	2279890	24784	827970	99	886
韶　关	49538	47891	168	1295	183	8959
河　源	3211	2511	96	601	3	18
梅　州	14160	14084	4	66	6	809
惠　州	548161	506052	5662	36387	60	279
汕　尾	6424	5372	1	1051		
东　莞	2650404	1936402	306096	396097	11810	286
中　山	328473	266322	2263	59666	222	
江　门	620686	464248	5753	150416	270	21
阳　江	14993	14960	0	8	25	5759
湛　江	420684	403444	215	16279	746	33145
茂　名	22128	20350	91	1592	95	1242
肇　庆	285357	260888	1521	22873	75	11624
清　远	188977	183728	1080	3887	281	38159
潮　州	8024	4198	2478	1241	107	284
揭　阳						
云　浮	48185	46437	558	1022	168	1447

14-10 续表 1

(2019年) 单位：万元

市　别	1.牲畜(禽)资产	2.林木资产	三、长期资产合计	1.长期投资	2、固定资产合计	其中:当年新购建的
合　计	3937	99676	11075089	755809	9167862	123449
广　州	0	696	3222847	215617	2925377	17043
珠　海			33042	3122	28895	44
汕　头			1486		1486	
佛　山	11	874	2199724	72491	1464543	9461
韶　关		8959	240637	5334	226942	109
河　源		18	27505	3017	23938	228
梅　州	22	788	54610	180	54364	2
惠　州		279	441876	9779	422100	809
汕　尾			108036		108036	
东　莞		286	2610231	384375	1917337	83502
中　山			275049	22696	214398	3249
江　门		21	407308	17866	379147	3230
阳　江	31	5728	40036	6	39957	5
湛　江	3260	29885	483336	208	475874	741
茂　名	101	1142	115331	4687	110217	319
肇　庆	496	11128	392787	12243	364230	2031
清　远	16	38143	265607	4042	261355	2366
潮　州		284	19166		19099	105
揭　阳						
云　浮		1447	136473	147	130567	204

14-10 续表 2

(2019年) 单位：万元

市别	(1)固定资产原值	(2)减：累计折旧	(3)固定资产净值	(4)固定资产清理	(5)在建工程	3.其他资产	四、资产总计
合计	11849501	3705405	8144095	47356	976411	1151418	24645733
广州	3345312	778088	2567225	35050	323103	81852	8294378
珠海	30522	3201	27321	14	1560	1025	85584
汕头	1476		1476		10		2992
佛山	1671229	488965	1182264	2617	279662	662690	5333353
韶关	228385	2513	225872	544	526	8362	299134
河源	25776	2416	23360	359	219	550	30733
梅州	53868	15	53853	7	503	67	69580
惠州	384349	29780	354569	3502	64030	9997	990315
汕尾	107991	376	107615		421	0	114459
东莞	3844333	2105451	1738882	-1088	179543	308519	5260921
中山	265907	82632	183274	1993	29131	37955	603523
江门	368239	32251	335988	62	43096	10296	1028015
阳江	40082	454	39628	18	312	73	60788
湛江	548227	91847	456380	1092	18403	7254	937164
茂名	113742	4104	109637	266	314	427	138702
肇庆	420266	79603	340663	164	23404	16314	689768
清远	253002	2465	250537	2615	8203	211	492744
潮州	18740	563	18177		923	67	27474
揭阳							
云浮	128055	682	127373	144	3050	5760	186105

14-10 续表 3

(2019年) 单位：万元

市别	一、流动负债合计	1.短期借款	2.应付款项	3.应付工资	4.应付福利费
合计	7191463	122645	6730146	69875	268797
广州	3207667	53054	3000042	49382	105189
珠海	22409	180	22181	21	27
汕头	910	25	885		
佛山	2157352	15952	1934490	3032	203879
韶关	5428	24	5378	25	1
河源	1567	730	824	13	0
梅州	139	7	42	1	89
惠州	336908	9811	343791	301	-16996
汕尾	1546	10	1449	127	-40
东莞	726439	28477	684393	13570	
中山	167537	1873	165952	691	-980
江门	289650	2015	281557	1214	4864
阳江	1235	6	1156	73	
湛江	99078	4724	95831	241	-1718
茂名	3422	1668	1662	78	14
肇庆	134957	1452	136916	1008	-4419
清远	23862	2476	42952	58	-21623
潮州	2995	159	2242	33	562
揭阳					
云浮	8360	2	8402	7	-50

14-10 续表 4

(2019年) 单位：万元

市别	二、长期负债合计	1.长期借款及应付款	2.一事一议资金	三、所有者权益合计	1.实收资本金	2.公积公益金	3.未分配收益
合计	805345	788505	16840	16648926	4725328	10838371	1085227
广州	279096	279089	7	4807615	727751	3538764	541100
珠海	694	620	75	62480	8299	70538	-16357
汕头	40	40		2042	845	1197	
佛山	34648	32296	2352	3141352	961959	1977241	202153
韶关	769	601	168	292937	209890	36134	46913
河源	1441	1341	100	27726	20666	4665	2394
梅州	5816	5816		63625	5567	50798	7259
惠州	14146	11161	2986	639260	145584	387418	106258
汕尾	297	297		112616	2433	96836	13347
东莞	78345	78345		4456137	1648460	2807677	
中山	13198	13182	16	422787	41882	517311	-136406
江门	30342	23310	7032	708024	75471	529609	102944
阳江	295	295	0	59258	25498	22466	11294
湛江	328385	326852	1533	509700	446597	218895	-155791
茂名	3079	2847	232	132201	77240	24886	30076
肇庆	8556	7823	733	546256	105359	300494	140403
清远	4780	3500	1280	464101	122404	194773	146924
潮州	178	179	-1	24301	6440	16384	1478
揭阳							
云浮	1240	913	326	176505	92983	42285	41237

14-10 续表 5

(2019年) 单位：万元

市别	四、负债及所有者权益合计	1.经营性固定资产原值	2.负债合计	其中：(1)经营性负债	(2)兴办公益事业负债	3.当年新增负债
合计	24645733	5349690	7996808	2119634	512021	283645
广州	8294378	2209242	3486763	1178502	5657	133680
珠海	85584	24344	23103	1171		1470
汕头	2992		950			
佛山	5333353	824147	2192001	256583	256	12792
韶关	299134	41056	6197	503	5	-176
河源	30733	3977	3008	151	736	
梅州	69580	1918	5955			
惠州	990315	272841	351055	4741	97	63
汕尾	114459	18537	1843			
东莞	5260921	1109058	804784	634336	170448	63818
中山	603523	129676	180735	26400	406	3067
江门	1028015	225640	319991	6413	22	3754
阳江	60788	1763	1530		31	225
湛江	937164	153727	427464	954	313494	-783
茂名	138702	42743	6500		30	
肇庆	689768	165281	143513	9784	20072	5400
清远	492744	42326	28642	95	738	60395
潮州	27474	14131	3173		29	0
揭阳						
云浮	186105	69283	9600			-59

14−11 各市村级集体经济组织收益分配情况

(2019年) 单位：万元

市别	总收入	1.经营收入	2.发包及上交收入	3.投资收益	4.补助收入	5.其他收入	总支出	1.经营支出
合计	6425654	2665393	1594229	217049	836369	1112613	3129715	920161
广州	1834129	1124579	337716	36393	21552	313888	889547	288975
珠海	46264	14272	23003	2119	1765	5105	15570	3364
汕头	143771	40143	60136	4311	17268	21913	95688	13382
佛山	714770	320507	198011	14340	33838	148074	267059	73840
韶关	74522	13940	6510	2881	31127	20063	57143	1381
河源	60516	2138	717	4133	33731	19797	52209	731
梅州	98624	2602	3883	4592	68151	19396	89075	200
惠州	126494	27271	25921	1736	53947	17620	93451	5965
汕尾	70172	7846	3609	616	40945	17156	49622	2255
东莞	1637698	453407	698568	129888	128513	227322	521378	313626
中山	594269	390306	70194	4154	24168	105447	290066	99596
江门	291302	169474	59043	1344	25751	35689	193001	82535
阳江	38481	2161	4764	509	22967	8080	32700	162
湛江	99635	25252	9345	1884	46945	16209	87964	7759
茂名	53711	3293	3454	359	30360	16245	41385	1116
肇庆	108392	10672	20773	1556	45106	30285	89994	4474
清远	70048	8907	4541	4165	37873	14562	62092	1868
潮州	124153	15214	32006	911	54983	21039	67593	5852
揭阳	215220	29354	29419	796	105266	50385	115979	12608
云浮	23484	4054	2616	364	12112	4338	18198	471

14−11 续表 1

(2019年) 单位：万元

市别	2.管理费用	其中：①干部报酬	②报刊费	3.其他支出	三、本年收益	四、年初未分配收益	五、其他转入	六、可分配收益
合计	1272505	299063	11861	937050	3295939	426775	150867	3873580
广州	425495	44093	418	175077	944582	177961	49050	1171593
珠海	8851	1145	36	3355	30694	5450	1799	37943
汕头	51907	19686	384	30399	48082	-5466	21413	64030
佛山	95687	21028	773	97532	447710	66913	26192	540816
韶关	28380	8197	220	27382	17379	28330	1322	47030
河源	17386	4121	86	34091	8307	33521	797	42626
梅州	29939	6897	474	58937	9548	93343	2	102894
惠州	39432	8443	235	48054	33043	-97594	1210	-63342
汕尾	16259	6473	107	31108	20550	27552	72	48174
东莞	173150	67423	4446	34602	1116320			1116320
中山	81208	16072	1227	109261	304204	-61393	10329	253140
江门	69965	18043	416	40500	98301	43369	4331	146001
阳江	20951	8095	260	11587	5781	18611	-116	24275
湛江	33091	5157	385	47114	11672	26016	-934	36754
茂名	24335	4206	346	15935	12326	22444	84	34854
肇庆	35109	10321	391	50411	18398	24291	18851	61540
清远	31222	13262	183	29003	7955	29033	1111	38099
潮州	36555	18876	528	25186	56560	-3053	3779	57286
揭阳	43342	15246	824	60029	99241	-12537	11468	98171
云浮	10240	2279	122	7488	5286	9984	107	15377

14-11 续表 2

(2019年) 单位：万元

市 别	七、各项分配	1.提取公积金、公益金	2.提取应付福利费	3.外来投资分利	4.农户分配	5.其他分配	八、年末未分配收益
合 计	3622688	663810	815321	27726	1523635	592196	250892
广 州	1195410	78762	166477	6313	566693	377165	-23817
珠 海	32105	3985	2469	331	24400	921	5838
汕 头	119446	6622	72943		38649	1232	-55416
佛 山	431266	54616	146491	1764	177698	50698	109550
韶 关	5449	162	2043	3	2281	961	41581
河 源	3639	1536	5		0	2098	38987
梅 州	7028	1757	1826	1015	797	1633	95865
惠 州	31515	3198	6511	1062	11441	9302	-94857
汕 尾	14414	8303	1141	5	3773	1192	33760
东 莞	1116320	307257	233271	4	447275	128513	
中 山	283324	32523	61858	16936	171076	931	-30184
江 门	204326	119672	43347	89	37915	3304	-58326
阳 江	1547	1121			178	248	22728
湛 江	17201	6724	324		3357	6796	19553
茂 名	3353	2486	256	5	283	323	31501
肇 庆	15482	906	2783	157	9198	2437	46058
清 远	5487	1897	609	31	1031	1919	32612
潮 州	48141	9256	20526		17357	1002	9145
揭 阳	82785	21111	51826	12	9258	579	15387
云 浮	4450	1919	614		976	942	10926

14-11 续表 3

(2019年)

市 别	九、附报指标					
	1.汇入本表村数	(1)当年无经营收益的村	(2)当年有经营收益的村	①5万元以下的村	②5-10万元的村	③10万元以上的村
合 计	22241	14240	8001	1732	704	5565
广 州	1303	209	1094	74	53	967
珠 海	155	25	130	1	3	126
汕 头	894	520	374	58	23	293
佛 山	578	15	563		3	560
韶 关	1212	980	232	101	32	99
河 源	1278	870	408	259	82	67
梅 州	2057	1756	301	184	64	53
惠 州	1134	752	382	54	31	297
汕 尾	790	357	433	232	80	121
东 莞	558	4	554			554
中 山	238	10	228		1	227
江 门	1127	194	933	40	40	853
阳 江	724	680	44	8	2	34
湛 江	1729	1386	343	124	40	179
茂 名	1795	1610	185	89	28	68
肇 庆	1405	942	463	71	40	352
清 远	1117	843	274	39	40	195
潮 州	924	734	190	34	14	142
揭 阳	2317	1655	662	295	99	268
云 浮	906	698	208	69	29	110

14-12 各市组级集体经济组织收益分配情况

(2019年) 单位：万元

市别	总收入	1.经营收入	2.发包及上交收入	3.投资收益	4.补助收入	5.其他收入
合计	5014718	1969886	1854688	142013	117309	930822
广州	1719383	996861	329689	28740	7286	356808
珠海	9448	2556	3683	423	599	2187
汕头						
佛山	1345515	521611	644879	25049	32024	121953
韶关	12267	504	8341	1	1430	1991
河源	8995	1547	109	1339	4820	1180
梅州	411	27	37	76	155	115
惠州	244565	35488	53061	583	24518	130916
汕尾	879	67	237		312	263
东莞	907342	235270	483395	64440	149	124089
中山	181970	63746	85192	15458	2184	15390
江门	194413	37423	113617	1592	2618	39164
阳江	1259	48	315		368	528
湛江	61304	15868	14505	731	7513	22687
茂名	4070	411	1262	8	1034	1355
肇庆	193299	47778	84302	2829	7441	50949
清远	107976	8545	22654	513	22965	53300
潮州	4137	90	3320	153	331	243
揭阳						
云浮	17485	2046	6090	81	1563	7705

14-12 续表 1

(2019年) 单位：万元

市别	总支出	1.经营支出	2.管理费用	其中：①干部报酬	②报刊费	3.其他支出
合计	1425823	375931	522338	67014	1147	527554
广州	380286	122550	193544	23854	41	64192
珠海	4478	1614	952	197	2	1912
汕头						
佛山	180784	46185	68989	14078	185	65611
韶关	9558	23	928	21		8607
河源	4807	62	1768	792	15	2977
梅州	199	0	199	34	0	1
惠州	346093	3433	149927	3038	81	192733
汕尾	559	26	284	85	1	249
东莞	214817	160908	42453	14323	525	11456
中山	25088	10578	9300	1729	156	5210
江门	72824	11077	20448	3357	51	41298
阳江	1086	33	214	69		838
湛江	32688	4873	9482	658	34	18334
茂名	2525	447	316	39	5	1762
肇庆	62258	10687	15102	2937	31	36469
清远	79034	3270	6572	1038	4	69192
潮州	1541	87	693	419	12	761
揭阳						
云浮	7198	78	1167	346	4	5952

14-12 续表 2

(2019年) 单位：万元

市别	三、本年收益	四、年初未分配收益	五、其他转入	六、可分配收益	七、各项分配	1.提取公积金、公益金
合计	3588895	789325	241501	4619720	3965037	427430
广州	1339097	334302	140980	1814379	1360215	102763
珠海	4970	3160	21254	29385	43966	165
汕头						
佛山	1164730	2585	70090	1237405	1248195	140756
韶关	2709	12603	16	15328	38	24
河源	4188	381	36	4605	527	52
梅州	212	664	-31	845	254	236
惠州	-101528	62889	840	-37799	36258	3083
汕尾	321	96		416	134	
东莞	692525			692525	692525	166739
中山	156882	-23890	1679	134671	277004	3627
江门	121589	124594	2294	248477	109865	4083
阳江	173	202	32	407	189	
湛江	28615	170228	457	199300	28433	414
茂名	1545	2297	190	4033	1440	1
肇庆	131041	89571	3379	223991	146596	4538
清远	28942	8492	283	37718	13196	452
潮州	2597	961		3558	2375	293
揭阳						
云浮	10287	189		10476	3827	205

14-12 续表 3

(2019年) 单位：万元

市别	2.提取应付福利费	3.外来投资分利	4.农户分配	5.其他分配	八、年末未分配收益
合计	392887	4044	3077965	62711	654683
广州	98397	2846	1126361	29849	454164
珠海	18		43575	208	-14581
汕头					
佛山	159058	700	919565	28117	-10791
韶关			14	0	15290
河源	7		0	468	4077
梅州	16	0	2	0	590
惠州	5519	101	29862	-2307	-74057
汕尾	20		71	42	283
东莞	63113		462524	149	
中山	24458	57	248424	437	-142332
江门	17473	67	86846	1395	138612
阳江			119	70	219
湛江	20224	2	7720	73	170868
茂名		3	1190	246	2592
肇庆	3444	127	136008	2478	77396
清远	329	142	10815	1458	24521
潮州	529		1546	6	1183
揭阳					
云浮	280		3320	22	6649

十五、农村居民收入与消费

简要说明

一、2013 年国家统计局实行城乡住户调查一体化改革，将过去城镇与农村分别开展的调查体系，按照统一指标、统一方法、统一标准、统一调查、统一程序的原则，整合为城乡一体化住户调查新体系。由于新旧调查体系在调查范围和对象、城乡划分标准、样本抽选方法、计算和汇总方式、指标名称和口径等都发生了变化，新旧口径指标数据存在不可比因素。

二、旧调查体系的农村居民纯收入指标在新的调查体系中统一为城乡可比的可支配收入，旧调查体系中的城乡经营性收入、财产性收入与转移性收入在新的调查体系中统一为经营净收入、财产净收入与转移净收入。

三、2013 年起为新口径数据；15–1 表、15–2 表、15–4 表 2013 年以前的收入数据为旧调查体系的人均纯收入。

2019年广东农村居民收支保持较快增长

2019年，广东各级党委政府深入贯彻落实新发展理念，坚定不移推动高质量发展，持续深化供给侧结构性改革，扎实推进乡村振兴战略实施，持续加大脱贫攻坚和民生投入力度，出台多项惠民惠农政策，民生福祉不断改善，农村居民收入稳步提升。

一、农村居民收支总体情况

据国家统计局广东调查总队城乡一体化住户抽样调查，2019年广东农村居民收支保持较快增长，农村居民生活不断改善。调查显示，2019年广东农村常住居民人均可支配收入18818.4元，同比增长9.6%，增速比2018年提高0.8个百分点，扣除价格因素影响实际增长4.8%。（见表1）

2019年广东农村常住居民人均生活消费支出16949.4元，同比增长10.0%，扣除价格因素影响实际增长5.2%。

2019年，城乡居民收入差距进一步缩小，广东农村居民收入增速比城镇居民收入增速高1.1个百分点，城乡收入差距从2018年的2.58：1缩小为2.56：1（以农村居民收入为1）。

二、广东农村居民增收的主要特点

（一）多项政策保障就业，工资性收入平稳增长。2019年广东农村居民人均工资性收入9698.7元，同比增长14.0%，增速同比提高5.6个百分点。2019年以来，全省各级党委政府深入实施就业优先战略，建立重大项目带动就业机制，大力促进创业带动就业；开展“就业援助月”、“春风行动”等专项就业促进活动，面向就业困难人员、零就业家庭、登记失业残疾人、贫困劳动力等，提供针对性援助服务；出台系列增资政策，提高企业职工最低工资标准，建立健全农民工工资支付保障制度，落实劳动技能补贴政策，共同推动工资性收入增长。

（二）多项不利因素影响，经营性收入增长放缓。2019年广东农村居民人均经营净收入4446.9元，同比增长0.3%。2019年上半年，广东多次出现大范围降水，致使早稻分蘖慢，部分地区蔬菜渍害明显，荔枝、龙眼、李子、蜜柚等果树落果严重，产量明显下降。生猪疫情也对广东生猪养殖企业生产经营活动产生了较大的负面影响。

（三）资产价值提升，财产净收入大幅增长。2019年广东农村居民人均财产净收入541.0元，同比增长20.5%。在乡村振兴战略背景下，广东深化农村土地制度改革，加快农村承包土地经营权流转，促进农业适度规模经营，尤其珠三角地区土地流转成效显著，工业园区建设促进村居集体土地收益的增加，带动农村居民红利收入快速提高。粤东西北地区也以扶贫资金和土地入股成立合作社，通过“租金+劳务+分红”模式较快提高了农村居民财产性收入。

（四）惠民政策发力，转移净收入加快增长。2019年广东农村居民人均转移净收入4131.7元，同比增长9.4%。广东各地政府继续加大转移支付力度，着力改善民生，出台提升居民基本养老金、提高居民低保标准、发放生活困难补助、提升医疗报销水平等一系列惠民政策，奋力推进精准扶贫，推动了农村居民转移性收入的增长。

表1　2019年广东农村居民收入增长情况

单位：元

指标名称	本年	上年	比上年±	增幅(%)
可支配收入	18818.4	17167.7	1650.7	9.6
一、工资性收入	9698.7	8510.7	1188.1	14.0
二、经营净收入	4446.9	4432.7	14.2	0.3
三、财产净收入	541.0	448.9	92.1	20.5
四、转移净收入	4131.7	3775.5	356.3	9.4

三、农村居民发展型消费快速增长

随着收入的增长，农村居民的消费水平也进一步提升，消费结构不断优化，呈现了以下特点：

（一）汽车消费推动交通消费快速增长。2019年广东省出台了完善促进消费体制机制实施方案，其中明确提出鼓励新能源汽车消费，促进汽车消费优化升级等促进汽车消费的举措，农村居民汽车保有量不断增长，推动交通通信支出快速增长。2019年，广东农村居民人均交通通信消费支出2139.8元，同比增长10.8%。

（二）医疗保健支出快速增长。随着农村居民生活质量的提高，农村居民日常生活保健意识不断增强，有病治病、无病防治的现象较为普遍。2019年，广东农村居民人均医疗保健支出1520.7元，同比增长11.3%，成为农村居民消费的“推动者”。

（三）食品价格上涨推动食品消费增长。2019年以来，受生猪疫情、恶劣天气等因素影响，广东蔬菜、水果、猪肉等食品价格持续上涨，导致居民的食品支出出现较快增长。进入下半年，受猪肉市场供应短缺影响，其他肉类、家禽、水产品和蛋类等食品价格上涨迅猛，大幅拉动了居民食品消费的增长。2019年，广东居民人均食品烟酒消费支出6289.3元，同比增长11.5%。

表2　2019年广东农村居民生活消费支出情况

单位：元

指标名称	本年	上年	比上年±	增幅（%）
生活消费支出	**16949.4**	**15411.3**	**1538.1**	**10.0**
（一）食品烟酒	6289.3	5641.2	648.1	11.5
（二）衣着	552.0	523.6	28.4	5.4
（三）居住	3707.4	3355.8	351.6	10.5
（四）生活用品及服务	817.9	817.0	0.8	0.1
（五）交通通信	2139.8	1930.4	209.4	10.8
（六）教育文化娱乐	1602.7	1473.0	129.6	8.8
（七）医疗保健	1520.7	1366.7	154.0	11.3
（八）其他用品和服务	319.8	303.6	16.2	5.3

15-1　农村居民收入与支出(1978-2019年)

年份	人均可支配收入(元)	增长速度			人均消费支出(元)	增长速度(%)			恩格尔系数(%)
		名义增长(上年为100)	实际增长(上年为100)	实际增长(1978年为100)		名义增长(上年为100)	实际增长(上年为100)	实际增长(1978年为100)	
1978	193.25	7.9		100.0	184.89	-2.6		100.0	61.7
1979	222.72	15.2	13.6	113.6	205.18	11.0	10.1	110.1	59.9
1980	274.37	23.2	19.4	135.6	222.22	8.3	3.9	114.4	60.4
1981	325.37	18.6	11.4	151.1	266.05	19.7	12.1	128.2	59.3
1982	381.79	17.3	12.7	170.3	312.44	17.4	16.2	149.0	58.4
1983	395.92	3.7	7.0	182.2	328.76	5.2	6.3	158.4	60.3
1984	425.34	7.4	7.2	195.3	346.19	5.3	5.0	166.3	59.3
1985	495.31	16.5	9.8	214.5	388.00	12.1	5.7	175.8	60.4
1986	546.43	10.3	7.6	230.8	454.06	17.0	11.1	195.3	58.8
1987	662.24	21.2	11.1	256.4	545.25	20.1	9.5	213.9	57.3
1988	808.70	22.1	2.7	263.3	684.67	25.6	3.2	220.7	55.2
1989	955.02	18.1	2.0	268.6	870.59	27.2	7.3	236.8	53.7
1990	1043.03	9.2	1.6	272.9	932.63	7.1	-0.3	236.1	57.7
1991	1143.06	9.6	9.4	298.5	942.40	1.1	1.2	238.9	57.4
1992	1307.65	14.4	10.4	329.6	1060.29	12.5	8.8	259.9	54.0
1993	1674.78	28.1	6.1	349.7	1391.01	31.2	6.8	277.6	52.8
1994	2181.52	30.3	3.8	363.0	1882.00	35.3	3.6	287.6	55.6
1995	2699.24	23.7	6.5	386.6	2255.01	19.8	5.3	302.9	54.5
1996	3183.46	17.9	7.6	415.9	2584.16	14.6	6.9	323.8	51.6
1997	3467.69	8.9	4.2	433.4	2617.65	1.3	0.3	324.7	52.3
1998	3527.14	1.7	3.4	448.2	2683.18	2.5	3.8	337.1	51.1
1999	3628.93	2.9	6.2	475.9	2645.94	-1.4	1.7	342.8	50.7
2000	3654.48	0.7	0.9	480.2	2646.02	…	…	342.9	49.8
2001	3769.79	3.2	3.5	497.0	2703.36	2.2	2.5	351.4	49.9
2002	3911.91	3.8	5.1	522.4	2825.01	4.5	6.0	372.5	47.6
2003	4054.58	3.6	3.4	540.1	2927.35	3.6	3.4	385.2	47.9
2004	4365.87	7.7	4.0	561.8	3240.78	10.7	6.7	411.0	48.8
2005	4690.49	7.4	4.5	587.0	3707.73	14.4	11.4	457.9	48.3
2006	5079.78	8.3	6.4	624.6	3885.97	4.8	3.2	472.6	48.6
2007	5624.04	10.7	6.5	665.5	4202.32	8.1	4.5	493.8	49.7
2008	6399.77	13.8	7.6	715.8	4872.96	15.9	9.6	541.3	49.0
2009	6906.93	7.9	10.7	792.4	5019.81	3.0	5.3	570.0	48.3
2010	7890.25	14.2	10.3	874.0	5515.58	9.9	6.5	607.1	47.7
2011	9371.73	18.8	11.9	978.0	6725.55	21.9	15.5	701.2	49.1
2012	10542.84	12.5	9.3	1069.0	7458.56	10.9	7.8	755.9	49.1
2013	11067.79	10.7	7.8	1152.4	8937.76	11.9	9.0	823.9	42.1
2014	12245.56	10.6	8.3	1248.0	10043.21	12.4	10.1	907.1	39.5
2015	13360.44	9.1	7.7	1344.1	11103.03	10.6	9.2	990.4	40.6
2016	14512.15	8.6	6.5	1431.5	12414.84	11.8	9.6	1085.5	40.4
2017	15779.74	8.7	7.8	1543.2	13199.62	6.3	5.5	1145.2	40.2
2018	17167.74	8.8	6.8	1648.1	15411.31	16.8	14.6	1312.4	36.6
2019	18818.42	9.6	4.8	1727.2	16949.43	10.0	5.2	1380.6	37.1

注：2012年前“人均可支配收入”称为“人均纯收入”。

15-2 历年农村居民家庭基本情况

(1949—2019年)

年 份	平均每户常住人口(人)	人 均可支配收入(元)	人 均消费支出(元)	农村居民家庭恩格尔系数(%)	农村人均住房建筑面积(平方米)
1949	4.67	55.62	67.85	73.4	
1950					
1952	4.65	85.32	78.76	67.7	
1957	4.63	108.19	96.61	68.0	
1962		142.60	114.08		
1965		107.73	99.11		
1970					
1975	6.38	143.83	151.42	63.3	
1978	5.99	193.25	184.89	61.7	8.73
1979	6.01	222.72	205.18	59.9	9.10
1980	6.18	274.37	222.22	60.4	10.51
1981	6.22	325.37	266.05	59.3	11.67
1982	6.12	381.79	312.44	58.4	11.39
1983	6.02	395.92	328.76	60.3	12.85
1984	5.99	425.34	346.19	59.3	14.42
1985	5.95	495.31	388.00	60.4	14.87
1986	5.91	546.43	454.06	58.8	15.58
1987	5.87	662.24	545.25	57.3	15.78
1988	5.79	808.70	684.67	55.2	16.39
1989	5.69	955.02	870.59	53.7	17.11
1990	5.65	1043.03	932.63	57.7	17.39
1991	5.51	1143.06	942.40	57.4	18.03
1992	5.49	1307.65	1060.29	54.0	18.77
1993	5.39	1674.78	1391.01	52.8	20.56
1994	5.38	2181.52	1882.00	55.6	20.51
1995	5.36	2699.24	2255.01	54.5	20.83
1996	5.25	3183.43	2584.16	51.6	22.32
1997	5.17	3467.69	2617.65	52.3	23.78
1998	5.15	3527.14	2683.18	51.1	24.83
1999	5.08	3628.93	2645.94	50.7	25.94
2000	5.15	3654.48	2646.02	49.8	22.42
2001	5.10	3769.79	2703.36	49.9	23.39
2002	5.08	3911.91	2825.01	47.6	24.07
2003	5.04	4054.58	2927.35	47.9	24.79
2004	5.01	4365.87	3240.78	48.8	25.48
2005	5.00	4690.49	3707.73	48.3	25.71
2006	4.98	5079.78	3885.97	48.6	26.60
2007	5.00	5624.04	4202.32	49.7	27.24
2008	5.00	6399.77	4872.96	49.0	27.89
2009	4.99	6906.93	5019.81	48.3	28.70
2010	4.95	7890.25	5515.58	47.7	29.23
2011	4.84	9371.73	6725.55	49.1	30.73
2012	4.82	10542.84	7458.56	49.1	31.67
2013	3.71	11067.79	8937.76	42.1	34.92
2014	3.54	12245.56	10043.21	39.5	39.32
2015	3.60	13360.44	11103.03	40.6	42.14
2016	3.69	14512.15	12414.84	40.4	43.92
2017	3.65	15779.74	13199.62	40.2	45.27
2018	3.45	17167.74	15411.31	36.6	47.13
2019	3.47	18818.42	16949.43	37.1	48.68

注：农村人均住房建筑面积在1985年前称“人均居住面积”，2012年前称“人均生活住房面积”。

15-3 主要年份农村居民家庭生活基本情况

项　　目	单　位	2000年	2005年	2010年	2015年	2019年
人均可支配收入	元	3654.48	4690.49	7890.25	13360.44	18818.42
工资性收入	元	1362.16	2562.39	4799.52	6724.01	9698.75
经营净收入	元	2002.93	1731.97	2203.74	3590.14	4446.89
财产净收入	元	73.68	167.25	401.15	337.01	541.04
转移净收入	元	215.71	228.88	485.85	2709.27	4131.74
人均消费支出	元	2646.02	3707.73	5515.58	11103.03	16949.43
食品烟酒	元	1317.48	1789.42	2630.05	4511.34	6289.27
衣　　着	元	104.21	143.50	215.51	367.13	552.01
居　　住	元	378.86	530.30	986.70	2494.84	3707.36
生活用品及服务	元	125.65	152.12	235.01	654.65	817.87
交通通信	元	205.52	411.64	637.08	1160.44	2139.79
教育文化娱乐	元	313.46	360.73	326.53	952.41	1602.67
医疗保健	元	100.31	203.85	307.43	723.15	1520.71
其他用品和服务	元	100.53	116.17	177.27	239.09	319.75
消费支出构成	(%)	100.0	100.0	100.0	100.0	100.0
食品烟酒	(%)	49.8	48.3	47.7	40.6	37.1
衣　　着	(%)	3.9	3.9	3.9	3.3	3.3
居　　住	(%)	14.3	14.3	17.9	22.5	21.9
生活用品及服务	(%)	4.7	4.1	4.3	5.9	4.8
交通通信	(%)	7.8	11.1	11.6	10.5	12.6
教育文化娱乐	(%)	11.9	9.7	5.9	8.6	9.4
医疗保健	(%)	3.8	5.5	5.6	6.5	9.0
其他用品和服务	(%)	3.8	3.1	3.2	2.2	1.9

注：2013年起为新口径数据。

15-4 农村居民家庭平均每百户主要耐用物品年末拥有量

年 份	家 用 小汽车 (辆)	摩托车 (辆)	洗衣机 (台)	电冰箱 (台)	彩 色 电视机 (台)	空调机 (台)	热水器 (台)	电话机 (台)	移动电话 (部)	计算机 (台)
1980										
1981										
1982										
1983			0.17	0.03						
1984			0.06	0.06						
1985		0.34	0.17	0.03	1.84					
1986		0.52	0.45	0.24	3.53					
1987		0.97	1.53	0.23	4.39					
1988		1.12	2.46	0.45	5.45			1.20		
1989		1.71	3.57	0.83	7.29					
1990		1.84	4.26	1.17	9.80			1.20		
1991		2.11	4.84	1.13	12.42					
1992		4.04	5.54	2.17	16.38					
1993		8.19	10.56	5.08	23.10	0.24		3.83		
1994		12.34	12.58	6.73	28.83	0.40		6.49		
1995		15.73	14.88	7.90	34.35	0.65	5.56	9.40		
1996		22.50	17.89	9.34	38.98	0.51	8.67	14.34		
1997		26.56	18.91	9.92	46.09	0.66	10.27	20.94		
1998		34.02	20.27	11.02	55.43	1.29	12.50	26.09		
1999		40.74	22.07	11.88	63.09	1.48	16.25	32.03		
2000	0.35	54.18	25.00	15.12	73.20	3.05	20.94	40.82	14.49	1.95
2001	0.94	59.02	26.56	16.17	79.45	3.28	23.59	49.30	24.88	4.96
2002	0.51	64.49	28.24	18.32	84.57	4.73	26.80	59.22	38.79	6.99
2003	0.70	71.41	28.28	18.95	92.27	7.07	30.39	70.20	55.82	5.04
2004	0.86	77.07	29.02	20.35	96.13	9.30	33.48	78.01	79.30	6.33
2005	0.94	86.88	29.49	24.73	103.91	18.13	38.67	82.38	116.41	9.26
2006	2.15	89.73	31.88	27.54	108.44	20.27	42.07	85.78	132.58	10.23
2007	1.91	94.34	34.77	31.68	111.72	24.49	45.70	83.67	149.53	12.46
2008	2.03	97.81	37.07	34.88	114.18	27.77	48.28	85.16	162.81	14.26
2009	2.70	101.56	40.55	41.33	116.60	30.98	51.64	82.15	184.38	16.21
2010	3.98	107.11	45.78	49.10	119.26	36.17	57.89	82.38	203.83	19.53
2011	5.86	107.90	50.84	60.94	116.94	50.58	62.58	68.58	241.97	29.52
2012	6.60	108.16	55.16	66.39	118.32	55.29	65.94	69.29	244.48	31.68
2013	8.97	101.20	52.45	66.10	113.24	45.04	64.98	54.12	236.45	27.23
2014	7.48	108.06	54.43	68.36	114.28	46.67	69.36	60.49	248.41	30.40
2015	10.67	116.95	64.82	78.29	117.22	62.15	77.71	55.31	267.18	33.93
2016	14.63	122.27	74.43	84.90	119.49	81.17	84.93	46.06	279.89	37.73
2017	17.57	123.63	78.46	87.93	120.47	91.33	88.49	42.75	287.12	41.61
2018	22.73	116.73	84.71	92.94	116.51	113.53	94.02	31.06	290.44	35.29
2019	26.01	116.58	89.98	97.00	116.47	129.63	97.99	26.01	286.34	38.45

15-5 2019年各市农村居民人均可支配收入和消费支出

市 别	人均可支配收入 (元/人)	城乡居民收入比	人均消费支出 (元/人)
广 州	28867.9	2.3	22521.9
珠 海	29069.3	1.9	22573.0
汕 头	17735.3	1.8	15373.1
佛 山	31503.4	1.8	21822.5
韶 关	16940.1	1.9	13864.3
河 源	16030.3	1.7	13437.2
梅 州	16447.2	1.8	14145.7
惠 州	23027.4	1.9	18387.4
汕 尾	16304.7	1.7	13422.8
东 莞	35904.5	1.5	27720.6
中 山	35121.6	1.5	24750.6
江 门	19873.3	1.9	13643.5
阳 江	18331.9	1.7	14603.2
湛 江	17343.0	1.8	12730.1
茂 名	18482.2	1.6	14450.9
肇 庆	19217.0	1.7	12510.3
清 远	16523.8	1.9	14039.3
潮 州	16359.6	1.6	13588.0
揭 阳	15675.4	1.7	12997.6
云 浮	16646.2	1.6	12867.5
按经济区域分			
珠 三 角	25025.8		18400.5
粤东西北	16992.8		13705.0
东 翼	16386.8		13733.0
西 翼	17932.4		13671.5
山 区	16490.8		13717.8

注：1.城乡居民收入比=城镇居民人均可支配收入/农村居民人均可支配收入。
2.深圳因完全城市化,无相关数据。
3.珠三角地区9市：广州、深圳、珠海、佛山、惠州、东莞、中山、江门、肇庆市。
4.粤东西北地区12市：汕头、韶关、河源、梅州、汕尾、阳江、湛江、茂名、清远、潮州、揭阳和云浮市。
5.粤东地区4市：汕头、汕尾、潮州、揭阳市。
6.粤西地区3市：阳江、湛江、茂名市。
7.山区地区5市：韶关、河源、梅州、清远、云浮市。

15-6 各县(市、区)农村居民人均可支配收入

(2019年) 单位：元/人

县(市、区)别	人均可支配收入	增速(%)	县(市、区)别	人均可支配收入	增速(%)
广州市	**28867.9**	**10.9**	和平县	15272.6	8.7
白云区	29116.0	11.0	龙川县	16307.1	10.4
黄埔区	39120.3	10.5	紫金县	16093.1	10.1
番禺区	39412.4	10.0	连平县	15435.6	8.5
花都区	27753.1	10.4	**梅州市**	**16447.2**	**8.4**
南沙区	34197.2	10.6	梅江区	21517.1	8.2
从化区	21967.5	11.3	梅县区	20421.4	9.0
增城区	26371.9	11.2	兴宁市	18662.4	7.0
珠海市	**29069.3**	**11.0**	平远县	17986.9	9.1
斗门区	29069.3	11.0	蕉岭县	17467.7	9.2
汕头市	**17735.3**	**9.2**	大埔县	14883.6	8.3
龙湖区	21273.2	11.6	丰顺县	14536.1	9.5
澄海区	19571.6	11.2	五华县	13619.2	5.4
濠江区	17556.3	6.9	**惠州市**	**23027.4**	**9.5**
潮阳区	16675.7	5.8	惠城区	23652.3	8.0
潮南区	16900.5	9.9	惠阳区	25409.9	9.2
南澳县	13384.7	8.7	惠东县	22760.5	8.9
佛山市	**31503.4**	**9.5**	博罗县	22570.7	9.3
南海区	36606.1	9.3	龙门县	21123.8	10.3
高明区	26951.7	11.6	仲恺区	24956.5	9.5
三水区	30536.9	11.8	大亚湾区	24800.5	10.2
韶关市	**16940.1**	**9.8**	**汕尾市**	**16304.7**	**9.8**
浈江区	19366.4	9.0	市城区	16849.6	9.8
武江区	20420.0	9.9	陆丰市	16217.7	9.4
曲江区	18310.2	9.2	海丰县	17456.6	10.4
乐昌市	16203.5	9.4	陆河县	12680.7	10.0
南雄市	16419.8	9.7	**东莞市**	**35904.5**	**11.2**
仁化县	18555.9	9.6	**中山市**	**35121.6**	**8.9**
始兴县	17009.5	8.9	**江门市**	**19873.3**	**9.5**
翁源县	16027.8	11.2	新会区	23283.1	11.7
新丰县	15555.4	10.6	台山市	19084.3	10.6
乳源县	15817.0	10.3	开平市	20703.3	8.0
河源市	**16030.3**	**9.6**	鹤山市	19317.7	9.7
源城区	21685.2	7.6	恩平市	15992.1	10.6
东源县	16608.7	11.0			

注：深圳市因完全城市化，无农村居民相关数据。

15-6 续表

(2019年)　　单位：元/人

县(市、区)别	人均可支配收入	增速(%)	县(市、区)别	人均可支配收入	增速(%)
阳江市	**18331.9**	**9.1**	**清远市**	**16523.8**	**9.0**
江城区	20138.7	9.6	清城区	21289.0	9.3
阳东区	19212.7	9.3	清新区	16868.3	8.7
阳春市	17343.7	9.0	英德市	16879.8	9.1
阳西县	18154.6	9.9	连州市	14426.9	9.9
湛江市	**17343.0**	**9.2**	佛冈县	16226.7	9.0
霞山区	17888.9	9.1	阳山县	15549.1	9.7
麻章区	18270.6	9.3	连山县	13887.6	9.8
坡头区	17262.5	8.5	连南县	14257.2	9.5
雷州市	14042.2	8.0	**潮州市**	**16359.6**	**9.5**
廉江市	18803.8	11.9	湘桥区	17934.4	9.0
吴川市	21032.0	6.5	潮安区	17852.6	9.8
遂溪县	17831.4	8.8	饶平县	15446.8	7.5
徐闻县	18072.7	10.0	**揭阳市**	**15675.4**	**8.7**
开发区	18066.0	9.0	揭东区	18677.6	9.5
茂名市	**18482.2**	**9.0**	普宁市	17244.4	12.7
茂南区	18824.9	10.2	揭西县	12506.7	10.4
电白区	18744.5	9.7	惠来县	13644.9	6.2
信宜市	18384.9	10.6	空港区	18021.4	2.7
高州市	18423.3	8.6	产业园	17601.6	4.3
化州市	18598.0	9.7	**云浮市**	**16646.2**	**9.2**
肇庆市	**19217.0**	**8.6**	云城区	17365.5	8.9
鼎湖区	25998.1	9.8	云安区	16247.1	9.1
高要区	22115.7	9.4	罗定市	16130.5	9.5
四会市	25265.6	8.2	新兴县	18570.1	9.3
广宁县	16063.2	8.5	郁南县	15985.5	8.8
德庆县	20708.5	8.1			
封开县	15703.6	8.5			
怀集县	16741.3	8.6			

注：城乡住户调查一体化改革后，针对城乡范围的划分标准发生了变化，部分原属于农村范围的地区改革后划归到城镇。部分市辖区全部属城镇范围，没有农村常住居民的数据。

十六、农村科技与教育

16-1 农业科研和技术开发机构基本情况

项　　目	单位	2015	2016	2017	2018	2019
一、机构与人员						
机构数	个	76	76	76	73	68
职工人数	人	4983	4781	4760	4289	4633
从事科技活动人员	人	3502	3611	3651	3432	3995
科学家工程师	人					
其他科技人员	人					
辅助人员	人					
高级职称	人	1012				1254
中级职称	人	1056				1148
初级职称	人					
其他	人	1434				1593
二、经费收入与支出						
经常费收入总额	万元	161821.6	218144.3	186499.3	212921.7	253409.3
科技活动收入	万元	147126.0	171715.8	164986.1	175375.0	207241.0
#政府资金	万元	15015.9	151235.2	10713.1	160117.9	178635.1
经营活动收入	万元	28567.2	16039.4	49484.2	6345.2	2244.9
其他收入	万元	48234.3	30389.1	60318.7	31201.5	43923.4
经费支出总额	万元	184867.5	204384.9	228659.7	198783.3	276617.8
科技经费内部支出	万元	135210.5	157153.9	173555.2	149799.5	222030.9
生产性支出	万元	15114.8	13671.1	13758.1	14092.4	14874.4
其他支出	万元	34542.2	33559.9	41346.4	34891.4	39712.5
三、课题活动与产出						
科技活动课题数	个	1688	1813	1918	1631	2286
当年开题	个					
当年完成	个					
课题投入人员	人年	2631	2636	2780	2390	2787
#科学家工程师	人年					
课题投入经费	万元	50350.6	56237.8	56224.5	42623.5	68810.2
科学论文合计	篇	1519	1680	1681	1383	1862
#国外发表	篇	339	365	393	308	605
科技著作合计	种	41	49	44	43	32
四、科学仪器设备合计	**万元**					
90年代	万元					
80年代	万元					
70年代	万元					

16-2 各市农村科普活动开展情况

地区	农村专业技术协会		农村科普示范基地（个）	科普示范街道(乡镇)（个）	科普示范社区(村)（个）	科普示范(户)（个）
	个数（个）	会员数（人）				
全省	799	71875	554	145	1341	821
省本级	1	356		7	378	
广州市	49	4712	84	66	68	24
深圳市					52	
珠海市	2	115	1			
汕头市	22	1292	71	13	183	400
佛山市	22	1692	19	4	46	
韶关市	40	2844	27	13	5	15
河源市	114	10573	9	6	14	
梅州市	26	1422	28	2	18	12
惠州市	23	1628	68		78	322
汕尾市	30	760	9		7	
东莞市				5	165	
中山市	156	780	12	1	15	
江门市	80	4345	14		24	
阳江市	37	7722	32		14	
湛江市	26	1730	31	15	3	
茂名市	16	18200	71		26	
肇庆市	42	5040	56		75	48
清远市	80	7341	7	13	139	
潮州市					13	
揭阳市	30	483	7		6	
云浮市	3	840	8		12	

十七、分区域主要经济指标

17-1 主要农作物播种面积

(2019年) 单位：公顷

项目	珠江三角洲	东翼	西翼	山区
农作物总播种面积	**1258954**	**522893**	**1304235**	**1271296**
一、粮食作物总计	**533754**	**318623**	**636393**	**671870**
按品种分				
稻谷	450029	226314	531992	585335
早稻	214824	111746	232582	275508
晚稻	235205	114568	299409	309827
小麦		7	351	63
旱粮	32783	11232	42860	44615
薯类	44690	76059	53546	28194
大豆	6251	5011	7644	13663
二、经济作物	**176468**	**34056**	**331262**	**207328**
甘蔗	11747	1356	147476	9099
糖蔗	2515	68	140355	4125
油料作物	63409	26814	126492	131564
花生	63183	24585	124636	128112
麻类	13	26	20	6
烟叶	1177	4	1418	14134
木薯	17461	2585	17633	27872
药材	8794	1713	21090	17195
其他经济作物	73867	1559	17132	7457
三、其他作物	**548732**	**170213**	**336580**	**392099**
蔬菜	511013	162087	320670	326748

17-2 主要农作物总产量

(2019年)　　单位：吨

项　　目	珠江三角洲	东翼	西翼	山区
一、粮食作物总计	**2938747**	**1949509**	**3588794**	**3930950**
按品种分				
稻谷	2560157	1427089	3143906	3619348
早稻	1189749	699608	1349715	1643728
晚稻	1370408	727481	1794191	1975620
小麦		21	1270	209
旱粮				
薯类	446470	2004530	822640	371860
大豆	18203	13608	22119	36470
二、经济作物				
甘蔗	1195352	100546	12230183	820407
糖蔗	248625	5150	11736441	426184
油料作物	183782	78827	420212	419412
花生	183180	73974	416153	413545
麻类	25	94	48	21
烟叶	3077	13	4344	34230
木薯	354977	76720	416900	535688
三、其他作物				
蔬菜	13341681	5413477	8278612	8245797

17–3　茶叶、桑叶、水果面积及产量

(2019年)　　单位：公顷、吨

项　　目	珠江三角洲	东翼	西翼	山区
一、茶叶年末实有面积	**6032**	**20534**	**3288**	**42363**
茶叶总产量	9613	44048	7708	49406
二、桑地年末实有面积	**645**		**13893**	**11305**
桑叶总产量	19064		691080	308011
三、水果年末实有面积	**253841**	**113036**	**389133**	**250991**
水果总产量	4039560	1404067	7222892	3777325
柑桔橙年末实有面积	84919	8338	19149	79617
柑桔橙总产量	1926510	167740	272999	1254352
香(大)蕉年末实有面积	29704	9509	62804	9312
香(大)蕉总产量	1042125	240665	3185422	180094
菠萝年末实有面积	1364	5118	28887	270
菠萝总产量	18702	85178	1002904	3164
荔枝年末实有面积	71063	30045	130964	16631
荔枝总产量	173531	201855	654076	62689
龙眼年末实有面积	25253	11523	67370	10368
龙眼总产量	156516	107127	558807	80495

17–4　畜牧头数及产肉类量

(2019年)

项　　目	单位	珠江三角洲	东翼	西翼	山区
一、黄、水牛年末存栏头数	**头**	**254963**	**106817**	**502595**	**281692**
二、奶牛年末存栏头数	**头**	**29635**	**3611**	**7940**	**18507**
奶类产量	吨	79269	6246	16065	37789
三、山羊年末存栏只数	**只**	**129819**	**38751**	**286790**	**480331**
四、生猪年末存栏头数	**头**	**2135556**	**1378232**	**5163471**	**4660604**
能繁殖母猪	头	221615	135911	507058	445474
肉猪出栏头数	头	7886522	2773060	10649371	8092702
五、肉类产量	**吨**	**1187584**	**375234**	**1346405**	**1212022**
猪肉	吨	593792	205154	809052	611349
牛肉	吨	7989	8294	14610	9861
羊肉	吨	3957	986	5946	8838
禽肉	吨	558628	151085	499366	553304
兔肉	吨	2861	381	1788	5731
其他肉	吨	20357	9334	15643	22939
六、禽蛋产量	**吨**	**120646**	**51656**	**126936**	**115537**

17-5 珠江三角洲林业主要经济指标

项目	计算单位	2018年	2019年	2019年比2018年增长(%)	2019年占全省比重(%)
一、森林资源					
林业用地面积	千公顷	2743.95	2731.24	-0.46	25.78
有林地面积	千公顷	2406.22	2400.21	-0.25	26.25
活立木总蓄积量	万立方米	15325.87	15941.61	4.02	27.36
森林覆盖率	%	51.85	51.72	-0.25	
二、林业产业总产值(当年价)	**万元**	**63659988**	**65434356**	**2.79**	**77.75**
第一产业产值	万元	4795154	5049589	5.31	45.77
第二产业产值	万元	46784360	47905586	2.4	87.96
第三产业产值	万元	12080474	12479181	3.3	66.86
三、营林生产					
人工造林面积	公顷	5787	2389	-58.72	10.79
人工更新面积	公顷	14424	25934	79.8	43.59
退化林修复面积	公顷	9016	4595	-49.04	6.57
育苗面积	公顷	1131	620	-45.18	26.38
中幼龄林抚育面积	公顷	104904	98314	-6.28	19.56
四、主要林产品产量					
油桐籽	吨	741			
油茶籽	吨	13004	15688	20.64	9.71
松脂	吨	89757			
五、森工主要产品产量					
1.商品材	万立方米	340.23	349.91	2.85	37.03
原木	万立方米	313.86	296.31	-5.59	35.15
薪材	万立方米	26.36	53.6	103.34	52.55
2.大径竹	万根	7454.59	7455.71	0.02	31.74
毛竹	万根	1765.1	1820.31	3.13	22.22
其它竹	万根	5689.5	563.54	-90.1	3.68
3.松香类产品	吨	118500	112576	-5	82.45
六、林业系统职工人数	**人**	**9062**	**8291**	**-8.51**	**35.35**
林业系统职工工资总额	万元	109058	130479	19.64	50.07
七、自年初累计完成投资	**万元**	**376969**	**465951**	**23.6**	**51.32**
其中：生态修复治理	万元		220788		44.83
林(草)产品加工制造	万元		480		63.16
林草服务、保障和公共管理	万元		244683		59.01

注：2018年度数据中，七、自年初累计完成投资，其中项分别是：生态建设与保护、林业支撑与保障、林业产业发展，与2019年其中项统计口径不同。

17-6 山区林业主要经济指标

(2019年)

项　　目	计算单位	2018年	2019年	2019年比2018年增长(%)	2019年占全省比重(%)
一、森林资源					
林业用地面积	千公顷	5770.72	5759.59	-0.19	54.37
有林地面积	千公顷	4920.14	4939.55	0.39	54.02
活立木总蓄积量	万立方米	31173.07	32361.66	3.81	55.54
森林覆盖率	%	71.86	72.11	0.35	
二、林业产业总产值(当年价)	**万元**	**8281122**	**8793229**	**6.18**	**10.45**
第一产业产值	万元	2842505	3570748	25.62	32.37
第二产业产值	万元	1675546	1639668	-2.14	3.01
第三产业产值	万元	3763071	3582813	-4.79	19.2
三、营林生产					
造林面积	公顷	45718	11082	-75.76	50.07
迹地更新面积	公顷	3377	18083	435.48	30.39
低产林改造面积	公顷	32202	41881	30.06	59.92
育苗面积(本年新育)	公顷	873	1034	18.44	44
中幼龄林抚育面积	公顷	279988	291023	3.94	57.9
四、主要林产品产量					
油桐籽	吨	7728			
油茶籽	吨	129107	137025	6.13	84.83
松脂	吨	116994			
五、森工主要产品产量					
1.木材	万立方米	354.93	391.82	10.39	41.46
原木	万立方米	325.84	369.65	13.45	43.85
薪材	万立方米	29.1	22.17	-23.81	21.74
2.竹材	万根	4677.65	5440.78	16.31	23.16
毛竹	万根	2274.94	3428.05	50.69	41.85
篙竹	万根	2402.71	2012.73	-16.23	13.16
3.松香类产品	吨	27723	15925	-42.56	11.66
六、林业系统职工人数	**人**	**11045**	**8955**	**-18.92**	**38.18**
林业系统职工工资总额	万元	85684	84942	-0.87	32.6
七、自年初累计完成投资	**万元**	**355289**	**281651**	**-20.73**	**31.02**
其中：生态修复治理	万元		162435		32.98
林(草)产品加工制造	万元		280		36.84
林草服务、保障和公共管理	万元		118936		28.68

注：2018年度数据中，七、自年初累计完成投资，其中项分别是：生态建设与保护、林业支撑与保障、林业产业发展，与2019年其中项统计口径不同。

17-7 东西两翼林业主要经济指标

(2019年)

项　　目	计算单位	东西翼合计	东翼	西翼	东西两翼占全省比重(%)
一、森林资源					
林业用地面积	千公顷	2103.3	793.35	1309.95	19.85
有林地面积	千公顷	1803.82	662.59	1141.23	19.73
活立木总蓄积量	万立方米	9961.18	2560.37	7400.81	17.1
森林覆盖率	%	44.89	48.95	42.97	
二、林业产业总产值(当年价)	**万元**	**9931918**	**2788482**	**7143436**	**11.8**
第一产业产值	万元	2411254	573452	1837802	21.86
第二产业产值	万元	4918507	1262820	3655687	9.03
第三产业产值	万元	2602157	952210	1649947	13.94
三、营林生产					
造林面积	公顷	8661	5089	3572	39.13
迹地更新面积	公顷	15478	6771	8707	26.02
低产林改造面积	公顷	23422	17764	5658	33.51
育苗面积(本年新育)	公顷	694	208	486	29.56
中幼龄林抚育面积	公顷	113260	62971	50289	22.53
四、主要林产品产量					
油桐籽	吨				
油茶籽	吨	8815	3123	5692	5.46
松脂	吨				
五、森工主要产品产量					
1.木材	万立方米	203	42	161	21.48
原木	万立方米	177	37	140	21
薪材	万立方米	26	5	21	25.49
2.竹材	万根	10595	498	10097	45.1
毛竹	万根	2943	321	2622	35.93
篙竹	万根	7652	177	7475	50.01
3.松香类产品	吨	8045	361	7684	5.89
六、林业系统职工人数	**人**	**6206**	**1636**	**4570**	**26.46**
林业系统职工工资总额	万元	45176	11368	33808	17.34
七、自年初累计完成投资	**万元**	**160365**	**56005**	**104360**	**17.66**
其中：生态修复治理	万元	109324	43811	65513	22.2
林(草)产品加工制造	万元				
林草服务、保障和公共管理	万元	51041	12194	38847	12.31

注：2018年度数据中，七、自年初累计完成投资，其中项分别是：生态建设与保护、林业支撑与保障、林业产业发展，与2019年其中项统计口径不同。

17-8 珠江三角洲渔业现状概况

项　　目	单位	2018年	2019年	2019年比2018年增长(%)	2019年全省	2019年占全省比重(%)
渔业乡	个	22	22		88	25.0
渔业村	个	310	275	-11.3	972	28.3
渔业人口	个	597430	621329	4.0	2306331	26.9
水产品产量	吨	3283132	3425679	4.3	8664017	39.5
其中：海洋捕捞	吨	271997	210014	-22.8	1263611	16.6
海水养殖	吨	451501	464799	2.9	3291301	14.1
淡水捕捞	吨	65471	60508	-7.6	107948	56.1
淡水养殖	吨	2549278	2690358	5.5	4001157	67.2
水产品产值	亿元	540	716	32.5	1525	47.0
其中：海洋捕捞	亿元	45	55	22.0	263	20.9
海水养殖	亿元	59	83	41.2	500	16.6
淡水捕捞	亿元	5	9	82.8	15	59.7
淡水养殖	亿元	418	569	36.1	747	76.2
水产养殖总面积	公顷	217723	215222	-1.1	478213	45.0
其中：海水养殖	公顷	44039	41656	-5.4	164990	25.2
淡水养殖	公顷	173684	173565	-0.1	313224	55.4

17-9 山区渔业现状概况

项　　目	单位	2018年	2019年	2019年比2018年增长(%)	2019年全省	2019年占全省比重(%)
渔业人口	个	258052	255172	-1.1	2306331	11.1
水产品产量	吨	461755	472166	2.3	8664017	5.4
水产品产值	亿元	62	62	-0.2	1525	4.1
淡水养殖面积	公顷	55952	55847	-0.2	313224	17.8
产量	吨	441768	452336	2.4	4001157	11.3
单产	千克/公顷	7895	8100	2.6	12774	
其中：池塘面积	公顷	37461	37436	-0.1	244774	15.3
产量	吨	362322	369992	2.1	3659662	10.1
单产	千克/公顷	9672	9883	2.2	14951	
水库面积	公顷	16535	16454	-0.5	58284	28.2
产量	吨	68204	70765	3.8	244434	29.0
单产	千克/公顷	4125	4301	4.3	4194	

17-10 东翼地区渔业现状概况

项　目	单位	2018年	2019年	2019年比2018年增长(%)	2019年全省	2019年占全省比重(%)
渔业乡	个	38	39	2.6	88	44.3
渔业村	个	264	282	6.8	972	29.0
渔业人口	个	561756	601615	7.1	2306331	26.1
水产品产量	吨	1373326	1401825	2.1	8664017	16.2
其中：海洋捕捞	吨	411569	389026	-5.5	1263611	30.8
海水养殖	吨	693036	737429	6.4	3291301	22.4
淡水捕捞	吨	12211	12268	0.5	107948	11.4
淡水养殖	吨	256510	263102	2.6	4001157	6.6
水产品产值	亿元	178	236	32.4	1525	15.5
其中：海洋捕捞	亿元	56	75	34.0	263	28.5
海水养殖	亿元	85	123	44.3	500	24.6
淡水捕捞	亿元	2	2	32.3	15	13.3
淡水养殖	亿元	32	37	17.0	747	5.0
水产养殖总面积	公顷	54987	54431	-1.0	478213	11.4
其中：海水养殖	公顷	33616	33371	-0.7	164990	20.2
淡水养殖	公顷	21370	21060	-1.5	313224	6.7

17-11 西翼地区渔业现状概况

项　目	单位	2018年	2019年	2019年比2018年增长(%)	2019年全省	2019年占全省比重(%)
渔业乡	个	28	27	-3.6	88	30.7
渔业村	个	386	377	-2.3	972	38.8
渔业人口	个	841287	828215	-1.6	2306331	35.9
水产品产量	吨	3316758	3364347	1.4	8664017	38.8
其中：海洋捕捞	吨	714753	664571	-7.0	1263611	52.6
海水养殖	吨	2022722	2089073	3.3	3291301	63.5
淡水捕捞	吨	17626	15342	-13.0	107948	14.2
淡水养殖	吨	569900	595361	4.5	4001157	14.9
水产品产值	亿元	444	511	15.1	1525	33.5
其中：海洋捕捞	亿元	111	133	20.2	263	50.5
海水养殖	亿元	267	294	10.1	500	58.8
淡水捕捞	亿元	2	2	14.4	15	13.3
淡水养殖	亿元	55	82	49.4	747	11.0
水产养殖总面积	公顷	150236	152714	1.6	478213	31.9
其中：海水养殖	公顷	87960	89962	2.3	164990	54.5
淡水养殖	公顷	62277	62751	0.8	313224	20.0